U0862621

本教材为2014年广东省本科高校教学质量与教学改革工程“精品教材”立项建设项目

高等院校经济管理系列精品教材

经济法 第三版

JINGJI FA

方赛迎　邓保国 ◎主编

暨南大学出版社
JINAN UNIVERSITY PRESS
中国·广州

图书在版编目（CIP）数据

经济法/方赛迎，邓保国主编. —3 版. —广州：暨南大学出版社，2015.4（2016.1 重印）
（高等院校经济管理系列精品教材）
ISBN 978 -7 -5668 -1394 -7

Ⅰ.①经… Ⅱ.①方…②邓… Ⅲ.①经济法—中国—高等学校—教材 Ⅳ.①D922.29

中国版本图书馆 CIP 数据核字（2015）第 073098 号

出版发行：暨南大学出版社

地　址：中国广州暨南大学
电　话：总编室（8620）85221601
营销部（8620）85225284　85228291　85228292（邮购）
传　真：（8620）85221583（办公室）　85223774（营销部）
邮　编：510630
网　址：http：//www. jnupress. com　http：//press. jnu. edu. cn

排　版：广州市天河星辰文化发展部照排中心
印　刷：湛江日报社印刷厂

开　本：787mm×1092mm　1/16
印　张：21.25
字　数：532 千
版　次：2013 年 2 月第 1 版　2015 年 4 月第 3 版
印　次：2016 年 1 月第 6 次
印　数：10001—13000 册

定　价：39.80 元

（暨大版图书如有印装质量问题，请与出版社总编室联系调换）

第三版说明

本教材承蒙读者厚爱，已告供给不足。而且随着我国经济体制改革步伐的加快，经济立法与政策也有较大的变动，同时，我国的经济法学研究也有了许多新进展，因此需要对本教材中的相关内容予以及时更新。

此次第三版修订，涉及公司法、消费者权益保护法、商标法、著作权法及税法等内容。本教材根据我国《消费者权益保护法》、《商标法》的最新修改，《税收征收管理法》的最新修正，以及《商标法实施条例》、《公司登记管理条例》、《著作权法实施条例》、《税收征收管理法实施细则》等的最新修订，更新了公司法律制度、消费者权益保护法律制度、商标法律制度及税收征管法律制度等大部分内容。同时，对全书各章逐一通审校正。

本教材为2014年广东省本科高校教学质量与教学改革工程“精品教材”立项建设项目的阶段性成果。

感谢暨南大学出版社的大力支持；感谢学界、专家和读者的真诚帮助和支持。对于本教材可能存在的各类不足，诚望读者方家批评指正。

编者

于暨南大学法学院

2015年2月6日

前　言

市场经济就是法治经济，作为高层次的经济管理人才不能不懂法。经济法不仅是高等院校法学专业的必修主干核心课程，也是经管类专业重要的学科基础课程之一。在中国特色社会主义法律体系日趋完善的背景下，为了更好地适应经济管理工作实践的法治要求，对经济管理人才的经济法律教育，其教学内容和教学方法应与时俱进，以促进学生多元智能的提高和具备综合素质为宗旨。百年树人，教材是关键。一本好的教材，在本科生教学阶段具有基础性意义。作为经管类专业核心课程“经济法”的专用教材，应务求能健全学生法律思维习惯和成为学生齐备的分析工具，增强其理性认识能力；立足经济法基本理论中的主流学说，全面、细致地反映最新的立法动态和理论前沿；在法律文本与实践运用之间铺设指引的路径。基于此，我们组织编写了这本经济法教材。

本教材作为普通高等院校经管类专业核心课程“经济法”的专用教材，针对经营类专业学生无法系统地学习法律知识，而民商法等同样是调整社会经济关系的重要法律制度，故为完善学生的知识结构，本教材力求做到对经济法理论和经济法学体系予以系统、完整呈现的同时，精心挑选并揉入与经济关系密切相关的民商事等法律制度。

本教材有以下几个特点：

一是精练性。本教材精选了与经管类专业相关度最强、生活实践中最具典型性的经济法律制度，精练、准确、深入浅出、系统地阐释了经济法的基本理论和基础知识，摒弃了现行经管类专业经济法教材让学生只知法律规定之然，却不知法理上的所以然，在内容编排方面法律制度多，但内容空泛、干巴，缺乏结合法理展开阐释等传统做法。

二是前沿性。本教材力求全面反映新理念、新理论、新立法，及时反映日新月异的经济法理论研究的前沿成果和不断推进的经济立法前沿动态，并尽量选取一些具有经典意义的、富有时代感的案例。同时，为有机融合经管类专业学生未来职业发展的需要，本教材在内容上全面结合了会计师、注册会计师、注册税务师、经济师等经管类职业资格考试所涉及的经济法律知识的最新内容。

三是应用性。本教材以多元智能的培养为目标，坚持理论联系实际的原则，在内容体系安排上力求将知识理论与能力培养有机糅合。每章的开篇设置“本章提要及学习目标”，以让学生能够对所学内容和要求有总体的把握；在每节末尾设置“思考与拓展”，以系统地培养学生的法律思维和分析能力；而每章末尾“同步实练”、“复习思考题”的设置，能有效地训练和深化学生对所学内容的理解，实现学以致用。

四是信息化。本教材提供立体化服务，有相配套的网络课程和 Bb 平台（经济法网络课程网址：http：//course. jnu. edu. cn/cxgc/jgljjf/），能够强化学生的专业素质和理论修养，使学生不受时空限制地开展自主学习。

参加本教材编写的老师，都是多年从事经济法教学和科研工作，具有丰富经验的教师，他们当中有首届全国高校微课教学比赛优秀奖、首届广东省高校微课大赛文史组一等奖的获得者，有第七届广东省高等教育教学成果奖一等奖的获得者，有校级“十佳授课教师”，有校本科教学竞赛一等奖的获得者。以本教材的内容制作的多媒体课件在第十三届全国多媒体课件大赛中荣获微课程组三等奖，以本教材为依托的“经济法”课程在暨南大学本科课程建设中被评为3A课程。本教材更于2014年7月被确定为广东省本科高校教学质量与教学改革工程“精品教材”立项建设项目。

本教材由方赛迎、邓保国任主编，周名峰、吴晓萍、杜江南任副主编；由副主编统稿，由主编对教材进行统一修改并定稿。参加本教材编写的人员及分工（以撰写章节先后为序）如下：

方赛迎（暨南大学法学院/知识产权学院）负责第一章的编写。

张静（暨南大学人文学院）负责第二章的编写。

周名峰（暨南大学人文学院）负责第三章的编写。

陈维君（华南农业大学人文与法学学院）负责第四章的编写。

邓保国、吴晓萍、杜江南（仲恺农业工程学院管理学院）负责第五章的编写。

杨兢（暨南大学人文学院）负责第六章的编写。

杨丹（暨南大学人文学院）负责第七章的编写。

涂缦缦（华南理工大学法学院）负责第八章的编写。

本教材的编写得到了暨南大学出版社的大力支持；在编写本教材的过程中，我们参考了国内外大量专著、教材和论文，并将其在参考文献中列出。在此，一并致谢。

由于编者水平有限且时间仓促，本教材必定存在许多缺点和错误，敬请各方专家、学者及广大读者批评指正，以便再版时订正。

编　者

于暨南园

2013年1月22日

目　录

第一章
经济法总论

本章提要及学习目标

经济法是现代各国法律体系中的重要组成部分。本章是经济法总论部分，主要是全面、系统介绍经济法的本体理论及规范理论，涉及经济法的概念、调整对象、地位、体系、渊源、经济法律关系、经济法责任、经济纠纷的解决等内容。通过本章的学习，能全面掌握经济法本体理论及规范理论的基本内容，清晰地了解经济法的产生和发展，深刻理解并掌握经济法的概念及调整对象、独立地位、体系构成、法的渊源、经济法的主体和客体、权利和义务、责任、解决经济纠纷的方式等内容，为后续的学习奠定坚实的理论基础。

第一节　经济法的概念

人类社会发展的历史，实际上是围绕经济发展这一中心展开的历史。法律是经济关系的记载和表述，经济关系的变革必然导致法律的变迁。19 世纪下半叶，人类社会生产力的巨大发展，促使经济关系发生了变革。法律对此积极回应的结果是经济法现象的出现。随之而来的研究和发展使经济法这一崭新的法律部门显现在世人面前。什么是经济法呢?要认识经济法，最好的路径之一是从概念入手。因为我国法律的展开是以概念来进行的，法律的思维是以体系化的概念来寻找到法律的定点。经济法概念是构成经济法原理的源头和核心，比如像经济法的调整对象和方法、经济法的基本原则、经济法的渊源和体系等经济法原理的其他部分，都是从经济法的概念展开的。而追溯经济法概念的由来，以及经济法在西方国家和中国的产生与发展，将有助于我们更好地理解和掌握经济法的概念。

一、经济法概念溯源

根据迄今已知的史料记载，“经济法”一词，最早是 1755 年由法国著名的空想社会主义者摩莱里（Morelly）在他出版的《自然法典》[1] 中提出来的。基于唯理论[2]基础上的自然法思想，摩莱里在该部法典中设计了一个符合“自然”和“理性”的制度以及保证实现该制度的“合乎自然意图的法制蓝本”。摩莱里认为社会产品分配的弊端是私有制产生的直接原因，所以他在该法典第四编的第二部分，编制了“分配法或经济法”这个由12个条文组成的法律草案，力图从分配领域上确立公有制的社会经济生活原则。从所含条文内容上看，尽管此处所称的经济法或分配法含有现在我们所称的经济法的最本质特征，体现了国家对社会生活进行干预的意蕴，然而其所设计的理想的公有制社会，正如他本人都已意识到的：“现在确实几乎无法建立这样的共和国。”而只有通过“英明立法者”去制定法律，使其“重新接近黄金时代”。此处所谓的黄金时代，就是以平等和公有为基础的原始社会。可见，摩莱里所提出来的“经济法”，并不是以现实生活为基础的科学概念，而仅仅是一种对于未来的主观构想。

1843年，法国著名空想社会主义者德萨米（Dezamy）出版了《公有法典》一书。在该书中，德萨米将“分配法和经济法”作为第三章的标题，专章进行论述。他继承和发展了摩莱里的经济法律思想，主张实行公有制，认为未来社会结构的基本经济单位是“公社”，最好的分配方式是按比例的平等或相称的平等，“经济法”就是用来建造公社的一种指导思想，建立理想社会中公平分配财富的原则和方法。可以说，德萨米的“经济法”概念包括的内容比摩莱里的更广，涉及各种经济法律制度，且其经济法律思想里，已经有某些唯物主义的成分。总体而言，《公有法典》与《自然法典》中所称的“经济法”一样，是建立在唯理论的自然法思想基础上的，以空想社会主义为背景，否定在一国范围内存在商品交换条件下的产品分配规则，因而并不是现代法学意义上的经济法。

1865年，法国小资产阶级激进派蒲鲁东（P. J. Proudhon）在其著名的《工人阶级的政治能力》一书中，也提到“经济法”的概念，指出“经济法是政治法和民法的补充和必然产物”。蒲鲁东认为法律应当通过普遍和解来解决社会生活矛盾，为此需要改组社会，由“经济法”来构成新社会组织的基础。而公法和私法都无助于实现这一目标，因为公法会导致政府过多地限制经济自由，而私法则无法影响经济活动的结构。[3] 显然，此处所谓的“经济法”，已经模糊地触及经济法概念的一些本质属性。这正如他作为一个经济学家，曾经列举了分工、机器、竞争、垄断、国家税收、贸易平衡、信用、私有、共产主义、人口等十个经济范畴，而这些范畴所表现出来的社会关系，显然都是政治法和民法难以全部调整的。可以说，蒲鲁东对经济法的理解与前面的理论相比，已经更接近现代经济法的含义。而他对经济法的揭示，更为后人的研究提供了一种认识基础。不过，由于蒲鲁东是一个无政府主义者，极力主张“打倒政权”，因而他所说的“经济法”，仍然无法脱离空想的窠臼，而不完全具备现代意义上的经济法内涵。

第一次世界大战前后，现代经济法概念在德国发端。当时的德国魏玛共和国为适应战

---

① 《自然法典》书名的全称应为《自然法典或自然法律的一直被忽视或被否认的真实精神》，1755年1月出版于阿姆斯特丹，作者姓名未署。

② 唯理论是唯心主义社会哲学的一个派别。它的特征是把理性制度同非理性制度对立起来，认为现存制度是非理性的，是人类理性愚昧和错误的结果。应当使理性的光芒驱散无知的黑暗，以建立合乎自然和理性的制度。

③ 漆多俊. 经济法学. 北京：高等教育出版社，2007. 38；符启林. 经济法学. 北京：中国政法大学出版社，2005. 9.

后恢复重建的需要，加强对重要物资的控制，颁布了大量国家干预、调节经济的法规，有些法规直接以“经济法”命名，如《煤炭经济法》(1919 年)、《钾盐经济法》(1919 年)等。这些法规具有有别于确保个体自由的民法和传统的行政法的显著特征，即国家以自己为一方主体同其他社会主体发生权利义务关系，重在影响和调节社会经济的结构与运行，干预、管制和调节社会经济。这引起了德国法学界的高度关注，并掀起研究和讨论的浪潮，促使不少以经济法为研究课题的专著和教材相继出现。代表性的如德国法学家赫德曼(Hedmen)，1916 年他在《经济学字典》中使用了经济法的概念，认为经济法是经济规律在法律上的反映，从深层次上揭示了经济法产生的客观必然性。赫德曼更于 1920 年成立了“经济法研究所”，开课讲授“经济法”，并主持有关经济法的杂志和丛书的刊行，对经济法的传播有重要贡献。

经济法的概念就这样首先在德国流行开来，以后陆续传播到国外，被越来越多的人接受和使用，终于成为世界各国通用的新的法律概念。故学界一般认为，摩莱里、德萨米、蒲鲁东等人所谈及的经济法都不是现代法学意义上的经济法。只有在第一次世界大战以后，由德国学者提出和归纳的经济法才是现代意义上的经济法。[①]

二、经济法的产生和发展

经济法是随着社会生产的发展、商品交换的出现和国家对经济干预的产生而逐步形成和完善起来的一个法律现象。应该说，在人类社会进入资本主义阶段前，是不存在所谓的“经济法”的。不过，作为社会最高代表和权力拥有者的国家，自其出现，其统治社会的过程必然也就包括了对社会经济进行的管理，因而在前资本主义“诸法合体”的法律体系中，不乏存在诸多国家干预经济关系的法律规定。比如古罗马的《罗马法》，其绝大多数内容，譬如对所有权、永佃权、契约等的规定，显然都与经济有关。而就我国而言，在有据可查的《秦律》、《汉律》、《唐律》、《大明律》、《大清律》中，对诸如买卖、借贷、典当、市场管理等经济关系的规定，也是极其具体和详尽的。所以，我们应该有这样的一个认识，经济法作为国家干预经济的法，它的发展历史可以上溯至古代的“诸法合体”，而经济法作为一个独立的法律力量的兴起，则是人类社会进入资本主义社会以后的事情。

（一）经济法在西方国家的产生和发展

一般认为，现代意义上的经济法，产生于资本主义形成和巩固时期，它是以“重商主义”作为其立论依据的。此时，基于资产阶级急于将封建主义生产方式迅速过渡到资本主义生产方式的需要，资本主义国家在体现国家垄断的重商主义理论的旗帜下，围绕着形成至关重要的有利于自己的土地关系、贸易关系、劳资关系和产业关系等，颁布了一系列体现国家干预经济的法律，如英国 1801 年颁布的《统一圈地法》、1815 年颁布的《谷物法》等，从而为资本主义原始积累提供了法律保障。

随着资本主义生产方式的确立和政权的巩固，生产力获得迅速发展，经济生活也日益繁杂。法国大革命所提倡的天赋人权，所号召的平等、自由、博爱等思想深入民心，整个

① 漆多俊．经济法学．北京：高等教育出版社，2007. 39；张守文．经济法．北京：科学出版社，2008. 1.

西方国家弥漫着自由主义的社会思潮。这种思潮在经济领域则具体表现为资产阶级迫切希望寻求一种更为宽松的法律环境以达到自己不断扩张和获取更多财富，甚至是控制某一行业或部门的目的。此种情势之下，原始积累时期所采取的重商主义政策和相应的法律制度，显然已经成为资产阶级自由竞争的桎梏和资本主义进一步发展的障碍，建立一种比较自由的社会经济结构成为因应时势之举，于是资本主义进入自由发展阶段。以杰出的英国古典经济学家亚当·斯密提出的"看不见的手"，即"市场之手"为代表的自由主义理论，成为指导资本主义国家社会经济发展的重要纲领。亚当·斯密坚信个人自治，他指出："对于现世生活的维持，以及对于来世生活的幸福，人民是那么关心，政府因此必须听从人民的意见"，"'政治家'或'立法家'在某种程度上指导私人应如何运用他们的资本"，"这种管制几乎毫无例外地必然是无用的或有害的"。[①] 他主张贸易自由，认为"得享受毫无限制的自由"，"一切特惠或限制的制度，一经完全废除，最明白最单纯的自然自由制度就会树立起来"。[②] 亚当·斯密这些个人自治先于、广于、优于国家干预的思想不仅影响了几个时代的思想家和政治家，而且积淀成一种根深蒂固的观念：市场是道德的，国家是邪恶的，管理得最少的国家是最好的国家。[③] 同时，他的这些经济思想和理论，也成为立法的理论依据。这是因为任何一个国家的经济理论，一旦成为官方经济学或政策目标，立法者就只能沿着这个思路，找出一个法律反映方法，使这种理论上升为法律规定。[④] 与此相应，此时的经济立法主要表现为保护私有者的充分权利、减少国家干预、实行经济自由放任。以经济自由为特征的民法得到了充分的发展，《拿破仑民法典》、《德国商法典》等就是这个时期的典范。

当自由资本主义进入垄断资本主义以后，随着生产社会化和资本主义经济危机的不断出现，曾被人们认为是万能的市场调节开始"失灵"，自由放任的经济理论根本无法解决垄断形成以后经济发展中的现实问题。严酷的现实使人们认识到市场调节机制的局限性，也即市场调节机制存在着市场障碍、市场机制的唯利性和市场调节的被动性与滞后性等市场缺陷，过分的自由放任最终只会导致社会动荡并影响政局的稳定。人们积极思考补救的对策和办法，以克服或弥补市场的各种缺陷，让社会经济的结构和运行保持协调、稳定和不断发展，也提出了国家干预的必要性。英国杰出的经济学家凯恩斯在其划时代的不朽著作——《就业、利息和货币通论》（1936 年）中，对传统经济理论和经济政策提出了较为全面的挑战和批判，建立了一个以国家干预为中心、以医治资本主义经济危机为目标的完整的宏观经济理论和经济政策体系。而凯恩斯主义一经形成即被投入运用，以国家这只"看得见的手"弥补甚至代替市场那只"看不见的手"成为当时社会的主旋律和最强音。[⑤] 而在这一阶段，体现国家干预的经济法也不断应运而生。美国 1890 年颁布的《谢尔曼法》（全称为《保护贸易和商业不受非法限制和垄断侵害法案》）、1914 年颁布的

① ［英］亚当·斯密．国民财富的性质和原因的研究（下卷）．郭大力，王亚南译．北京：商务印书馆，1983. 111，28.

② ［英］亚当·斯密．国民财富的性质和原因的研究（下卷）．郭大力，王亚南译．北京：商务印书馆，1983. 252.

③ 邱本．经济法通论．北京：高等教育出版社，2004. 7.

④ 李昌麒．经济法学（2002 年修订版）．北京：中国政法大学出版社，2002. 22～23.

⑤ 邱本．经济法通论．北京：高等教育出版社，2004. 7～9.

《克莱顿法》和《联邦贸易委员会法》等一批反垄断法，以及德国 1896 年颁布的《反不正当竞争法》，构成了“经济法独立的先声”，成为现代经济法最早的法律表现形式。而德国利用国家力量统制经济，使国民经济服从于发动战争和战后恢复重建，颁布的一系列经济法的单行法律法令，如 1915 年的《关于限制契约最高价格的通知》、1916 年的《确保战时国民粮食措施令》、1919 年的《魏玛宪法》和一系列“社会化法”①，则标志着经济法作为一个法律部门的形成。

第二次世界大战之后，凯恩斯主义更被奉为金科玉律，资本主义国家对国民经济进行了更为全面和强有力的总体调节，经济法在世界范围内迅猛发展起来。以美国为例，仅罗斯福新政期间就颁布了 70 多部经济法范畴的法律。可以说，该时期的经济法，从立法的数量、内容和体系或其实施的社会效果及影响等各方面看，都标志着它作为事实上的一个独立部门法的成熟。

20 世纪 70 年代，当资本主义经济出现经济衰退、失业增多和通货膨胀并存的“滞胀”现象时，凯恩斯主义受到了诸如供应学派、货币学派、公共选择学派等众多新的经济学派的挑战。然而从本质上看，这些学派也不过是对凯恩斯理论的修正或补充，换言之，也即将自由放任理论与凯恩斯的国家干预理论相综合，并未从根本上改变国家干预经济的性质。此时的经济法也表现为从其立法中逐渐剔除非经济性因素，立法体系更趋于完备。

进入 20 世纪 80 年代，全球范围内掀起的私有化浪潮以及现代高科技领域突飞猛进所带来的国内、国际经济联系日益紧密，生产更加社会化和国际化，使世界各国都更加清醒地意识到政府和市场是一种优、缺互补的对应力量，既不可能存在绝对的自由放任主义，也没有纯粹的国家干预主义，而正确的做法是将市场机制和国家干预有机地结合起来，伺机而行。正如英国著名经济学家米德教授所指出的：“当人们只考虑需要政府对经济进行特别干预而忽视市场机制时，应该提请政府注意竞争性市场机制的功能；当人们虔诚地笃信自由放任可以解决一切问题时，又必须强调社会控制在什么情况下仍然是必要的。”②与此相应，现阶段各国经济立法在内容和体系上都发生了某些明显的变化，比如各国普遍加强了对经济宏观调控方面的立法，逐步完善其内部体系等，从而使经济法体系日趋完善和国际趋同化。

（二）我国经济法的产生和发展

新中国经济法的产生，始于中华人民共和国成立之初。因为在当时的历史条件下，公有制占绝对主导地位，国家直接统筹全国的经济活动，为此而制定的法律就具有全面干预或管理国家经济的色彩。自新中国成立以来，我国经济法的发展大体经历了发展、削弱、取消和再发展几个阶段。

在社会主义改造基本完成的阶段，我国的经济立法有很大的发展。该阶段主要是围绕废除旧的生产关系、改革所有制、建立新的经济基础以及恢复和发展经济，颁布了一系列的法律法规，如《土地改革法》、《预算决算暂行条例》、《国民经济计划编制暂行办法》、

---

① 1919 年，德国颁布了一系列“社会化法”，如《卡特尔规章法》、《煤炭经济法》、《钾盐经济法》等。

② ［英］米德．混合经济．罗青译．上海：上海三联书店，1989. 5.

《公私合营工业企业暂行条例》等。尽管这些经济立法的性质同党政文件或行政法区别不大，但这些法规的贯彻执行，对于国民经济的恢复、社会主义改造的顺利完成和建设事业的初步发展，起到了重大的促进和保障作用。

在全面开始社会主义建设的阶段，刚开始我国的经济立法还有一些新的发展。如中共第八次代表大会决定，国家的主要任务由解放生产力转为保护和发展生产力，同时强调要加强法制。在这个时期，国家在计划、农村集体经济、工业企业、物价、商业、对外贸易等诸多方面制定了许多经济行政法规。这些经济立法对促进大规模经济建设起到了积极的作用。然而从 1957 年开始，“左”倾思潮泛滥，经济工作严重违背客观规律，基本法制原则被批判否定，有些行之有效的经济法规无形当中被取消，经济管理代之以简单的行政手段，经济法在此一阶段受到了严重削弱。

1966 年开始十年“文化大革命”，我国经济立法遭到了严重的破坏，处于取消阶段。在此期间，国家法制完全被践踏，经济法自然难逃厄运，其所遭受的严重破坏，一方面表现为新中国成立后 17 年里所颁布的许多经济法规被否定而成为一纸空文；另一方面是经济立法工作停滞。

1978 年党的十一届三中全会以后，随着我国的工作重心转移到以经济建设为中心的轨道上，经济立法迎来了新的历史发展阶段。从党的十一届三中全会以后至 20 世纪 90 年代初，国家进行经济体制改革，经济立法紧紧围绕经济体制改革和对外开放进行，指导改革，为改革服务，颁布了大量的经济法律和法规，内容主要涉及企业管理、国有资产管理、财政、税收、金融、市场、计划、自然资源、价格、环境保护等领域。如《中外合资经营企业法》（1979 年）、《城乡集市贸易管理办法》（1983 年）、《外资企业法》（1986 年）、《中外合资经营企业所得税法》（1988 年）、《全民所有制工业企业法》（1988 年）、《全民所有制工业企业转换经营机制条例》（1992 年）等。据统计，该阶段仅由全国人大及其常委会、国务院制定的经济法律、法规就有 600 多件，而各省、自治区、直辖市及经济特区等地方权力机关和行政机关所制定的地方性经济法规更是达数千件之多，这使得我国经济法制的主要框架得以形成。可以说，该阶段是我国经济法兴起的黄金时期，也是我国经济法基本确立的阶段。

1992 年，中共第十四次全国代表大会提出中国建立社会主义市场经济体制的重大决策，次年 3 月召开的全国八届人大一次会议通过宪法修正案，肯定了这一决策，规定“国家实行社会主义市场经济”，并明确今后的立法工作要“加强经济立法，完善宏观调控”。国家经济体制的重大转变必然引起我国经济法的重大变革，为保障推进改革和建设社会主义市场经济体制的需要，大量规制市场主体、调适市场运行、进行宏观调控和实施公平分配等的新型经济法律法规纷纷涌现，如 1993 年颁布的《公司法》、《会计法》、《反不正当竞争法》、《消费者权益保护法》、《产品质量法》等；1994 年颁布的《预算法》、《审计法》等；1995 年颁布的《税收征收管理法》、《中国人民银行法》、《商业银行法》；以及《合伙企业法》（1997 年）、《证券法》（1998 年）和《个人独资企业法》（1999 年）等。可以说，从 1992 年至 20 世纪末，我国经济法的发展进入新的阶段，经济法体系框架渐趋完善，中国特色的经济法体系基本形成。

从世纪之交到进入新世纪以来，随着我国加入 WTO（世界贸易组织）和国家民主法治建设的深入发展，我国的经济法相应地在性质、内容和体系上又获得了新发展。2001

年全国人大常委会在其工作报告中，提出了我国法律体系所包含的法律部门，明确经济法是一个重要的独立部门法，有自己重要的地位。而我国基于履行加入 WTO 时作出的承诺，在加入 WTO 前后就关税和国内税制改革、外商投资政策立法、外贸政策法、涉外金融政策和国内金融改革、知识产权的保护以及本国市场培育和对市场竞争的规制的立法等方面作出了一系列的重大调整，修订了原来的立法，制定了新的法规。可以说，加入 WTO 使我国的经济法又获得了一次发展的机会。随着我国“依法治国，建设社会主义法治国家”、“科学发展观”、“建设和谐社会”等治国方略的提出，经济法作为规范国家调节之法，按照其产生和发展的社会根源及历史使命，这些方针路线必然对经济法的立法和实施产生深刻的影响，并推进经济法的进一步发展。

当前，我国的经济、政治和社会体制改革还在不断深化，经济法必然也将随之不断变革和发展完善，不断呈现新的阶段性的发展，且必将对推进社会改革和转型、促进经济发展和社会进步发挥出更加重要的作用。

三、经济法的概念

对于经济法的概念，因学术之争迄今尚无定论。尽管各国的经济法学者一般都认为，经济法是一个新兴的部门法，是调整一定范围的经济关系或者社会关系的法律规范的总称。然而由于学者们在经济法的种差即经济法调整的是哪类特定的经济关系或社会关系方面观点不尽相同，因而世界各国出现了经济法诸说。当前我国就有如下多种观点：①

以杨紫烜、徐杰等学者为代表的“经济协调关系论”认为，经济运行需要国家协调，而在国家协调本国经济运行过程中发生的经济关系应该由经济法调整。故经济法是调整在国家协调本国经济运行过程中发生的经济关系的法律规范的总称。

以漆多俊等学者为代表的“国家调节论”提出，经济法是调整在国家调节社会经济过程中发生的各种社会关系，以保障国家调节，促进社会经济协调、稳定和发展的法律规范的总称。

以李昌麒、史际春等学者为代表的“国家需要干预论”则认为，经济法是国家为了克服市场调节的盲目性和局限性而制定的调整需要由政府干预的具有全局性和社会公共性的经济关系的法律规范的总称。简言之，经济法是调整需要由政府干预的经济关系的法律规范的总称。

以潘静成、刘文华等学者为代表的“管理协作说”在不断发展、完善过程中，经济法被定义为是调整经济管理关系、维护公平竞争关系、组织管理性的流转和协作关系的法。

以王保树、马洪等学者为代表的“社会公共性论”则认为，经济法是调整发生在政府、政府经济管理机关和经济组织、公民之间的以社会公共性为根本特征的经济管理关系的法律规范的总称。

以刘国欢等学者为代表的“宏观调控说”认为，经济法是调整国家作为经济管理主

---

① 张富强．经济法学．北京：法律出版社，2005. 13 ~ 15；李昌麒．经济法学（2002 年修订版）．北京：中国政法大学出版社，2002. 40 ~ 41.

体与市场主体之间间接宏观调控性经济关系的法律规范的总称。

以石少侠等学者为代表的“行政管理说”认为，经济法是指调整国家在调控社会经济运行、管理社会经济活动的过程中，在政府机关与市场主体之间发生的经济关系的法律规范的总称。

以朱崇实等学者为代表的“管理和协调说”认为，经济法是伴随着某些新的社会经济关系的产生和发展而产生和发展的一个新的法律部门，是调整国民经济的管理和协调关系的法律规范的总称。

上述观点仅是简单列举，并未穷尽我国当前所有的学派和观点。尽管以上观点表述各异，但对经济法最本质的特征是体现了国家对经济关系的干预这一认识却是一致的，而且将各种观点概括归纳之后，我们可以发现，作为经济法的最基本的、最核心的调整对象不外乎包括两个方面，即一个是宏观调控关系，一个是市场规制关系。

所以，当我们结合上文对经济法概念的溯源和对经济法产生和发展的社会根源及历史使命的了解，紧扣“国家干预”是经济法的本质属性和各种特征的引发点和集中体现，以及基于对经济法最基本、最核心的调整对象的提炼，可以对经济法作出如下定义：

所谓经济法，就是调整在国家进行宏观调控和市场规制的过程中发生的经济关系的法律规范的总称。这一定义具有如下意蕴：

第一，经济法最基本的属性是国家对社会经济生活的干预。此处的“干预”包括介入、调节、协调、调控和管理等内容，是符合市场经济体制要求的现代干预。

第二，经济法调整的是特定的经济关系，而不是所有的经济关系。经济法并不调整所有的经济关系，如存在于平等主体之间的体现意思自治的经济关系；存在于某些行政部门之间的体现行政隶属性质的特殊的经济关系等，就都不属于经济法调整。经济法仅仅是调整国家在干预或协调经济运行过程中形成的一种经济调制关系，简言之，经济法所调整的是调制关系。

第三，经济法具有突出的现代性特征。由于宏观调控和市场规制是作用于现代市场经济，因而经济法具有突出的现代性，这是它与传统部门法的重大不同。

第四，经济法是一类法律规范的总称，它并不特指某一个法律，而是各种调整调制关系的法律、条例、规定、细则等的总和。

四、经济法的调整对象

经济法的调整对象是指经济法所调整的经济关系的具体内容或范围。从上文可知，经济法最基本的、最核心的调整对象是市场规制关系和宏观调控关系。具体而言，由于市场规制主要涉及公司企业、反垄断、反不正当竞争、消费者权益保护等领域，体现的是对市场主体、市场行为或市场秩序等方面的规制，而由于宏观调控主要涉及财税、金融、计划等领域，体现的是对宏观经济方面的调控，故经济法的调整对象可进一步具体化为如下三个方面的内容。

（一）市场主体调控关系

市场主体调控关系是指国家为维护社会公共利益，对市场主体的组织和行为进行必要干预过程中所发生的社会关系。

在市场经济条件下，各类市场主体所进行的市场活动，已不仅是满足自身需求的行为，而是一种同时为满足社会日益增长的物质文化需要所进行的活动。换言之，在当今社会，市场主体需担负起社会责任，其不仅是“经济人”，而且还是“社会人”，其中，以企业尤甚。在此种情况下，国家为了全局性的、社会公共性利益的需要，就必须对市场主体的组织和活动进行必要的、适度的规制。市场主体调控关系具体包括两个层面的规制：一层是国家作为一种外部力量，从整体利益出发，与不同性质或不同组织形式的经济个体所发生的调控关系，如因市场准入、形态的设定、企业的社会责任等而发生的关系；另一层是国家对经济个体的内部的管理过程中所发生的经济关系的规制，如优化企业的内部结构，实现多种形式的经济责任，完善计划、生产、劳动、质量、成本、财务等管理体系。

（二）市场秩序调控关系

市场秩序调控关系又称市场运行调控关系，是指国家为建立和维护自由、公平的市场竞争秩序，保障国家、生产经营者和消费者的合法权益，而对市场主体的市场行为进行必要的干预所形成的经济管理关系。

市场经济是以市场为基本导向的经济。在市场经济条件下，市场对资源的配置起着基础性的作用。而市场资源的有效配置，需要有一个能使市场竞争机制正常发挥作用的良好的市场环境。从对世界各国的考察情况可知，最能影响市场秩序的是垄断、限制竞争、不正当竞争、制售假冒伪劣产品以及其他损害消费者和经营者利益等行为。对这些行为的有效制止，不是市场自身所能完全解决的，也不是市场经营者所能自觉修正的，更不是消费者所能自力维护的，而是必须由国家进行干预，对市场的竞争机制加以维护，对统一、开放、竞争和有序的市场体系予以培育和发展。因此，经济法调整的市场关系主要是反垄断关系、反限制竞争关系、反不正当竞争关系、产品质量关系以及消费者权益保护关系等。

（三）宏观经济调控关系

宏观经济调控关系是指国家为实现国民经济协调发展和经济总量的均衡增长，对关系国计民生的重大经济因素，实行全局性的调控过程中所发生的经济关系。

市场经济是一种社会化的大经济，主体众多、中心多元、私利为本、权利分立、决策分散、目标不一、追逐利益、外向扩张，这些使得市场竞争基本上是在一种无法总体控制的未知环境下盲目无序地进行的。市场自由竞争的这种盲目无序性，将不可避免地导致社会总供给与社会总需求脱节、供求失衡，产业结构混乱、发展失序，形成经济周期、经济不稳定等弊害，必须加以克服。而能担此任者，唯有处于社会中央、信息丰富而集中、享有公共权力、拥有足够权威的国家机关，尤其是中央国家机关。实践证明，国家要克服市场经济盲目无序性，只能通过宏观调控。与宏观调控的具体方式（即间接干预方式）相应，宏观经济调控关系主要包括财政税收调控关系、金融调控关系、产业政策调控关系、计划调控关系、外贸管理关系等。

思考与拓展

经济法在德国的勃兴①

【案情】

20世纪初期，德国为满足国家协调和干预经济运行的法律需求，颁布了一些对重要物资和产品价格实行国家统一管制的法律和法令，如《关于限制契约最高价格的通知》、《确保战时国民粮食措施令》和《战时经济复兴令》等。后来，为应对战后国内经济危机、负担巨额战争赔款和摆脱经济上的困境，解决垄断经济组织操纵市场所带来的经济社会问题，德国进一步加大对经济干预力度。比如，1919年8月生效的《魏玛宪法》规定，基于国家的需要可以对土地进行征收，土地之矿藏及可利用天然力均处于国家监督之下，并对私有工业实行“社会化”，实行完全的国家所有制、公私合营的半国家所有制和国家指定须受国家监督的企业由资本家、工人和消费者代表组成的管理机构进行管理，同时还佐以相关法规从不同角度干预市场运行，如《煤炭经济法》、《钾盐经济法》、《防止滥用经济力法令》(《卡特尔令》) 等。蕴藏于这些法律中的法律规范具有不同于以往法律规范的特质：国家有权对私人企业的经营活动进行干预、对经济运行要素进行国家协调，从而可以对垄断组织进行一定的限制，并在一定程度上取消或限制了契约自由原则和私权神圣原则。由于法律的实施产生了明显的经济绩效，这些不同于传统民商法和行政法倾向或特质的法律规范得到了德国社会和国家的确认，并逐渐成为一个新型的法律部门。

【思考方向】

(1) 经济法在德国兴起时的经济、政治和法律背景。

(2) 法学研究对经济法在德国兴起的作用。

【案例分析】

经济法首先在德国被用来标志法律并作为一个独立的法律力量兴起绝非偶然。众所周知，经济法作为一个法律部门出现，是在自由竞争的市场经济进入垄断的市场经济之后，为了解决垄断市场经济时期出现的依靠已经存在的民商法无法解决的、严重的经济社会问题。经济法在德国勃兴的情形正好说明了这一点。1871年德国统一后，经济迅猛发展。进入20世纪，德国的自由资本主义发展为垄断资本主义。1913年，德国的工业生产超过英、法，仅次于美国，居世界第二位。随着经济的迅速发展，其经济结构也发生了重大变化。资本高度集中，经济垄断组织大量产生。不到全国企业数1%的大企业，拥有占全国3/4的汽力和电力。一批国家所有的企业和国家与私人合营的企业使国家垄断资本主义渐成规模，并最终导致国家垄断资本主义成为主导性力量。第一次世界大战前夕，德国政府拥有全国44个最大的矿山、12个钢铁企业、24%的发电设备、20%的制盐生产量和80%的铁路线。在体现和维护“私权神圣”、“主体平等”、“意思自治”理念的传统民商法体系下，大量垄断经济组织为追求利益的最大化便倚仗自身的经济优势，肆意操纵市场，攫

---

① 肖江平．经济法案例教程．北京：北京大学出版社，2004. 4 ~ 6.

取超额垄断利润，在平等的形式之下强化了实质的不平等，并不断推动周期性经济危机的形成。

要实现交易双方的实质平等，实现自由竞争，恢复市场秩序，解决周期性经济危机，必须从法律上对“私权神圣”、“意思自治”予以限制，制定一系列赋予国家干预、协调经济运行的权力，规范国家宏观调控行为和市场规制行为，以从维护和促进社会整体利益的角度影响经济运行，在形式上维护主体平等的同时推进主体实质平等的实现，进而通过国家对宏观经济要素的调控，解决周期性经济危机，促进和实现宏观经济与微观经济、整体利益与个体利益的协调发展。

因此，德国垄断市场经济及其所引发的经济社会问题，是德国大量制定这类新型法律规范的经济政治动因。传统民商法无法满足解决这类经济社会问题的法律需求，是德国制定这类新型法律规范的法律动因。同时，德国当时对这类新型法律现象的极大关注和开创性的学术研究，又构成经济法勃兴的学术背景。如鲁姆夫（Rumpf）、卡斯凯尔（Kaskel）、阿·努斯鲍姆（Nussbaum）、赫德曼（Hedmen）等的研究及其成果在立法中的运用。

尽管德国制定的上述法律中蕴含着各类法律规范，但最主要的、最集中的是经济法规范。这些规范的共性在于它们所调整的是在国家干预经济运行过程中所产生的经济关系。虽然调整这类经济关系的法律规范此前也曾不同程度地在不同时期、不同国家出现过，但如此大规模地、集中地出现，并发生如此显著的经济、社会效应却是此前没有过的。也就是说，作为部门法的经济法是直至20世纪20年代才在德国产生的。

【提示】20世纪初至20年代德国经济立法中一些法律规范的新特质及其经济、社会背景，是学习经济法产生、经济法调整对象、经济法概念等理论问题的重要个案。分析经济法勃兴的特定经济、法律及其他相关经济、社会现象，会使经济法总论的学习素材更丰富、过程更生动。当然，为使学习更全面、深入，还可以寻求更多国家和地区中经济法兴起的案例。

第二节　经济法的地位、体系和渊源

经济法的地位、体系和渊源，都属于经济法学本体理论中的基本内容，是对“经济法是什么”的回答。不同部门法的构建，是对不同类型法律规范的法理提炼，其价值在于帮助人们正确分析法律案件，合理运用法律相应部门法的法律规范“定纷止争”，调整社会关系。关注经济法的地位，主要就是要看它在整个法律体系中有没有自己的位置，是不是一个独立的法律部门，以及具体位阶如何等问题。了解经济法体系，则需要探究各类经济法规范具体包括哪些，它们是如何构成一个和谐统一的整体等问题，而这不仅将有助于我们理解和把握经济法的理念和精神及其在价值取向、宗旨和原则上的特质，而且将有助于我们在法律实务中将法律规范从规范性法律文件及其具体法条中剥离出来。对经济法渊源的掌握，则在于概览和总体把握经济法法律规范的外在表现形式，而这不仅有助于我们更全面地理解经济法的体系，而且有助于我们在法律实务中增进做法条援引的技术。

一、经济法的地位

从一般的法理上说，研究某类法的地位，主要是看它在整个法律体系中有没有自己的位置，是否可以成为一个独立的法律部门。经济法的地位是指经济法在整个法律体系中是不是一个独立的法律部门，以及该法律部门在法律体系中所处的层次重要性如何，与其他相关部门法是什么关系等问题。在经济法理论的发展史上，关于经济法的地位问题，一直是学界争议的热点，并由此产生经济法的肯定说和否定说。在我国，经济法学研究自1978年大规模兴起以来，也曾有过肯定说与否定说的并存。但随着经济法在经济和社会生活中所发挥的重要作用以及经济法理论的日臻完善，人们逐渐认识到经济法的独特重要地位，当前学界普遍赞同经济法是一个独立的法律部门；我国的全国人大、国务院和最高人民法院，也都肯定经济法是一个独立的法律部门。

（一）经济法是一个独立的法律部门

所谓法律部门，是指调整同一类社会关系的法律规范的总称。从部门法的维度考察，通常是把调整某一类社会关系的法律规范归入同一个法律部门，也即只有存在自己独立的调整对象，只有存在调整性质相同的社会关系的那些法律规范才能够构成一个独立的法律部门。经济法是一个独立的法律部门，它有自己独立的调整对象：调整国家在干预经济运行过程中形成的宏观调控关系和市场规制关系。另外，该调整对象有自己的特征，与其他法律部门的调整对象既不交叉也不重叠，更不相同。故按照传统的部门法理论，经济法成为一个独立的法律部门，在整个法律体系中享有独立的地位，并且是整个法律系统中日益重要的一个子系统。

（二）经济法与其他法律部门的关系

我国法律体系包含了宪法、民商法、行政法、经济法、社会法、刑法、诉讼法等重要的法律部门。由于只有在法律体系中具有独立地位的法律部门，才与其他相关法律部门之间既存在一定的区别，又发生一定的关联，故学习和了解经济法与其他法律部门的关系，将有助于我们更进一步理解和掌握经济法的价值和独立地位。

1. 经济法与宪法的关系

宪法是国家的根本大法，在一国的法律体系中居于最高的地位；经济法是国家的基本法律。宪法中的相关规范，是经济法规范确立的基础；经济法规范，是宪法规范的具体化。从制度形成上说，宪法作为一部“分权”的法，其分权的规定对经济法调整的影响十分巨大，并形成了经济法上的各类体制法，如财政体制法、税收体制法、金融体制法、计划体制法等。由此可见，宪法为整个经济法提供了重要的基础，而经济法的各类制度，则是对宪法规定的具体化。因此从总体上说，经济法与宪法是基本法与根本法的关系。

2. 经济法与民商法的关系

经济法和民商法都属于国内法体系以及国家的基本法范畴。这两类部门法的区别非常明显：经济法属于公法，而民商法属于私法，由此使得两者在宗旨、保护法益、主体地位等方面都有所不同；经济法调整调制关系，而民商法调整平等主体之间的财产关系、人身关系以及商事关系，由此使得两者在法域、功能等方面各不相同。从总体上说，经济法与民商法形成了法律调整上的互补关系。两类部门法只有有效配合，才能更好地保障公共物品和私人物品的提供，才能实现对各类复杂的社会经济关系的共同的法律调整。

3. 经济法与行政法的关系

经济法和行政法同属于国内法体系，两者之间联系密切，在法律渊源上具有同源性，主体都包括国家行政机关、公民、法人和其他组织。而从差别的角度来看，两者的不同主要表现在调整对象以及宗旨、手段等方面。在调整对象方面，经济法主要调整特定的经济关系，即宏观调控关系和市场规制关系，它们是在国家行使经济和社会职能过程中发生的经济关系；而行政法是规范和控制行政权的法，它调整行政关系，即在行政主体行使行政职能和接受监督的过程中发生的各种关系，主要是行政管理关系。在立法宗旨方面，经济法主要是解决经济运行中存在的问题，特别是市场失灵的问题；而行政法则主要是解决行政领域的问题，特别是政府失灵的问题。在调整手段方面，经济法主要是运用间接的调制手段来协调矛盾；而行政法则主要是通过规范和控制行政权来确保依法行政、保护人权。

4. 经济法与社会法的关系

经济法和社会法同属于国内法体系以及现代法的范畴，在基本理念、制度构建、经济基础以及社会基础等方面，都存在着较多的一致性。两者之间尽管联系密切，然而在调整对象和基本特征等方面的区别也是比较明显的。在调整对象方面，经济法主要侧重于解决经济运行过程中产生的经济问题；而社会法则更侧重于解决社会运行过程中产生的社会问题。在基本特征方面，经济法和社会法虽然都具有一定的政策性、社会性，但经济法与经济政策联系更密切，其更突出的是经济性特征；而社会法与社会政策的联系更密切，因而社会法更突出的特征是社会性。

5. 经济法与刑法的关系

经济法与刑法是国内法律体系中的两个重要的法律部门，两者同属于公法，在保护社会公共利益、国家利益等公益方面以及在一些保护私权的原理方面[①]都具有一致性，对社会生活中出现的经济犯罪行为，经济法的规定需要与刑法的规定相衔接，二者联系密切。而二者在调整对象、调整目标以及法律强制性等方面的区别也是相当明显的。在调整对象方面，经济法主要调整特定的经济关系，这种特定性主要是一种规制的、纵向的经济关系；刑法是规定犯罪和刑罚的法律规范，其调整对象涉及一切被犯罪行为所侵害的社会关系，既有财产关系，也有人身关系，既有经济关系，也有政治关系。在调整目标方面，经济法主要是通过对特定的经济关系的调整，最终实现社会公共利益；而刑法则是通过维护社会秩序的稳定，来达到实现国家利益以及社会公共利益的目标。在法律强制性方面，经济法的强制性主要体现在其采用的调整方法中，对需要采用刑事制裁方法并要求追究刑事责任的，一般是通过援引刑法的规范实现；而刑法则具有其他任何法律部门都无法比拟的、最为严厉的强制性。

6. 经济法与诉讼法的关系

经济法与各类程序法，特别是与诉讼法的关系比较密切。因为随着经济法研究的日益

---

① 在一些保护私权的原理方面，如刑法上有罪刑法定原则，经济法上有预算法定原则、税收法定原则等一系列法定原则。

深入，有关经济法的权利救济或纠纷解决等问题，如何通过诉讼的途径来解决，也自然凸显其重要性。如何在经济法制度中解决“可诉性”问题，如何确保相关经济法主体实体权利的实现，是在经济法实体制度有了一定的发展之后，要着力研究和解决的问题。① 而由于经济法与诉讼法分属实体法和程序法，其调整对象、调整手段、调整目标等方面内容所存在的突出差异，在此不再赘述。

上述经济法与相关部门法的关系，主要体现的是经济法的外部关系。总而言之，经济法作为公法中的一类规范的总称，与宪法、行政法等公法规范在某些原理上存在着内在的一致性；而与民商法等私法规范则存在着一定的互补性。

二、经济法的体系

如果说，我们学习和掌握经济法与其他法律部门的关系，是为了清楚地理解经济法的外部关系，即经济法在法律体系内同经济法系统外部的其他各个部门法系统的关系，而对经济法的体系的学习，则是要进一步深入地了解经济法系统内部的关系。

（一）经济法体系的含义

经济法体系是指以内部具有逻辑联系的各类经济法律规范为要素、以经济法部门为构成单元所构成的和谐统一的系统结构。

众所周知，法的体系问题是法学理论中的一个重要问题。依据一般的法学原理，法律体系应当是相关法律规范中内在和谐的统一整体，且一个部门法体系的构成主要取决于该部门法的调整对象，即该法所调整的社会关系。经济法的体系问题，同样是经济法理论中的一个重要问题，它同经济法的调整对象有着直接的内在联系。正是基于学者对经济法调整对象认识的不同，目前学界对经济法的体系问题认识也各不相同。对于经济法体系的具体构成，尽管众说纷纭，然而其共通的观点是：经济法体系至少应包括市场规制法和宏观调控法。这是目前人们对于经济法规范作出的一个基本分类。将这两个部分作为经济法体系的最核心、最基本的部分，已是经济法学界乃至整个法学界的“基本”共识。②

（二）经济法体系的基本构成

依据上述有关经济法体系构成的基本共识和本书有关经济法调整对象的基本内容，经济法体系具体由如下三部分内容构成：

1. 市场主体规制法

市场主体规制法是指国家干预市场主体的组织和与组织有关的行为的法律规范的总称。作为经济法重要组成部分的市场主体规制法，充分体现了国家对市场主体的干预，而且这种干预是直接渗透到市场主体的组织和与组织有关的行动之中，比如对市场主体的设立、变更和终止，市场主体的章程，市场主体的权利能力和行为能力，市场主体的法律地位、市场主体的组织机构等市场主体的组织的规范，以及对公司发行股票、债券等与市场

① 张守文．经济法．北京：科学出版社，2008. 25.
② 张守文．经济法．北京：科学出版社，2008. 29.

主体的组织有关的活动予以规制。市场主体规制法主要表现为企业法，包括公司法、合伙企业法、个人独资企业法、外商投资企业法、企业破产法等。

2. 市场秩序规制法

市场秩序规制法是指调整国家在调控市场秩序的过程中所发生的社会关系的法律规范的总称。市场秩序规制法是从社会整体利益出发，对建立在传统私法上的市场秩序进行矫正的法，其目的在于确认正常的市场秩序，同时对偏离正常秩序的行为或状态施加一定的外力，以建立市场交易和市场竞争的合理秩序。目前，各国对市场秩序的规制主要是通过竞争政策和消费者政策来进行的，而这些政策的法律化就构成了一国的竞争法和消费者保护法。依据市场规制职能，竞争法和消费者保护法还可以进一步划分为反垄断法、反不正当竞争法和消费者权益保护法规范，它们构成了市场秩序规制法的三大类别。

3. 宏观调控法

宏观调控法是国家对国民经济和社会发展运行进行规划、调节和控制过程中发生的经济关系的法律规范的总称。宏观调控法具有调整范围的整体性和普遍性、调整方法的指导性和调节性以及调整手段的综合性和协调性等突出特征。目前，世界各国进行宏观调控，主要是运用财税、金融、计划经济政策以及相应的经济手段，这些政策及其手段的法律化，就构成了调整宏观调控关系、规范宏观调控行为的法律规范。而依据宏观调控职能，这些法律规范可以进一步细分为财税法、金融法和计划法规范，它们构成了宏观调控法的三大类别。

事实上，有关经济法体系的基本构成问题，是一个具有时代性的话题。就像整个法律体系需要随着时代的发展而发展一样，经济法体系也不会一成不变，而将随着时代的发展而发展。

三、经济法的渊源

学习和掌握经济法的渊源，有助于我们更全面地理解经济法的体系以及现实立法之间的内在关联，从而有助于我们将经济法理论的学习与经济法的实践紧密结合起来，查找经济法规范体系的漏洞和不足，推进立法机关更好地完善经济法的体系。同时也能够让我们更好地找到相关的法律依据，作为保护自己权益的工具，并逐渐培养和增强从事经济法实务的能力。

（一）经济法渊源的含义

经济法的渊源与法律渊源密切相关。要了解和掌握经济法的渊源，应先明白什么是法律渊源。所谓法律渊源，一般是指法的形式渊源，[①] 亦称“法源”、“法律的形式”，是指法律的存在或外在表现形式。经济法渊源也即经济法的形式渊源，就是指经济法规范的外在表现形式。

① 在法学理论中，法律渊源包括法的实质渊源和形式渊源。法的实质渊源是指法体现哪个阶级的意志。具体而言，也即法来源于掌握国家政权的阶级的意志。而我们通常所说的法的渊源是从法的形式渊源上来讲的，所以法的渊源一般是指法的形式渊源。

（二）经济法渊源的种类

纵观中外法制发展历史，法律渊源的种类主要包括制定法、判例法、习惯法、法理以及国际条约和国际协定。由于各国法律的历史渊源、历史传统、存在样式和运行方式的不同，各国所属的法系各有区别，并主要分属于大陆法系和英美法系。不同的法系，其法律渊源也不相同。大陆法系的法律以成文法即制定法的方式存在，其法律渊源包括立法机关制定的各种规范性法律文件、行政机关颁布的各种行政法规以及本国参加的国际条约，但原则上不包括司法判例。英美法系的法律渊源既包括各种制定法，也包括判例，而且判例所构成的判例法在整个法律体系中占有非常重要的地位。我国法律基本上归于大陆法系，我国经济法的渊源主要是各种制定法，具体而言，主要包括如下几类：

1. 宪法

宪法是国家的根本大法，由全国人民代表大会制定和修改，具有最高法律效力，是其他法律、法规的制定依据，凡是与宪法相抵触的法律、法规都不具有法律效力。毋庸置疑，宪法是经济法的最重要渊源。随着宪法的“经济性”的突出，许多宪法规定都与经济法直接相关。其中，有些宪法规范对于经济法具有总体上的意义，例如，我国《宪法》第 15 条规定，“国家加强经济立法，完善宏观调控”。这一规定对于经济法特别是宏观调控法就具有整体上的意义；而有些宪法规范甚至就是某些经济法领域的法律的直接立法依据，如宪法里对有关财政、税收、金融、计划等领域的规定，这些都是经济法的重要渊源。

2. 法律

法律是由全国人民代表大会及其常委会制定的规范性文件，在地位和效力上仅次于宪法。法律是经济法的重要渊源。正如我国《立法法》第 8 条中的规定，“基本经济制度以及财政、税收、海关、金融和外贸的基本制度”等，只能制定法律。可以说，以法律形式表现的经济法构成经济法的主体和核心部分。例如，在宏观调控方面，包括现已有财税领域的《预算法》、《企业所得税法》、《个人所得税法》、《政府采购法》、《会计法》等；金融领域的有《中国人民银行法》、《商业银行法》、《证券法》、《保险法》等；以及与计划、产业政策等相关的《价格法》、《中小企业促进法》等。在市场规制法方面，则有《公司法》、《反垄断法》、《反不正当竞争法》、《消费者权益保护法》、《产品质量法》等诸多法律，这些都是经济法的重要渊源。

3. 行政法规

行政法规是我国最高行政机关国务院制定的规范性文件，在地位和效力上仅次于宪法和法律。根据我国《行政法规制定程序条例》的规定，行政法规的名称一般为“条例”，也可以称“规定”、“办法”等。行政法规是经济法的重要渊源。从数量上看，相较于法律而言，经济法方面的行政法规是更多的。这是基于经济的社会化与政府对经济的全方位管理和参与，以及国务院需要对许多规定得比较原则的法律予以进一步具体化等原因，经济法大量以该种形式存在。例如，《公司登记管理条例》、《外汇管理条例》、《预算法实施条例》、《企业所得税法实施条例》等，这些都是经济法的重要渊源。

4. 部门规章

部门规章是国务院的组成部门及其直属机构在其职权范围内制定的规范性文件，其效力仅次于宪法、法律和行政法规。由国务院所属各部、各委员会根据法律和国务院的行政法规、决定、命令，在本部门的权限内发布的规章和规范性的命令、指示，也属于经济法的渊源。这是由于国务院所属的各部、委、行、署以及具有行政管理职能的直属机构，其中有多个部门是有权进行宏观调控和市场规制的重要主体，这些部门为了实现宏观调控和市场规制的目标，制定出内容更专业、更细致的部门规章，从而更能及时地体现国家的经济政策和社会政策。目前，财政部、国家税务总局、中国人民银行、国家发展和改革委员会（以下简称国家发改委）、国家工商行政管理总局、国家质检总局、商务部以及相关的各类监督管理委员会（如银监会、证监会、保监会）等部门所制定的规章，如中国人民银行颁发的《支付结算办法》、中国证监会发布的《上市公司信息披露管理办法》等，都是经济法的重要渊源。

5. 地方性法规

地方性法规是地方国家权力机关制定的规范性文件。根据我国相关法律规定，省、自治区、直辖市的人民代表大会及其常务委员会，在不与宪法、法律、行政法规相抵触的前提下，可以制定地方性法规，报全国人民代表大会常务委员会备案。省、自治区人民政府所在地的市和经国务院批准的较大的市的人民代表大会及其常务委员会根据需要，在不与宪法、法律、行政法规相抵触的前提下，可以制定地方性法规。事实上，为配合相关法律的实施，许多地方都制定了地方性法规。如我国《反不正当竞争法》颁布实施后，全国先后有二十余个省、市制定了地方性的反不正当竞争条例。可以说，地方性法规主要是对相关宏观调控法和市场规制法的具体落实，体现了地方的差异性。目前，地方性法规的数量庞大，已成为经济法数量最大的一种渊源。

6. 地方政府规章

地方政府规章是省、自治区、直辖市人民政府，以及省、自治区人民政府所在地的市和经国务院批准的较大的市的人民政府依照法定职权和程序制定和颁布的规范性文件，其效力低于宪法、法律、行政法规和地方性法规。各级地方政府根据社会经济需要发布的决定、命令等政府规章，尽管不属立法的范畴，但是它也是在执行法律、行政法规和地方性法规的基础上制定并施行的，故属于经济法的渊源。

7. 司法解释

司法解释是最高司法机关，主要是最高人民法院在总结审判经验的基础上发布的指导性文件或法律解释。由于这种解释通常是有关法律适用的普遍性指导意见，一般采取规范性文件的形式发布，对市场主体具有普遍的约束力，因而可作为经济法的渊源之一。如最高人民法院发布的《关于审理不正当竞争民事案件应用法律若干问题的解释》、《关于审理建设工程施工合同纠纷案件适用法律问题的解释》等。

8. 国际条约或协定

国际条约或协定是我国作为国际法主体同外国或地区缔结的双边、多边协议和其他具有条约、协定性质的文件。由于国际条约或协定生效以后，对缔约国的国家机关、团体和公民就具有法律上的约束力，故可以成为经济法的渊源。如我国加入 WTO 与相关国家签订的协议、我国与有关国家签订的双边投资保护协定等。

此外，经济法的渊源还包括自治条例和单行条例、特别行政区基本法等规范性法律文件。至于习惯法和判例是否能够成为经济法的渊源，目前仍存在争议。因其对立法和司法活动起着直接或间接的作用，但数量甚微，有学者认为可以将其视为经济法的辅助渊源形式。

思考与拓展

有中国特色社会主义法律体系框架已经基本形成①

【案情】

全国人大常委会在其2001年的工作报告中提出，构成有中国特色社会主义法律体系的基本标志是：第一，涵盖各个方面的法律部门（或法律门类）应当齐全。关于法律部门，法学界有不同的划分方法，常委会根据立法工作的实际需要，初步将有中国特色社会主义法律体系划分为七个法律部门，即宪法及宪法相关法、民法商法、行政法、经济法、社会法、刑法、诉讼与非诉讼程序法。第二，各个法律部门中基本的、主要的法律应当制定出来。第三，以法律为主干，相应的行政法规、地方性法规、自治条例和单行条例，应当制定出来与之配套。

宪法及宪法相关法是法律体系的主导法律部门，规定我国的社会制度、国家制度、公民的权利和义务、国家机关的组织、职责和活动原则。我国现行宪法是一部好宪法，经过三次修改，已更加完善，能够更好地适应改革开放和现代化建设的需要。同时，我们还制定了一批有关国家机构、民族区域自治制度、基层群众自治制度、特别行政区制度等方面的法律。

民法商法是规范民事、商事活动的基础性法律，主要调整平等主体之间的财产关系和公民的人身关系。我国已经制定了民法通则和一批有关财产权、知识产权、债权、婚姻家庭，以及公司、证券、保险、银行等民事商事方面的法律。

行政法是调整国家行政管理活动的法律，主要规范行政机关的行政权力和行政行为，以及规范公务员制度。我国在这方面已经制定了几十部法律，涉及行政管理活动的各个方面。

经济法是调整因国家对经济活动的管理所产生的社会经济关系的法律。我国已经制定了一批有关创造平等竞争环境、维护市场秩序的法律，还制定了一批国家宏观调控、经济行业管理、促进对外开放、合理利用和保护自然资源等方面的法律。

社会法是调整劳动关系、社会保障和社会福利关系的法律。我国已经在这方面制定了劳动法和一批保障社会特殊群体权益的法律。

刑法是规定犯罪和刑罚的法律规范。我国已经对1979年制定的刑法进行了修订，形成了比较完备的刑法典。

诉讼与非诉讼程序法是规范因诉讼活动和非诉讼活动而产生的社会关系的法律。我国在民事诉讼、刑事诉讼、行政诉讼和仲裁程序方面的法律，已经制定出来。

---

① 肖江平．经济法案例教程．北京：北京大学出版社，2004. 9～11；张守文．经济法．北京：科学出版社，2008. 26～27.

【思考方向】

（1）法的体系与法律体系的区别和联系。

（2）经济法在法的体系中的地位。

【案例分析】

本案例所涉及的理论问题主要是法律体系的构造和经济法的地位问题。

改革开放以来，特别是以建立社会主义市场经济体制为改革目标的1992年以来，建立适应社会主义市场经济需要的有中国特色的社会主义法律体系，成为当代中国法治建设的重要目标之一。这样，法律体系及其合理构造便成为立法理论和实践中需要关注的焦点问题之一。合理的法律体系构造，有助于现实法律的内在逻辑的体系化，有助于增进立法的自觉性，提高立法效率，促进立法社会功能的实现。尽管法的体系与法律体系有很大的区别，但二者在立法实践上会形成相应的联结。如果没有对法的体系及其构成的研究成果，没有法与社会关系基本理论作为基础，没有在此基础上的调整对象理论和部门法划分理论，就没有对法的体系的基本认识，就难以形成对法律体系内部构成理论的认识。当然，没有对法律体系构成的理论认识，也就很难有建立中国特色社会主义法律体系的、自觉的立法行为。正是在这一内在关系上，才形成了法的体系的抽象理论和建立法律体系的立法实践之间的逻辑链。在这个逻辑链中，经济法在法的体系中的部门法地位和在法律体系中的法律部门地位，构成了内在逻辑的联结。

由此，我们就不难理解，第八届、第九届全国人民代表大会常务委员会都着力将建立有中国特色社会主义法律体系的框架作为其主要工作任务之一。在前几届立法工作的基础上，经过这两届人大及其常委会的努力，到2001年初第九届全国人大第四次会议召开时止，全国人大及其常委会已经制定了390多件法律和有关法律问题的决定。同时，国务院制定了800多件行政法规，地方人大制定了8 000多件地方性法规。这些法律、法规基本涉及构成有中国特色社会主义法律体系的各个法律部门，并且各法律部门中基本的、主要的法律也大多已经制定出来。因此该报告认为“以宪法为核心的有中国特色社会主义法律体系的框架已经基本形成”。

同样，我们不难理解，第九届全国人大第四次会议工作报告在宣布有中国特色社会主义法律体系的框架基本形成的同时，要着重阐述法律体系的构成及其法律部门的划分问题。报告强调：“常委会根据立法工作的实际需要，初步将有中国特色社会主义法律体系划分为七个法律部门，即宪法及宪法相关法、民法商法、行政法、经济法、社会法、刑法、诉讼与非诉讼程序法。”同时，该报告在分别阐述七大法律部门时，也认为其中的某些措辞也有作学术上进一步探讨的必要。不过，由于该报告具有权威性，因此有关法律体系构造和七个法律部门划分的观点已经具有了多重的意义。

正如民事法律与民法、行政法律与行政法不同一样，经济法律与经济法也是不同的概念。这样，法律体系和作为学理抽象的法的体系也就不是同一概念，所指向的也不是同一对象。几乎所有的法律、法规等规范性法律文件，都蕴含着多部门法的法律规范。因此，尽管法律体系与法的体系由此形成内在联系，但是直接地将规范性法律文件体系用部门法的概念标示出不同的部门法，是不合适的。正如前文所述，在现实立法行为中，规范性法律文件是一件一件、一部一部的。当“立法工作的实际需要”要求对它们进行分门别类和体系构造的设计，现有理论和专业语汇无法完全满足相应的需求时，两难的困境促使人们作出了不是最好但也是可以推想和理解的选择：用部门法的概念标示法律体系的不同门类。作如是观，当全国人大通过该工作报告，是否也可以认为最高立法机构对学理中部门法划分的认可呢？事实上，在认同20世纪初期经济法在德国产生及其思想和立法行为在其他国家的传播时，我们也面对着同样的理论困境和现实选择。

【提示】有关真理标准的讨论远未结束，但其阶段性成果已经初步界定了官方观点与学术研究之间的关系。不过，从法律实务角度看待经济法地位问题时，对官方观点保有应有的尊重是应该的和值得的。在全国人大常委会的工作报告中，从立法角度列出七大法律部门，对在法律实务中恰当地适用法律条文、合理地援引相应的法律原则是很有帮助的。人们常常认为，在适用法律有争议的案件中才能凸显律师和法官的法学理论素养。

第三节　经济法律关系

经济法律关系是反映国家意志的经济法律规范作用于社会经济生活的过程和结果，是经济法律规范从静态到动态的转化。经济法的内在的客观功用价值①与外在的主观评判价值②正是通过经济法律关系得以张扬和实现。经济法律关系理论是经济法学规范理论中的重要内容，是经济法理论体系中的重要组成部分。而由于在现代市场经济条件下出现的许多经济领域的案件，常常是民事法律关系、经济法律关系和行政法律关系交织在一起的案件，故尽管经济法律关系是经济法学总论中的抽象理论，但其在经济法实务中的地位也非常突出。因此学习和掌握好经济法律关系，既是我们准确定性经济法权利、正确适用法律、保护相关主体法益的前提，也是我们正确办理法律事务必须掌握的基本功。

一、经济法律关系的概念

在法学理论中，对经济法律关系的理解，与对经济法的定义和调整对象的认识紧密联系。这是基于法律调整一定的社会关系。该种社会关系经由法律调整，便形成相应的法律关系。必须明确的是，法律关系只能是具体的部门法作用于一定社会关系的结果。故任何法律关系都属于社会关系的范畴，是由法律部门对特定的社会关系进行调整后形成的另一种社会关系，是某种特定的社会关系的法律化。比如，以调整平等主体之间的财产关系和

---

① 所谓经济法内在的客观功用价值，简称经济法的内在价值，是经济法规范内涵和客观上具有的功用。经济法的直接功用，就是调整宏观调控关系和市场规制关系，规范国家的调控行为和规制行为，为国家进行宏观调控和市场规制提供法律保障，也为被调制一方的合法权利免受侵害提供法律保障。这些直接功用是经济法最基本的、最有自身特殊性的功用。这就是经济法的内在价值。

② 所谓经济法外在的主观评判价值，简称经济法的外在价值，是外部主体在对经济法功用的预期、认知、反馈、交流中所形成的主观评判或价值追求。经济法的调整会直接影响到国家保障经济稳定增长、社会公共利益与基本人权等重要目标的实现，故效率、公平和秩序，作为经济法调整所应追求的一般价值，构成了经济法外在的主观评判价值。

人身关系而形成的法律关系，称为民事法律关系；以调整婚姻家庭关系而形成的法律关系，称为婚姻家庭法律关系；以调整行政管理关系而形成的法律关系，称为行政法律关系；以调整刑事犯罪与惩罚关系而形成的法律关系，称为刑事法律关系等。如前文所述，经济法的调整对象是因国家干预或协调社会经济而发生的经济调制关系，这种社会关系经由经济法调整，便形成经济法律关系。

因此，经济法律关系的概念可界定为：经济法律关系是指经济法律关系主体，根据经济法的规定，在参加宏观调控和市场规制的过程中所形成的经济权利与经济义务关系。

与其他社会关系相比，经济法律关系作为法律关系的一种表现形式，具有法律关系所具有的共性特征。首先，它是一种意志关系，属上层建筑范畴。也即经济法律关系是反映统治者意志和行为人意志形成的关系，因而不属于经济基础范畴。其次，它是根据法律规范建立并得到法律保护的社会关系。也即经济法律关系主体实现自己权利的行为，是国家应当保证法律实施的行为；经济法律关系主体如果不履行自己应尽的义务，就会受到法律的制裁。国家支持、保证主体权利的行使，保证义务的承担。再次，它是以权利义务为内容的具体的社会关系。也即经济法律关系是具体的权利义务关系，它使得法律规范规定的权利义务具体化。具体而言，作为法律规范，其规定的主体权利义务只是一种可能性，是主体能做和应做的行为，而并不是现实的行为，其所规定的权利与义务针对的是同一类人、同一类行为，凡是出现法律规范所假定的事实，具有法律规范所规定的主体的资格，都享有同一类权利并承担同一类义务；而一旦形成经济法律关系，则主体的权利与义务就是一种现实的权利义务，主体、权利与义务及其所指向的对象就都是具体的。

如果将经济法律关系与其他法律关系相比较，则经济法律关系具有专属特征。首先，它是在国家干预或协调经济过程中发生的有关主体之间的权利义务关系。这种权利义务因国家的经济调制而产生，其内容是与国家经济调制相关的权利和义务，而不是发生在其他调整范围的其他种类的权利义务关系。其次，它是由经济法确认的权利义务关系，受经济法的保护。也即经济法律关系的产生，是国家运用经济法手段干预或协调经济活动的必然反映，是调制关系为经济法律规范所确认的产物。

二、经济法律关系的构成

经济法律关系的构成，是指构成经济法律关系必须具备的要件。由于经济法律关系是法律关系的一种类型，故要深入学习和掌握经济法律关系的构成，有必要先清楚地了解法律关系的构成。法律关系由主体、内容和客体三部分构成。学界将之称为构成法律关系的"三要素说"，该学说被认为是构成任何法律关系的"公理"。

（一）法律关系的构成要素

按照"三要素说"的理论可知，任何法律关系都是由"主体、内容和客体"这三个要素构成，且三者缺一不可。其中，主体是法律关系构成的先决条件，没有主体就没有主体的活动，因而也就没有所谓的法律关系的内容和客体；法律关系的内容是法律关系主体所追求的目的和实质需要，是连接主体的桥梁。正是由于法律关系内容的存在，才在主体之间形成具体的法律关系。可以说，法律关系内容是法律关系最实质的表现，法律关系的客体是主体的权利和义务所共同指向的对象，是主体所追求的具体的目的或利益。故如果没有客体，主体的活动将无所依托或成了无的放矢，因而也就不可能有法律关系的内容存在。

1. 法律关系的主体

法律关系的主体，即法律关系的当事人或参加者，是法律关系中权利的享有者和义务的承担者。享有权利的一方称为权利人，承担义务的一方称为义务人。

法律关系的主体，主要包括如下三类：①公民（自然人）。公民（自然人）既包括本国公民，也包括居住在我国境内或在境内活动的外国公民和无国籍人。②法人和其他组织。法人包括机关法人、事业单位法人、社会团体法人和企业法人。其他组织则是指虽不具有法人地位，但是可以以自己的名义从事法律活动的主体，如分公司。③国家。在特殊情况下，国家可以作为一个整体成为法律关系的主体，如发行国库券。

上述主体如果要成为法律关系的主体，获得法律关系的主体资格，则必须同时具有权利能力和行为能力。也就是说，参加法律关系的主体，首先必须具有权利能力。所谓权利能力，就是由法律所确认的享有权利或承担义务的资格。它是“法律人格”的同义词。如果不具有权利能力，就意味着没有资格享有权利，甚至也没有资格承担义务。故它反映了法律关系主体享有权利和承担义务的可能性。其次是必须具备相应的行为能力。行为能力，就是法律所承认的、由法律关系主体通过自己的行为行使权利和履行义务的能力。只有具有行为能力，主体才能独立地以自己的名义参加法律关系，行使自己的权利或履行自己的义务。

就自然人而言，根据我国《民法通则》的规定，公民（自然人）的权利能力始于出生，终于死亡。由此可见，权利能力是每个公民（自然人）与生俱有的。而行为能力则不是公民（自然人）一出生即具有，也不是一切公民都能具有的。因为一个人要具备承担自己行为后果的责任能力，关键是他对自己实施的行为以及这种行为可能引起的各种后果，要具备一定的认识能力。也即行为人要能辨认自己的行为，并能认识到自己的行为后果。因此，公民（自然人）有无认识能力，也就成为公民（自然人）能否取得民事行为能力的根据。

公民（自然人）行为能力的取得与权利能力一样，均不由公民（自然人）个人的意志所决定，它们都是由国家法律赋予。我国《民法通则》以“年龄、智力和精神健康状况”为条件，把公民（自然人）分为完全行为能力人、限制行为能力人和无行为能力人三种：

（1）完全行为能力人。具完全民事行为能力，包括两种人：①年满十八周岁以上的公民；②十六周岁以上不满十八周岁的公民，以自己的劳动收入为主要生活来源的，视为完全民事行为能力人。公民（自然人）具有完全行为能力，就意味着他能够以自己的行为，独立地进行活动，自主地与他人确立、变更或终止法律关系，并对其行为后果承担法律责任。

（2）限制行为能力人。限制民事行为能力，也包括两种人：①十周岁以上十八周岁以下的未成年人；②不能完全辨认自己行为的精神病人。限制民事行为能力人，可以进行与他的年龄、智力或者精神健康状况相适应的民事活动；其他民事活动由他的法定代理人代理，或者征得他的法定代理人的同意。

（3）无行为能力人。无民事行为能力，同样也包括两种人：①不满十周岁的未成年人；②不能辨认自己行为的精神病人。无民事行为能力人，由他的法定代理人代理民事活动。

就法人而言，其作为法律关系的主体同样也应当具有权利能力和行为能力。但是，其权利能力和行为能力不同于自然人。以法人为例，法人的权利能力、行为能力在法人成立时同时产生，到法人终止时同时消灭。

2. 法律关系的内容

法律关系的内容，即法律关系的主体所享有的权利和承担的义务。所谓权利，就是权利人为了满足自己的利益，有权在法定范围内作为或不作为，或者要求他人为一定行为或不为一定行为，以便实现自己的某种利益。而义务是与权利相对应的一个概念，它们相互对应，相互依存，密不可分。权利意味着资格，义务则是一种责任；权利意味着“可以”，义务则是“不可以”。故所谓义务，就是法律规定的义务人应该按照权利人的要求为一定行为或不为一定行为，以满足权利人的利益。

3. 法律关系的客体

法律关系的客体，是指法律关系主体的权利和义务所共同指向的对象，也即在每一个法律关系中，权利客体和义务客体都是重合的，具有一致性。比如，某人到书店购一书籍，则买方的义务是支付书籍的价金，权利是取得书籍；卖方的义务是交付书籍，权利是取得价金。此处的书籍和价金是买卖双方权利义务指向的共同对象，由此才能在双方之间形成买卖法律关系。假如某人专为买此书籍而持款至书店，店主却欲以一影碟售之，则双方权利与义务所指向的对象不具有一致性，买卖关系便难以成立。

法律关系客体的数量和种类难以一一详述，概括而言，其主要的典型形态有如下几类：

（1）物。法律意义上的物是指法律关系主体支配的、在生产上和生活上所需要的客观实体，包括一切可以成为财产权利对象的自然之物和人造之物。如森林、土地、建筑物、机器、各种产品等。

（2）行为。因一定的行为结果可以满足权利人的利益和需要，故可以成为法律关系的客体。如旅客运输合同、加工承揽等。

（3）智力成果。又称知识产权，如文学艺术作品、科学著作、科学发明等。

（4）人格利益。如公民和组织的姓名或名称，公民的肖像、名誉、尊严、人身、人格和身份等。

（二）经济法律关系的构成要素

经济法律关系同一般法律关系一样，也是由主体、内容和客体三种要素构成。

1. 经济法律关系的主体

（1）经济法律关系主体的定义。经济法律关系的主体，简称经济法的主体，是指依据经济法而享有经济权利，并承担经济义务的当事人。需要注意的是，现实生活中的各类主体，可以同时成为多个法的主体。这是因为同一主体如果同时受不同的法律规制，则其必然也将同时成为多个法律领域的主体。如市场主体，既可以成为民法上的民事主体、商法上的商事主体，也可以成为行政法上的行政相对人、诉讼法上的诉讼主体等，而假如该市场主体依据经济法享有经济权利和承担经济义务，其就是经济法的主体。故在对经济法的主体进行理解时，不应仅从某个部门法的角度对主体进行人为的割裂，而应注意相关部门法之间的内在联系，看到传统法的主体同样可以成为经济法的主体。

（2）经济法律关系主体的分类。基于各类经济法的主体所从事的行为和相应的权利义务等不尽相同，故有必要对其予以分类。

根据经济法的主体形态的不同，经济法律关系主体可以分为国家机关、企业、事业单位、社会团体和个人等。上述各类主体中，作为经济法的主体的国家机关，主要是国家行政机关中的经济管理机关，这类主体在市场规制和宏观调控过程中，是以管理主体的身份出现参与经济法律关系；作为经济法主体的企业，在经济活动中，它是最主要的主体。

根据经济法调整领域的不同，经济法律关系主体可以分为宏观调控法主体和市场规制法主体。其中，宏观调控法主体可以分为调控主体和受控主体，在我国，如财政部、国家税务总局、中国人民银行、国家发改委等就都是重要的调控主体，而受控主体则主要包括作为市场主体的企业和个人等。市场规制法主体则可分为规制主体和受制主体，如我国的商务部、国家工商行政管理总局、国家质量技术监督检验总局等就是重要的规制主体，而受制主体与受控主体一样，主要包括企业、个人，以及从事经济法规定行为的事业单位和社会团体等，如商业银行或其他行业的企业、消费者、纳税人等。需要注意的是，上述调控主体与规制主体是主导者，它们与受控主体和受制主体的地位是不平等的。这是经济法与传统民法的突出差别，经济法更强调主体实质上的公平和正义。

（3）经济法律关系主体资格的取得。主体资格的取得，是主体产生的依据问题。一般法律关系主体的资格依法律规定而取得。而经济法主体资格的取得，尽管也是法定取得，然而其具有多维性和特殊性，故各类经济法主体资格的取得具有差异性。

首先，经济法主体资格的取得具有多维性。具体而言，即调控主体与受控主体、规制主体与受制主体取得经济法主体资格的法律依据不尽相同。通常，调控主体和规制主体都是重要的国家机关，它们在立法和执法活动中都负有宏观调控和市场规制的职权和职责，故其主体资格的取得，需要依据宪法和法律的规定，特别是专门的组织法的规定才能取得。例如，中国人民银行、反垄断委员会等调控或规制机关的职权和职责，在《中国人民银行法》、《反垄断法》等相关法律中都有专门的规定。对于受控主体和受制主体，基于它们首先必须是通常的从事生产经营活动的市场主体，而市场主体资格的取得主要是依据反映主体平等精神的民商法，故其主体资格的取得，一般不需要有专门的法律作出特别规定，但也不排除在某种特定情况下，如基于社会公益的考虑，对某些特殊行业的市场主体作出特殊的要求。例如，在市场准入方面基于对社会公益的考虑，《商业银行法》、《保险法》、《证券法》等法律，对银行、保险、证券等领域从业主体资格的取得，都有专门的规定。

其次，经济法主体资格的取得具有特殊性。具体而言，经济法主体资格取得的特殊性主要表现为如下两方面的内容：第一，尽管调控主体和规制主体的资格取得源于宪法、法律，但与其作为一般行政主体的资格取得还是有所不同，特别是在主体职权方面，作为经济法主体的国家机关更强调有关宏观调控和市场规制职能的行使，更强调其经济管理职能；第二，虽然受控主体和受制主体主要由民商法确定其资格，但也不排除基于社会公益、产业政策等方面的考虑，在市场准入方面，由专门的经济法规范对其主体的资格或资质条件等作出专门的限定。

2. 经济法律关系的内容

经济法律关系的内容是指经济法律关系主体享有的经济权利和承担的经济义务。所谓经济权利，是指经济法主体依法享有的自己为或不为一定行为和要求他人为或不为一定行为的资格。所谓经济义务，则是指经济法主体依法为实现他人利益而必须为一定行为或不为一定行为的责任。由于权利和义务总是要归属于特定的主体，因此，就某类主体而言，其职权与职责、权利与义务存在着一定的对应关系。具体到经济法律关系的经济权利和经济义务，则基于主体的不同分类情况体现了不同的“权义结构”。

（1）主体形态分类情况下的经济法主体的权利与义务。从上文已知，根据经济法主体形态的不同，经济法律关系主体可以分为国家机关、企业、事业单位、社会团体和个人等。与此相应，经济法主体一般享有如下主要经济权利：①经济职权。经济职权是国家机关及工作人员在行使经济管理职能时依法享有的权利。与其他经济权利不同，经济职权是一种国家权限，且是一种专属的职务权限，具有命令与服从的隶属性质，不可随意转让、放弃或抛弃。②所有权。所有权是指所有人依法对自己的财产享有的占有、使用、收益和处分的权利。所有权是最充分的物权，它具有占有权、使用权、收益权和处分权四项权能。这四项权能可以在一定条件下与所有人分离，这种分离也是所有人行使其财产权的一种方式。③法人财产权。法人财产权是指企业法人对企业所有者投资所设企业的全部财产在经营中所享有的占有、使用、收益和处分的权利。④经济请求权。经济请求权是经济法主体享有的可以请求他人为或不为一定行为的权利。它是一种救济性的权利，是经济法主体化为使自己的合法权益得以实现而拥有的权利，一般在一方主体不履行应尽的经济义务时发生。

在经济权利与经济义务的对应关系中，一方的经济权利往往是对方的经济义务。与上述经济权利相对应，经济法主体一般应承担的经济义务有如下几个方面：①履行经济职责。即国家机关必须主动地履行自己的经济职责，正确行使国家法律赋予的经济职权，不得有滥用经济职权的行为。②依法保护财产。即经济法主体在保护自身财产的同时，不能损害国家利益、社会公共利益和他人的合法权益。③依法从事经营。即经济法主体必须依法经营，不得以非法的手段达到营利的目的，损害国家、集体和个人的利益。④接受合法监督。即经济法主体必须自觉接受有关国家经济管理机关的检查监督，如实提供所需的各种资料或证据。⑤承担法律责任。即经济法主体必须为自己的违法犯罪行为承担相应的民事责任、行政责任和刑事责任。

（2）经济法调整领域分类情况下的经济法主体的权利与义务。根据经济法调整领域的不同，经济法律关系主体可以分为宏观调控法主体和市场规制法主体。基于此，经济法主体的权利与义务，则可具体分为经济法主体依法享有的职权和权利以及应当履行的职责和义务。

第一，调控主体和规制主体的职权和主要职责。依据“权义结构”理论，经济法主体的职权，是经济法主体中的调控主体和规制主体依经济法所享有的调控或规制的权利，是必须依法行使且不可放弃的。具体而言，调控主体和规制主体的职权，可以总称为“调制权”，其内容包括以下几个方面：①宏观调控权。宏观调控权分为宏观调控立法权和宏观调控执法权两类。而如果根据具体调控领域、具体调控方式等标准，则还可作更为具体的分类。例如，可以把宏观调控权再分为财政调控权、金融调控权、计划调控权等。其中，财政调控权又可以分为财政收入权和财政支出权；金融调控权可以分为货币发行权、利率调整权等；计划调控权可以包括产业调控权和价格调控权等。②市场规制权。市场规制权也可以分为市场规制立法权和市场规制执法权两类。从具体领域来看，除传统的一般市场规制权，也即主要是对垄断行为、不正当竞争行为、侵害消费者权利行为的规制权之外，随着市场经济的发展以及一些新型制度的产生，还出现了特殊市场规制权，如金融市场规制权、房地产市场规制权、能源市场规制权等。与一般市场规制权相比，特殊市场规制权的特殊之处就在于其不仅与特殊市场、特别的授权等相关，还与一定的宏观调控权的行使联系密切，并具体体现为一系列的监管权。上述调控主体和规制主体的调制权法定，各个调控主体和规制主体作为负有特定职能的部门，依法享有的职权各不相同。目前，我国在调制立法权方面，实际上是由国家的立法机关和行政机关行使。在宏观调控和市场规制领域，不仅全国人大享有立法权，而且国务院依法也可以制定行政法规，甚至国务院的某些职能部门，如财政部、国家税务总局、国家发改委、中国人民银行、商务部、海关总署、工商总局、质检总局等，都可能在事实上进行相关的立法。而在调制执法权方面，我国一般是由相关职能部门行使专属的调制权。需要注意的是，基于现实中某些主体可能同时行使两类不同的调制权，且主体从名称到职能都有可能会由于种种原因而发生变化，故对经济法上的调控主体和规制主体的确定，不能仅依现行的机构设置予以认定，而是应当依据具体的职能来确定行使调制权的主体。

依据法理，调控主体和规制主体在享有调制权的同时，必然也要履行相应的职责。这些职责主要如下：①贯彻法定原则。贯彻法定原则是调控主体和规制主体必须贯彻和遵守的基本职责。也即在调制立法权的行使方面，严格贯彻调制法定；在调制执法权方面，加强对调制权进行法律上的限定，以确保调控主体和规制主体全面地履行职责。②依法调控和规制。依法调制，是调控主体和规制主体的核心职责。即调制主体要依据法律的规定行使调制权，不去从事与法律精神相悖的行为。③不滥用、超越或放弃调制权。不得滥用、超越或放弃调制权，是调控主体和规制主体的重要职责。也即调制主体必须适时、适度、灵活地进行调制，不得违法地作为、不作为或者消极等待，更不能任意放弃。

第二，受控主体和受制主体的权利和义务。经济法主体的权利，是经济法主体中的受控主体和受制主体依经济法的规定而可以为或不为一定行为，或要求其他主体为或不为一定行为的可能性，这种权利是可以放弃的。对应于调制主体的职责，受控主体和受制主体也享有一系列的权利，这些权利可以统称为经济自由权。首先，从具体形态而言，经济自由权包括企业的“经营自由权”和居民的“消费者权利”等。在通常情况下，调制受体的经济自由权不被限定，若要限制则必须依法为之。国家实施宏观调控和市场规制，这在一定程度上构成对经济自由权的限制，故国家的调制行为就必须依法作出，由此也就确立了调制受体可以要求调制主体依法进行宏观调控和市场规制的权利。其次，从实质角度理解，经济自由权就是一类市场对策权。受控主体和受制主体只有充分享有相应的市场对策权，依法采取有效的对策应对国家调制和市场竞争，才能更好地行使其经济自由权。此种市场对策权，在调制受体与调制主体的经济博弈关系中，就体现为调制受体对调制主体的非强制性调制，有权选择合作或不合作、遵从或不遵从。也即调制受体享有接受或拒绝非强制性调制的权利，对非法调制行为也享有拒绝的权利。而此种市场对策权，在平等的市场主体之间，则体现为相关企业的竞争权，包括公平竞争权和正当竞争权。企业的竞争权，是企业进行市场交易和市场竞争必不可少的权利。因为在市场中一直潜藏着垄断和不正当竞争对公平竞争、正当竞争的侵害，从而有了竞争法对各类竞争权的保护。此外，由于不公平竞争和不正当竞争行为都会影响到消费者的权利，故应该将消费者权利涵括到市场对策权中。从一定意义上说，消费者权利无论在法律或经济上，对经营者的经营自由权都是一种限定。而恰恰是经营自由权与消费者权利的协调共存，才能使调制受体的经济自由权的行使在总体上更加有效。①

当市场主体成为经济法上的受控主体和受制主体，在享有经济法主体的权利的同时，也要承担经济法所规定的如下相关义务：①接受调控和规制的义务。即受控主体和受制主体应当接受调控主体和规制主体依法作出的宏观调控和市场规制，遵从、接受那些具有法律约束力的调制。②依法竞争的义务。即各类调制受体不得采取不公平的方式或者不正当竞争的手段从事危害公平竞争的行为或获取竞争优势，也不得从事违反诚实信用、公序良俗和公认的商业道德的行为，去损害其他市场主体的利益。

3. 经济法律关系的客体

（1）经济法律关系客体的定义。经济法律关系的客体，是指经济法律关系主体的经济职权和经济职责，或者经济权利和经济义务直接指向的目标或对象。在经济法律关系中，如果仅有调制主体与调制受体以及主体的职权、职责，或者权利、义务，而没有它们所指向的具体事物，则作为经济法律关系内容的经济职权和经济职责、经济权利和经济义务就会落空，故经济法律关系的客体，是经济法律关系不可或缺的要素。

（2）经济法律关系客体的分类。根据经济法律关系主体确立经济法律关系的动机，以及经济法律关系作用的事物的性质的不同，经济法律关系的客体主要包括如下几类：①物。物作为经济法律关系的客体，仅限于与调制行为相联系的物，或者是具有一定经济价值的物质财富。②经济行为。包括调制行为和对策行为。所谓调制行为，是指调制主体所从事的调控、规制行为，是调制主体为了特定的经济目的而在经济领域实施的，具有主导性的行为。所谓对策行为，是调制受体所从事的具有经济法意义的博弈行为，包括市场主体在市场竞争中所从事的各类行为以及市场主体针对国家的调制行为所实施的遵从或规避以及合作或不合作行为。③智力成果。即能直接对宏观经济运行和生产经营过程发生作用，能为人们带来经济价值的独创的脑力劳动成果，包括发明创造、商标、专利、专有技术、生产经营标记、商业信息、技术信息等。由于该类智力成果既可以是民事法律关系的客体，又可以是经济法律关系的客体，故需要注意区分，即在转让智力成果的法律关系中，它是民事法律关系的客体，而在对智力成果进行管理所发生的法律关系中，它是经济法律关系的客体。

---

① 张守文. 经济法. 北京：科学出版社，2008. 80～81.

三、经济法律关系的确立

（一）经济法律关系确立的定义

所谓经济法律关系的确立，是指使特定的法律关系处于某种确定状态的过程。经济法律关系的确定状态有三种：经济法律关系的产生、经济法律关系的变更、经济法律关系的终止。

（二）经济法律关系确立的原因

法律关系确立的原因是法律事实。与之相应，经济法律关系确立的原因是经济法律事实。

1. 法律事实

所谓法律事实，是指法律规范所规定的，能够引起法律关系产生、变更和终止的客观现象。与其他事实不同，法律事实是由法律加以规定的，能够引起法律后果的事实。根据不同的标准，法律事实分为如下两类：①事件。事件是与当事人意志无关，但能够引起法律关系发生、变更和消灭的客观情况。包括人的出生与死亡[①]、自然灾害与意外事件、时间的经过[②]等。②人的行为。人的行为是指人的有意识的活动，包括自然人和法人的活动。根据人的行为是否属于表意行为，可以分为法律行为和事实行为。所谓法律行为，即以行为人的意思表示为要素的行为；所谓事实行为，即与表达法律效果、特定精神内容无关的行为。

2. 经济法律事实

（1）经济法律事实的定义。所谓经济法律事实，是指能够引起经济法律关系发生、变更或终止的客观情况。经济法律事实与法律事实一样，也可以归结为行为和事件，但其各自的具体所指不同。

（2）经济法律事实的分类。经济法律事实包括如下两类：①经济行为。经济行为是指经济法律关系主体为了实现一定的经济目的而进行的活动。经济行为按其性质可以划分为经济合法行为（如依法进行的经济调制行为，依法实施的经营管理行为，行政执法、经济仲裁、经济审判和行政审判等行为）和经济违法行为（如国家行政机关的不当罚款行为，市场主体的垄断和不正当竞争行为等）。这两种行为都可以引起经济法律关系的发生、变更或终止。②事件。事件是指不以当事人的意志为转移但能引起经济法律关系发生、变更或终止的客观情况。作为经济法律事实的事件一般限于足以引起经济法律关系主体之间的经济法律关系发生变化和终止的自然现象或社会现象，如自然灾害、军事行动、政府禁令等。

---

① 人的出生与死亡能够引起民事主体资格的产生和消灭，也可能导致人格权的产生和继承的开始等。

② 时间的经过可以引起一些请求权的发生或消灭。

思考与拓展

中国人民银行行使利率调整权连续八次降低存贷款利率①

【案情】国家行使宏观调控权的经典案例，莫过于1996年5月1日至2002年2月21日，经国务院批准，中国人民银行连续八次降低存贷款利率的行为。这八次降低存贷款利率的具体情况分列如下：

时间	存款利率平均降低	贷款利率平均降低
1996年5月1日	0.98%	0.75%
1996年8月23日	1.5%	1.2%
1997年10月23日	1.1%	1.5%
1998年3月25日	0.16%	0.6%
1998年7月1日	0.49%	1.12%
1998年12月7日	0.5%	0.5%
1999年6月10日	1%	0.75%
2002年2月21日	0.25%	0.5%

这些政策对于拉动消费、缓解通货紧缩、刺激经济发展等发挥了不同程度的作用。

【思考方向】

(1) 中国人民银行的利率调整权的体现。

(2) 利率调整权是国家宏观调控权的一种，以此说明其作为经济法职权的相应特征。

【案例分析】

这是中国人民银行依法行使利率调整权，调整存贷款利率的典型案例。对这八次连续降低利率，在宏观经济意义上的经济学分析和经济法学分论角度的分析，学界已经有不少有价值的研究。这里主要从经济法学总论角度对其作为行使经济法上的权利案例进行相应的分析。

现代市场经济条件下，政府有义务提供公共物品，实现经济和社会的协调运行。其中，调控宏观经济运行，促进国民经济持续、快速、健康发展是国务院及其宏观经济调控主管部门的一项重要的义务。为保障这些义务的履行，增进相应的绩效，宪法和有关法律还赋予国务院及其宏观经济调控主管部门相应的职权。这些职权，我们可称为宏观调控权。宏观调控权是一系列权利所构成的体系。其中，利率调整的决定权是国家宏观调控权体系中的一种权利。

---

① 肖江平．经济法案例教程．北京：北京大学出版社，2004.4～6.

宏观调控权作为一类经济法方面的权利，法定性是其重要特征之一。《宪法》第 15 条及其修正案、第 89 条，是国务院行使宏观调控权的宪法依据。调整利率，是一项重要的宏观调控行为，是宏观调控权行使的体现。关于利率调整权，《中国人民银行法》就其权利主体、行使等作过相应的规定。该法律第 4 条第 1 项规定：中国人民银行履行依法制定和执行货币政策的职责。其第 5 条规定：中国人民银行就年度货币供应量、利率、汇率和国务院规定的其他重要事项作出的决定，报国务院批准后执行。这表明，利率调整决定权的主体是中国人民银行，但中国人民银行利率调整决定的执行，须经国务院批准。作为法定权利的行使，中国人民银行作出并经国务院批准的利率调整决定，所有金融机构和其他相关主体都有义务执行，否则就应承担相应的经济法责任。

利率调整决定权，既是中国人民银行所享有的一项法定权利，又是一项法定义务。这种权利与义务的同一性，是宏观调控权的又一特征。中国人民银行有权利也有义务根据宏观经济运行状况，适时适度调整利率，维持和促进宏观经济的协调运行。1992 年以来，国民经济发展速度较快，但一些宏观经济指标趋于恶化，通货膨胀的问题日益严重。为此，在国务院决定和实施其他宏观调控行为的同时，中国人民银行先后几次提高存贷款利率。1994 年以来，宏观经济形势趋向另一面，通货紧缩形势日益明显。为此，中国人民银行根据宏观经济的新形势，特别是货币供应量（M1）、消费价格指数（CPI）和其他相关宏观经济指标及其走势，经国务院批准，连续实施了八次降低存贷款利率，从而及时地遏制或减缓了通货紧缩的形势，增强了国民经济的协调性，促进了国民经济的良性发展。因此，中国人民银行有义务根据宏观经济运行的状况，适时适度地利用利率、汇率进行有效的宏观调控，履行相应的宏观调控职责。

【提示】经济法中的权利和义务，是实务中需要解决的重要问题，也是目前经济法总论研究中的热点问题之一。虽然宏观调控法及税法中的权利义务的研究已经有了较大的进展，但是经济法中的权利和义务还有很多问题需要研究。关注并研究实务中经济法的权利和义务，有助于理论研究的深化。

第四节　经济法责任

违反不同部门法所规定的各种法律义务，就需承担不同部门法所规定的各种法律后果，行为人应负不同的法律责任。故法律责任是任何一个部门法所必须具备的制度。法的强制力在很大程度上取决于法律对责任的合理规定。经济法责任同理是经济法制度重要的构成部分。违反经济法所规定的法律义务，行为人需承担经济法所规定的法律后果，负相应的经济法责任。经济法责任理论属于经济法的规范理论，同经济法主体理论、行为理论、权义结构理论等都存在着内在的关联，较为复杂，且具有其特殊性，在经济法理论中具有重要的地位。目前，学界普遍认为，经济法责任是经济法领域的一种独立责任，它有自己的具体形态，因而同传统的民事责任、行政责任和刑事责任等是可以分开的。

一、经济法责任的概念

经济法责任，或称经济法主体的法律责任，是指经济法主体因实施了违反经济法规定的行为而应承担的法律后果。换言之，即经济法主体因实施了违法行为，侵害了经济法所保护的法益，因而应受到经济法上的制裁。

此处需特别注意“经济法责任”与“经济责任”的区分。经济法责任是专指经济法作为独立法律部门所具有的责任，是经济法主体在行使职权或权利，实施调制行为或对策行为的过程中，违反了法定的职责和义务，依法要承担的责任，它是由经济法律、法规所确认的各种责任形式的总称；而经济责任则是泛指一切具有经济内容的责任。因此应明确，即便经济因素进入行政法和民法责任形式，也只能称之为行政法责任或者民法责任。只有经济责任上升为经济法的规定之后，才能成为经济法责任。

经济法责任作为我国整个法律责任体系中的一个重要组成部分，在具备法律责任的一般特征的同时，还具有如下区别于其他法律责任的特性：

（1）经济法责任的综合统一性，或称经济法责任的独立性。经济法是为解决现代问题而产生的高层次的法，因而它必然要以传统部门法的发展为基础，必然要与传统部门法各类责任存在密切的关联，但是经济法责任并非民事责任、行政责任和刑事责任的简单相加或随机综合，而是有机结合构成的统一体，有其独立性。具体而言，作为经济法的调制主体与调制受体并非处于同一层面，它们各负不同的职责和义务，故它们所承担的法律责任既不同于平等的民事主体所承担的民事责任，也区别于一般的行政责任。经济法责任在整个责任体系中，应当有其独立的地位。

（2）责任承担的双重性。经济法主体具体承担的法律责任，可能由本法责任和他法责任构成。其中，本法责任即经济法责任，是经济法主体违反了经济法规范所应当承担的法律责任；他法责任即其他法律责任，是指经济法主体在违反了经济法规定的同时，也违反了其他部门法规范，从而也应承担相应的法律责任，如民事责任、行政责任等。另外，在我国现行立法中，基于经济法上的调控或规制一般更具有抽象行为的特征，而且是具有普遍的执行力，且调制主体在保障公共利益方面负有重要责任，需要持续地对社会公众负责，故对调制主体本身一般不追究直接责任，特别是民事的或刑事的责任，而是主要承担道义上的、政治上的责任，其相关工作人员的行政责任甚至是刑事责任则往往成为代其承担责任的具体形式。需特别注意的是，在经济法责任的承担上，本法责任是第一位的，他法责任是第二位的。没有本法责任，也就没有他法责任。

（3）责任承担的非单一性。经济法主体所承担的责任往往存在着多种责任的竞合。这是由于经济法主体的违法行为既可能侵害具体的个体利益，也可能还会侵害公共秩序和公共利益，故经济法主体在责任承担上则不仅要承担民事责任和行政责任，还可能要受到刑事制裁。此外，基于经济法对违法行为的制裁是站在全社会的高度上的，所以对经济法主体责任承担的目标、内容、方式等方面的规定，与其他法律责任相比较，显得更加严格，不仅有经济性的，还有社会性的；不仅有补偿性的，还有惩罚性的。

二、经济法责任的分类

为了更好地理解和适用经济法责任，有必要按照分类研究的科学方法来认识经济法责任。经济法责任可以依据不同的标准作出不同的分类。

（一）违反宏观调控法的责任和违反市场规制法的责任

这是依据法律门类的标准，根据经济法主体违反的经济法的法律部门的不同来划分的。上述两类法律责任，依据违反的具体法律部门的不同，还可以作进一步的划分。例如，违反宏观调控法的责任可以分为财政法律责任、税收法律责任、金融法律责任、计划法律责任等。同时，每类责任又可以作出进一步的细分。例如，财政法律责任又可以再分为预算法律责任、国债法律责任、转移支付法律责任等。上述各类责任是违反相应的调控法律制度而应承担的违法后果，显然与传统的行政责任或民事责任是不同的。

（二）调制主体的法律责任和调制受体的法律责任

这是依据法律主体的标准，根据违法主体的不同来划分的。调制主体和调制受体因其权源不同，权义结构不同，因而所需承担的违法责任也各不一样。例如，调制主体的职权和职责来源于宪法性的组织法或具体的经济法，其违反法定义务所需承担的责任，就不可能是民事主体承担的私法性质的责任，而应当是公法性质的责任，甚至是违宪责任。可以说，主体的责任与主体所从事的行为直接相关，并可能会因违反不同的法而承担不同的责任。此外，经济法主体所承担的责任，还会因对各类主体具体法定义务和相应法律责任的规定不同而不同。例如，在某些宏观调控法律规范中，是以规定调控主体的义务为主，有关调控主体的法律责任的规定也就相对较多，而对受控主体的义务和责任的规定则相对较少。

（三）赔偿性责任和惩罚性责任

这是以追究责任的目的为标准来划分的。这种分类在许多部门法领域都可以适用，且同样适用于经济法。因为作为经济法主体可能承担的诸多责任，既可能是对私人主体和公共主体损失的一种补偿，也可能是对违法行为人的一种惩罚。对私人主体和公共主体损失的补偿，如损害赔偿、支付滞纳金等，这类责任一般都会被看作是赔偿性或称补偿性责任的形式；而对违法行为人的惩罚，如财产罚、自由罚、声誉罚等，这类责任通常会被看作是惩罚性责任的形式。因此，赔偿性责任并不都是民事责任，惩罚性责任也并不都是行政责任或者刑事责任。

（四）经济性责任和非经济性责任

经济性责任和非经济性责任，或称为财产性责任和非财产性责任，这是以承担责任的性质为标准来划分的。实际上，各类纷争都与一定的利益相关联，而明确责任可实现“定纷止争”。经济法主体所承担的责任，既包括经济上的补偿或惩处，如罚款、罚金、没收财产等经济性责任，也包括政治性责任、社会性责任、道义性责任等非经济性的责任。

三、经济法责任的具体形态

经济法责任的具体形态，既可能是赔偿性责任，也可能是惩罚性责任；既可能是经济性责任或称财产性责任，也可能是非经济性责任或称非财产性责任等。而比较典型的责任形态，主要有如下两种：

（一）赔偿性责任

经济法主体可能承担的赔偿性责任，主要包括国家赔偿和超额赔偿。

1. 国家赔偿

国家赔偿的主体是国家。经济法上的国家赔偿，在国家赔偿的发生原因、存在领域、制度目标、法律依据、赔偿对象、基本理念等方面，与行政法上的国家赔偿不同，其不是狭义上的行政赔偿或司法赔偿，更主要的可能是立法赔偿。这是由于在严格的调制法定原则的约束下，调控主体的调控失当，更多的是与立法或者立法性决策的失误有关，故当其给国民造成损害时，则不宜给予一般的行政赔偿或司法赔偿，而应当给予立法赔偿。与此相关联，国家需承担一种“实际履行”的责任。也即国家或政府的主要责任，就是要有效地提供诸如外部竞争环境的营造、市场秩序的维持、必要的宏观调控等公共物品，否则，将可能给市场主体造成不良影响，故需要政府实际履行。至于具体的国家赔偿责任，则主要是由调制主体来承担。

2. 超额赔偿

超额赔偿的主体是市场主体。经济法上的市场主体赔偿责任，与民事责任中的损害赔偿、行政责任中的国家赔偿不同。根据传统的责任理论，各类法律制度所涉及的赔偿责任主要包括三类，即等额赔偿、少额赔偿、超额赔偿。作为民事责任中的损害赔偿，一般要求等额赔偿，因而具有补偿性；而现行狭义的国家赔偿制度，一般实行少额赔偿，即受偿主体往往不能得到等额或足额补偿。经济法在市场主体赔偿责任方面，主要还是强调超额赔偿，要求做到对私人损害进行补偿的同时，对由此导致的社会损害也要进行补偿。它带有一定的惩罚性，反映了赔偿性责任与惩罚性责任的结合。例如市场规制法中的双倍赔偿、三倍赔偿制度等。我国《消费者权益保护法》第 55 条就明确规定，经营者提供商品或者服务有欺诈行为的，应当按照消费者的要求增加赔偿其受到的损失，增加赔偿的金额为消费者购买商品的价款或者接受服务的费用的三倍；经营者明知商品或者服务存在缺陷，仍然向消费者提供，造成消费者或者其他受害人死亡或者健康严重损害的，受害人有权要求经营者依照法律规定赔偿损失，并有权要求所受损失二倍以下的惩罚性赔偿。美国的反托拉斯制度也可见诸如三倍赔偿制度等。学界普遍认为，超额赔偿是经济法比较有特色的一种责任形式。

（二）惩罚性责任

经济法上的惩罚性责任，主要体现为罚款、信用减等、资格减免等惩罚性措施。

经济法上的惩罚性责任主要是针对违法者损害了社会公共利益，给更多的或不特定的主体造成了更大范围的秩序上的损害的情况，其无法再按照通常依据私法来确定和追究赔偿责任而使私人的损害得到补偿的做法，而必须在尽量补偿私人损害的同时，给予包括金钱罚、资格罚、能力罚、声誉罚、自由罚等更为严厉的惩戒和处罚，从而直接影响到市场主体的行为能力，以达到维护和恢复公平、正当竞争秩序的目的。惩罚性责任在市场规制法中尤其突出。

金钱罚是一种很常用的形式，在现实的立法中是经济法的重要责任形式。而与上述的资格罚、能力罚、声誉罚等惩罚性责任相对应，经济法上的信用减等、资格减免等惩罚性措施，则具有异于传统责任形态的特点。例如，在市场经济条件下，基于主体资格在市场准入方面举足轻重的作用，如果国家对调制受体的资格减损或免除，如吊销营业执照等，而使其失去某种活动能力，特别是进入某种市场的能力，这对调制受体而言无异于被处以重罚；基于市场经济就是“信用经济”，在普遍实行的信誉评估制度、纳税信息公告制度、各种“黑名单”制度等相关制度中，如果对某类主体在信用上降低其等级，则也是一种较重的惩罚。

思考与拓展

经济法主体的责任差异与可诉性①

【问题】有人认为，经济法主体在责任承担上具有双重性，故经济法责任应该是既包括“本法责任”，也包括“他法责任”。此外，经济法领域的司法救济普遍缺少法律依据，因而追究法律责任将很困难，对于这种观点应如何看待？

【分析】

经济法责任既包括“本法责任”，也包括“他法责任”，这种观点是不正确的。只有“本法责任”才属于经济法责任，“他法责任”恰恰是经济法以外的其他法律上的责任，这些责任不属于经济法责任，如民事责任、行政责任等。经济法主体在责任的具体承担上具有“双重性”，并不是经济法责任本身具有“双重性”。

关于经济法主体的可诉性问题，应基于经济法不同主体的责任差异而区别对待。这是由于调制主体与调制受体的责任存在差异，对其能否追究责任以及如何追究责任，在法律规定上有所不同，因而在可诉性方面也有很大不同。

通常，对于调制受体的责任追究，同一般的市场主体在其他法律领域中应承担的责任追究类似，因而在可诉性方面并不存在特别的问题。但在调制主体责任领域，则无论在制度设计还是理论研究方面，都还存在着很多盲点与难点，这在可诉性的问题上体现得尤其突出。

从经济法的部门法领域来看，在市场规制法领域，由于规制主体及其责任一般是可以特定化的，因而可诉性问题并不突出。但在宏观调控法领域，由于调控主体的行为往往被认为属于抽象行为，因而在现行制度上不具有可诉性，要追究其责任比较困难。由于调控主体本身的角色就具有多重性（如可能既是调制主体，又是行政主体或立法主体等），它

① 张守文．经济法．北京：科学出版社，2008. 85 ~ 88；财政部会计资格评价中心．经济法．北京：中国财政经济出版社，2010. 25.

在保障经济和社会稳定发展、保障社会公共利益、提供其他的公共物品方面具有十分重要的作用，因而一般很难让它歇业、关闭或者对其处以自由罚。同时，由于经济来源的财政补偿性，处罚的经济后果最终还是要由纳税人来承担，一般也很难对其进行有实际意义的经济处罚，因此，通常只能由相关的直接责任主体先行承担，而调制主体则承担政治性责任（如引咎辞职等），使其付出“合法性减损”或“信用减等”的代价。此外，还有一种情况是，调制主体并无过错，但造成了客观损害，且调制受体为不确定的多数人，具体的个体足够多，这种情形在可诉性上就存在一定的问题。是否要追究调制主体的责任以及如何追究其责任，目前还是制度设计上的重要难题。

第五节　经济纠纷的解决

经济法律关系的主体在经济活动中不可避免地会产生争议，经济纠纷的存在使社会经济关系处于紊乱和不确定的状态。为保护当事人的合法经济权益免遭侵害，维护社会经济秩序，保障市场经济机制正常运行，就必须运用有效的手段及时处理和解决这些经济纠纷。在我国，解决经济纠纷的基本方式有协商、调解、仲裁、诉讼。通常，在经济纠纷发生后，当事人可以相互协商解决争议，也可以通过第三方调解解决。不愿协商、调解，或协商、调解不成的，当事人可以选择申请仲裁或提起诉讼。本节所要学习的内容，就是当经济纠纷无法通过协商或调解来解决时，当事人解决争议的最主要方式：仲裁和诉讼。

一、仲裁的基本制度

（一）仲裁和仲裁法的概念

仲裁是指纠纷当事人在自愿的基础上达成协议，将纠纷提交非司法机构的第三者审理，第三者就纠纷居中评判是非，并作出对争议各方均有拘束力的裁决的一种解决纠纷的制度、方法或方式。①

仲裁作为兼具契约性、自治性、民间性和准司法性的一种争议解决方式，具有既不同于当事人的自行和解，也不同于行政复议或诉讼的独有特性。与诉讼相比，仲裁具有自愿性、灵活性、快捷性、经济性和独立性等特点。

仲裁法，即调整仲裁关系的法律，具有广义和狭义之分。狭义的仲裁法，仅指以仲裁法为名称的单行法。现行的《中华人民共和国仲裁法》（以下简称《仲裁法》），是1994年8月31日由第八届全国人民代表大会常务委员会第九次会议通过，于1995年9月1日起施行。广义的仲裁法除单行法外，还包括所有涉及仲裁制度的法律规范，如民事诉讼法和合同法中关于仲裁的规定以及行政法规、规章中的有关内容。

---

① 黄进，宋连斌，徐前权．仲裁法学．北京：中国政法大学出版社，2008. 1 ~ 2.

（二）仲裁范围

所谓仲裁范围，是指可仲裁的事项或争议的范围。我国经济仲裁的受案范围非常广泛，然而并不是所有的案件都可以通过仲裁的方式解决。《仲裁法》规定，平等主体的公民、法人和其他组织之间发生的合同纠纷和其他财产权益纠纷，可以仲裁。但下列纠纷不能仲裁：①婚姻、收养、监护、扶养、继承纠纷；②依法应当由行政机关处理的行政争议。此外，《仲裁法》第 77 条规定，劳动争议和农业集体经济组织内部的农业承包合同纠纷的仲裁，另行规定。

就目前我国《仲裁法》规定的仲裁范围而言，可以申请仲裁的案件，首先是平等主体之间发生的纠纷，如果当事人之间具有管理与被管理的关系，则其纠纷不能仲裁。其次，仲裁事项是当事人有权处分的财产权益纠纷，即当事人提交仲裁的事项应该是合同纠纷或其他财产权益纠纷，且当事人有权处分的。如果当事人之间因身份关系或其无处分权的其他关系发生的纠纷，不能仲裁。

（三）仲裁法的基本原则

仲裁法的基本原则贯穿仲裁全过程，是对仲裁活动起指导作用的行为准则。根据我国《仲裁法》的规定，仲裁法有如下几项基本原则：

1. 自愿原则

自愿原则充分体现了当事人的意思自治，是仲裁制度中核心的原则。当一项纠纷产生后，自愿原则在仲裁中可以具体体现为：是否将其提交仲裁，交由谁仲裁，如何确定仲裁庭的组成形式，选择谁担任仲裁员，仲裁适用何种程序规则和实体法等，都可由当事人在自愿的基础上协商确定。

2. 公平独立仲裁原则

我国《仲裁法》规定，仲裁应当根据事实，符合法律规定，公平合理地解决纠纷。仲裁依法独立进行，不受行政机关、社会团体和个人的干涉。仲裁委员会应当从公道正派的人员中聘任仲裁员。仲裁委员会独立于行政机关，与行政机关没有隶属关系。仲裁委员会之间也没有隶属关系。

3. 一裁终局原则

一裁终局原则是世界各国普遍接受的仲裁法原则。我国《仲裁法》第 9 条规定，仲裁实行一裁终局的制度。裁决作出后，当事人就同一纠纷再申请仲裁或者向人民法院起诉的，仲裁委员会或者人民法院不予受理。对此，《仲裁法》第 57 条、第 62 条进一步明确规定，裁决书自作出之日起发生法律效力。当事人应当履行裁决。一方当事人不履行的，另一方当事人可以依照民事诉讼法的有关规定向人民法院申请执行。受申请的人民法院应当执行。故按照该原则，当针对某个争议的仲裁程序终结后，当事人不得就同一纠纷再次提请仲裁，也不得向人民法院起诉。除非裁决被人民法院依法裁定撤销或者不予执行的，当事人就该纠纷才可以根据双方重新达成的仲裁协议申请仲裁，或向人民法院起诉。

4. 或裁或审原则

当事人就其所发生的争议，只能在仲裁或者诉讼中选择其一加以适用，也即一旦双方当事人之间达成有效的仲裁协议，则只能选择适用仲裁，而如果不存在有效的仲裁协议，则只能选择适用诉讼。我国《仲裁法》规定，当事人采用仲裁方式解决纠纷，应当双方自愿，达成仲裁协议。没有仲裁协议，一方申请仲裁的，仲裁委员会不予受理。当事人达成仲裁协议，一方向人民法院起诉的，人民法院不予受理，但仲裁协议无效的除外。当事人达成仲裁协议，一方向人民法院起诉未声明有仲裁协议，人民法院受理后，另一方在首次开庭前提交仲裁协议的，人民法院应当驳回起诉，但仲裁协议无效的除外；另一方在首次开庭前未对人民法院受理该案提出异议的，视为放弃仲裁协议，人民法院应当继续审理。

（四）仲裁协议

1. 仲裁协议的概念

所谓仲裁协议，或称仲裁合同、仲裁契约，是双方当事人自愿达成的，将已经发生或将来可能发生的争议提交仲裁解决的一种书面协议。仲裁协议是经济仲裁的基石，其既是争议当事人将争议提交仲裁的依据，也是仲裁机构对案件取得管辖权的前提。

2. 仲裁协议的类型

根据我国仲裁法的规定，仲裁协议是一种要式法律行为，必须采用书面形式。按照仲裁协议存在的方式的不同，可将其分为三类：①仲裁条款。仲裁条款是仲裁协议最常见的形式，一般订立于纠纷发生前，存在于所签订的合同中。②仲裁协议书。仲裁协议书在形式上是独立的契约，可于争议发生之前或之后订立。③其他书面形式的仲裁协议。其他书面形式的仲裁协议，是以合同书、信件和数据电文（包括电报、电传、传真、电子数据交换和电子邮件）等形式达成的请求仲裁的协议。

3. 仲裁协议的内容

根据《仲裁法》的规定，一项有效、可执行的仲裁协议，应当包括如下基本内容：①请求仲裁的意思表示。作为对争议解决方式的约定，仲裁协议必须明确表示双方当事人愿意将争议提交仲裁解决，且该意思表示是真实的。②仲裁事项。仲裁事项，就是当事人提交仲裁的争议范围。仲裁事项必须是仲裁法允许仲裁的事项，且具有明确性。在仲裁实践中，仲裁事项一般都尽可能作广义解释。如当事人概括约定仲裁事项为合同争议的，基于合同成立、效力、变更、转让、履行、违约责任、解释、解除等产生的纠纷都可以认定为仲裁事项。③选定的仲裁委员会。选定的仲裁委员会是有效仲裁协议必须具备的一项内容，当事人在仲裁协议中必须明确约定争议事项由哪一个仲裁委员会进行仲裁，否则仲裁协议无法执行。

故如果仲裁协议对仲裁事项或者仲裁委员会没有约定或者约定不明确的，当事人可以补充协议；达不成补充协议的，仲裁协议无效。

（五）仲裁程序

1. 仲裁的申请和受理

当事人申请仲裁应当符合下列条件：①有仲裁协议；②有具体的仲裁请求、事实和理由；③属于仲裁委员会的受理范围。当事人申请仲裁，应当向仲裁委员会递交仲裁协议、仲裁申请书及副本。

仲裁委员会收到仲裁申请书之日起 5 日内，认为符合受理条件的，应当受理，并通知当事人；认为不符合受理条件的，应当书面通知当事人不予受理，并说明理由。仲裁委员会在受理仲裁申请之后，应当在仲裁规则规定的期限内将仲裁规则和仲裁员名册送达申请人，并将仲裁申请书副本和仲裁规则、仲裁员名册送达被申请人。

2. 仲裁庭的组成

仲裁委员会受理仲裁申请后，并不直接仲裁案件，而是组成仲裁庭来仲裁案件。仲裁庭可以由三名仲裁员或者一名仲裁员组成。由三名仲裁员组成的，设首席仲裁员。

仲裁庭的组成程序包括两个步骤，首先确定仲裁庭的形式，然后再选定仲裁庭的成员。对于仲裁庭的组成形式以及仲裁员的确定，以当事人的意愿为优先。如果当事人没有在仲裁规则规定的期限内约定仲裁庭的组成方式或者选定仲裁员的，由仲裁委员会主任指定。

3. 仲裁审理和裁决

仲裁案件的审理形式有开庭审理和书面审理两种。根据我国《仲裁法》第 39 条的规定，仲裁应当开庭进行。当事人协议不开庭的，仲裁庭可以根据仲裁申请书、答辩书以及其他材料作出裁决。而不论案件是开庭审理还是书面审理，仲裁的审理方式以不公开审理为原则。根据《仲裁法》第 40 条的规定，仲裁不公开进行。当事人协议公开的，可以公开进行，但涉及国家秘密的除外。

开庭是仲裁程序的重要阶段，对于查清案情具有重要作用，当事人的密切配合尤显重要。故当事人应当按时到庭，在仲裁庭的主持下参加庭审活动。如果申请人经书面通知，无正当理由不到庭或者未经仲裁庭许可中途退庭的，可以视为撤回仲裁申请。如果被申请人经书面通知，无正当理由不到庭或者未经仲裁庭许可中途退庭的，可以缺席裁决。

仲裁庭在作出裁决前，可以先行调解。当事人自愿调解的，仲裁庭应当调解。调解不成的，应当及时作出裁决。调解达成协议的，仲裁庭应当制作调解书或者根据协议的结果制作裁决书。调解书与裁决书具有同等法律效力。

裁决应当按照多数仲裁员的意见作出，少数仲裁员的不同意见可以记入笔录。仲裁庭不能形成多数意见时，裁决应当按照首席仲裁员的意见作出。裁决书自作出之日起发生法律效力。

（六）申请撤销仲裁裁决

仲裁实行一裁终局的制度，仲裁裁决一经作出，即发生法律效力。为保护当事人的合法权益，减少仲裁工作中的失误，我国在《仲裁法》中设立了撤销仲裁裁决程序。

根据《仲裁法》第 58 条的规定，当事人提出证据证明裁决有下列情形之一的，可以向仲裁委员会所在地的中级人民法院申请撤销裁决：①没有仲裁协议的；②裁决的事项不属于仲裁协议的范围或者仲裁委员会无权仲裁的；③仲裁庭的组成或者仲裁的程序违反法定程序的；④裁决所根据的证据是伪造的；⑤对方当事人隐瞒了足以影响公正裁决的证据的；⑥仲裁员在仲裁该案时有索贿受贿，徇私舞弊，枉法裁决行为的。人民法院经组成合议庭审查核实裁决有前款规定情形之一的，应当裁定撤销。人民法院认定该裁决违背社会公共利益的，应当裁定撤销。

当事人申请撤销裁决的，应当自收到裁决书之日起六个月内提出。人民法院应当在受理撤销裁决申请之日起两个月内作出撤销裁决或者驳回申请的裁定。

（七）仲裁裁决的执行

当事人应当依法履行裁决。通常情况下，当事人基于自愿将纠纷提交仲裁，都会自觉履行仲裁裁决。如遇有义务人不自动履行仲裁裁决的，根据《仲裁法》第 62 条的规定，一方当事人不履行的，另一方当事人可以依照《民事诉讼法》的有关规定向人民法院申请执行，受申请的人民法院应当执行。

二、民事诉讼的基本制度

（一）民事诉讼和民事诉讼法的概念

民事诉讼，是指人民法院在双方当事人和其他诉讼参与人的参加下，在审理民事诉讼案件的过程中，以审理、判决、执行等方式所进行的各种解决民事纠纷的活动，以及由这些活动所产生的各种诉讼法律关系的总和。

民事诉讼是以国家公权力解决纠纷的方式，与协商、调解、仲裁等其他民事纠纷解决方式相比，其具有国家公权性、程序性、纠纷解决的强制性、终局性和权威性等特点。

民事诉讼法，即规定民事诉讼程序的法律，是国家的基本法之一，具有广义和狭义之分。狭义的民事诉讼法，仅指国家最高权力机关制定颁行的关于民事诉讼的专门法律。在我国目前是指 1991 年 4 月 9 日第七届全国人民代表大会第四次会议通过，根据 2012 年 8 月 31 日第十一届全国人民代表大会常务委员会第二十八次会议《关于修改〈中华人民共和国民事诉讼法〉的决定》第二次修正并于 2013 年 1 月 1 日起施行的《中华人民共和国民事诉讼法》。广义的民事诉讼法，是指由国家制定或者认可的，调整民事诉讼的各种法律规范的总和。其除民事诉讼法专门法律之外，还包括宪法、其他实体法与程序法中有关民事诉讼的规定、最高人民法院以及最高人民法院与其他有关行政机关联合发布的关于民事诉讼方面的司法解释。

（二）民事诉讼的基本制度

民事诉讼的基本制度，是针对人民法院的审判活动，规范人民法院的审判行为的具体制度。根据《民事诉讼法》第 10 条的规定，我国民事诉讼的基本制度，具体包括合议、回避、公开审判和两审终审制度。

1. 合议制度

合议制度，是指由三名以上单数的审判员、陪审员共同组成合议庭或者由审判员组成合议庭，代表人民法院行使审判权，对民事案件进行审理与作出裁判的制度。在我国民事诉讼中，除一审简易程序采用独任制审理外，人民法院审理民事案件时必须适用合议制进行审判。根据《民事诉讼法》第 42 条的规定，合议庭评议案件，实行少数服从多数的原则。评议应当制作笔录，由合议庭成员签名。评议中的不同意见，必须如实记入笔录。

2. 回避制度

回避制度，是指在民事诉讼中为了保证案件的公正审判，要求与案件有一定利害关系或者其他关系的审判人员及其他有关人员，退出对某一具体案件的审判活动的制度。回避制度是程序正义对诉讼制度的基本要求的体现。根据《民事诉讼法》第44条的规定，在民事诉讼中，需要回避的主体包括审判人员、书记员、翻译人员、鉴定人、勘验人。

3. 公开审判制度

公开审判制度，是指人民法院在审判民事案件过程中，除法律规定的情形外，审判过程向社会和群众公开的制度。完整的审判过程由审前准备、开庭审理、裁判形成、宣告判决四个阶段构成。公开审判公开的对象是案件的开庭审理与宣告判决阶段的活动。① 向社会和群众公开是指允许新闻媒体采访、报道，允许群众旁听案件审判过程。

4. 两审终审制度

两审终审制度，是指一个民事案件经过两级人民法院的审判后即告终结的制度。我国人民法院审理民事案件实行两审终审制。根据该制度，当事人不服一审裁判，可以上诉至二审人民法院，二审法院所作出的裁判为终审裁判，当事人不得再次提起上诉。为了保证错案得以纠正，如果人民法院作出的终审裁判确有错误，当事人可以通过审判监督程序予以纠正。

（三）诉讼管辖

诉讼管辖，是确定人民法院系统内同级人民法院之间或者各级人民法院之间受理第一审民事案件的分工和权限。我国《民事诉讼法》规定的诉讼管辖，主要有级别管辖、地域管辖、移送管辖和指定管辖。

1. 级别管辖

级别管辖，是指按照人民法院组织系统，划分上、下级人民法院之间受理第一审民事案件的分工和权限。根据《人民法院组织法》的规定，人民法院的设置分为基层人民法院、中级人民法院、高级人民法院和最高人民法院四级。级别管辖即从纵向上确定哪些第一审民事案件应由哪一级法院受理的问题。

2. 地域管辖

地域管辖，是指确定同级人民法院之间在各自的区域内受理第一审民事案件的分工和权限。地域管辖是从横向上确定同级人民法院之间对案件的管辖分工权限，其所解决的是第一审案件在确定由哪一级法院管辖之后，进一步确定由同级的哪个地方的法院受理的问题。根据《民事诉讼法》的规定，地域管辖包括一般地域管辖、特殊地域管辖、专属管辖、协议管辖和共同管辖。

一般地域管辖，是指以被告住所地为标准来确定管辖法院，即以“原告就被告”为原则来确定案件的管辖法院。根据《民事诉讼法》第21条的规定，对公民提起的民事诉讼，由被告住所地人民法院管辖；被告住所地与经常居住地不一致的，由经常居住地人民法院管辖。对法人或者其他组织提起的民事诉讼，由被告住所地人民法院管辖。同一诉讼的几个被告住所地、经常居住地在两个以上人民法院辖区的，各该人民法院都有管辖权。

---

① 宋朝武．民事诉讼法学（第二版）．北京：中国政法大学出版社，2011. 93.

特殊地域管辖，是指以诉讼标的所在地，或者引起民事法律关系发生、变更、消灭的法律事实所在地为标准确定的管辖。特殊地域管辖常见的有以下几种：①因合同纠纷提起的诉讼，由被告住所地或者合同履行地人民法院管辖。②因铁路、公路、水上和航空事故请求损害赔偿提起的诉讼，由事故发生地或者车辆、船舶最先到达地、航空器最先降落地或者被告住所地人民法院管辖等等。

专属管辖，是指对某些特殊类型的民事案件，法律强制规定只能由特定的人民法院行使管辖权。与其他法定管辖相比，专属管辖具有优先性、排他性与强制性。它既排除一般地域管辖和特殊地域管辖的适用，也排除协议管辖的适用。由人民法院专属管辖的经济纠纷案件主要有：①因不动产纠纷提起的诉讼，由不动产所在地人民法院管辖；②因港口作业中发生纠纷提起的诉讼，由港口所在地人民法院管辖。

协议管辖，是指双方当事人在合同纠纷发生之前或发生之后，用协议的方式约定解决他们之间争议的管辖法院。根据《民事诉讼法》第 34 条的规定，合同或者其他财产权益纠纷的当事人可以书面协议选择被告住所地、合同履行地、合同签订地、原告住所地、标的物所在地等与争议有实际联系的地点的人民法院管辖，但不得违反本法对级别管辖和专属管辖的规定。

共同管辖，是指依照法律规定，两个以上的人民法院对同一诉讼案件都有管辖权。根据《民事诉讼法》第 35 条的规定，两个以上人民法院都有管辖权的诉讼，原告可以向其中一个人民法院起诉；原告向两个以上有管辖权的人民法院起诉的，由最先立案的人民法院管辖。

3. 移送管辖和指定管辖

移送管辖，是指已经受理案件的人民法院，因发现自己对该案没有管辖权，而主动将案件移送给有管辖权的人民法院管辖。移送管辖实质上是同级人民法院之间案件的移送，并不是管辖权的转移。[①] 根据《民事诉讼法》第 36 条的规定，人民法院发现受理的案件不属于本院管辖的，应当移送有管辖权的人民法院，受移送的人民法院应当受理。

指定管辖，是指在某种特殊情况下或管辖权发生争议时，上级人民法院用裁定的方式，将某一案件交由某一个下级人民法院管辖。根据《民事诉讼法》第 37 条的规定，有管辖权的人民法院由于特殊原因，不能行使管辖权的，由上级人民法院指定管辖。人民法院之间因管辖权发生争议，由争议双方协商解决；协商解决不了的，报请它们的共同上级人民法院指定管辖。

（四）审判程序

1. 第一审普通程序

第一审普通程序，是人民法院审理第一审民事案件通常所适用的基础程序，是最完整、最系统的审判程序。根据《民事诉讼法》的规定，第一审普通程序包括如下几个阶段：

（1）起诉和受理。起诉必须符合下列条件：①原告是与本案有直接利害关系的公民、法人和其他组织；②有明确的被告；③有具体的诉讼请求和事实、理由；④属于人民法院

---

① 宋朝武．民事诉讼法学（第二版）．北京：中国政法大学出版社，2011. 170.

受理民事诉讼的范围和受诉人民法院管辖。起诉应当向人民法院递交起诉状，并按照被告人数提出副本。人民法院对于符合法定起诉形式要求且符合法定起诉条件的，必须受理，且应当在七日内立案，并通知当事人。对于不符合起诉条件的，则应当在七日内作出裁定书，不予受理。原告对裁定不服的，可以提起上诉。

（2）审理前的准备。人民法院在受理原告的起诉之后到开庭审理之前，案件承办人员须依法进行一系列的准备工作：①送达诉讼文书和提出答辩状；②告知当事人诉讼权利义务及合议庭组成人员；③审核诉讼材料，调查收集必要的证据；④追加当事人以及其他工作。

（3）开庭审理。根据《民事诉讼法》的规定，开庭审理必须严格依照法定程序和要求进行，不仅须采取法庭审理的方式，而且应当采取法定审理方式。人民法院审理民事案件，除涉及国家秘密、个人隐私或者法律另有规定的以外，应当公开进行。离婚案件，涉及商业秘密的案件，当事人申请不公开审理的，可以不公开审理。对于开庭审理的基本程序，依顺序可分为开庭准备、法庭调查、法庭辩论、评议和宣判几个诉讼阶段。

（4）判决和裁定。判决和裁定是人民法院审理的结果，也是当事人进行民事诉讼的结果。民事判决，是指人民法院经过对案件的审理，就案件的实体问题，依法作出的具有法律效力的结论性判定。民事裁定，是人民法院在审理民事案件的过程中，对程序问题进行处理时所作的判定。二者的区别主要在于：①适用的事项不同。民事判决解决的是案件的实体问题，是对当事人的实体争议和请求所作出的结论，是实体性事项；民事裁定解决的是诉讼中的程序问题，是程序性事项。②作出的依据不同。民事判决依据的是实体事实和实体法；民事裁定所依据的是程序事实和民事诉讼法。③发生的阶段不同。民事判决只在案件审理终结时作出，一个案件只能有一个有效并被执行的判决；民事裁定则可发生于诉讼的各阶段，一个案件可能有多个有效并被执行的裁定。④形式不同。民事判决只能采用书面形式；民事裁定可采用书面形式或口头形式。⑤上诉的范围不同。一审的判决都可以上诉；裁定则除不予受理、对管辖权有异议的、驳回起诉这三项裁定可以上诉外，其他裁定一律不准上诉。⑥上诉期不同。当事人不服第一审判决的，有权在判决书送达之日起15日内向上一级人民法院提起上诉；可以上诉的裁定，当事人有权在裁定书送达之日起10日内向上一级人民法院提起上诉。

2. 第二审程序

第二审程序是民事诉讼当事人不服第一审人民法院未生效的裁判，在法定期限内，向上一级人民法院提起上诉，上一级人民法院对案件进行审理所适用的程序。

当事人提起二审程序，应当递交上诉状。第二审人民法院对上诉案件，应当组成合议庭，开庭审理。第二审人民法院对上诉案件，经过审理后，应当分不同情况作出以下裁判：①驳回上诉、维持原判；②依法改判；③裁定撤销原判决，发回重审。第二审人民法院对不服第一审人民法院裁定的上诉案件的处理，一律使用裁定。第二审人民法院的判决、裁定，是终审的判决、裁定。人民法院审理对判决的上诉案件，应当在第二审立案之日起三个月内审结。有特殊情况需要延长的，由本院院长批准。人民法院审理对裁定的上诉案件，应当在第二审立案之日起30日内作出终审裁定。

3. 审判监督程序

审判监督程序，又称再审程序，是指当已经发生法律效力的判决、裁定和调解书出现法定再审事由时，由人民法院依照法律规定对案件再行审理所适用的程序。审判监督程序并不是一种基于审级制度而设置的正常审判程序，就其性质而言，它是纠正人民法院已发生法律效力的错误裁判的一种补救程序，即不增加审级的具有特殊性质的审判程序。①

根据《民事诉讼法》的规定，各级人民法院院长对本院已经发生法律效力的判决、裁定、调解书，发现确有错误，认为需要再审的，应当提交审判委员会讨论决定。最高人民法院对地方各级人民法院已经发生法律效力的判决、裁定、调解书，上级人民法院对下级人民法院已经发生法律效力的判决、裁定、调解书，发现确有错误的，有权提审或者指令下级人民法院再审。当事人对已经发生法律效力的判决、裁定，认为有错误的，可以向上一级人民法院申请再审；当事人一方人数众多或者当事人双方为公民的案件，也可以向原审人民法院申请再审。当事人申请再审的，不停止判决、裁定的执行。

思考与拓展

我国民事诉讼法的立法依据②

【案情】

2012 年 8 月 31 日第十一届全国人民代表大会常务委员会第二十八次会议通过了全国人民代表大会常务委员会《关于修改〈中华人民共和国民事诉讼法〉的决定》，对《中华人民共和国民事诉讼法》进行第二次修正，并于 2013 年 1 月 1 日起施行。根据该法第 1 条的规定，《中华人民共和国民事诉讼法》以宪法为根据，结合我国民事审判工作的经验和实际情况制定。

【思考方向】

我国民事诉讼法的立法依据。

【案例分析】

民事诉讼是指作为平等主体的公民之间、法人之间、其他组织之间或者他们相互之间因财产关系和人身关系发生纠纷，向人民法院提起诉讼，请求人民法院通过审判解决争议，保护自身的合法权益的活动。民事诉讼法是规定民事诉讼程序的法律，属于国家的基本法之一，它既是人民法院审理民事案件的操作规程，也是当事人和其他诉讼当事人进行诉讼的行为规范。

我国最早的一部民事诉讼法是 1982 年 3 月第五届全国人大常委会第二十二次会议审议通过的《中华人民共和国民事诉讼法（试行)》。该法试行九年后，根据试行中积累的经验，针对改革开放中出现的新情况、新问题，全国人大对民事诉讼法（试行）进行了修改和补充，于 1991 年 4 月第七届全国人大第四次会议通过了《中华人民共和国民事诉讼法》。该法实施以来，对保护当事人的诉讼权利，保障人民法院正确、及时地审理民事案件，维护经济社会秩序，促进社会主义现代化建设发挥了重要作用。同时，随着改革开

---

① 常怡．民事诉讼法学．北京：中国政法大学出版社，2005. 352.

② 王胜明．中华人民共和国民事诉讼法释义（最新修正版)．北京：法律出版社，2012. 1 ~5.

放和经济社会的发展，经济成分、组织形式、利益关系日趋多样化，新情况、新问题不断出现，民事纠纷日益增多，公民、法人向人民法院提起民事诉讼维护自身合法权益的民事案件大量增加，人民法院在审理和执行过程中遇到了许多新的矛盾和难题，民事诉讼法的规定已经不能完全适应司法实践的需要。第十届全国人大期间，全国人大代表联名提出修改民事诉讼法的议案共 90 件，其中针对当事人“申诉难”、“执行难”，要求完善审判监督程序和执行程序的议案 57 件，占总数的近三分之二。中央在关于司法体制和工作机制改革的方案中也提出，要着力解决人民群众反映强烈的“申诉难”和“执行难”问题。为此，全国人大常委会将民事诉讼法修改列入了十届全国人大常委会立法规划和 2007 年的立法计划。全国人大法制工作委员会会同全国人大内务司法委员会和最高人民法院、最高人民检察院多次研究修改，于 2007 年 10 月 28 日十届人大常委会第三十次会议三次审议通过了《关于修改〈民事诉讼法〉的决定》。《决定》着力解决人民群众反映强烈的“申诉难”和“执行难”问题，对反映集中、修改条件比较成熟的审判监督程序和执行程序的部分规定作出了修改。随着经济社会的快速发展，民事案件数量不断增多，新案件类型不断出现，民事诉讼法的规定在某些方面已经不能适应人民群众的司法需求，有必要进一步完善。近几年，一些全国人大代表和有关方面陆续提出修改民事诉讼法的意见和建议，中央在关于深化司法体制和工作机制改革的意见中也要求进一步完善民事诉讼制度。从 2010 年开始，全国人大法制工作委员会按照全国人大常委会立法工作安排和不断完善中国特色社会主义法律体系的总体要求，再次对民事诉讼法作出了修改。修改的主要问题：一是完善调解与诉讼相衔接的解决社会矛盾机制；二是完善简易程序，包括扩大简易程序适用范围，设立小额诉讼制度；三是进一步保障当事人的诉讼权利，包括完善起诉和受理程序、完善开庭前准备程序、增加公益诉讼制度、增加第三人撤销之诉制度、完善保全制度、完善裁判文书公开制度；四是完善当事人举证制度，包括明确接收当事人提交证据材料的手续、促使当事人积极提供证据、赋予当事人启动鉴定程序的权利、增加规定人民法院确定举证期限和不按期举证的责任；五是强化法律监督，包括增加监督方式、扩大监督范围、强化监督手段、完善审判监督程序。

民事诉讼法的立法根据有两个：一是法律根据，即以宪法为根据；二是事实根据，即立足于我国的实际情况，总结并结合民事审判工作的经验。

制定和修改民事诉讼法，一要根据宪法原则，宪法规定了中华人民共和国人民法院是国家的审判机关；人民法院审理案件，除法律规定的特别情况外，一律公开进行；人民法院依照法律规定独立行使审判权，不受行政机关、社会团体和个人的干涉；中华人民共和国人民检察院是国家的法律监督机关等原则，民事诉讼法的制定和修改要体现宪法的原则，将宪法原则具体化，以保障宪法的贯彻实施。二要结合我国民事审判工作的经验和实际情况。民事诉讼法自实施以来，公民、法人和其他组织通过诉讼请求人民法院保护其民事实体权益的案件大量增加，据有关部门统计，全国各级人民法院在 2011 年共审结一审民事案件 488.7 万件。人民法院通过审理大量的民事案件，积累了丰富的实践经验。另外，改革开放的深入和我国经济社会的发展，给民事诉讼带来了新情况和新问题。因此，民事诉讼法的制定和修改，需要结合行之有效、比较成熟的审判工作经验，结合改革开放和社会主义现代化建设中出现的实际情况，使民事诉讼法符合我国国情，具有中国特色，做到切实可行。

【同步实练】

【案情】

甲与乙于某年1月签订了一份买卖合同，约定由甲在次年1月前提供20台机床，每台5万元；乙在合同生效后一个月内先向甲支付30万元；并约定双方的合同纠纷应当提交丙仲裁委员会仲裁。当年4月，由于原材料价格大幅上涨，甲要求乙上调价格，乙不同意。甲提出解除合同，并向仲裁委员会申请仲裁；而乙认为应当向人民法院起诉。

甲公司遂于当年5月10日向丙仲裁委员会申请仲裁。仲裁委员会收到仲裁申请书一周后，在作出受理甲公司的仲裁申请的同时，决定由仲裁员王某一人组成仲裁庭对案件独任仲裁。王某接受指派后，对案件公开进行了仲裁审理，并在甲公司无正当理由未出庭的情况下作出缺席裁决。甲公司不服裁决，要求仲裁庭重新仲裁。仲裁庭于是撤销原裁决，重新作出裁决。

【问题】

（1）仲裁委员会有权受理此案吗？

（2）本案在程序上有错误吗？

【复习思考题】

1. 如何理解经济法的概念和调整对象？你能否从经济法的现代性角度进一步分析经济法产生的社会基础、经济基础和政治基础？

2. 如何理解经济法的地位？你能否从经济法地位的角度，透过经济法的地位进一步认识其他部门法的地位？

3. 经济法体系与经济法的调整对象有什么关联？你如何理解经济法的体系是一个多层次的、内在和谐统一的整体？

4. 如何理解经济法主体资格取得的多维性和特殊性？经济法主体的权利与义务主要有哪些？你能否用“权义结构”理论来进一步分析具体的经济法制度存在的问题？

5. 经济法责任与传统的法律责任相较有何不同特点？你能否从具体的经济法制度中指出经济法责任的具体形态？

6. 仲裁和诉讼在解决经济纠纷时存在怎样的联系及区别？

【参考文献】

1. 张守文．经济法．北京：科学出版社，2008.
2. 漆多俊．经济法学．北京：高等教育出版社，2007.
3. 李昌麒．经济法学（2002年修订版）．北京：中国政法大学出版社，2002.
4. 邱本．经济法通论．北京：高等教育出版社，2004.
5. 张富强．经济法学．北京：法律出版社，2005.
6. 符启林．经济法学．北京：中国政法大学出版社，2005.
7. 肖江平．经济法案例教程．北京：北京大学出版社，2004.
8. 财政部会计资格评价中心．经济法．北京：中国财政经济出版社，2010.

9. 中国注册会计师协会．经济法．北京：中国财政经济出版社，2011.

10. 刘泽海．新编经济法教程．北京：清华大学出版社，2010.

11. 黄进，宋连斌，徐前权．仲裁法学．北京：中国政法大学出版社，2008.

12. 宋朝武．民事诉讼法学（第二版）．北京：中国政法大学出版社，2011.

13. 王胜明．中华人民共和国民事诉讼法释义（最新修正版）．北京：法律出版社，2012.

14. 宋连斌．仲裁法．武汉：武汉大学出版社，2010.

15. 张艳，张建华，刘秀风．民事诉讼法学．北京：北京大学出版社，2009.

第二章

企业法律制度

本章提要及学习目标

企业在经济法主体结构中具有基础性的地位，按其组织形式可分为公司、个人独资企业、合伙企业等，按其投资的外国因素可分为外商独资企业、中外合资经营企业和中外合作经营企业。我国以立法方式确立了上述企业形式的市场主体法律地位，对企业的设立、变更、终止进行规范，并就破产制度进行了专门立法，构筑了较为完善的企业法律制度。通过本章的学习，主要了解个人独资企业、合伙企业、外商投资企业的特征，掌握各类企业的设立条件、组织结构、法律责任，以及当企业不能清偿届期债务时的债务清理制度。

第一节　企业法概述

我国的企业立法以《中华人民共和国公司法》的颁布为重要标志，大致经历了两个阶段。前一阶段立足于我国的计划经济体制，主要体现为按照企业的所有制性质进行立法。国家针对全民所有制企业、乡村和城镇集体所有制企业、私营企业以及外商投资企业颁布了一系列单行法律和法规。随着社会主义市场经济的建立和发展，按照所有制性质进行立法已无法满足市场经济发展的需要。后一阶段立法侧重于企业的组织形式，这一时期主要体现为从企业的组织形式角度进行立法，制定了有关公司、合伙、个人独资以及企业破产制度等一系列法律和法规。

一、企业的概念与特征

企业是指依法设立，具备一定的组织形式，以营利为目的独立地从事生产经营活动和提供商业服务的经济组织。

企业具备以下特征：

（一）组织性

企业是依法设立的组织，具有自己的名称、住所、组织机构、规章制度。企业的组织性使其有别于自然人和家庭，也不同于因血缘、亲缘、地缘等关系组成的家族团体或同乡团体。

（二）营利性

企业存在的目的就是通过生产经营和商业服务活动，以较少的投入取得较大的收益，实现资产的保值、增值，维护自身的生存和发展。这一特征使得企业有别于非营利的慈善、宗教、志愿者等组织。

（三）经济性

企业作为一种社会组织，以经济活动为中心，在生产经营过程中为社会提供产品与商业服务，致力于不断提高本身的经济效益。这是企业与国家机关、事业单位、社会团体等组织的根本区别。

（四）独立性

企业是一种在法律和经济上都具有独立性的组织。依法成立的企业均在法律上有一定的主体资格。具有法人资格的企业在法律上具有独立主体资格，没有法人资格的企业具有相对独立的法律上的主体资格。在经济上，企业实行独立核算、自主经营、自负盈亏，是独立的经济组织。

二、企业的分类

企业可依据不同的标准进行分类。例如，按照行业可分为农、林、牧、渔业，采矿业，制造业，房地产业等；按照企业规模的大小可分为大、中、小企业；按照企业所经营的事业可分为农业企业、工业企业、商业企业、服务性企业等。对企业进行具有法律意义的分类，较为普遍的划分方法有以下几种：

（一）根据企业所有制性质划分

这一分类标准多为原苏东国家、中国和曾经或正实施计划经济的国家所采用，依照所有制性质将企业划分为国有企业、集体企业、私有企业以及混合制企业等，并制定相应的法律、法规，如我国颁布的《全民所有制工业企业法》、《城镇集体所有制企业条例》、《乡镇集体所有制企业条例》以及《个人独资企业法》等。

（二）根据企业承担的风险责任划分

依据企业对外承担的风险责任对经济主体进行分类，可分为法人企业和非法人企业。这一分类能够明确反映出企业的法律地位，有利于企业间经济交往。法人企业对外承担有限责任，主要采用公司形式，包括国有公司、有限责任公司和股份有限责任公司等。非法人企业对外承担无限责任，主要包括个人独资企业、合伙企业、联营企业和中外合作企业等。

（三）根据企业的组织形式划分

从事经济活动，投资者可选择自己单独投资经营，也可选择与他人合作合伙经营，还可选择公司形式进行投资经营。依投资者的选择，可成立独资企业、合伙企业、公司等。根据企业的组织形式进行分类是较为传统且被普遍认可的方式。

（四）根据企业资本的涉外因素划分

我国在经济发展过程中，为鼓励引进外资，对外商投资企业进行了专门立法。因此，依据国内、国外投资的来源，可将企业分为内资企业和外商独资企业。外商投资企业包括外商独资企业、中外合资经营企业和中外合作经营企业，统称“三资企业”。外商投资企业包括我国港澳台投资的企业。

三、企业法的概念和相关立法

企业法，是指调整企业在设立、运行和终止过程中发生的经济关系的法律规范的总称。企业法调整的关系主要体现为三个方面：国家对企业进行管理过程中发生的行政关系；企业内部发生的财产、人身关系以及其他关系；企业与其外部对象之间发生的民商事关系。

我国目前虽然没有制定统一的企业法典，但自20世纪80年代至2012年，我国制定和颁布了一系列调整企业的法律和法规。这些法律、法规包括较早的根据所有制性质进行的立法，如《全民所有制工业企业法》（1988年4月颁布）、《全民所有制工业企业转换经营机制条例》（1992年7月颁布）、《全民所有制工业企业承包经营责任制暂行条例》（1988年2月发布，1990年2月第一次修订，2011年1月第二次修订）、《乡村集体所有制企业条例》（1990年6月发布，2011年1月修订）、《城镇集体所有制企业条例》（1991年9月发布）、《私营企业暂行条例》（1988年6月发布）等；针对外商投资进行的立法，如《中外合资经营企业法》（1979年7月制定，1990年4月修改，2001年3月第二次修正）、《中外合资经营企业法实施条例》（1983年9月发布，1986年1月第一次修订，1987年12月第二次修订，2001年7月第三次修订，2011年1月第四次修订）、《外资企业法》（1986年4月通过，2000年10月修正）、《外资企业法实施细则》（1990年12月发布，2001年4月修订）、《中外合作经营企业法》（1988年4月通过，2000年10月修正）、《中外合作经营企业法实施细则》（1995年8月批准）等；较晚的为适应市场经济进行的立法，如《乡镇企业法》（1996年10月颁布）、《中小企业促进法》（2002年6月通过）、《合伙企业法》（1997年2月通过，2006年8月修订）、《合伙企业登记管理办法》（1997年11月发布，2007年5月修订）、《个人独资企业法》（1999年8月颁布）、《个人独资企业登记管理办法》（2000年1月施行）、《公司法》（1993年12月通过，1999年12月第一次修正，2004年8月第二次修正，2005年10月修订，2013年12月第三次修正）、《破产法》（2006年8月公布）等。

本章主要就个人独资企业、合伙企业、外商投资企业以及破产四个方面的法律和法规进行阐述，其他内容另设专章介绍。

思考与拓展

好味食品企业经营纠纷案①

【案情】

王某决定出资办一小型食品加工厂，于是说服全家人，用其家庭资产8万元出资，向工商行政管理部门申请设立登记。在投资人栏目中王某注明为个人财产；企业名称为好味食品公司。工商部门指出其中的错误，王某更正后，于2005年2月16日予以注册登记。

企业成立后，王某聘请吴某管理企业事务，同时规定，凡吴某对外签订标的额超过2万元的合同，须经王某同意。2005年8月2日，吴某未经王某同意与甲企业串通，以好味企业的名义向甲企业购入了一批价值2.5万元的劣质货物。此外，吴某受聘于好味企业后，一直背着王某从其与他人合伙开办的一家糖厂进货，从中得利，直至企业解散时才被发现。2006年9月，好味企业发生亏损，欠乙公司的到期债务无力偿还，王某决定解散企业。

【问题】

（1）好味企业为哪种法律形态的企业？其设立过程中的错误之处有哪些？请予改正。

（2）吴某以好味企业的名义从甲企业购物的行为是否有效？为什么？

（3）吴某从其与他人合伙开办的糖厂进货的行为是否合法？为什么？

（4）好味企业应如何偿还乙公司的债务？好味企业解散后，债权人乙公司尚未得到清偿的债务怎么办？

【案例分析】

（1）好味企业属于一个自然人出资设立的企业，应为个人独资企业。其设立过程中有两处错误。一为《个人独资企业法》规定，投资人可用个人财产出资，也可用家庭共有财产作为个人出资。以家庭共有财产作为个人出资的，投资人应当在设立登记申请书上予以注明。二为个人独资企业的名称不合法，个人独资企业的名称中不得使用“有限”，“有限责任”或者“公司”字样，好味企业的名称可以叫好味食品加工厂或好味食品加工部等。

（2）吴某以好味企业的名义从甲企业购物的行为无效。《个人独资企业法》规定，受托人或者被聘用的人员超出投资人的限制与善意第三人的有关业务交往应当有效。所谓善意第三人是指第三人在就有关经济业务事项交往中，没有从事与受托人或者被聘用的人员串通，故意损害投资人的利益的人。但是，本案中的第三人甲企业与吴某串通，提供劣质物品，损害投资人王某的利益，不同善意第三人，故此不适用该法律规定，应为无效。

（3）吴某从其与他人合伙开办的糖厂进货的行为不合法，该行为属于关联交易行为。根据法律规定，吴某的关联交易行为，即同受聘企业订立合同或者进行交易，须经投资人王某的同意。因吴某未经王某同意暗中进行交易，故其关联交易行为不合法。

（4）好味企业首先应对其财产进行清算，有权要求甲企业和吴某从事的无效行为给

---

① http：//blog. renren. com/share/264897903/1373957883.

本企业造成的损失予以赔偿，还有权要求吴某因违法的关联交易行为给本企业造成的损失进行赔偿，并将该两项赔偿并入好味企业。如果好味企业的财产不足以清偿到期债务时，应当依法以王某的家庭共有财产对企业债务承担无限责任，因为其在设立登记时，明确以其家庭共有财产作为个人出资。个人独资企业解散后，王某对债权人乙公司的债务仍应承担偿还责任，倘若乙公司在五年内未向王某提出偿债请求，则该责任消灭。

第二节 个人独资企业法

个人独资企业因对社会化程度、企业规模和资本投入要求不高，是人类经济活动中产生最早、最为简单灵活的企业组织形式。我国针对个人独资企业的规范早在新中国成立初期的相关立法中就有体现。2000 年起实施的《中华人民共和国个人独资企业法》（以下简称《个人独资企业法》）与之前颁布的《公司法》、《合伙企业法》一同被称为“市场经济三大企业形态”①。《个人独资企业法》的颁布不仅可以引导、鼓励个人投资，而且就独资企业的设立、事务管理、清算与解散以及相应的法律责任进行规范，有利于保护投资人与债权人的合法权益，促进我国市场经济的发展。

一、个人独资企业法概述

（一）个人独资企业的概念与特征

《个人独资企业法》于 1999 年 8 月 30 日由第九届全国人大常委会第十一次会议通过并公布，自 2000 年 1 月 1 日起实施。该法第 2 条对个人独资企业作了明确的界定。依据第 2 条规定，个人独资企业是指依法在中国境内设立，由一个自然人投资，财产归属于投资人个人，投资人以其个人财产对企业债务承担无限责任的经营实体。

个人独资企业的特征体现为以下几个方面：

（1）从投资主体方面来看，个人独资企业只能是由一个自然人投资成立的企业。国家机关、企事业单位及其分支机构都不能成为独资企业的投资人。同时，《个人独资企业法》明确规定外商独资企业不适用于本法。外商独资企业适用《中华人民共和国外资企业法》的相关规定。

（2）从投资财产的归属来看，个人独资企业的财产归属于投资人个人。这使得个人独资企业的财产归属有别于法人企业和合伙企业。公司财产归属于公司，而合伙企业的财产则由合伙人共同享有。

（3）从投资者的责任方面来看，个人独资企业的投资人以其个人财产对企业债务承担无限责任。投资者责任财产范围不仅包括企业的全部财产，还包括投资者个人的全部其他财产。投资者责任与独资企业的责任不相分离。

---

① 赵旭东．商法学教程．北京：中国政法大学出版社，2004. 103.

（二）个人独资企业法

个人独资企业因规模小、投资少、管理灵活等优势，是最古老的企业形式，它产生于人类社会第一次分工时期。① 新中国成立初，在国营经济主导之下，为鼓励并辅助有利于国计民生的私营企业，1950 年 12 月 29 日政务院第 65 次会议通过，1950 年 12 月 30 日公布了《私营企业暂行条例》。该条例第 3 条规定，独资企业为一人出资，出资人单独负无限清偿债务责任的组织。改革开放后，我国先后制定了《中华人民共和国私营企业暂行条例》、《中华人民共和国私营企业暂行条例施行办法》、《个人独资企业法》和《个人独资企业登记管理办法》等一系列法律、法规，鼓励、保护和规范独资企业的行为，对维护社会经济秩序、促进市场经济的发展起到了重要作用。《个人独资企业法》之前颁布的规范私营企业的法律法规主要是规范私营企业的行为，其中包括对独资企业的规范。《个人独资企业法》则对个人独资企业的设立、法律地位、基本经营准则、个人独资企业的投资人及事务管理、个人独资企业的解散和清算以及法律责任等事项进行了专门、全面的规定，是我国规范个人独资企业行为的重要法律依据。

二、个人独资企业的设立

（一）个人独资企业设立的条件

《个人独资企业法》第 8 条对个人独资企业设立的条件进行了列举。该条规定，设立个人独资企业应当具备下列条件：投资人为一个自然人；有合法的企业名称；有投资人申报的出资；有固定的生产经营场所和必要的生产经营条件；有必要的从业人员。因个人独资企业投资人的个人财产与企业财产不相分离，投资人以个人全部财产对企业债务承担无限责任，其设立条件相对于合伙、公司等企业形式较为宽松与自由。

1. 投资人为一个自然人

从主体方面规定投资人为一个自然人，排除了法人、社会团体以及其他组织设立个人独资企业的情形。投资人以其个人财产对企业债务承担无限责任，这有别于“一人公司”的组织形式。“一人公司”适用《公司法》的相关规定，一人公司的投资人对公司债务以其投资额为限承担有限责任。《个人独资企业法》第 47 条规定，外商独资企业不适用本法，因而个人独资企业的投资人只能是具有中国国籍的自然人。外商投资适用外商投资的相关法律。

2. 有合法的企业名称

企业名称具有身份权和财产权的属性，是区分不同企业以及不同企业组织形式的标志。根据《个人独资企业登记管理办法》第 6 条的规定，个人独资企业的名称应当符合企业名称登记管理的有关规定，并与其责任形式及从事的营业相符合。个人独资企业的名称中不得使用“有限”、“有限责任”或者“公司”字样。

---

① 曹胜亮，刘金．经济法（第二版）．武汉：武汉理工大学出版社，2008. 445.

3. 有投资人申报的出资

对于个人独资企业的出资，《个人独资企业法》未作严格规定，因为企业财产归属于投资人，投资人以个人的全部财产对外承担无限责任。因此，对于个人独资企业仅要求投资人申报出资，并不要求实际缴付出资。

4. 有固定的生产经营场所和必要的生产经营条件

固定的经营场所和必要的经营条件是企业进行经营活动的基础条件。从事临时性经营、季节性经营、流动经营和没有固定门面的摆摊经营，不得登记为个人独资企业。

5. 有必要的从业人员

对于个人独资企业的从业人员的数量，法律仅作出提示性规定。企业可根据自身情况进行安排，法律并不排除投资人一人实施经营活动的情形。

（二）个人独资企业设立的程序

个人独资企业的设立采取登记方式设立，无须行政机关审批，只需具备个人独资企业的设立条件，经投资人向企业所在地的工商行政机关申请登记，便可设立。

1. 个人独资企业的设立申请

申请设立个人独资企业，可由投资人或者其委托的代理人向个人独资企业所在地的工商行政管理机关提交设立申请书、投资人身份证明、生产经营场所使用证明等文件。委托代理人申请设立登记时，应当出具投资人的委托书和代理人的合法证明。个人独资企业设立申请书应当载明下列事项：①企业的名称和住所；②投资人的姓名和居所；③投资人的出资额和出资方式；④经营范围。

2. 个人独资企业的登记

个人独资企业的设立采取登记设立制。投资人提交规定的申请文件后，个人独资企业的登记机关在收到设立申请文件之日起 15 日内，对符合规定条件的予以登记，发给营业执照；对不符合本法规定条件的不予登记，并应当给予书面答复，说明理由。个人独资企业的营业执照的签发日期，为个人独资企业成立日期。在领取个人独资企业营业执照前，投资人不得以个人独资企业名义从事经营活动。

三、个人独资企业的投资人及事务管理

（一）个人独资企业投资人的权利与责任

1. 个人独资企业投资人的权利

《个人独资企业法》第 2 条规定，个人独资企业的财产归投资人所有，即投资人对企业的财产享有所有权。这表明投资人的个人财产与企业财产不相分离，投资人对企业的财产权利可以依法转让和继承。

《个人独资企业法》对个人独资企业财产权利归属的界定非常明确，但其表述值得商榷。《中华人民共和国物权法》第 39 条规定：“所有权人对自己的不动产或者动产，依法享有占有、使用、收益和处分的权利。”依据该条规定，所有权的客体为动产和不动产等有体物，而企业的财产除动产和不动产外，还包括企业对外享有的债权、工业产权、专有

技术等无形财产。如果依照《个人独资企业法》第2条的规定，投资人对个人独资企业的财产权利仅包含动产和不动产等有形财产，则该法就投资人对企业无形财产的权利归属问题没有进行界定。如果该第2条包含无形财产的归属，则其表述与《物权法》对所有权的界定矛盾。我们认为，《个人独资企业法》第2条应当修改为："本法所称个人独资企业，是指依照本法在中国境内设立，由一个自然人投资，财产归属于投资人个人，投资人以其个人财产对企业债务承担无限责任的经营实体。"将原第2条中的"财产为投资人个人所有"修改为"财产归属于投资人个人"。

2. 个人独资企业投资人的责任

个人独资企业投资人对企业债务承担无限责任。依据《个人独资企业法》的规定，个人独资企业财产不足以清偿债务的，投资人以其个人的其他财产予以清偿。另外，个人独资企业投资人在申请企业设立登记时明确以其家庭共有财产作为个人出资的，以家庭共有财产对企业债务承担无限责任。

（二）个人独资企业的事务管理

《个人独资企业法》规定投资人可以自行管理企业事务，也可以委托或者聘用其他具有民事行为能力的人负责企业的事务管理。因此，对独资企业的管理有自行管理、委托管理和聘用管理三种形式：

（1）自行管理，即投资人对独资企业的事务自行实施管理。

（2）委托管理，即投资人将企业的事务委托其他具有民事行为能力的人进行管理。

（3）聘用管理，即投资人聘用其他具有民事行为能力的人对企业的事务进行管理。

在投资人自行管理的情形下，个人独资企业投资人的财产与企业的财产不相分离，投资人对企业的债务承担无限责任。因此，投资人与企业之间的权利与责任最终归于投资人享有和承担。在委托管理和聘用管理的形式中，投资人委托或者聘用他人管理个人独资企业事务，应当与受托人或者被聘用的人签订书面合同，明确委托的具体内容和授予的权利范围。受托人或者受聘人在实施企业事务的管理过程中违反合同，对投资人造成损害的，应承担相应的赔偿责任。

四、个人独资企业的解散和清算

（一）个人独资企业的解散

个人独资企业的解散是指因法定事由的出现而终止个人独资企业民事主体资格，使其归于消灭的行为。解散是相对于成立而言的，解散只是个人独资企业消灭的原因。个人独资企业解散的事由包括以下方面：①投资人决定解散；②投资人死亡或者被宣告死亡，无继承人或者继承人决定放弃继承；③被依法吊销营业执照；④法律、行政法规规定的其他情形。

（二）个人独资企业的清算

清算程序设立的目的是在处理个人独资企业未了结的法律关系过程中，规范清算程序，保护投资人、清算企业的债权人以及其他利害关系人的合法权益。

1. 清算人

个人独资企业法规定，个人独资企业解散，由投资人自行清算或者由债权人申请人民法院指定清算人进行清算。清算期间，个人独资企业不得开展与清算目的无关的经营活动。在清偿债务前，投资人不得转移、隐匿财产。如果出现个人独资企业及其投资人在清算前或清算期间隐匿或转移财产，逃避债务的情形，依法追回其财产，并按照有关规定予以处罚；构成犯罪的，依法追究刑事责任。当个人独资企业财产不足以清偿债务时，投资人以其个人的其他财产予以清偿。

2. 通知与公告

投资人自行清算的，应在清算前15日内书面通知债权人，无法通知的，应当予以公告。债权人应当在接到通知之日起30日内，未接到通知的应当在公告之日起50日内，向投资人申报其债权。

3. 债务的清偿顺序

个人独资企业解散的，财产应当按照下列顺序清偿：①所欠职工工资和社会保险费用；②所欠税款；③其他债务。

4. 注销登记

个人独资企业清算结束后，投资人或者人民法院指定的清算人应当编制清算报告，并于15日内到登记机关办理注销登记。注销登记后，个人独资企业消灭。

思考与拓展

个人独资企业的设立、投资人的责任和清算①

【案情】

刘某是某高校的在职研究生，经济上独立于其家庭。2000年8月在工商行政管理机关注册成立了一家主营信息咨询的个人独资企业，取名为“远大信息咨询有限公司”，注册资本为人民币1元。营业形势看好，收益甚丰。于是后来黄某与刘某协议参加该个人独资企业的投资经营，并注入资金5万元人民币。经营过程中先后共聘用工作人员10名，对此刘某认为自己开办的是私人企业，并不需要为职工办理社会保险，因此没有给职工缴纳社会保险费也没有与职工签订劳动合同。后来该独资企业经营不善导致负债10万元。刘某决定于2001年10月自行解散企业，但因为企业财产不足清偿而被债权人、企业职工诉诸人民法院。法院审理后认为刘某与黄某形成事实上的合伙关系，判决责令刘、黄补充办理职工的社会保险并缴纳保险费，由刘某与黄某对该企业的债务承担无限连带责任。

【问题】

（1）该企业的设立是否合法？

（2）刘某允许另一自然人参加投资、共同经营的行为是否合法？

（3）该企业是否应当与职工签订劳动合同并为其办理社会保险？

---

① http：//www.chinalawedu.com/new/1900a22a2010/20101128shangf103714.shtml.

(4) 该企业的债权人在刘某不能清偿债务时能否向刘某的家庭求偿?

(5) 刘某决定自行解散企业的做法是否合法?

(6) 黄某是否需承担责任?

【案例分析】

(1) 根据我国《个人独资企业法》第3条、第10条的规定，自然人可以单独投资设立个人独资企业，设立时法律仅要求投资人申报出资额和出资方式但并不要求缴纳最低注册资本金。因此刘某单独以1元人民币经法定工商登记程序投资设立个人独资企业的做法，符合法律规定。但根据第11条的规定，“个人独资企业的名称应与其责任形式相符合”，而个人独资企业为投资人个人负无限责任，因此刘某将其取名为“远大信息咨询有限公司”违反法律规定，应予以纠正。

(2) 根据《个人独资企业法》第2条、第8条、第15条的规定，个人独资企业须为一个自然人单独投资设立，企业存续期间登记事项发生变更时应当在作出变更决定之日起15日内申请办理变更登记。因此，刘某如允许他人参加投资经营，必须依法办理变更登记，并改变为其他性质的企业，因为此时已经不符合个人独资企业的法定条件了。

(3) 根据我国的社会保障方面的立法规定、《劳动合同法》的相关规定，该企业不与职工签订劳动合同不为职工办理社会保险的做法违反法律的强制性规定。《个人独资企业法》第22条、第23条对此也作出了规定：“个人独资企业招用职工的，应当依法与职工签订劳动合同”，并“按照国家规定参加社会保险，为职工缴纳社会保险费”。因此刘某的理由不成立。

(4) 根据《个人独资企业法》第2条、第18条的规定，刘某经济上独立于其家庭，且法律规定只有投资人在申请设立个人独资企业进行登记时明确以其家庭共有财产作为个人出资的，才可以依法由家庭共有财产对企业债务承担无限责任，因此债权人不能向刘某的家庭求偿，而应当是由刘某个人负无限责任。

(5) 根据《个人独资企业法》第26条第（一）款的规定，刘某作为该企业的投资人，有权决定自行解散个人独资企业，因此刘某的做法并不违法。

(6) 就本案而言，由于黄某后来加入投资经营，因此该个人独资企业事实上已转变为公民之间的合伙关系，由此，法律责任也应当由合伙人刘某、黄某承担。人民法院的判决是正确的。

第三节　合伙企业法

合伙企业的出现较个人独资企业晚，但仍然是一种具有悠久历史、被世界各国普遍运用的企业组织形式。合伙企业较好地分散了企业风险，有利于投资人在资本、技术、技能和物资方面合作，具有较强的社会性。合伙企业法律、法规的制定有利于规范合伙企业的行为，保护合伙企业及其合伙人、债权人的合法权益，维护社会经济秩序。我国《合伙企业法》就合伙企业的设立、合伙事务的执行、合伙人的入伙和退伙以及合伙企业的法律责任等事项进行了规范。

一、合伙企业法概述

《中华人民共和国合伙企业法》（下文简称《合伙企业法》）于1997年2月23日第八届全国人民代表大会常务委员会第二十四次会议通过，自1997年8月1日起实施。实施十年后，于2006年8月27日第十届全国人民代表大会常务委员会第二十三次会议修订通过，并于2007年6月1日起施行。修订后的《合伙企业法》立足于我国社会经济发展的现实状况，借鉴国外合伙企业的相关立法，对前《合伙企业法》作出了一系列的修改。

修订后的《合伙企业法》增加了有限合伙企业制度；增加了特殊的普通合伙制度；明确了法人可以参与合伙。另外，新法还对合伙企业的破产、纳税等问题作了规定。根据合伙人所承担的责任不同，合伙企业可分为普通合伙、特殊的普通合伙和有限合伙。

合伙企业，是指自然人、法人和其他组织依法在中国境内设立的普通合伙企业和有限合伙企业。

普通合伙企业由普通合伙人组成，合伙人对合伙企业债务承担无限连带责任。

有限合伙企业由普通合伙人和有限合伙人组成，普通合伙人对合伙企业债务承担无限连带责任，有限合伙人以其认缴的出资额为限对合伙企业债务承担责任。

《合伙企业法》规定，以专业知识和专门技能为客户提供有偿服务的专业服务机构，可以设立为特殊的普通合伙企业。特殊的普通合伙企业名称中应当标明“特殊普通合伙”字样。

合伙企业具有以下特征：

（1）合伙企业是建立在合伙协议基础上的经济组织。合伙协议是设立合伙企业，调整合伙关系，明确合伙人权利义务，处理合伙纠纷的基本法律依据。合伙企业不同于个人独资企业，个人独资企业由投资人依照法律的规定享有权利承担义务。合伙企业有别于公司，公司章程是公司组织及活动的基本章程。合伙协议依法由全体合伙人协商一致，以书面形式订立。合伙人依据合伙协议享有权利、承担义务。合伙协议是合伙人之间的内部协议，不具有对外效力，仅对合伙人具有约束力。

（2）合伙企业是由合伙人共同出资，对出资形式限制较少的经济组织。合伙企业的资本由合伙人共同出资构成，合伙人出资成立合伙企业是合伙人的基本义务。合伙人除了可以用货币、实物、知识产权、土地使用权或者其他财产权利出资外，还可以用劳务、管理经验、技术等方式出资，而公司则限定为前四项出资方式。法律对合伙企业的出资形式、出资数额以及出资期限制较公司少，只需合伙人协商一致，合伙人享有较大的自由。

（3）合伙企业是不具有法人资格的营利性经济组织。合伙企业与公司一样属营利性经济组织，使得合伙企业区别于非营利性合伙组织和一般的民事合伙。合伙企业不同于公司，公司是企业法人，有独立的法人财产，享有法人财产权，而合伙企业不具备法人资格。

（4）合伙企业法确立了有限责任和无限责任并存的责任制度。有限和无限责任并存为修订后的合伙企业法所确立。在公司制度中，股东个人财产与公司财产相分离，公司以其全部财产为限对外承担有限责任。就合伙企业而言，无论哪种合伙形式，均会出现合伙人承担无限责任的情形。在普通合伙中，合伙人对合伙企业债务承担无限连带责任。有限合伙企业由普通合伙人和有限合伙人组成，普通合伙人对合伙企业债务承担无限连带责任，有限合伙人以其认缴的出资额为限对合伙企业债务承担责任。在特殊的普通合伙企业中，合伙人在执业活动中非因故意或者重大过失造成的合伙企业债务以及合伙企业的其他债务，由全体合伙人承担无限连带责任。如果是一个合伙人或者数个合伙人在执业活动中因故意或者重大过失造成合伙企业债务的，应当承担无限责任或者无限连带责任，其他合伙人以其在合伙企业中的财产份额为限承担责任。

二、合伙企业的设立

（一）合伙企业设立的原则

1. 自愿、平等、公平、诚实信用原则

合伙企业建立在合伙协议的基础之上，兼具合伙合同和合伙企业组织的双重属性，属民法调整的范围。因此，合伙企业的设立应遵循民法的一些基本原则。《合伙企业法》规定，订立合伙协议、设立合伙企业，应当遵循自愿、平等、公平、诚实信用原则。

2. 合伙人协商一致原则

合伙协议由全体合伙人协商一致订立，并且经全体合伙人签名、盖章后生效。合伙人按照合伙协议享有权利、履行义务。在合伙协议的基础上，从合伙企业的设立到合伙企业的解散，重大事项的决策须全体合伙人协商一致决定。

（二）合伙企业设立的条件

合伙企业设立的条件比较宽松，依据《合伙企业登记管理办法》的规定，除法律、行政法规或者国务院规定设立合伙企业须经批准的，合伙企业的设立登记采取准则主义。申请人提交的登记申请材料齐全、符合法定形式，企业登记机关能够当场登记的，予以当场登记，发给合伙企业有关证明。如有不应当场登记的情形，登记机关自受理申请之日起20日内作出是否登记的决定。予以登记的，发给合伙人营业执照；不予登记的，给予书面答复，并说明理由。

依据《合伙企业法》的规定，设立合伙企业应具备下列条件：

1. 合伙企业必须具备两个以上合伙人

自然人、法人和其他组织均可作为合伙企业的合伙人，但《合伙企业法》明确规定，国有独资公司、国有企业、上市公司以及公益性的事业单位、社会团体不得成为普通合伙人。合伙人为自然人的，应当具有完全民事行为能力。

以专业知识和专门技能为客户提供有偿服务的专业服务机构，可以设立为特殊的普通合伙企业。例如律师事务所、会计师事务所、医师事务所和设计师事务所等。

有限合伙企业由2个以上50个以下合伙人设立，但法律另有规定的除外。有限合伙企业至少应当有一个普通合伙人。

2. 有书面合伙协议

设立合伙企业应当由合伙人协商一致，订立书面的合伙协议。合伙人按照合伙协议享有权利，履行义务。如有合伙协议未约定或者约定不明确的事项，由合伙人协商决定，协商不成的，依照有关法律、行政法规的规定处理。合伙协议应当载明的事项包括：合伙企业的名称和主要经营场所的地点；合伙目的和合伙经营范围；合伙人的姓名或者名称、住所；合伙人的出资方式、数额和缴付期限；利润分配、亏损分担方式；合伙事务的执行；入伙与退伙；争议解决办法；合伙企业的解散与清算；违约责任等。

3. 有合伙人认缴或者实际缴付的出资

合伙人可以用货币、实物、知识产权、土地使用权或者其他财产权利出资，也可以用劳务出资。如需对财产评估作价的，可以由全体合伙人协商确定，也可以由全体合伙人委托法定评估机构评估。合伙人以劳务出资的，其评估办法由全体合伙人协商确定，并在合伙协议中载明。但《合伙企业法》明确规定，有限合伙人不得以劳务出资。合伙人应当按照合伙协议约定的出资方式、数额和缴付期限，履行出资义务。以非货币财产出资的，依照法律、行政法规的规定，需要办理财产权转移手续的，依法办理。

4. 有合伙企业的名称和生产经营场所

合伙企业的名称对维护合伙企业的利益，保障交易相对人的利益以及维护交易秩序有重要的作用。合伙企业的名称首先应当符合企业名称管理的一般规定。为了从名称上区分合伙企业的不同责任形式，《合伙企业法》对于各种合伙企业的名称进行了专门规定。普通合伙企业名称中必须标明“普通合伙”字样；特殊的普通合伙企业名称中必须标明“特殊普通合伙”字样；有限合伙企业名称中必须标明“有限合伙”字样。

合伙企业的经营场所不仅是企业进行业务活动的重要场所，也是确定企业住所的重要依据，对于确定债务履行地、诉讼管辖、法律文书送达等有重要的法律意义。

三、合伙企业的财产

（一）合伙企业财产的构成及其性质

合伙企业的财产，是指合伙企业存续期间，由合伙人的出资以及以合伙企业名义取得的收益和依法取得的其他财产，形成的全部财产。

合伙企业的财产由两部分构成：一是由合伙人以货币、实物、知识产权、土地使用权或者其他财产权利出资所形成的财产，包括合伙企业成立时的出资，还包括在合伙企业经营过程中，经由合伙人协商一致追加的财产；二是在合伙企业存续期间，以合伙企业名义取得的收益和依法取得的其他财产。

合伙企业是不具备法人资格的经济组织，未形成独立的法人财产。合伙企业的财产又有别于个人独资企业，独资企业投资人的财产与企业的财产不相分离，投资人对企业发生的债务承担无限责任。合伙企业的财产由合伙人的出资、以合伙企业名义取得的收益和依法取得的其他财产两部分构成，在一定程度上与合伙人的个人财产相分离，形成相对独立的合伙人共有财产。

（二）合伙企业财产的分割、处分、出质和继承

合伙企业的财产性质为共有财产，但究竟为按份共有还是共同共有未有定论。① 无论是按份共有，还是共同共有，法律都不禁止共有人处分共有财产或份额。只是按份共有人较共同共有人享有更大的处分自由，法律对共同共有设定了较多的限制条件。②

1. 合伙财产的分割

《合伙企业法》规定，合伙人在合伙企业清算前，不得请求分割合伙企业的财产。合伙企业的营利性决定了合伙企业可就合伙期间获得的利润进行分配。对于利润分配合伙协议未约定或者约定不明确的，由合伙人协商决定；协商不成的，由合伙人按照实缴出资比例分配；无法确定出资比例的，由合伙人平均分配。合伙协议不得约定将全部利润分配给部分合伙人或者由部分合伙人承担全部亏损。合伙人还可按照合伙协议的约定或者经全体合伙人决定，增加或者减少对合伙企业的出资。

2. 合伙财产的处分

除合伙协议另有约定外，普通合伙人向合伙人以外的人转让其在合伙企业中的全部或者部分财产份额时，须经其他合伙人一致同意，在同等条件下其他合伙人有优先购买权。合伙人以外的受让人受让合伙财产份额，经修改合伙协议即成为合伙企业的合伙人。如果是合伙人之间转让在合伙企业中的全部或者部分财产份额，应当通知其他合伙人。

有限合伙人可以按照合伙协议的约定向合伙人以外的人转让其在有限合伙企业中的财产份额，但应当提前30日通知其他合伙人。有限合伙人在自有财产不足清偿其与合伙企业无关的债务时，该合伙人可以其从有限合伙企业中分取的收益用于清偿；债权人也可以依法请求人民法院强制执行该合伙人在有限合伙企业中的财产份额用于清偿。

人民法院强制执行有限合伙人的财产份额时，应当通知全体合伙人。在同等条件下，其他合伙人有优先购买权。

3. 合伙财产的出质

《合伙企业法》对于普通合伙人和有限合伙人就其在合伙企业中的财产份额设立质权时进行了区别对待。《合伙企业法》规定，普通合伙人以其在合伙企业中的财产份额出质的，须经其他合伙人一致同意；未经其他合伙人一致同意，其行为无效，由此给善意第三人造成损失的，由行为人依法承担赔偿责任。

有限合伙人可以将其在有限合伙企业中的财产份额出质，但合伙协议另有约定的除外。

4. 合伙财产的继承

普通合伙人死亡或者被依法宣告死亡的，对该合伙人在合伙企业中的财产份额享有合法继承权的继承人，按照合伙协议的约定或者经全体合伙人一致同意，从继承开始之日起，取得该合伙企业的合伙人资格。

有下列情形之一的，合伙企业应当向合伙人的继承人退还被继承合伙人的财产份额：

---

① 王莉娜，方晓琳．合伙财产的法律性质简析．法治与社会，2010（29）；孙佳坡．论我国合伙公有财产法律制度．山西高等学校社会科学学报，2010（2）．

② 《中华人民共和国物权法》第99条。

①继承人不愿意成为合伙人；②法律规定合伙协议约定合伙人必须具有相关资格，而该继承人未取得该资格；③合伙协议约定不能成为合伙人的其他情形。

合伙人的继承人为无民事行为能力人或者限制民事行为能力人的，经全体合伙人一致同意，可以依法成为有限合伙人，普通合伙企业依法转为有限合伙企业。全体合伙人未能一致同意的，合伙企业应当将被继承合伙人的财产份额退还该继承人。

作为有限合伙人的自然人死亡、被依法宣告死亡或者作为有限合伙人的法人及其他组织终止时，其继承人或者权利承受人可以依法取得该有限合伙人在有限合伙企业中的资格。

四、合伙企业的事务的执行

《合伙企业法》规定，合伙人对执行合伙事务享有同等的权利。依据合伙协议或者合伙人协商，合伙企业事务的执行可采取灵活的方式，总体上可分为普通合伙事务的执行和有限合伙事务的执行。合伙事务的执行方式包括以下三种：全体合伙人共同执行合伙事务，委托合伙人执行合伙事务，合伙人分别执行合伙事务。

（一）普通合伙企业事务的执行

1. 全体合伙人共同执行

这种方式适合合伙人数较少的情况，合伙人依据合伙协议或者协商一致共同执行合伙事务。

2. 委托合伙人执行

合伙人可以委托一个或者数个合伙人对外代表合伙企业，执行合伙事务。法人或者其他组织作为合伙人时，由其委派的代表执行合伙事务。受托人执行时，其他合伙人不再执行合伙事务。但是，不执行合伙事务的合伙人有权监督执行事务合伙人执行合伙事务的情况。执行人应定期向其他合伙人报告事务执行情况以及合伙企业的经营和财务状况，其执行合伙事务所产生的收益归合伙企业，所产生的费用和亏损由合伙企业承担。受委托执行合伙事务的合伙人不按照合伙协议或者全体合伙人的决定执行事务的，其他合伙人可以决定撤销该委托。

3. 合伙人分别执行合伙事务

在合伙人分别执行的情况下，执行事务合伙人可以对其他合伙人执行的事务提出异议。当提出异议时，应当暂停该项事务的执行。如果发生争议，按照合伙协议约定的表决办法办理。合伙协议未约定或者约定不明确的，实行合伙人一人一票并经全体合伙人过半数通过的表决办法。

（二）有限合伙企业事务的执行

有限合伙人以其认缴的出资额为限对合伙企业债务承担责任，而普通合伙人承担的是无限连带责任。由于责任方式不同，在合伙事务的执行方面法律规定也有所不同。《合伙企业法》明确规定，有限合伙企业由普通合伙人执行合伙事务。执行事务合伙人可以要求在合伙协议中确定执行事务的报酬及报酬提取方式。有限合伙人不执行合伙事务，不得对外代表有限合伙企业。

有限合伙人的下列行为，不视为执行合伙事务：

（1）参与决定普通合伙人入伙、退伙；

（2）对企业的经营管理提出建议；

（3）参与选择承办有限合伙企业审计业务的会计师事务所；

（4）获取经审计的有限合伙企业财务会计报告；

（5）对涉及自身利益的情况，查阅有限合伙企业财务会计账簿等财务资料；

（6）在有限合伙企业中的利益受到侵害时，向有责任的合伙人主张权利或者提起诉讼；

（7）执行事务合伙人怠于行使权利时，督促其行使权利或者为了本企业的利益以自己的名义提起诉讼；

（8）依法为本企业提供担保。

五、入伙与退伙

（一）入伙

1. 入伙的概念

入伙是指在合伙企业存续期间，不具有合伙人身份的自然人、法人或其他组织加入合伙企业，取得合伙人资格的行为。

2. 普通合伙的入伙

《合伙企业法》规定，新合伙人入伙，除合伙协议另有约定外，应经全体合伙人一致同意，并依法订立书面入伙协议。订立入伙协议时，原合伙人应向新合伙人如实告知原合伙企业的经营状况和财务状况。入伙的新合伙人与原合伙人享有同等权利、承担同等责任，对此入伙协议另有约定的，从其约定。新合伙人对入伙前合伙企业的债务承担无限连带责任。

3. 有限合伙的入伙

新合伙人入伙成为有限合伙人，遵守普通合伙人入伙同样的规定，应经全体合伙人一致同意，订立书面入伙协议。原合伙人向其告知原合伙企业的经营和财务状况。不同的是，新入伙的有限合伙人依据有限合伙的相关规定享有权利、承担责任。有限合伙人对入伙前有限合伙企业的债务，以其认缴的出资额为限承担责任。

（二）退伙

1. 退伙的概念

退伙是指在合伙企业存续期间，具有合伙人身份的自然人、法人或其他组织退出合伙企业，失去合伙人资格的行为。退伙可分为自愿退伙、法定退伙和除名退伙。

（1）自愿退伙又称声明退伙，是指基于合伙人自愿的意思表示退出合伙企业。

（2）法定退伙又称当然退伙，是指合伙人出现某种法律规定的客观事由而发生的退伙。

（3）除名退伙又称开除退伙，是指出现法定事由时，经其他合伙人一致同意，将该合伙人除名的退伙形式。

2. 普通合伙人退伙

（1）普通合伙人自愿退伙。普通合伙人自愿退伙可分为合伙协议约定合伙期限时的自愿退伙和合伙协议未约定合伙期限时的自愿退伙。当事人约定合伙期限的，在合伙企业存续期间，有下列情形之一的，合伙人可以退伙：①合伙协议约定的退伙事由出现；②经全体合伙人一致同意；③发生合伙人难以继续参加合伙的事由；④其他合伙人严重违反合伙协议约定的义务。

当事人未约定合伙期限的，合伙人在不给合伙企业事务执行造成不利影响的情况下，可以退伙，但应当提前30日通知其他合伙人。

（2）普通合伙人当然退伙。普通合伙人有下列情形之一的，为当然退伙：①作为合伙人的自然人死亡或者被依法宣告死亡；②个人丧失偿债能力；③作为合伙人的法人或者其他组织依法被吊销营业执照、责令关闭、撤销，或者被宣告破产；④法律规定或者合伙协议约定合伙人必须具有相关资格而丧失该资格；⑤合伙人在合伙企业中的全部财产份额被人民法院强制执行。

（3）普通合伙人除名退伙。普通合伙人有下列情形之一的，经其他合伙人一致同意，可以决议将其除名：①未履行出资义务；②因故意或者重大过失给合伙企业造成损失；③执行合伙事务时有不正当行为；④发生合伙协议约定的事由。

对合伙人的除名决议应当书面通知被除名人。被除名人接到除名通知之日，除名生效，被除名人退伙。被除名人对除名决议有异议的，可以自接到除名通知之日起30日内，向人民法院起诉。

3. 有限合伙人退伙

有限合伙人退伙遵循普通合伙人退伙的相关规定。但是，作为有限合伙人的自然人在有限合伙企业存续期间丧失民事行为能力的，其他合伙人不得因此要求其退伙。作为有限合伙人的自然人死亡、被依法宣告死亡或者作为有限合伙人的法人及其他组织终止时，其继承人或者权利承受人可以依法取得该有限合伙人在有限合伙企业中的资格。有限合伙人退伙后，对基于其退伙前的原因发生的有限合伙企业债务，以其退伙时从有限合伙企业中取回的财产承担责任。

（三）普通合伙与有限合伙之间的转换

普通合伙可以转变为有限合伙，有限合伙可以转变为普通合伙。依据《合伙企业法》的规定，除合伙协议另有约定外，普通合伙人转变为有限合伙人，或者有限合伙人转变为普通合伙人，应当经全体合伙人一致同意。

经合伙协议约定，或者经全体合伙人一致同意，普通合伙人可以转为有限合伙人，普通合伙企业也因此转变为有限合伙企业。在普通合伙中，合伙人被依法认定为无民事行为能力人或者限制民事行为能力人时，经其他合伙人一致同意，可以依法转为有限合伙人，普通合伙企业依法转为有限合伙企业。合伙人死亡或者被依法宣告死亡的，其继承人对该合伙人在合伙企业中的财产份额享有合法继承权。当普通合伙人的继承人为无民事行为能力人或者限制民事行为能力人时，经全体合伙人一致同意，可以依法成为有限合伙人，普通合伙企业依法转为有限合伙企业。

经合伙协议约定或者经全体合伙人一致同意，合伙企业中的有限合伙人可转为普通合伙人。如果有限合伙企业仅剩普通合伙人时，有限合伙企业转为普通合伙企业。

有限合伙人转变为普通合伙人的，对其作为有限合伙人期间有限合伙企业发生的债务承担无限连带责任。普通合伙人转变为有限合伙人的，对其作为普通合伙人期间合伙企业发生的债务承担无限连带责任。

六、合伙企业的解散和清算

（一）合伙企业的解散

合伙企业的解散，是指合伙企业因出现某些法定或者约定的事实而解除合伙协议、终止企业活动、消灭企业主体资格的行为。

依据《合伙企业法》的规定，合伙企业解散的事由包括以下法律事实：合伙期限届满，合伙人决定不再经营；合伙协议约定的解散事由出现；全体合伙人决定解散；合伙人已不具备法定人数满30日；合伙协议约定的合伙目的已经实现或者无法实现；依法被吊销营业执照、责令关闭或者被撤销；法律、行政法规规定的其他原因。

（二）合伙企业的清算

1. 清算的概念

合伙企业解散事由的出现至合伙企业的消灭须经历一个过程，实施一系列清算行为：包括对合伙企业的财产清理；对外实现其债权，清偿债务；对内解决合伙人之间的关系；分配剩余财产；最终办理合伙企业的注销登记等。所谓合伙企业的清算，是指合伙企业因约定和法定的解散事由出现后，对企业财产进行全面清结，收取债权，清偿债务和分配剩余财产的行为。

2. 清算人的确立

为规范合伙企业的清算行为，保护债权人、合伙人以及利害关系人的合法权益，合伙企业解散，应由法律规定的清算人进行清算。

根据《合伙企业法》的规定，清算人可由全体合伙人担任，也可经全体合伙人过半数同意，自合伙企业解散事由出现后15日内指定一个或者数个合伙人，或者委托第三人，担任清算人。

如果自合伙企业解散事由出现之日起15日内未确定清算人时，合伙人或者其他利害关系人可以申请人民法院指定清算人。

3. 清算人的职责

清算人在清算期间执行下列事务：①清理合伙企业财产，分别编制资产负债表和财产清单；②处理与清算有关的合伙企业未了结事务；③清缴所欠税款；④清理债权、债务；⑤处理合伙企业清偿债务后的剩余财产；⑥代表合伙企业参加诉讼或者仲裁活动。

4. 通知和公告债权人

清算人自被确定之日起10日内将合伙企业解散事项通知债权人，并于60日内在报纸上公告。债权人应自接到通知书之日起30日内，未接到通知书的自公告之日起45日内，向清算人申报债权。债权人申报债权，应说明债权的有关事项，并提供证明材料。清算人应对债权进行登记。

清算期间，合伙企业存续，但不得开展与清算无关的经营活动。

5. 清偿顺序

为了保障清算工作的顺利进行，保护投资人、债权人、企业职工以及利害关系人的合法权益，合伙企业的财产应以一定的顺序进行清偿。《合伙企业法》规定，合伙企业财产依次支付清算费用、职工工资、社会保险费用、法定补偿金以及缴纳所欠税款。清偿债务后的剩余财产，按照合伙协议的约定办理；合伙协议未约定或者约定不明确的，由合伙人协商决定；协商不成的，由合伙人按照实缴出资比例分配；无法确定出资比例的，由合伙人平均分配。合伙协议不得约定将全部利润分配给部分合伙人。

6. 合伙企业的注销登记

清算结束后，清算人编制清算报告，经全体合伙人签名、盖章后，在15日内向企业登记机关报送清算报告，申请办理合伙企业注销登记。合伙企业注销后，原普通合伙人对合伙企业存续期间的债务仍承担无限连带责任。

思考与拓展

黄某与吴某菜籽油购销合同纠纷案①

【案情】

2008年10月，张某、李某、黄某和胡某四人共同出资成立一普通合伙企业，主要从事挂面与菜籽油的生产和销售。四人共同决定张某为合伙企业的对外事务执行人，其他三人负责企业的内部生产和管理事务。2009年12月，黄某未经其他合伙人同意擅自与一个体商户吴某签订了一份菜籽油购销合同，约定一个月内向对方提供600公斤菜籽油。后来情势发生变化，无法履行合同，吴某要求赔偿损失。

【问题】

（1）黄某签订的该项购销合同是否有效？

（2）合伙企业是否要赔偿吴某的损失？

第一种意见认为，全体合伙人一致决定或委托一人为合伙事务执行人后，其他合伙人应不得执行对外合伙事务，因此黄某擅自签订的购销合同无法律效力，吴某的损失由黄某个人赔偿。

第二种意见认为，虽然黄某无对外合伙事务执行资格，但合伙企业关于合伙事务执行人的决定不得对抗善意第三人，因此，黄某与吴某签订的合同有效，损失应由合伙企业赔偿，之后可以向黄某追偿。

---

① http：//www.110.com/ziliao/article－241865.html.

【案例分析】

（1）根据《合伙企业法》第27条规定：“依照本法第26条第2款规定，委托一个或者数个合伙人执行合伙事务的，其他合伙人不再执行合伙事务。”可见，当企业委托了对外合伙事务执行人后，其他合伙人不得再对外执行合伙事务，但并不能由此否定其他合伙人对外执行合伙事务的法律效力。

从本案看，吴某同黄某签订菜籽油购销合同是基于黄某作为企业合伙人的身份，其有理由相信黄某具有对外合伙事务执行权，并同其签订合同。《合伙企业法》第37条规定，合伙企业对合伙人执行合伙事务以及对外代表合伙企业权利的限制，不得对抗善意第三人。因此，黄某与吴某签订的购销合同应认定为有效。

（2）《合伙企业法》第38条规定，合伙企业对其债务，应先对其全部财产进行清偿。既然黄某与吴某的购销合同有效，则因此产生的债务应认定为企业债务，吴某可以向合伙企业请求赔偿。当然，根据《合伙企业法》第98条规定，不具有事务执行权的合伙人擅自执行合伙事务，给合伙企业或者其他合伙人造成损失的，依法承担赔偿责任。合伙企业在赔偿吴某损失后，可以向黄某追偿。

第四节　外商投资企业法

为了扩大对外经济合作和技术交流，吸引外国的企业和其他经济组织或者个人到我国投资，我国于20世纪70年代末开始，针对中外合资经营企业、中外合作经营企业、外商独资企业等不同类型的外资企业制定了一系列法律、法规，对外商投资企业的设立、外商投资企业的资本、外商投资企业的组织机构、外商投资企业争议的解决等问题进行规范，这一系列法律、法规对我国经济发展起到了重要作用。

一、外商投资企业法概述

（一）外商投资企业

外商投资企业，俗称“三资企业”，是指依照中国的法律规定，经中国政府批准，在中国境内设立的，由中国投资者和外国投资者共同投资或者仅由外国投资者投资的企业。外商投资企业分为中外合资经营企业、中外合作经营企业和外商独资企业三类。

根据我国有关法律的规定，中国投资者包括中国的企业或者其他经济组织，外国投资者包括外国的公司企业和其他经济组织或者个人。由于我国特殊的历史和现实情况，外商投资企业中的外商还包括我国港、澳及台湾同胞。港、澳、台投资者参照有关外商投资企业的规定。

（二）外商投资企业法

外商投资企业法，是指调整外商投资企业在组织管理和生产经营过程中发生的各种经济关系的法律规范的总称。我国规范外商投资的法律主要有三部：《中华人民共和国中外合资经营企业法》（1979 年 7 月 1 日制定，1990 年 4 月 4 日第一次修正，2001 年 3 月 15 日第二次修正）、《中华人民共和国中外合作经营企业法》（1988 年 4 月 13 日制定，2000 年 10 月 31 日修正）、《中华人民共和国外资企业法》（1986 年 4 月 12 日制定，2000 年 10 月 31 日修正）。此外，还包括一些与此相关的“实施条例”和“实施细则”等。

（三）外商投资企业的权利与义务

外商投资企业是按照中国的法律、在中国境内设立的企业，它属于中国的法人或经济组织，它必须经过中国政府主管部门批准才能成立。依据中国法律外商投资企业享有一系列的权利。在享有权利的同时，外商投资企业也承担相应的义务。

外商投资企业享有的权利包括：生产经营自主权、产品销售权、物资采购权、外汇收入使用权、技术革新权、税收优惠权、财务制度管理权、劳动人事权以及法律赋予的其他权利。

外商企业承担的相应义务包括以下方面：必须遵守中国的法律、行政法规，不得损害中国的社会公共利益；必须履行依法签订的协议、合同、章程；必须依照中国税法的规定缴纳税款；接受中国有关机关的管理和监督以及承担中国法律、行政法规规定的其他义务。

二、中外合资经营企业法

（一）中外合资经营企业的概念

中外合资经营企业（以下简称合营企业），是指中国的公司、企业或经济组织与外国的公司、企业、经济组织或个人，根据中国的法律规定，在中国境内设立的由双方共同投资、共同经营，按照各自的出资比例共担风险、共负盈亏的企业法人组织。

中外合资经营企业由中外投资者共同依据中国法律，在中国境内设立，是具有中国国籍的法人企业。中外合资经营企业具有以下特征：

（1）合营企业主体一方为中国的公司、企业或其他经济组织；另一方为外国的公司、企业、其他经济组织或个人。

（2）合营企业在中国境内设立，按中国法律规定取得中国法人资格，必须遵守中国法律、法规。

（3）合营企业组织形式为有限责任公司。

（4）合营企业合营各方遵照平等互利原则，共同出资、共同经营、按投资各方注册资本比例分享利润、分担风险和亏损。

（二）中外合资经营企业的设立

1. 设立中外合资经营企业的条件

依据《中华人民共和国中外合资经营企业法实施条例》的规定，在中国境内设立的合营企业，应当能够促进中国经济的发展和科学技术水平的提高，有利于社会主义现代化建设。国家鼓励、允许、限制或者禁止设立合营企业的行业，按照国家指导外商投资方向的规定及外商投资产业指导目录执行。对于中外合资企业的设立，法律规定了一系列的限制条件。

（1）申请设立合营企业，必须符合下列一项或数项要求：①采用先进技术设备和科学管理方法，能增加产品品种，提高产品质量和产量，节约能源和材料；②有利于技术改造，能做到投资少、见效快、收益大；③能扩大产品出口，增加外汇收入；④能培训技术人员和经营管理人员。

（2）申请设立合营企业有下列情况之一的，不予批准：①有损中国主权的；②违反中国法律的；③不符合中国国民经济发展要求的；④造成环境污染的；⑤签订的协议、合同、章程显属不公平，损害合营一方权益的。

2. 设立中外合资经营企业的程序

（1）申请。设立合营企业，首先应由中国合营者向企业主管部门呈报拟与外国合营者设立合营企业的项目建议书和初步可行性研究报告。上述文件经企业主管部门审查同意并转报审批机构批准后，合营各方才能进行正式谈判，并编制可行性研究报告，签订合营企业协议、合同和章程，商定合营各方委派的合营企业董事长、副董事长、董事人选名单。然后，由中外合营者共同向审批机构报送。

（2）审批。国家对外经济贸易主管部门是申请设立合营企业的审批机构，该主管部门可委托有关省、自治区、直辖市人民政府和国务院有关部委（受托机构）审批，并由国家对外经济贸易主管部门发给批准证书。审批机构自接到中外合营者按规定报送的全部文件之日起，3 个月内决定批准或不批准。

申请人应向审批机构报送下列文件：设立合营企业的申请书；合营各方编制的可行性研究报告；设立合营企业的协议、合同和章程；合营各方委派的董事长、副董事长、董事人选名单。

（3）注册登记。合营企业在收到国家对外经济贸易主管部门颁发的批准证书后，应当在 1 个月内向省、自治区、直辖市的工商行政管理机关办理登记手续，领取营业执照，该营业执照的签发日期即为合营企业的成立日期。

（三）中外合资经营企业的资本

1. 中外合资经营企业的注册资本与投资总额

注册资本是指为设立合营企业在工商行政管理机关登记的资本总额，是合营各方认缴的出资额之和，一般要求外国合营者出资比例不低于 25%。《关于中外合资经营企业注册资本与投资总额比例的暂行规定》对中外合资经营企业的注册资本与投资总额的比例作出了要求，对于注册资本的规定如下表所示。

外商投资企业的注册资本

投资总额	最低注册资本	
	占投资总额	金额
300 万美元以下	7/10	
300 万至 1 000 万美元	1/2	
其中 420 万美元以下		210 万美元
1 000 万至 3 000 万美元	2/5	
其中 1 250 万美元以下		500 万美元
3 000 万美元以上	1/3	
其中 3 600 万美元以下		1 200 万美元

2. 中外合资经营企业的出资方式与出资期限

合营企业各方可以现金、实物、工业产权、专有技术、场地使用权等投资。外国合营者用于投资的技术和设备，必须确实是适合我国需要的先进技术和设备。如果有意以落后的技术和设备进行欺骗，造成损失的，应赔偿损失。中国合营者的投资可包括为合营企业经营期间提供的场地使用权。如果场地使用权未作为中国合营者投资的一部分，合营企业应向中国政府缴纳使用费。

实物包括建筑物、厂房、机器设备或其他物料，其中建筑物和厂房不适用于外国投资者。

外方以机器设备作价出资的，必须同时符合两个条件：

（1）该机器设备应当是企业生产所必需的设备；

（2）该机器设备的作价不得高于同类机器设备当时的国际市场正常价格。

合营各方按照合营合同的规定向合营企业认缴的出资，必须是合营者自己所有的现金、自己所有或享有的并且未设立任何担保物权的实物、工业产权、专有技术等。合营企业任何一方不得用以合营企业名义取得的贷款、租赁的设备或者其他财产以及合营者以外的他人财产作为自己的出资，也不得以合营企业的财产和权益或者合营他方的财产和权益为其出资担保。

为保护中外合资经营企业合营各方的合法权益，合营各方应当在合营合同中明确出资期限，并按照合同规定的期限缴清各自的出资。不按照规定期限缴清出资的，应当承担相应的法律责任。

（四）中外合资经营企业的组织机构

1. 中外合资经营企业的权力机构

董事会是合营企业的最高权力机构。董事会人数不得少于 3 人。董事由合营各方按分配名额委派，任期为 4 年，经委派可连任。董事会设董事长 1 人，副董事长 1 至 2 人。中外合营者的一方担任董事长的，由他方担任副董事长。董事会根据平等互利的原则，决定合营企业的重大问题。

董事会的职权是按合营企业章程规定，讨论决定合营企业的一切重大问题：企业发展规划、生产经营活动方案、收支预算、利润分配、劳动工资计划、停业，以及总经理、副总经理、总工程师、总会计师、审计师的任命或聘请及其职权和待遇等。

2. 中外合资经营企业的经营管理机构

合营企业设经营管理机构，负责企业的日常经营管理工作。经营管理机构设总经理1人，副总经理若干人。副总经理协助总经理工作。总经理执行董事会会议的各项决议，组织领导合营企业的日常经营管理工作。在董事会授权范围内，总经理对外代表合营企业，对内任免下属人员，行使董事会授予的其他职权。

总经理、副总经理由合营企业董事会聘请，可以由中国公民担任，也可以由外国公民担任。

经董事会聘请，董事长、副董事长、董事可以兼任合营企业的总经理、副总经理或者其他高级管理职务。总经理处理重要问题时，应当同副总经理协商。

总经理或者副总经理不得兼任其他经济组织的总经理或者副总经理，不得参与其他经济组织对本企业的商业竞争。

3. 中外合资经营企业的工会组织

职工依法建立工会组织，开展工会活动，维护职工的合法权益。合营企业应当为本企业工会提供必要的活动条件。

（五）中外合资经营企业的经营管理

1. 中外合资经营企业的物资购买和销售

合营企业所需的机器设备、原材料、燃料、配套件、运输工具和办公用品等物资，有权自行决定在中国购买或者向国外购买。合营企业需要在中国购置的办公、生活用品，按需要量购买，不受限制。合营企业在国内购买物资的价格以及支付水、电、气、热、货物运输、劳务、工程设计、咨询、广告等服务的费用，享受与国内其他企业同等的待遇。

鼓励合营企业向中国境外销售产品。出口产品可由合营企业直接或通过与其有关的委托机构向国外市场出售，也可通过中国的外贸机构出售。合营企业产品也可在中国市场销售。

2. 中外合资经营企业的财务会计与利润分配

合营企业应当建立健全财务会计管理机构，执行国家统一的财务会计制度，根据中国有关的法律和财务会计制度的规定，制定适合本企业的财务会计制度，并报当地财政、税务机关备案。合营企业应当向合营各方、当地税务机关和财政部门报送季度和年度会计报表。

合营企业原则上采用人民币为记账本位币，但经合营各方商定，也可采用某一种外国货币为记账本位币。以外国货币记账的合营企业，除编制外币的会计报表外，还应另编折算人民币的会计报表。

合营企业的下列文件、证件、报表，应当经中国注册会计师验证和出具证明方为有效：①合营各方的出资证明书（以物料、场地使用权、工业产权、专有技术作为出资的，应当包括合营各方签字同意的财产估价清单及其协议文件）；②合营企业的年度会计报表；③合营企业清算的会计报表。

合营企业的税后利润中可向出资人分配的利润，按照合营企业各方出资比例进行分配。合营企业以前年度的亏损未弥补前不得分配利润。

3. 中外合资经营企业的劳动人事关系

合营企业应与职工订立劳动合同。合营企业职工的录用、辞退、报酬、福利、劳动保护、劳动保险等事项，应当依法通过订立合同加以规定。

（六）中外合资经营企业的经营期限、终止和争议的解决

1. 中外合资经营企业的经营期限

合营各方可以在合同中约定合营期限，也可以不约定合营期限。中外合资经营企业的经营期限，按不同行业、不同情况作出不同的约定。举办合营企业，属于下列行业或者情况的，应在合营合同中约定合营期限：属于服务性行业的；从事土地开发及经营房地产的；从事资源勘查开发的；国家规定限制投资项目的；国家其他法律、法规规定需要约定合营期限的。

在合同中约定合营期限的企业，如合营各方需延长合营期限的，可在距合营期满 6 个月前向审批机构提出申请。审批机构应当自接到合营企业的申请书之日起 1 个月内予以批复。

2. 中外合资经营企业的终止

合营企业如发生严重亏损，一方不履行合同和章程规定的义务，遭遇不可抗力，合营企业合同章程所规定的其他解散原因已经出现等，经合营各方协商同意，报请审查批准机关批准，并向国家工商行政管理主管部门登记，可终止合同。如果因违反合同而造成损失的，应由违反合同的一方承担经济责任。

合营企业终止后应进行财产清算，由清算委员会负责清算，清算结束后，报请董事会会议通过，经原审批机构批准，向原企业登记管理机关办理注销登记手续，缴销营业执照。

3. 争议的解决

合营各方在解释或者履行合营企业协议、合同、章程时发生争议的，应当尽量通过友好协商或者调解解决。经过协商或者调解无效的，提请仲裁或者司法解决。

如果有仲裁协议，合营各方应根据有关仲裁的书面协议，可以在中国的仲裁机构进行仲裁，也可以在其他仲裁机构仲裁。合营各方之间没有有关仲裁的书面协议的，发生争议的任何一方都可以依法向人民法院起诉。在解决争议期间，除争议事项外，合营各方应当继续履行合营企业协议、合同、章程所规定的其他各项条款。

三、中外合作经营企业法

（一）中外合作经营企业

1. 中外合作经营企业的概念

中外合作经营企业（以下简称合作企业），是指由外国企业和其他经济组织或者个人同中国的企业或者其他经济组织，依照中国的法律规定，经中国政府批准，在中国境内设立的，由双方通过合作经营企业合同约定各自的权利和义务的企业。

中外合作经营企业属于契约式企业。在合作合同中，合作者双方通过协商达成一致意见，订立合作合同，在此基础上设立合作企业。同时，双方就投资或者合作条件、收益或者产品的分配、风险和亏损的分担、经营管理的方式和合作企业终止时财产的归属等事项在合同中进行约定。

中外合作经营企业的组织形式有两种：一是成立法人型企业，其组织形式主要为有限责任公司；二是成立非法人型企业，其组织形式主要是合伙企业。

2. 中外合作经营企业的特征

（1）合作企业主体一方为中国的企业或其他经济组织，另一方为外国的企业或其他经济组织和个人。

（2）合作经营合同是合作企业成立的基本依据，合作企业属契约式企业。

（3）合作企业的组织形式既可以是法人企业，也可以是非法人企业。

（4）利益的分配和亏损的负担可不依投资比例确定，而由双方通过协商，在合作合同中加以约定。

（二）中外合作经营企业的设立和变更

1. 中外合作经营企业的设立

（1）设立合作企业的条件。在中国境内设立合作企业，应符合国家的发展政策和产业政策，遵守国家关于指导外商投资方向的规定。国家鼓励举办产品出口的生产型合作企业和技术先进的生产型合作企业。中外合作者举办合作企业，根据中外合作企业法的规定，有下列情形之一的，不予批准：损害国家主权或者社会公共利益的；危害国家安全的；对环境造成污染损害的；有违反法律、行政法规或者国家产业政策的其他情形的。

（2）设立合作企业的程序。设立合作企业的程序包括提出申请、批准、登记、领取营业执照等过程。首先，由合作者向对外贸易经济合作部或者国务院授权的部门和地方人民政府有关审查批准机关提出申请，并向审查批准机关报送有关文件。这些文件包括：设立合作企业的项目建议书；合作各方共同编制的可行性研究报告；合作企业协议、合同、章程；合作各方的营业执照或注册登记证明、资信证明及法定代表人的有效证明文件；外国合作者是自然人的，应当提供有关身份、履历和资信情况的有效证明文件；合作各方协商确定的合作企业董事长、副董事长、董事或者联合管理委员会主任、副主任、委员的人选名单；审查批准机关要求报送的其他文件。其次，审查批准机关自收到规定的全部文件之日起45日内决定批准或者不予批准。审查批准机关认为报送的文件不全或者有不当之处的，有权要求合作各方在指定期间内补全或修正。最后，设立合作企业的申请经批准后，应当自接到批准证书之日起30日内向工商行政管理机关申请登记，领取营业执照。合作企业的营业执照签发日期，为该企业的成立日期。合作企业应当自成立之日起30日内向税务机关办理税务登记。

2. 中外合作经营企业的变更

合作企业在合作期限内，经合作各方协商同意，可以对合同作重大变更，但须报审批机构批准；如变更内容涉及工商登记项目、税务登记项目的，应向工商行政管理机关和税务机关办理变更登记手续。

（三）中外合作经营企业的资本

中外合作企业的出资方式可以是现金、实物、土地使用权、工业产权、非专利技术和其他财产权利，合作各方须在合同中确定各方的合作条件。中国合作者的投资或者提供的合作条件，属于国有资产的，应当依照有关法律、行政法规的规定进行资产评估。依法取得法人资格的合作企业，外国合营者的出资比例一般不低于合作企业注册资本的 25%，不具备法人资格的合作企业，合作各方应向工商行政管理部门登记各方的投资或所提供的合作条件。合作各方应以其自有的财产或者财产权利作为投资或者合作条件，对该投资或者合作条件不得设置抵押权或者其他形式的担保。

不具有法人资格的合作企业的合作各方的投资或者提供的合作条件，为合作各方分别所有。经合作各方约定，也可以共有，或者部分分别所有、部分共有。合作企业经营积累的财产，归合作各方共有。合作各方的投资或者提供的合作条件由合作企业统一管理和使用。未经合作他方同意，任何一方不得擅自处理。

中外合作者应依照法律、法规的规定及合作企业合同的约定，如期履行缴足投资，提供合作条件的义务；逾期不履行的，由审批机构和工商行政管理机关依照国家有关规定处理。中外合作者的投资或者提供的合作条件，由中国注册会计师或者有关机构验证并出具证明。

（四）中外合作经营企业的组织机构

根据《中外合作企业经营法》的规定，合作企业在组织机构的设置上有较大的灵活性，具备法人资格的合作企业，一般设立董事会；不具备法人资格的合作企业，一般设立联合管理委员会。合作经营企业可采取的管理形式有董事会制、联合管理制、委托管理制。

合作企业应当设立董事会或者联合管理机构，依照合作企业合同或者章程的规定，决定合作企业的重大问题。中外合作者的一方担任董事会的董事长、联合管理机构的主任的，由他方担任副董事长、副主任。董事会或者联合管理机构可以决定任命或者聘请总经理负责合作企业的日常经营管理工作。总经理对董事会或者联合管理机构负责。

合作企业成立后改为委托中外合作者以外的他人经营管理的，必须经董事会或者联合管理机构一致同意，报审查批准机关批准，并向工商行政管理机关办理变更登记手续。

（五）中外合作经营企业的经营管理

1. 合作企业的财务会计

合作企业必须在中国境内设置会计账簿，依照规定报送会计报表，并接受财政税务机关的监督。合作企业违反规定，不在中国境内设置会计账簿的，财政税务机关可以处以罚款，工商行政管理机关可以责令停止营业或者吊销其营业执照。不具有法人资格的合作企业除在合作企业所在地设置统一的会计账簿外，合作各方还应设置各自的会计账簿。

2. 合作企业的收益分配

中外合作者依照合作企业合同的约定，分配收益或者产品，承担风险和亏损。

合作企业的中外合作者可以在合同中约定采用分配利润、分配产品或者其他方式分配收益。合作企业合作各方约定采用分配产品或者其他方式分配收益的，应当按照中国税法的有关规定，计算应纳税额。

外国合作者在履行法律规定和合作企业合同约定的义务后分得的利润、其他合法收入和合作企业终止时分得的资金，可以依法汇往国外。合作企业的外籍职工的工资收入和其他合法收入，依法缴纳个人所得税后，可以汇往国外。

3. 合作企业的生产经营

合作企业可以在经批准的经营范围内进口本企业需要的物资，出口本企业生产的产品。合作企业在经批准的经营范围内所需的原材料、燃料等物资，可以在国内市场购买，也可以在国际市场购买。国家鼓励合作企业向国际市场销售其产品。合作企业可以自行向国际市场销售其产品，也可以委托国外的销售机构或者中国的外贸公司代销或者经销其产品。

4. 合作企业外国合作者先行回收投资

中外合作者在合作企业合同中约定合作期限届满时，合作企业的全部固定资产无偿归中国合作者所有的，外国合作者在合作期限内可以申请以下列方式先行回收其投资：①在按照投资或者提供合作条件进行分配的基础上，在合作企业合同中约定扩大外国合作者的收益分配比例；②经财政税务机关审查批准，外国合作者在合作企业缴纳所得税前回收投资；③经财政税务机关和审查批准机关批准的其他回收投资方式。

外国合作者提出先行回收投资的申请，应当具体说明先行回收投资的总额、期限和方式，外国合作者只有在合作企业的亏损弥补之后才能先行回收投资。外国合作者在合作期限内先行回收投资的，中外合作者应当依照有关法律的规定和合作企业合同的约定对合作企业的债务承担责任。

（六）中外合作经营企业的合作期限和终止

1. 合作企业的合作期限

根据《中外合作经营企业法》的规定，中外合作经营企业的期限由合作各方协商并在合作企业合同中规定。合作企业期限届满，合作各方协商同意要求延长合作期限的，应当在期限届满的180日前向审查批准机关提出申请，说明原合作企业合同执行情况，延长合作期限的原因，同时报送合作各方就延长的期限内各方的权利、义务等事项所达成的协议。审查批准机关应当自接到申请之日起30日内决定批准或者不批准。

经批准延长合作期限的，合作企业凭批准文件向工商行政管理机关办理变更登记手续，延长的期限从期限届满后的第一天起计算。

合作企业合同约定外国合作者先行回收投资，并且投资已经回收完毕的，合作企业期限届满不再延长；但是，外国合作者增加投资的，经合作各方协商同意，可以依照法律向审查批准机关申请延长合作期限。

2. 合作企业的终止

合作企业因下列情形之一出现时解散：合作期限届满；合作企业发生严重亏损，或者因不可抗力遭受严重损失，无力继续经营；中外合作者一方或者数方不履行合作企业合同、章程规定的义务，致使合作企业无法继续经营；合作企业合同、章程中规定的其他解散原因已经出现；合作企业违反法律、行政法规，被依法责令关闭。

合作企业期满或者提前终止时，应当依照法定程序对资产和债权、债务进行清算。中外合作者应当依照合作企业合同的约定确定合作企业财产的归属。合作企业期满或者提前终止，应当向工商行政管理机关和税务机关办理注销登记手续。

四、外资企业法

（一）外资企业的概念

为了扩大对外经济合作、技术交流和经济发展，我国允许外国的企业和其他经济组织或者个人在中国境内举办外资企业，并依法保护外资企业的合法权益。所谓外资企业，是指依照中国有关法律在中国境内设立的全部资本由外国投资者投资的企业，不包括外国的企业和其他经济组织在中国境内的分支机构。外资企业具有以下特征：

（1）外资企业的全部资本由外国投资者投资，投资者只能是外国的企业、其他经济组织或者个人。

（2）外资企业是依照中国法律在中国境内设立的中国企业。

（3）外资企业的组织形式一般为有限责任公司。

（二）外资企业的设立和变更

1. 外资企业的设立

设立外资企业，必须有利于中国国民经济的发展，国家鼓励举办产品出口或者技术先进的外资企业。外国投资者在提出设立外资企业的申请前，应当就下列事项向拟设立外资企业所在地的县级或者县级以上地方人民政府提交报告。报告内容包括：设立外资企业的宗旨；经营范围、规模；生产产品；使用的技术设备；用地面积及要求；需要用水、电、煤、煤气或者其他能源的条件及数量；对公共设施的要求等。县级或者县级以上地方人民政府应当在收到外国投资者提交的报告之日起30日内以书面形式答复外国投资者。

设立外资企业的申请，由国务院对外经济贸易主管部门或者国务院授权的机关审查批准。审查批准机关应当在接到申请之日起90日内决定批准或者不批准。如果有下列情况之一的，其申请不予批准：有损中国主权或者社会公共利益的；危及中国国家安全的；违反中国法律、法规的；不符合中国国民经济发展要求的；可能造成环境污染的。

设立外资企业的申请经批准后，外国投资者应当在接到批准证书之日起30日内向工商行政管理机关申请登记，领取营业执照。外资企业的营业执照签发日期，为该企业成立日期。外资企业应当在审查批准机关核准的期限内在中国境内投资；逾期不投资的，工商行政管理机关有权吊销营业执照。

2. 外资企业的变更

外资企业的分立、合并或者由于其他原因导致资本发生重大变动，须经审批机关批准，并应当聘请中国的注册会计师验证和出具验资报告。经审批机关批准后，向工商行政管理机关办理变更登记手续。

（三）外资企业的资本

1. 外资企业的出资方式

外国投资者可以用自由兑换的外币出资，也可以用机器设备、工业产权、专有技术等作价出资。经批准，外国投资者也可以用其从中国境内举办其他企业获得的人民币利润出资。外国投资者以机器设备作价出资的，该机器设备必须是外资企业生产所必需的，中国不能生产或虽能生产但在技术性能或者供应时间上不能保证需要的。另外，该机器设备的作价不得高于同类机器设备当时的国际市场正常价格。以工业产权、专有技术作价出资的，该工业产权、专有技术应当归属于外国投资者。其作价应当与国际上通常的作价原则相一致，其作价金额不得超过外资企业注册资本的20%。

2. 外资企业的用地

外资企业用地，由外资企业所在地的县级或县级以上人民政府根据本地区的情况予以安排。外资企业应当在营业执照签发之日起30日内，持批准书和营业执照到所在地人民政府土地管理部门办理土地使用手续，领取土地证书。外资企业在领取土地证书时，应当缴纳土地使用费。在经营期限内未经批准，其土地使用权不得转让。

外资企业使用经过开发的土地，应当缴付土地开发费，包括征地拆迁安置费用和为外资企业配套的基础设施建设费用。土地开发费可由土地开发单位一次性计收或者分年计收。如果使用未经开发的土地，可以自行开发或者委托中国有关单位开发。基础设施的建设，应当由外资企业所在地县级或者县级以上地方人民政府统一安排。

（四）外资企业的经营管理

外资企业依照经批准的章程进行经营管理活动，不受干涉。

外资企业雇用中国职工应当依法签订合同，并在合同中订明雇用、解雇、报酬、福利、劳动保护、劳动保险等事项。外资企业的职工依法建立工会组织，开展工会活动，维护职工的合法权益。

外资企业必须在中国境内设置会计账簿，进行独立核算，按照规定报送会计报表，并接受财政税务机关的监督。外资企业拒绝在中国境内设置会计账簿的，财政税务机关可以处以罚款，工商行政管理机关可以责令停止营业或者吊销营业执照。

外资企业在批准的经营范围内所需的原材料、燃料等物资，按照公平、合理的原则，可以在国内市场或者在国际市场购买。

（五）外资企业的经营期限和终止

1. 外资企业的经营期限

外资企业的经营期限由外国投资者申报，由审查批准机关批准。期满需要延长的，应当在期满180日以前向审查批准机关提出申请。审查批准机关应当在接到申请之日起30日内决定批准或者不批准。

2. 外资企业的终止

外资企业终止，应当及时公告，按照法定程序进行清算。在清算完结前，除为了执行清算外，外国投资者对企业财产不得自行处理。外资企业终止，应当向工商行政管理机关办理注销登记手续，缴销营业执照。

思考与拓展

中外合资经营企业和中外合作经营企业的资本、组织机构和经营管理①

【案情】

某西方跨国公司（以下简称西方公司）拟向中国内地的有关领域进行投资，并拟订了一份投资计划。该计划在论及投资方式时，主张采用灵活多样的形式进行投资，其有关计划要点如下：

（1）在中国上海寻求一位中国合营者，共同投资举办一家生产电话交换系统设备的中外合资经营企业（以下简称合营企业）。合营企业投资总额拟定为 3 000 万美元，注册资本为 1 200 万美元。西方公司在合营企业中占 60% 的股权，并依据合营项目的进展情况分期缴纳出资，且第一期出资不低于 105 万美元。合营企业采用有限责任公司的组织形式，拟建立股东会、董事会、监事会的组织机构；股东会为合营企业的最高权力机构、董事会为合营企业的执行机构、监事会为合营企业的监督机构。

（2）在中国北京寻求一位中国合作者，共同成立一家生产净水设备的中外合作经营企业（以下简称合作企业），合作期限为八年。合作企业注册资本总额拟定为 250 万美元，西方公司出资额占注册资本总额的 70%，中方合作者出资额占注册资本总额的 30%。西方公司除以机器设备、工业产权折合 125 万美元出资外，还由合作企业作担保向中国的外资金融机构贷款 50 万美元作为其出资；中方合作者可用场地使用权、房屋及辅助设施出资 75 万美元。西方公司与中方合作者在合作企业合同中规定：西方公司在合作企业正式投产之后的头五年分别先行回收投资，每年先行回收投资的支出部分可计入合作企业当年的成本；合作企业的税后利润以各占 50% 的方式分配；在合作期限届满时，合作企业的全部固定资产归中国合作者所有，但中国合作者应按其残余价值的 30% 给予西方公司适当的补偿。

【问题】

（1）西方公司拟在中国上海与中方合营者共同举办的合营企业的投资总额与注册资本的比例、西方公司第一期出资的数额、拟建立的组织机构是否符合有关规定？说明理由。

（2）西方公司拟在中国北京与中方合作者共同举办的合作企业的出资方式、利润分配比例、约定先行回收投资的办法以及合作期限届满后的全部固定资产的处理方式是否符合有关规定？说明理由。

【案例分析】

（1）①西方公司拟在中国上海与中方合营者共同举办的合营企业的投资总额与注册资本的比例符合国家有关规定。根据有关规定，投资总额在 1 000 万美元至 3 000 万（含 3 000 万）美元的，注册资本至少应占投资总额的 2/5，该合营企业的注册资本达到其投资总额的 2/5。

---

① http：//www. chinaacc. com/wangxiao/weekly/zhongji/2006/jjf/10. asp.

②西方公司第一期出资的数额不符合有关规定。根据有关规定，合营各方第一期出资不得低于各自认缴出资额的15%。按西方公司认缴的出资额计算，其第一期出资应不低于108万美元。

③拟设立的合营企业的组织形式不符合有关规定。根据有关规定，合营企业的组织机构应为董事会和经营管理机构，并且董事会是合营企业的最高权力机构，合营企业无须设立股东会和监事会。

（2）①西方公司拟在中国北京与中方合作者共同举办的合作企业的出资方式有不符合规定之处。根据有关规定，合作企业的任何一方都不得由合作企业为其出资作担保，西方公司由合作企业担保向中国的外资金融机构贷款50万美元作为其出资，违反了有关规定。

②合作各方有关利润分配比例的约定符合有关规定。依照有关规定，合作企业的合作各方可以自行约定利润分配比例。

③西方公司拟约定每年先行回收投资的支出部分计入合作企业当年成本不符合有关规定。根据有关规定，外国合作者只有在合作企业的亏损弥补之后，才能先行回收投资，这表明，合作企业只能以其利润用于先行回收投资，因此，先行回收投资不能计入合作企业的成本。

④西方公司拟约定合作期限届满时的全部固定资产的处理方式不符合有关规定。根据有关规定，凡是外方合作者在合作期内先行回收投资的，应约定在合作期限届满时，合作企业的全部固定资产无偿归中国合作者所有。因此，西方公司拟约定在合作期限届满时中国合作者应按固定资产残余价值的30%给予其补偿，不符合有关规定。

第五节　企业破产法

破产制度作为调整市场经济的基本法律，是一种优胜劣汰的法律机制。它可以最大限度地实现资源的优化配置，普遍适用于各类市场经济主体。在商品市场中，任何企业的权益应当受到平等保护，在符合破产条件时，应统一按照破产法的规定平等对待。为维护市场经济秩序，规范企业破产程序，公平清理债权债务，保护债权人和债务人的合法权益，我国在原国有企业破产制度的基础上，于2006年8月通过了《中华人民共和国企业破产法》（以下简称《企业破产法》），就破产申请、破产管理人、重整与和解、破产清算以及相应的法律责任等进行了规定。

一、破产法概述

破产制度是市场经济发展过程中的必然产物，其设置的目的在于维护市场经济的秩序，公平清理债权债务，保护债权人和债务人的合法权益。这是因为无论是自然人还是法人，当债务履行期限截至，债务人无法全部清偿时，如果允许债务人任意清偿个别债权，或者允许个别债权人强制执行债务人的财产，便会产生损害其他债权人权益，甚至出现恶意串通规避债务等不公平现象。当前，由于我国尚未建立完备的个人财产登记制度，暂时缺乏良好的社会信用环境，《企业破产法》仅规定了法人破产制度，未就自然人破产问题进行规范。尽管《合伙企业法》提及了合伙企业的破产问题，但仅进行了简单规定。该法第92条规定，合伙企业不能清偿到期债务的，债权人可以依法向人民法院提出破产清算申请，也可以要求普通合伙人清偿。合伙企业依法被宣告破产的，普通合伙人对合伙企业债务仍应承担无限连带责任。因此，现阶段我国关于破产的规定主要限于企业法人。

我国现阶段破产法中规定的破产，是指当债务人的全部财产无法清偿到期债务时，依照法律规定将债务人所有财产公平地清偿债权，并且免除债务人不能清偿的债务，从而消灭债务人主体资格的偿债程序。

破产制度具有以下特征：

（1）破产制度是兼具程序法和实体法性质的一项法律制度。破产法既规定了实体问题，又规定了程序问题，但我国法律分类一般将破产法归类为程序法。

（2）破产制度是保证债务人公平偿还债务的一项法律制度。破产法律制度的目的在于保障债权公平受偿，从而维护债权人和债务人的利益。

（3）破产程序的终结导致债务人主体资格的消灭。破产程序就债务人的全部财产进行清算，偿还债权人的债权。破产程序结束后，债务人的民事主体资格归于消灭。

二、破产申请与受理

（一）破产案件的管辖

企业破产案件由债务人住所地人民法院管辖。债务人住所地是指债务人的主要办事机构所在地，债务人主要办事机构不明确的，由其注册地人民法院管辖。

（二）破产申请

破产申请应以书面的形式提出，可由债务人、债权人或清算人提出。破产法规定，企业法人的全部财产无法清偿债务的，可由债务人向人民法院提出重整、和解或者破产清算申请，也可由债权人向人民法院提出对债务人进行重整或者破产清算的申请。企业法人已解散但未清算或者未清算完毕，资产不足以清偿债务的，依法负有清算责任的人应向人民法院申请破产清算。

提出破产申请时，应当向人民法院提交破产申请书和有关证据。破产申请书应当载明下列事项：申请人、被申请人的基本情况；申请目的，即和解、重整或者破产清算；申请的事实和理由，包括债权债务的由来、债权的性质和数额、债权到期债务人不能清偿的事实和理由等；人民法院认为应当载明的其他事项。

债务人提出申请的还应当向人民法院提交财产状况说明、债务清册、债权清册、有关财务会计报告、职工安置预案及职工工资的支付和社会保险费用的缴纳情况等。

（三）破产申请的受理

债权人提出破产申请的，人民法院应当自收到申请之日起5日内通知债务人。债务人对申请有异议的应当自收到人民法院通知之日起7日内向人民法院提出异议。人民法院应当自异议期满之日起10日内裁定是否受理。除上述规定的情形外，人民法院应当自收到破产申请之日起15日内裁定是否受理。特殊情况下需要延长裁定受理期限的，经上一级人民法院批准，可延长15日。

人民法院受理破产申请的，应当自裁定作出之日起5日内将裁定书送达申请人。债权人提出申请的，人民法院应当自裁定作出之日起5日内将裁定书送达债务人。

人民法院裁定不受理破产申请的，应当自裁定作出之日起5日内送达申请人并说明理由，申请人对不受理的裁定不服的，可以自裁定送达之日起10日内向上一级人民法院提起上诉。

人民法院裁定受理破产申请的，应当同时指定管理人。人民法院应当自裁定受理破产申请之日起25日内通知已知债权人，并予以公告。

（四）破产申请受理的效力

（1）自人民法院受理破产申请的裁定送达债务人之日起至破产程序终结之日，债务人的有关人员应当承担下列义务：妥善保管其占有和管理的财产、印章和账簿、文书等资料；根据人民法院、管理人的要求进行工作，并如实回答询问；列席债权人会议并如实回答债权人的询问；未经人民法院许可，不得离开住所地；不得新任其他企业的董事、监事、高级管理人员。上述所称有关人员是指企业的法定代表人，经人民法院决定，可以包括企业的财务管理人员和其他经营管理人员。

（2）人民法院受理破产申请后，债务人不得对个别债权人的债务进行清偿，否则清偿无效。

（3）人民法院受理破产申请后，债务人的债务人或财产持有人应当向管理人清偿债务或交付财产，人民法院指定的管理人应当就债务人对外享有的债权予以追偿，该收回的财产予以收回。

（4）人民法院受理破产申请后，管理人对破产申请受理前成立而债务人和对方当事人均未履行完毕的合同，有权决定解除或继续履行，并通知对方当事人。

（5）人民法院受理破产申请后，有关债务人财产的保全措施应当解除，执行程序应当中止。这里的财产保全措施，包括诉讼中的财产保全和诉讼前的财产保全，如人民法院依法对债务人财产的查封、扣押、冻结等措施。这里的执行程序是指由人民法院依法予以强制执行的程序，如冻结划拨存款、查封扣押拍卖财产等。

（6）人民法院受理破产申请后，已经开始而尚未终结的有关债务人的民事诉讼或者仲裁应当中止；在管理人接管债务人的财产后，该诉讼或者仲裁继续进行。

（7）人民法院受理破产申请后，有关债务人的民事诉讼只能向受理破产申请的人民法院提起。

三、破产管理人

破产管理人，也称管理人，是人民法院依法受理破产申请的同时指定的全面接管破产企业并负责破产财产的保管、清理、估价、处理、分配和总管破产事务的人。破产管理人制度是企业破产法中一项重要的内容。

（一）管理人的组成

《企业破产法》规定管理人由人民法院指定。管理人可以由下列机构担任：有关部门、机构的人员组成的清算组、依法设立的律师事务所、会计事务所、破产清算事务所及其他社会中介机构等。管理人除了可以由上述有关组织担任外，还可由人民法院根据债务人的实际情况，在征询有关社会中介机构的意见后，指定该机构具备相关专业知识并取得执业资格的人员担任。个人担任管理人的，应当参加执业责任保险。有下列情形之一的，不得担任管理人：因故意犯罪受过刑事处罚；曾被吊销相关专业执业证书；与本案有利害关系；人民法院认为不宜担任管理人的其他情形。

（二）管理人的职责

管理人依法执行职务，向人民法院报告工作，并接受债权人会议和债权人委员会的监督。管理人应列席债权人会议，向债权人会议报告职务执行情况，并回答询问。债权人会议认为管理人不能依法、公正执行职务或者有其他不能胜任职务情形的，可以申请人民法院予以更换。

根据《企业破产法》的规定，管理人履行下列职责：

（1）接管债务人的财产、印章和账簿、文书等资料；

（2）调查债务人财产状况，制作财产状况报告；

（3）决定债务人的内部管理事务；

（4）决定债务人的日常开支和其他必要开支；

（5）在第一次债权人会议召开之前，决定继续或者停止债务人的营业；

（6）管理和处分债务人的财产；

（7）代表债务人参加诉讼、仲裁或者其他法律程序；

（8）提议召开债权人会议；

（9）人民法院认为管理人应当履行的其他职责。

四、债权人会议

（一）债权的申报

债权申报，是指债务人的债权人在接到人民法院的破产申请受理裁定通知或者公告后，在法定期限内向人民法院申请登记债权，以取得破产债权人地位的行为。

《企业破产法》规定，人民法院受理破产申请后，应当确定债权人申报债权的期限。债权申报期限自人民法院发布受理破产申请公告之日起计算，最短不得少于30日，最长不得超过3个月。

债权人在法定期限内申报了债权即成为破产债权人，因而享有破产债权人的权利，但是如未在法定期限内申报债权，则视为放弃债权。

（二）债权人会议

1. 债权人会议的性质

债权人会议，是破产程序中全体债权人的自治性组织。它是以维护债权人共同利益为目的，讨论决定有关破产事宜，表达债权人意志的机构，是债权人行使破产参与权的场所。

2. 债权人会议的组成人员及职权

依法申报债权的债权人为债权人会议的成员，有权参加债权人会议，享有表决权。债权人可以委托代理人出席债权人会议，行使表决权。代理人出席债权人会议，应当向人民法院或者债权人会议主席提交债权人的授权委托书。债权人会议应有债务人的职工和工会的代表参加，对有关事项发表意见。

《企业破产法》规定，债权人会议行使下列职权：核查债权；申请人民法院更换管理人，审查管理人的费用和报酬；监督管理人；选任和更换债权人委员会成员；决定继续或者停止债务人的营业；通过重整计划；通过和解协议；通过债务人财产的管理方案；通过破产财产的变价方案；通过破产财产的分配方案；人民法院认为应当由债权人会议行使的其他职权。

3. 债权人会议的召集和表决

债权人会议设主席1人，由人民法院从有表决权的债权人中指定，债权人会议主席主持债权人会议。第一次债权人会议自债权申报期限届满之日起15日内召开，由人民法院主持。第一次债权人会议以后的债权人会议，在人民法院认为必要时，或者管理人、债权人委员会、占债权总额1/4以上的债权人向债权人会议主席提议时召开。

债权人会议的决议，由出席会议的有表决权的债权人过半数通过，并且其所代表的债权额占无财产担保债权总额的1/2以上，《企业破产法》另有规定的除外。通过和解协议草案的决议，由出席会议的有表决权的债权人过半数通过，并且其所代表的债权额占无财产担保债权总额的2/3以上。通过重整计划草案的决议，按债权类型分组进行表决，由出席会议同一表决组的债权人过半数同意，并且其所代表的债权额占该组债权总额的2/3以上的，为该组通过，各表决组均通过时，重整计划即为通过。

债权人会议的决议，对全体债权人均有法律约束力。债权人认为债权人会议的决议违反法律规定损害其利益的，可以自债权人会议作出决议之日起15日内，请求人民法院裁定撤销该决议，责令债权人会议依法重新作出决议。

债权尚未确定的债权人，除人民法院能够为其行使表决权而临时确定债权额的外，不得行使表决权。对债务人的特定财产享有担保权的债权人，未放弃优先受偿权利的，除了对通过和解协议、通过破产财产的分配方案不享有表决权外，对其他事项享有表决权。

债权人会议所议事项都是破产程序中的重大事项，应当对所议事项的决议做成会议记录，以备今后查阅。

五、债务人财产

（一）债务人财产的范围

债务人财产，是指破产申请受理时属于债务人的全部财产，以及破产申请受理后至破产程序终结前债务人取得的财产。

（1）破产申请受理时属于债务人的财产：①有形财产、无形财产、货币和有价证券、投资权益和债权。其中，无形财产包括土地使用权、知识产权、专有技术、特许经营权等；②未成为担保物的财产和已成为担保物的财产；③位于中华人民共和国境内的财产和位于中华人民共和国境外的财产。

（2）破产申请受理后至破产程序终结前债务人取得的财产：①程序开始后债务人财产的增值，包括孳息、经营收益和其他所得。例如，租金、利息、销售利润、股票红利、不动产升值、新投资、退税等；②程序开始后收回的财产，如追收的债款、追回的被侵占财产、接受返还的财产、因错误执行而获得执行回转的财产等；③债务人的出资人在尚未完全履行出资义务的情况下补交的出资。

（二）撤销权

撤销权，是指因债务人实施的减少债务人财产的行为危及债权人的债权时，管理人可以请求人民法院撤销该行为的权利。

《企业破产法》规定，人民法院受理破产申请前一年内，涉及债务人财产的下列行为，管理人有权请求人民法院予以撤销：无偿转让财产的；以明显不合理的价格进行交易的；对没有财产担保的债务提供财产担保的；对未到期的债务提前清偿的；放弃债权的。

《企业破产法》还规定，人民法院受理破产申请前6个月内，债务人有不能清偿到期债务，并且资产不足以清偿全部债务或者明显缺乏清偿能力，仍对个别债权人进行清偿的，管理人有权请求人民法院予以撤销。但是，个别清偿使债务人财产受益的除外。

（三）抵销权

抵销权，是指当事人双方互负债务，又互享债权，各自以自己的债权充抵对方所负债务，使自己的债务与对方的债务在等额内消灭的制度。

《企业破产法》规定："债权人在破产申请受理前对债务人负有债务的，可以向管理人主张抵销。"抵销权的行使应当符合下列要求：债权人对债务人负有债务，且债权人对债务人所负债务产生于破产申请受理之前；抵销权只能由债权人行使，且债权人必须向管理人提出。

债权人在破产申请受理前对债务人负有债务的，可以向管理人主张抵销。但是，有下列情形之一的，不得抵销：

（1）债务人的债务人在破产申请受理后取得他人对债务人的债权的。

（2）债权人已知债务人有不能清偿到期债务或者破产申请的事实，对债务人负担债务的；但债权人因为法律规定或者有破产申请一年前所发生的原因而负担债务的除外；

（3）债务人的债务人已知债务人有不能清偿到期债务或者破产申请的事实，对债务人取得债权的；但债务人的债务人因为法律规定或者有破产申请一年前所发生的原因而取得债权的除外。

（四）其他由管理人依法处理的债务人财产

《企业破产法》除规定因涉及债务人财产的行为被撤销或者无效而取得的债务人的财产，管理人有权追回外，还对其他由管理人依法处理的债务人财产应由管理人依法追回。如果人民法院受理破产申请后，债务人的出资人尚未完全履行出资义务的，管理人应当要求该出资人缴纳所认缴的出资；债务人的董事、监事和高级管理人员利用职权从企业获取的非正常收入和侵占的企业财产，管理人可依法追回；人民法院受理破产申请后，管理人可以通过清偿债务或者提供为债权人接受的担保，取回质物、留置物等。

六、重整与和解制度

（一）重整

重整，是指当企业法人不能清偿到期债务时，不立即进行破产清算，而是在法院的主持下，由债务人与债权人达成协议，制订债务人重整计划，债务人继续营业，并在一定期限内全部或部分清偿债务的制度。

1. 重整申请的提出

债务人尚未进入破产程序时，债务人或者债权人可以直接向人民法院申请对债务人进行重整；债权人申请对债务人进行破产清算的，在人民法院受理破产申请后，宣告债务人破产前，债务人或者出资额占债务人注册资本1/10以上的出资人，可以向人民法院申请重整。人民法院经审查认为重整申请符合法律规定的，应当裁定债务人重整，并予以公告。

2. 重整计划

债务人自行管理财产和营业事务的，由债务人制订重整计划草案。管理人负责管理财产和营业事务的，由管理人制订重整计划草案。

债务人或者管理人应当自人民法院裁定债务人重整之日起6个月内，同时向人民法院和债权人会议提交重整计划草案。上述规定的期限届满后，经债务人或者管理人请求，有正当理由的，人民法院可以裁定延期3个月。重整计划由债务人负责执行，由管理人进行监督。

在重整期间，有下列情形之一的，经管理人或者利害关系人请求，人民法院应当裁定终止重整程序，并宣告债务人破产：债务人的经营状况和财产状况继续恶化，缺乏挽救的可能性；债务人有欺诈、恶意减少债务人财产或者其他显著不利于债权人的行为；由于债务人的行为致使管理人无法执行职务。

（二）和解

和解，是指具备破产原因的债务人，为了避免破产清算，而与债权人会议达成协商解决债务协议的制度。和解并非法院作出破产宣告的必经程序，是否和解完全由双方当事人的意思而定。

1. 和解的提出

债务人可以依照《企业破产法》的规定，直接向人民法院申请和解，也可以在人民法院受理破产申请后、宣告债务人破产前，向人民法院申请和解。债务人申请和解，应当提出和解协议草案。

2. 和解协议

和解协议是债务人向人民法院提交的文件，该文件直接涉及债权人债权的清偿，因此必须经债权人会议讨论通过，由出席会议的有表决权的债权人过半数同意，并且其所代表的债权数额占无财产担保债权总额的2/3以上，同时还必须由人民法院审查认可。债权人会议通过和解协议的，由人民法院裁定认可，并予以公告。

在下列情形中，人民法院应终止和解协议，裁定和解协议无效或终止和解协议的执行，宣告债务人破产。和解协议草案经债权人会议表决未获得通过，或者已经债权人会议通过的和解协议未获得人民法院认可的，人民法院应当裁定终止和解程序，并宣告债务人破产；因债务人的欺诈或者其他违法行为而成立的和解协议，人民法院应当裁定无效，并宣告债务人破产；债务人不能执行或者不执行和解协议的，人民法院经和解债权人请求，应当裁定终止和解协议的执行，并宣告债务人破产。

七、破产清算

（一）破产宣告

破产宣告，是人民法院依据当事人的申请或法定职权裁定宣告债务人破产以清偿债务的活动。根据《企业破产法》的规定，有下列情形之一的，人民法院应当以书面裁定宣告债务人企业破产：企业不能清偿到期债务，又不具备法律规定的不予宣告破产条件的；企业被人民法院依法裁定终止重整程序的；人民法院依法裁定终止和解协议执行的。

人民法院依法宣告债务人破产的，应当自裁定作出之日起5日内送达债务人和管理人，自作出裁定之日起10日内通知已知债权人，并予以公告。债务人被宣告破产后，债务人称为破产人，债务人财产称为破产财产，人民法院受理破产申请时对债务人享有的债权称为破产债权。

破产宣告前，有下列情形之一的，人民法院应当裁定终结破产程序，并予以公告：第三人为债务人提供足额担保或者为债务人清偿全部到期债务的；债务人已清偿全部到期债务的。

（二）破产财产的变价

《企业破产法》规定，由管理人拟订破产财产变价方案，提交债权人会议讨论通过。管理人应当按照债权人会议通过的或者人民法院依法裁定的破产财产变价方案，适时变价出售破产财产。如果管理人不按破产财产变价方案变价出售破产财产，造成债权人、第三人损失的，应依法承担赔偿责任。

除债权人会议另有决议外，变价出售破产财产应当通过拍卖进行。破产企业可以全部或者部分变价出售。企业变价出售时，可以将其中的无形资产和其他财产单独变价出售。按照国家规定不能拍卖或者限制转让的财产，应当按照国家规定的方式处理。

（三）破产财产的分配

1. 破产财产的分配方案

管理人应当及时拟订破产财产分配方案，债权人会议通过破产财产分配方案后，由管理人将该方案提请人民法院裁定认可。破产财产分配方案经人民法院裁定认可后，由管理人执行。破产财产分配方案应当载明：参加破产财产分配的债权人名称或者姓名、住所；参加破产财产分配的债权额；可供分配的破产财产数额；破产财产分配的顺序、比例及数额；实施破产财产分配的方法。

2. 破产财产的分配顺序

根据《企业破产法》的规定，破产财产按照下列顺序进行分配：

（1）破产财产优先用于清偿破产费用和共益债务。

破产费用，是指人民法院受理破产申请后，为了破产程序的顺利进行及对债务人财产的管理、变价、分配过程中，必须支付的且用债务人财产优先支付的费用。《企业破产法》规定，人民法院受理破产申请后发生的下列费用为破产费用：破产案件的诉讼费用；管理、变价和分配债务人财产的费用；管理人执行职务的费用、报酬和聘用工作人员的费用。

共益债务，是指人民法院受理破产申请后，管理人为全体债权人的共同利益，管理债务人财产时所负担或产生的债务，以及因债务人财产而产生的债务，以债务人财产优先支付的债务。

（2）破产财产在清偿破产费用和共益债务后依照下列顺序清偿：

第一，破产企业所欠职工的工资和医疗、伤残补助、抚恤费用，所欠的应当划入职工个人账户的基本养老保险、基本医疗保险费用，以及法律、行政法规规定应当支付给职工的补偿金。

第二，破产企业欠缴的除上述内容以外的社会保险费用和破产人所欠税款。这里的社会保险是指除基本养老保险、基本医疗保险费用以外的其他社会保险，如失业保险等，如果企业没有依法律规定为职工缴纳，企业破产时职工就享有优先受偿权。破产人所欠税款是破产企业对国家负有的一种法定义务，是一种特殊债务。为确保国家的财政收入，《企业破产法》赋予税收优于普通债权受偿的权利。

第三，普通破产债权。普通债权具体包括无财产担保债权、放弃优先受偿权的债权、行使优先权后未能完全受偿的债权部分。

破产财产不足以清偿同一顺序的清偿要求的，按照比例分配。即按照各债权人的债权额在该顺序中占债权总额的比例进行清偿。

（四）破产程序的终结

破产程序的终结，又称破产程序的终止，是指人民法院受理破产案件后，在出现法定事由时，由人民法院依法裁定终结破产程序，结束破产案件的审理。《企业破产法》规定下列情况终结破产程序：

（1）债务人财产不足以清偿破产费用的，管理人应当提请人民法院终结破产程序。

（2）人民法院受理破产申请后，债务人与全体债权人就债权债务的处理自行达成协议的，可以请求人民法院裁定认可，并终结破产程序。

（3）破产人无财产可供分配的，管理人应当请求人民法院裁定终结破产程序。

（4）破产财产分配完毕。《企业破产法》规定管理人在最后分配完结后，应当及时向人民法院提交破产财产分配报告，并提请人民法院裁定终结破产程序。

破产程序的终结必须由人民法院依法作出裁定。人民法院应当自收到管理人终结破产程序的请求之日起15日内作出是否终结破产程序的裁定。裁定终结的，应当予以公告。

管理人应当自破产程序终结之日起10日内，持人民法院终结破产程序的裁定，向破产人的原登记机关办理注销登记。管理人于办理注销登记完毕的次日终止执行职务。但是，存在诉讼或者仲裁未决情况的除外。

思考与拓展

海航贸易有限责任公司破产案①

【案情】

海航贸易有限责任公司（以下简称贸易公司）系由甲公司和乙公司分别出资300万元和200万元设立，贸易公司实际到位的注册资本为400万元，甲公司尚有100万元出资因公司章程规定的出资期限未到期而没有完全履行出资义务。贸易公司在经营中因投资决策发生严重失误，造成重大损失，不能清偿到期债务，向其所在地的人民法院申请破产。人民法院于2007年2月8日受理了该破产申请后，指定了管理人全面接管贸易公司。经审理，人民法院于2008年1月8日依法宣告贸易公司破产。管理人对贸易公司的相关事项清理如下：

（1）2006年4月20日向丙公司无偿赠与一批物资，价值30万元。

（2）2006年1月24日向丁银行借款10万元，借期2年。其借款利息截至2007年2月8日为8万元，其后截至2008年1月8日为15万元。

（3）2006年12月16日与甲公司签订一份买卖合同，约定甲公司为贸易公司定制一批特殊规格的服装，合同标的额为68万元，由甲公司于2007年4月上旬交货，货到付款。现双方均尚未履行该合同，管理人决定解除该合同，由此造成甲公司实际经济损失为10万元。

（4）武汉一债权人因参加债权人会议发生差旅费1万元，南京一债权人为参加贸易公司的破产清算而聘请律师的费用为2万元。

（5）2007年6月19日贸易公司的一幢危房突然倒塌，致路人戊不幸受到伤害，造成公司遭到损失3万元。

（6）贸易公司经评估确认尚有资产1 200万元（变现价值），应付工资300万元、基本养老保险费用100万元、基本医疗保险费用50万元、应缴税金400万元、其他流动负债1 950万元；破产费用100万元。

---

① http://www.lawtime.cn/qiye/article_164093_p2.html.

【问题】

根据以上事实和破产法律制度的规定，分别分析下列问题：

(1) 甲公司享有的破产债权是多少？其尚未缴纳的出资是否应补缴？并分别说明理由。

(2) 贸易公司向丙公司赠与物资的行为是否可以撤销？并说明理由。破产财产造成的他人损失如何处理，和破产费用之间是什么关系？

(3) 丁银行享有的破产债权是多少？并说明理由。

(4) 丁银行享有的破产债权在破产清算中能得到清偿的具体数额是多少？

【案例分析】

(1) ①根据规定，对破产企业未履行的合同，管理人可以决定解除合同，另一方当事人因此受到经济损失的，其损害赔偿额应作为破产债权。②甲公司尚未缴纳的出资应补缴。根据规定，人民法院受理破产申请后，债务人的出资人尚未完全履行出资义务的，管理人应当要求该出资人缴纳所认缴的出资，而不受出资期限的限制。③甲公司享有的破产债权数额是10万元。甲公司对贸易公司享有的破产债权不得主张与其未到位的100万元注册资本金相抵销。根据规定，债务人的开办人注册资本投入不足的，应当由该开办人予以补足，补足部分属于破产财产。

(2) 贸易公司向丙公司赠与物资的行为应予以撤销。根据规定，人民法院受理破产申请前一年内，涉及债务人无偿转让财产行为的，管理人有权请求人民法院予以撤销。本题贸易公司向丙公司赠与物资的行为，发生在人民法院受理破产申请前一年内，因此，该行为是可以撤销的。因破产财产造成他人损失而应承担的债务为公益债务，在清偿顺序上，比破产费用要滞后。

(3) 丁银行享有的破产债权为18万元［10+8=18（万元）］。根据规定，未到期的债权在破产申请受理时视为到期，附利息的债权自破产申请受理时起停止计息。因此，丁银行的贷款尽管没有到期，仍应视为到期，且其利息计算至人民法院受理破产申请时（即8万元利息）。

(4) ①破产财产＝1 200＋100＋30＝1 330（万元）

说明：出资人补缴的出资属于破产财产；管理人行使撤销权后追回的财产应计入破产财产。

②普通破产债权＝1 950＋10＋18＝1 978（万元）

说明：管理人决定解除合同而使对方当事人因此受到的损害赔偿额应作为破产债权；债权人参加破产程序所支出的费用，不属于破产债权。

③破产企业的破产财产应优先拨付100万元的破产费用和3万元的共益债务（债务人财产致人损害所产生的债务属于共益债务），再支付工资及基本养老保险费用和基本医疗保险费用。

④普通破产债权，可供清偿的破产财产为377万元。由于剩余的破产财产不足以支付普通破产债权，普通破产债权人应按同一比例清偿。该比例为377/1 978。

⑤丁银行享有的破产债权得到清偿的具体数额为18×377/1 978（万元）。

【同步实练】

【案情】①

甲、乙、丙、丁四人出资设立A有限合伙企业，其中甲、乙为普通合伙人，丙、丁为有限合伙人。合伙企业存续期间，发生以下事项：

（1）6月，合伙人丙同A合伙企业进行了120万元的交易，合伙人甲认为，由于合伙协议对此没有约定，因此，有限合伙人丙不得同本合伙企业进行交易。

（2）6月，合伙人丁自营同A合伙企业相竞争的业务，获利150万元。合伙人乙认为，由于合伙协议对此没有约定，因此，丁不得自营同本合伙企业相竞争的业务，其获利150万元应当归A合伙企业所有。

（3）7月，A合伙企业向B银行贷款100万元。

（4）8月，经全体合伙人一致同意，普通合伙人乙转变为有限合伙人，有限合伙人丙转变为普通合伙人。

（5）9月，甲、丁提出退伙。经结算，甲从合伙企业分回10万元，丁从合伙企业分回20万元。

（6）10月，戊、庚新入伙，戊为有限合伙人，庚为普通合伙人。其中，戊、庚的出资均为30万元。

（7）12月，B银行100万元的贷款到期，A合伙企业的全部财产只有40万元。

【问题】

根据《合伙企业法》的规定，分别回答以下问题：

（1）根据本题案情的事项（1）所提示的内容，指出甲的主张是否符合法律规定，并说明理由。

（2）根据本题案情的事项（2）所提示的内容，指出乙的主张是否符合法律规定，并说明理由。

（3）对于不足的60万元，债权人B银行能否要求合伙人甲清偿全部的60万元？并说明理由。

（4）对于不足的60万元，债权人B银行能否要求合伙人乙清偿全部的60万元？并说明理由。

（5）对于不足的60万元，债权人B银行能否要求合伙人丙清偿全部的60万元？并说明理由。

（6）对于不足的60万元，债权人B银行能否要求退伙人丁清偿全部的60万元？并说明理由。

（7）对于不足的60万元，债权人B银行能否要求合伙人戊清偿全部的60万元？并说明理由。

（8）对于不足的60万元，债权人B银行能否要求合伙人庚清偿全部的60万元？并说明理由。

---

① http：//china. findlaw. cn/gongsifalv/hhqyf/anli/12792. html.

【复习思考题】

1. 简述个人独资企业的设立条件。
2. 简述合伙企业的设立条件。
3. 简述中外合资经营企业外国投资者的出资必须符合哪些条件。
4. 简述中外合作经营企业的组织形式。
5. 试述企业破产清偿债务的顺序。

【参考文献】

1. http：//blog. renren. com/share/264897903/1373957883.
2. 赵旭东．商法学教程．北京：中国政法大学出版社，2004.
3. 曹胜亮，刘金．经济法（第二版）．武汉：武汉理工大学出版社，2008.
4. http：//www. chinalawedu. com/new/1900a22a2010/20101128shangf103714. shtml.
5. 王莉娜，方晓琳．合伙财产的法律性质简析．法治与社会，2010（29）．
6. 孙佳坡．论我国合伙公有财产法律制度．山西高等学校社会科学学报，2010（2）.
7. http：//www. 110. com/ziliao/article－241865. html.
8. http：//www. chinaacc. com/wangxiao/weekly/zhongji/2006/jjf/10. asp.
9. http：//www. lawtime. cn/qiye/article_ 164093_ p2. html.
10. 王传辉．新编商法教程（第二版）．北京：清华大学出版社，2008.
11. 陈宝山．经济法学．郑州：郑州大学出版社，2004.
12. 周蓉蓉．经济法．北京：科学出版社，2004.
13. 王霞．经济法学．北京：中国民主法制出版社，2004.
14. 李昌麒．经济法学．北京：中国政法大学出版社，1999.
15. 金慧华，张建华．经济法教程．上海：立信会计出版社，2009.
16. 张建华，徐斌．经济法．上海：华东师范大学出版社，2009.
17. 华本良，王凯宏．经济法概论（第四版）．大连：东北财经大学出版社，2009.
18. 王圣诵，姜瑞雪．企业法概论．济南：山东人民出版社，2003.
19. 王建平，徐晓松，吴景明．企业法概论．北京：首都经济贸易大学出版社，1997.
20. http：//china. findlaw. cn/gongsifalv/hhqyf/anli/12792. html.

第二章 公司法律制度

本章提要及学习目标

公司作为现代企业的主要形式，在社会生活中发挥着重要的作用。公司一经成立，它就在法律上成为具有独立人格的法人实体，具有主体资格，享有相应的权利并独立承担责任。我国的公司形式有有限责任公司和股份有限公司。公司法就是对公司的内部组织关系和部分经营活动中发生的经济关系进行规范的法律制度。本章主要介绍公司的设立、有限责任公司和股份有限公司的相关规定、公司债券与财务会计制度、公司的变更和解散、违反公司法的法律责任等基本内容。通过本章的学习，将能清晰地了解公司的特征、种类、股东的权利和义务、公司的变更和解散、违反公司法的法律责任等内容，深刻地理解并掌握公司的设立条件和程序、公司组织机构及相互关系、公司财务会计制度等基本内容。

第一节　公司法概述

公司是企业法人，具有独立的法律主体地位，能够独立承担法律责任。股东仅以其出资额或所持股份为限对公司承担责任。公司是具有法人性、社团性和营利性特征的商事组织法。根据不同的标准，可将公司分为不同的种类，我国《公司法》规范了有限责任公司与股份有限公司两种类型。公司法是调整公司对内对外关系的法律规范的总称，是具有公法属性的私法，是商事行为法与商事组织法的结合，是程序法与实体法的结合。

一、公司的概念和种类

（一）公司的概念与特征

公司是一种企业组织形态，是指依法定的条件和程序设立的、以营利为目的、由股东投资形成的企业法人。根据我国《公司法》的规定，公司包括有限责任公司和股份有限公司两种类型。从法律上讲，公司至少具有以下特征：

1. 公司具有法人性

公司具有法人资格，我国《公司法》第 3 条规定“公司是企业法人”。法人是与自然人并列的民商事主体，具有独立的主体性资格，能够以自己的名义从事民商事活动并以自己的财产独立承担民事责任。这是公司与个人独资企业、合伙企业等非法人企业最本质的区别。

公司的法人性表现在以下几个方面：

（1）公司必须依法设立。我国《公司法》第6条规定："设立公司，应当依法向公司登记机关申请设立登记。符合本法规定的设立条件的，由公司登记机关分别登记为有限责任公司或者股份有限公司；不符合本法规定的设立条件的，不得登记为有限责任公司或者股份有限公司。"凡在我国境内设立的公司，必须依照我国法律、法规所规定的条件和程序设立。

（2）公司具独立的财产。一定的财产是公司得以存在的物质基础。公司作为一个以营利为目的的企业法人，必须有其可控制与支配的财产，以从事经营活动。我国《公司法》将公司享有的独立的法人财产称为法人财产权。公司成立时的原始财产由股东认缴的出资构成，股东可以货币以及实物、知识产权、土地使用权等非货币财产方式出资。股东一旦履行了出资义务，其出资的财产权即转移至公司，构成公司的财产。公司的财产与股东个人的财产相分离。这是公司财产的一个重要特征，它是公司能够独立承担民事责任进而取得法人资格的基础，也是股东只以出资为限对公司债务承担责任的依据。

（3）公司能够以自己的名义从事民商事活动并独立承担法律责任。公司作为经营性组织能够以自己的名义参与经济活动，在享有广泛权利的同时，能够完全独立地承担法律责任，从而使其能够与股东个人责任完全分离。这种法律责任上的独立性，构成了公司作为独立法人的集中体现。①

（4）公司必须有自己的名称、组织机构和场所。公司的名称相当于自然人的姓名，在不违反法律、法规的情况下可以自由选用，但必须标明公司的种类即有限责任公司或股份有限公司；公司必须具有完备的组织机构；规范的内部治理结构是公司法人不同于很多其他法人组织的重要标志之一；公司要有自己的经营场所，它是公司实现其设立目的所实施经营的地方。住所是公司法律关系的中心地域，凡涉及公司债务之清偿、诉讼管辖、书状送达均以此为标准。依照我国《公司法》第10条的规定，公司通常以其主要办事机构所在地为住所。

2. 公司具有社团性

公司是社团组织，公司的社团性表现为它通常由一定数量的股东出资组成。股份有限公司具有完全的社团性，其股东为2人以上。有限责任公司同样体现了公司的社团性，只是法律允许存在例外情形。我国公司法关于有限责任公司社团性的例外情形包括两种情况，一是一人有限责任公司，一是国有独资公司，在这两种公司中，都只有一个股东。需要注意的是，由于一人有限公司与国有独资公司缺乏传统公司组织所具有的社团性，因此我国《公司法》对这两种类型的公司作出了特别规范。②

3. 公司具有营利性

公司以营利为目的，是指设立公司的目的及公司的运作，都是为了谋求经济利益。因

---

① 范建，王建文. 公司法（第三版）. 北京：法律出版社，2011. 25.

② 具体内容参见本章第二节“一人有限责任公司的特别规定”和“国有独资公司的特别规定”。

此，公司必须连续不断地从事某种经济活动，如商品生产、交换或提供某种服务。公司的营利性特征已为世界上许多国家和地区的公司立法所确认，从而成为公司的基本特征。

公司的营利性是公司作为企业法人区别于机关法人、事业法人等非营利性法人的重要特征。营利法人的宗旨是获取利润并将利润分配于成员（出资人或股东）；而非营利法人的宗旨是行使社会管理职责、发展公益、慈善、宗教、学术事业等，它们即使从事商业活动、赚取利润，也只是以营利为手段，旨在实现与营利无关的目的，而且其营利所得不能直接分配于成员。区分营利法人和非营利法人的主要法律意义在于对其设定不同的设立程序、赋予不同的权利能力、适用不同的税法等。

必须指出的是，公司作为营利性组织，在获取经济利益的同时应当承担相应的社会责任。我国《公司法》已经确立了公司社会责任的相关制度。

（二）公司的种类

按照法律的规定或学理的标准，可以将公司分为不同的种类。

（1）以公司资本结构和股东对公司债务承担责任的方式为标准，可将公司分为无限公司、两合公司、股份两合公司、有限责任公司和股份有限公司。

无限公司是指由两名以上股东组成，全体股东对公司债务承担无限连带责任的公司。两合公司是指由一个以上无限责任股东与一个以上有限责任股东所组成的公司。无限责任股东对公司债务承担无限连带责任，有限责任股东仅以出资额为限对公司债务承当有限责任。股份两合公司是两合公司的变形，不同的只是有限责任股东以其持有的股份为限对公司债务承担责任。

我国《公司法》未规范无限公司、两合公司和股份两合公司，因而这三种公司不属于我国法定的公司类型。这三种公司实际上属于合伙企业性质，无限公司与我国《合伙企业法》所规范的普通合伙企业相似，两合公司与我国《合伙企业法》所规范的有限合伙企业相似。

有限责任公司，又称有限公司，是指股东以其认缴的出资额为限对公司承担责任，公司以其全部财产对公司债务承担责任的公司。股份有限公司，又称股份公司，是指将公司全部资本分为等额股份，股东以其认购的股份为限对公司承担责任，公司以其全部财产对公司债务承担责任的公司。有限责任公司和股份有限公司是我国《公司法》规定的公司类型。

（2）以公司的信用基础为标准，可将公司分为人合公司、资合公司、人合兼资合公司。

人合公司是指以股东个人的信用而非公司资本作为信用基础的公司。在人合公司中，不仅公司对外信用的基础是股东个人信用，而且在公司内部，股东相互之间也往往存在着特殊的信任关系。无限公司是典型的人合公司。

资合公司是指以公司的资本而非股东个人信用作为信用基础的公司。公司的信用来源于公司的实有资产，信用大小与其财产的多寡成正比关系。股份有限公司是典型的资合公司。

人合兼资合公司是指兼以股东个人信用和公司资本信用为信用基础的公司。两合公司、股份两合公司是典型的人合兼资合公司。

这种分类揭示了公司法的立法意旨，公司法中对有限公司、股份有限公司和无限公司所作的不同的具体规定，很大程度上是基于公司信用基础的不同。因而，这种分类对于理解公司法的许多规定和原理具有重要的作用。① 明确有限责任公司的人合兼资合性质以及股份有限公司的资合性质，有助于理解我国《公司法》对这两种公司不同的规范。

（3）以公司外部组织关系（即公司之间的控制或从属关系）为标准，可将公司分为母公司与子公司。

母公司是指拥有另一公司一定比例以上的股权（股份），或通过协议方式能够对另一公司的经营实行实际控制的公司。子公司是指与母公司相对应，其一定比例以上的股权（股份）被另一公司所拥有或通过协议受到另一公司实际控制的公司。尽管母子公司形成一种控制与被控制的关系，但是母公司与子公司分别是独立的法人，各自独立承担法律责任。

（4）以公司内部组织关系（即公司之间的管辖关系）为标准，可将公司分为总公司与分公司。

总公司，也称本公司，是指管辖公司全部组织的总机构。总公司本身具有独立的法人资格，能够以自己的名义直接从事经营活动。分公司是总公司的对称，是指被总公司所管辖的公司分支机构。其法律上不具有法人资格，没有独立的财产，不能独立承担法律责任，其业务活动的法律后果由总公司承受。但分公司具有经营资格，可以自己的名义独立订立合同，也可以自己的名义参加诉讼。

（5）以公司的国籍为标准，可将公司分为本国公司、外国公司和跨国公司。

本国公司是指具有本国国籍的公司。反之，不具有本国国籍的公司则为外国公司。目前，世界上还没有统一的公司国籍标准，不同国家公司的国籍标准不尽相同，大约有四种学说，即准据法说、设立行为地说、股东国籍说和住所地说。准据法说认为，公司章程依据哪国法律制定，公司设立依据哪国法律进行，就推定公司具有该国国籍。设立行为地说主张以公司设立行为地的国家作为其国籍，股东国籍说则主张以公司主要股东的国籍作为公司的国籍。住所地说主张以公司住所地的国家作为公司的国籍。我国采取以准据法为主兼采住所地的原则。② 因此，就我国而言，凡是依照我国法律在我国境内设立的公司均为我国公司，否则为外国公司。例如，在我国设立的外商投资企业，如果采取公司的组织形式，均属于中国公司。

跨国公司是指以一国为基地或中心，通过对外直接投资，在其他国家或地区设立分支机构、子公司或其他外商投资企业公司集团。跨国公司是一种经济现象，从法律上讲，并不是一个独立的法律实体，而是体现为分布于不同国家和地区的多个公司之间的法律关系，包括母公司、子公司、总公司、分公司等相互之间的关系与特殊联系。因此，它不是公司法的概念，也不由公司法调整。③

---

① 赵旭东．公司法学．北京：高等教育出版社，2003. 57.

② 朱羿锟．商法学——原理·图解·实例（第二版）．北京：北京大学出版社，2007. 129.

③ 范建，王建文．公司法（第三版）．北京：法律出版社，2011. 84.

二、公司法的概念与性质

（一）公司法的概念

公司法的概念有广义和狭义之分。广义上的公司法是指调整公司的设立、组织、活动、清算以及其他对内对外关系的法律规范的总称，包括诸如民法通则、证券法、刑法等涉及公司的所有法律、法规。狭义的公司法专指以“公司法”命名的规范性法律文件。在我国，即指由国家立法机关制定的《中华人民共和国公司法》（以下简称《公司法》）。本书所称公司法是指狭义上的公司法。

我国的《公司法》由第八届全国人大常委会第五次会议于1993年12月29日通过。自1994年7月1日起施行。此后，全国人大常委会于1999年、2004年和2013年对《公司法》进行了三次修改。2013年12月28日，第十二届全国人民代表大会常务委员会第六次会议通过了修改《公司法》的决定。对《公司法》所作的修改，自2014年3月1日起施行。

公司法的概念可以表述为调整公司的设立、组织、活动、清算及其他对内对外关系的法律规范的总称。所谓对内关系，是指公司与其股东或股东相互之间的权利义务关系；所谓对外关系，是指公司与第三人或其股东与第三人之间的权利义务关系。①

（二）公司法的性质

1. 公司法是兼具公法属性的私法

公司法作为规范公司这一典型私法主体的商法，当然属于私法。公司法的主旨在于维护股东的意思自治和权利自由，如股东设立公司的类型、表决权的行使、股权的转让等，都是建立在股东意思自治基础上的。但随着现代经济的发展，社会整体观念的加强，为确保社会交易安全和社会公共利益，公司法中设置了越来越多的公法性质的条款，从而出现“公司法之公法化”的倾向。例如关于公司登记、公司财务会计、公司名称、法定事项的公示主义等规定都具有明显的公法色彩。② 但是，这些公法性条款始终处于为私法交易服务的地位，公司法在本质上仍然属于私法。

2. 公司法是兼具商事行为法的商事组织法

公司法在内容和形式上具有商事组织法的特性，它规定了公司的设立及其条件、公司的法律属性与地位、公司的能力、公司设立者的资格、公司组织机构的设置、公司合并、分立、解散等内容，涉及公司这一社会组织从产生、运作、变更到消灭的全部领域，因此，公司法在本质上属于商事组织法。同时，公司作为商事组织法，必然要从事各种生产经营和交易行为。公司法规定了与公司组织具有直接关系的公司行为，如公司股票、债券的发行和交易等。因此，公司法是组织法与行为法的结合，以组织法为主。

---

① 刘清波．商事法．台北：商务印书馆，1995. 38.

② 范建，王建文．公司法（第三版）．北京：法律出版社，2011. 48.

3. 公司法是兼具程序法内容的实体法

作为实体法，公司法关于公司的设立条件、公司资本制度、公司组织机构及其职权、股东权利义务、法律责任等规定都属于实体规范。而关于公司的设立程序、公司组织机构行使职权的方式、公司合并、分立、解散的程序等规范则属于程序性规范。因此，公司法是实体法与程序法的结合。当然，公司法以实体规范为主，程序性规范是第二位的。

我国《公司法》的立法宗旨是规范公司的组织和行为，保护公司、股东和债权人的合法权益，维护社会经济秩序，促进社会主义市场经济的发展。公司从事经营活动，必须遵守法律、行政法规，遵守社会公德、商业道德，诚实守信，接受政府和社会公众的监督，承担社会责任。公司的合法权益不受侵犯。

思考与拓展

子公司与分公司的法律资格

【案情】

广州兴盛实业有限责任公司是一家大型棉毛制品公司，投资设立中山星海制衣有限责任公司，该公司为广州兴盛实业有限责任公司的全资子公司。由于业务扩展的需要又在珠海设立广州兴盛实业有限公司珠海分公司。

2011 年 4 月，在广交会上，兴盛实业有限公司董事长王某遇到南京万利贸易有限公司业务员李某，李某称万利公司有一批质地良好的棉布待销，王某想到中山星海公司和珠海分公司需棉布，遂给李某牵线介绍。2011 年 5 月，万利公司与星海公司、珠海分公司各签订了一份购销合同，万利公司分别向星海公司、珠海分公司供应棉布 200 包，价款 100 万元，货到 2 个月后付款。

发货后 3 个月过去了，星海公司、珠海分公司以种种借口搪塞，不付万利公司货款。万利公司认为星海公司与珠海分公司均是兴盛公司投资设立，遂以兴盛公司为被告向法院起诉，要求其承担星海公司和珠海分公司的违约责任。

【问题】

兴盛公司应当承担星海公司、珠海分公司的违约责任吗?

【案例分析】

本案中，兴盛公司不应当承担星海公司的违约责任。兴盛公司与星海公司是母子公司关系，母公司、子公司均为独立的法人，各自承担自己的法律责任，故兴盛公司无须为星海公司承担责任。但兴盛公司应当承担珠海分公司的违约责任。兴盛公司与珠海分公司是总公司与分公司的关系，珠海分公司是兴盛公司的分支机构，具有经营资格但没有独立的主体地位。根据《公司法》的规定，分公司没有独立的财产，分公司的财产属于总公司，分公司在经营过程中产生的责任由总公司承担。故作为总公司的兴盛公司应当承担其分支机构珠海分公司的法律责任。

第二节 有限责任公司

有限责任公司是由一定数量的股东出资，股东以出资额为限、公司以其全部资产为限对公司的债务承担责任的企业法人。在公司名称中必须标明“有限责任公司”或者“有限公司”字样。有限责任公司具有人合兼资合的特点，其设立程序与组织机构设置比较简便。公司股东出资转让受到严格限制。我国有限责任公司包括一人有限责任公司、国有独资公司和其他有限责任公司。有限责任公司股东人数不超过50个，比较适合中小企业采用。

一、有限责任公司的概念和特征

（一）有限责任公司的概念

有限责任公司简称有限公司，是指由一定数量的股东共同出资，股东以其出资额为限对公司承担责任，公司以其全部财产对其债务承担责任的法人企业。按照我国《公司法》的规定，可以将有限责任公司分为三种类型：一是股东人数在两人以上的有限责任公司；二是一人有限责任公司；三是国有独资公司。

（二）有限责任公司的特征

（1）股东人数有最高数额限制。我国《公司法》第24条规定“有限责任公司由50个以下股东出资设立”。50个以内投资者规模的有限责任公司比较适合中小企业采用。由于我国《公司法》对有限责任公司股东人数只有上限规定，没有下限要求，故我国《公司法》允许设立只有一个股东的一人有限责任公司和国有独资公司。

（2）有限责任公司设立程序简便。有限责任公司只有发起设立一种设立方式，即只要公司设立人制定公司章程并有符合公司章程规定的全体股东认缴的出资额等满足法定设立条件后，即可向公司登记机关申请设立登记。

（3）公司的组织机构简单灵活。有限责任公司只有股东会是必设机构（一人有限责任公司和国有独资公司除外），而董事会和监事会是否设立，则取决于公司规模的大小和股东人数的多少，它们并非必设机构（国有独资公司除外）。

（4）有限责任公司兼具资合和人合双重性质。资合性要求有限责任公司需具有符合公司章程规定的资本，股东必须向公司出资；人合性则强调股东间的相互信任和公司的封闭性。故有限责任公司股东对外转让出资（即股权）受到较为严格的限制，① 同时有限责任公司的经营状况无须向社会公开。

（5）有限责任公司股东只在其出资范围内承担有限责任。有限责任是指股东责任有

① 具体内容参见本节“有限责任公司的股权转让”。

限，而非公司的责任有限，公司是以其全部财产对公司债务承担责任的。从这个意义上讲，只要公司存续，公司对其债务就要承担无限责任。

（6）有限责任公司的资本不划分为等额股份，不能发行股票。有限责任公司只向出资的股东签发出资证明书，简称股单。

二、有限责任公司的设立

（一）有限责任公司的设立条件

根据《公司法》的规定，设立有限责任公司，应当具备下列条件：

1. 股东符合法定人数

我国《公司法》规定，有限责任公司由50个以下股东出资设立。没有股东人数下限的规定。股东既可以是自然人，也可以是法人。

2. 有符合公司章程规定的全体股东认缴的出资额

（1）注册资本。根据我国《公司法》第26条的规定，有限责任公司的注册资本为在公司登记机关登记的全体股东认缴的出资额。法律、行政法规以及国务院决定对有限责任公司注册资本实缴、注册资本最低限额另有规定的，从其规定。

（2）出资方式。我国《公司法》第27条第1款规定："股东可以用货币出资，也可以用实物、知识产权、土地使用权等可以用货币估价并可以依法转让的非货币财产作价出资；但是，法律、行政法规规定不得作为出资的财产除外。"股东可以用货币和非货币财产出资，但是我国《公司注册资本登记管理规定》第8条第3款规定："股东或发起人不得以劳务、信用、自然人姓名、商誉、特许经营权或者设定担保的财产等作价出资。"对于作为出资的非货币财产应当评估作价，核实财产，不得高估或低估作价。

3. 股东共同制定公司章程

公司章程是记载公司组织、活动基本准则的公开性法律文件。设立有限责任公司必须由股东共同依法制定公司章程。章程应当载明下列事项：①公司名称和住所；②公司经营范围；③公司注册资本；④股东的姓名或者名称；⑤股东的出资方式、出资额和出资时间；⑥公司的机构及其产生办法、职权、议事规则；⑦公司法定代表人；⑧股东会会议认为需要规定的其他事项。股东应当在公司章程上签名、盖章。公司章程对公司、股东、董事、监事以及公司的高级管理人员具有约束力。

4. 有公司名称，建立符合有限责任公司要求的组织机构

公司的名称是公司的标志。公司的名称必须符合法律、法规的规定，并应当经过公司登记管理机关预先核准登记。公司应当设立符合有限责任公司要求的组织机构，即股东会、董事会或者执行董事、监事会或者监事等。

5. 有公司住所

设立公司必须有住所。没有住所的公司，不得设立。公司以其主要办事机构所在地为住所。

（二）有限责任公司的设立程序

1. 制定公司章程

股东设立有限责任公司，必须先制定公司章程，将要设立的公司基本情况以及各方面的权利义务加以明确规定。公司章程自全体股东签章时起发生约束力。

2. 股东缴纳出资

股东应当按期足额缴纳公司章程中规定的各自所认缴的出资额。股东以货币出资的，应当将货币出资足额存入有限责任公司在银行开设的账户；以非货币财产出资的，应当依法办理其财产权的转移手续。股东不按照规定缴纳出资的，除应当向公司足额缴纳外，还应当向已按期足额缴纳出资的股东承担违约责任。

有限责任公司成立后，发现股东作为出资的非货币财产的实际价额显著低于公司章程所定价额的，应当由交付该出资的股东补足其差额；公司设立时的股东承担连带填补责任。

3. 申请设立登记

股东认足公司章程规定的出资后，由全体股东指定的代表或者共同委托的代理人向公司登记机关报送公司登记申请书、公司章程等文件，申请设立登记。公司经核准登记后，领取公司营业执照。公司营业执照签发日期为公司成立日期。自此，公司取得法人资格，可以自己的名义从事生产经营活动和交易行为。

4. 向股东签发出资证明书

有限责任公司成立后，应当向股东签发出资证明书。

三、有限责任公司的组织机构

（一）股东会

1. 股东会的性质和职权

有限责任公司股东会由全体股东组成。股东会是公司的最高权力机构，依法行使下列职权：①决定公司的经营方针和投资计划；②选举和更换非由职工代表担任的董事、监事，决定有关董事、监事的报酬事项；③审议批准董事会的报告；④审议批准监事会或者监事的报告；⑤审议批准公司的年度财务预算方案、决算方案；⑥审议批准公司的利润分配方案和弥补亏损方案；⑦对公司增加或者减少注册资本作出决议；⑧对发行公司债券作出决议；⑨对公司合并、分立、变更公司形式、解散和清算等事项作出决议；⑩修改公司章程；⑪公司章程规定的其他职权。

对上述所列事项，股东以书面形式一致表示同意的，可以不召开股东会会议，直接作出决定，并由全体股东在决定文件上签名、盖章。

2. 股东会的形式

股东会会议因召开的原因和时间不同，分为首次会议、定期会议和临时会议。首次会议即有限责任公司成立后的第一次股东会会议，由出资最多的股东召集和主持。定期会议应当按照公司章程的规定按时召开，一般情况下一年召开一次。临时会议是指定期会议之外临时召开的股东会。根据《公司法》的规定，有限责任公司代表1/10以上表决权的股东、1/3以上的董事、监事会或者不设监事会的公司的监事提议召开临时会议的，应当召开临时会议。

3. 股东会的召开

除首次股东会会议由出资最多的股东召集和主持，以后的股东会会议，公司设立董事会的，由董事会召集，董事长主持；董事长不能履行职务或者不履行职务的，由副董事长主持；副董事长不能履行职务或者不履行职务的，由半数以上董事共同推举一名董事主持。公司不设董事会的，股东会会议由执行董事召集和主持。董事会或者执行董事不能履行或者不履行召集股东会会议职责的，由监事会或者不设监事会的公司的监事召集和主持；监事会或者监事不召集和主持的，代表1/10以上表决权的股东可以自行召集和主持。

召开股东会会议，应当于会议召开15日前通知全体股东；但公司章程另有规定或者全体股东另有约定的除外。会议通知应当列明股东会会议召开的时间、地点和审议的事项。

4. 股东会的决议

股东会会议作出决议时，股东一般采取“资本多数决”原则，即股东会会议由股东按照出资比例行使表决权。但公司章程另有规定的除外。

股东会的议事方式和表决程序，除公司法有规定的外，由公司章程规定。但是下列事项必须按照特别决议的方式（“资本绝对多数决”方式），即必须经代表2/3以上表决权的股东通过：①修改公司章程；②增加或者减少注册资本；③公司合并、分立、解散；④变更公司形式。

股东会应当对所议事项的决定做成会议记录，出席会议的股东应当在会议记录上签名。

（二）董事会

1. 董事会的性质及组成

董事会是公司股东会的执行机构，对股东会负责。

有限责任公司设董事会，其成员为3人至13人。两个以上的国有企业或者其他两个以上的国有投资主体投资设立的有限责任公司，其董事会成员中应当有公司职工代表；其他有限责任公司董事会成员中也可以有公司职工代表。董事会中的职工代表由公司职工通过职工代表大会、职工大会或者其他形式的民主选举产生。董事会设董事长一人，可以设副董事长。董事长、副董事长的产生办法由公司章程规定。

有限责任公司股东人数较少或者规模较小的，可以设一名执行董事，不设董事会。执行董事可以兼任公司经理。执行董事的职权由公司章程规定。

董事任期由公司章程规定，但每届任期不得超过三年。董事任期届满，连选可以连任。董事任期届满未及时改选，或者董事在任期内辞职导致董事会成员低于法定人数的，在改选出的董事就任前，原董事仍应当依照法律、行政法规和公司章程的规定，履行董事职务。

2. 董事会的职权

董事会行使下列职权：①召集股东会会议，并向股东会报告工作；②执行股东会的决议；③决定公司的经营计划和投资方案；④制订公司的年度财务预算方案、决算方案；⑤制订公司的利润分配方案和弥补亏损方案；⑥制订公司增加或者减少注册资本以及发行公司债券的方案；⑦制订公司合并、分立、变更公司形式、解散的方案；⑧决定公司内部管理机构的设置；⑨决定聘任或者解聘公司经理及其报酬事项，并根据经理的提名决定聘任或者解聘公司副经理、财务负责人及其报酬事项；⑩制定公司的基本管理制度；⑪公司章程规定的其他职权。

3. 董事会的召开

董事会会议由董事长召集和主持；董事长不能履行职务或者不履行职务的，由副董事长召集和主持；副董事长不能履行职务或者不履行职务的，由半数以上董事共同推举一名董事召集和主持。

4. 董事会的决议

董事会的议事方式和表决程序，除公司法有规定的外，由公司章程规定。董事会决议的表决，实行一人一票制。董事会应当对所议事项的决定做成会议记录，出席会议的董事应当在会议记录上签名。

（三）经理

有限责任公司可以设经理。经理是负责公司日常经营管理工作的高级管理人员，由董事会决定聘任或者解聘。经理对董事会负责，行使下列职权：主持公司的生产经营管理工作，组织实施董事会决议；组织实施公司年度经营计划和投资方案；拟订公司内部管理机构设置方案；拟定公司的基本管理制度；制定公司的具体规章；提请聘任或者解聘公司副经理、财务负责人；决定聘任或者解聘除应由董事会决定聘任或者解聘以外的管理人员；董事会授予的其他职权；公司章程规定的其他职权。经理列席董事会会议，经理可以作为公司的法定代表人。

（四）监事会

1. 监事会的性质及组成

监事会是公司的常设监督机构，对股东会负责。

有限责任公司设立监事会，其成员不得少于3人。监事会应当包括股东代表和适当比例的公司职工代表，其中职工代表的比例不得低于1/3，具体比例由公司章程规定。监事会中的职工代表由公司职工通过职工代表大会、职工大会或者其他形式民主选举产生。监事的任期与董事任期不同，监事的任期是法定的，每届为三年。监事任期届满，连选可以连任。

股东人数较少或者规模较小的有限责任公司，不设立监事会，可以设1~2名监事。为防止监督者与被监督者身份冲突，我国《公司法》规定，董事、高级管理人员不得兼任监事。

2. 监事会的职权

监事会、不设监事会的公司的监事行使下列职权：①检查公司财务；②对董事、高级管理人员执行公司职务的行为进行监督，对违反法律、行政法规、公司章程或者股东会决议的董事、高级管理人员提出罢免的建议；③当董事、高级管理人员的行为损害公司的利益时，要求董事、高级管理人员予以纠正；④提议召开临时股东会会议，在董事会不履行规定的召集和主持股东会会议职责时召集和主持股东会会议；⑤向股东会会议提出提案；⑥依照《公司法》的规定，对董事、高级管理人员提起诉讼；⑦公司章程规定的其他职权。监事可以列席董事会会议，并对董事会决议事项提出质询或者建议。

3. 监事会的召开

监事会设主席一人，由全体监事过半数选举产生。监事会主席召集和主持监事会会议；监事会主席不能履行职务或者不履行职务的，由半数以上监事共同推举一名监事召集和主持监事会会议。

4. 监事会的决议

监事会每年度至少召开一次会议，监事可以提议召开临时监事会会议。监事会的议事方式和表决程序，除公司法有规定的外，由公司章程规定。监事会决议应当经半数以上监事通过。监事会应当对所议事项的决定做成会议记录，出席会议的监事应当在会议记录上签名。监事会、不设监事会的公司的监事行使职权所必需的费用，由公司承担。

四、一人有限责任公司

（一）一人有限责任公司的概念和特征

一人有限责任公司，简称一人公司，是指只有一个自然人股东或者一个法人股东的有限责任公司。一人有限责任公司是有限责任公司的特殊表现形式，具有以下特征：[①]

（1）股东的唯一性。公司股东仅为一人。此处所谓“一人”包括一个自然人或一个法人。

（2）资本的单一性。公司的全部资本均由单一股东出资形成。

（3）责任的有限性。股东仅以其出资额为限对公司债务承担有限责任。

（4）组织的简便性。因为只有唯一的出资人，公司不设股东会，股东会的职权由股东独自行使。

（二）一人有限责任公司的特别规定

由于一人有限责任公司缺乏传统公司社团性的特征，为防止股东利用有限责任和一人公司缺乏组织机构制衡性的机会，损害公司债权人和其他利害关系人的利益，我国《公司法》对一人公司作出了以下特别规定：

（1）再投资的限制。一个自然人只能投资设立一个一人有限责任公司，该一人有限责任公司不能投资设立新的一人有限责任公司。

（2）出资者身份的公示。一人有限责任公司应当在公司登记中注明自然人独资或者法人独资，并在公司营业执照中载明。

（3）公司决定的书面性要求。一人有限责任公司不设股东会。股东作出公司法第 38 条第 1 款所列决定时，应当采用书面形式，并由股东签字后置备于公司。

---

① 范建，王建文．公司法（第三版）．北京：法律出版社，2011. 242.

（4）财务监督。一人有限责任公司应当在每一会计年度终了时编制财务会计报告，并经会计师事务所审计。

（5）财产混同时的公司法人人格否认。一人有限责任公司的股东不能证明公司财产独立于股东自己财产的，应当对公司债务承担连带责任。股东不能证明公司财产独立于股东自己的财产即发生“财产混同”，适用公司法人人格否认制度，股东对公司债务承担连带责任，且实行举证责任倒置。

五、国有独资公司

（一）国有独资公司的概念

国有独资公司是指国家单独出资、由国务院或者地方人民政府委托本级人民政府国有资产监督管理机构履行出资人职责的有限责任公司。国有独资公司是有限责任公司的一种特殊形式。

（二）国有独资公司的特别规定

我国《公司法》规定，国有独资公司的设立和组织机构适用特别规定，没有特别规定的，适用有限责任公司的相关规定。这些特别规定，具体包括以下几个方面：

（1）国有独资公司章程由国有资产监督管理机构制定，或者由董事会制定报国有资产监督管理机构批准。

（2）国有独资公司不设股东会。由国有资产监督管理机构行使股东会职权。国有资产监督管理机构可以授权公司董事会行使股东会的部分职权，决定公司的重大事项，但公司的合并、分立、解散、增加或者减少注册资本和发行公司债券，必须由国有资产监督管理机构决定；其中，重要的国有独资公司合并、分立、解散、申请破产的，应当由国有资产监督管理机构审核后，报本级人民政府批准。

（3）国有独资公司设立董事会。董事会成员由国有资产监督管理机构委派，董事会成员中应当有公司职工代表，职工代表由公司职工代表大会选举产生。

（4）国有独资公司设经理。经国有资产监督管理机构同意，董事会成员可以兼任经理。

（5）国有独资公司的董事长、副董事长、董事、高级管理人员，未经国有资产监督管理机构同意，不得在其他有限责任公司、股份有限公司或者其他经济组织兼职。

（6）国有独资公司监事会成员不得少于5人，其中职工代表的比例不得低于1/3，具体比例由公司章程规定。监事会成员由国有资产监督管理机构委派；但是，监事会成员中的职工代表由公司职工代表大会选举产生。监事会主席由国有资产监督管理机构从监事会成员中指定。

六、有限责任公司的股权转让

（一）自愿转让

1. 股东之间内部转让

有限责任公司的股东之间可以相互转让其全部或者部分股权。由于内部转让不会有新股东加入，并没有破坏有限责任公司的人合性，故内部转让没有限制，只是要求通知其他股东即可。

2. 向股东以外的人转让

由于向股东以外的人转让会导致新股东加入公司，基于维护有限责任公司的人合性考量，我国《公司法》对此作出了相应的限制性规定：①股东向股东以外的人转让股权，应当经其他股东过半数同意。②股东应就其股权转让事项书面通知其他股东征求同意，其他股东自接到书面通知之日起满30日未答复的，视为同意转让。其他股东半数以上不同意转让的，不同意的股东应当购买该转让的股权；不购买的，视为同意转让。③经股东同意转让的股权，在同等条件下，其他股东有优先购买权。④两个以上股东主张行使优先购买权的，协商确定各自的购买比例；协商不成的，按照转让时各自的出资比例行使优先购买权。

（二）强制转让

强制转让是指人民法院通过司法执行程序转让股东的股权。同样，基于维护有限责任公司的人合性，强制转让过程中依然赋予了股东优先购买权。我国《公司法》规定，人民法院依照法律规定的强制执行程序转让股东的股权时，应当通知公司及全体股东，其他股东在同等条件下有优先购买权。其他股东自人民法院通知之日起满20日不行使优先购买权的，视为放弃优先购买权。

（三）股东的股权回购请求权

原则上，股东不得抽回已经交付给公司的出资。但我国《公司法》规定了例外情形，赋予有限责任公司股东股权回购请求权。《公司法》第75条规定，有下列情形之一的，对股东会该项决议投反对票的股东可以请求公司按照合理的价格收购其股权：①公司连续五年不向股东分配利润，而公司该五年连续盈利，并且符合本法规定的分配利润条件的；②公司合并、分立、转让主要财产的；③公司章程规定的营业期限届满或者章程规定的其他解散事由出现，股东会会议通过决议修改章程使公司存续的。

股东要求公司收购其股权的，应当自股东会会议决议通过之日起60日内与公司协商收购事项，与公司不能达成股权收购协议的，股东可以自股东会会议决议通过之日起90日内向人民法院提起诉讼。

（四）自然人股东资格的继承

有限责任公司的自然人股东死亡后，其合法继承人可以继承股东资格，但公司章程另有规定的除外。

思考与拓展

有限责任公司的设立条件和组织机构

【案情】

赵某、钱某与另外9位自然人拟联合组建设立“海通实业有限责任公司”（以下简称海通公司），公司章程的部分内容为：公司股东会除召开定期会议外，还可以召开临时会议，临时会议须经代表1/3以上表决权的股东，1/4以上的董事或1/2以上的监事提议召开。在申请公司设立登记时，公司登记机关指出了公司章程中规定的关于召开临时股东会议方面的不合法之处。经全体股东协商后，予以纠正。

2010年4月，海通公司依法登记成立，注册资本为6 000万元，其中赵某以专利权出资，协议作价金额900万元；钱某出资2 000万元，是出资最多的股东。公司成立后，由赵某召集和主持了首次股东会会议，设立了董事会和监事会。2010年7月，海通公司董事会发现，赵某作为出资的专利权的实际价额显著低于公司章程所定的价额，为了使公司股东出资总额仍达到6 000万元，董事会提出了解决方案，即由赵某补足差额。如果赵某不能补足差额，则由其他股东按出资比例分担该差额。

2011年6月，公司经过一段时间的运作后，经济效益较好，董事会拟订了一个增加注册资本的方案，方案提出将公司现有的注册资本由6 000万元增加到1亿元。增资方案提交股东会讨论表决时，有7位股东赞成增资，7位股东出资总和为3 600万元，占表决权总数的60%；有4位股东不赞成增资，4位股东出资总和为2 400万元，占表决权总数的40%。股东会认为赞成增资的股东人数和表决权数都占多数，因此增资决议通过，并授权董事会执行。

2011年9月，海通公司因业务发展需要，依法成立了珠海分公司。珠海分公司在生产经营过程中，因违反了合同约定被诉至法院，对方以海通公司是珠海分公司的总公司为由，要求海通公司承担违约责任。

【问题】

根据上述事实及现行有关法律规定，回答下列问题：

（1）海通公司在设立过程中订立的公司章程中关于召开临时股东会议的规定有哪些不合法之处？说明理由。

（2）海通公司的首次股东会议由赵某召集和主持是否合法？为什么？

（3）海通公司董事会作出的关于赵某出资不足的解决方案的内容是否合法？说明理由。

（4）海通公司股东会作出的增资决议是否合法？说明理由。

（5）海通公司是否应替珠海分公司承担违约责任？说明理由。

【案例分析】

（1）海通公司设立过程中订立的公司章程中关于召开临时股东会会议的提议权的规

定不合法。根据《公司法》的规定，有限责任公司代表1/10以上表决权的股东，1/3以上的董事，监事会或者不设监事会的公司的监事提议召开临时会议的，应当召开临时会议。而在海通公司的章程中却规定临时会议须经公司代表1/3以上表决权的股东，1/4以上的董事或1/2以上的监事提议召开，是不符合法律规定的。

（2）海通公司的首次股东会会议由赵某召集和主持不合法。根据《公司法》的规定，有限责任公司股东会的首次会议由出资最多的股东召集和主持。海通公司的股东钱某出资2 000万元，是出资最多的股东。因此，首次股东会会议应由钱某召集和主持。

（3）海通公司董事会作出的关于赵某出资不足的解决方案的内容不合法。根据《公司法》的规定，有限责任公司成立后，发现作为出资的非货币的实际价额显著低于公司章程所定价额时，应当由交付出资的股东补缴其差额，即公司设立时的其他股东对其承担连带责任，而并非由其他股东按出资比例分担该差额。

（4）海通公司股东会作出的增资决议不合法。根据《公司法》的规定，有限责任公司股东会对公司增加注册资本作出决议，必须经代表2/3以上表决权的股东通过。而海通公司股东会讨论表决时，同意的股东的出资额占表决权总数的60%，未达到2/3以上的比例。因此，增资决议不能通过。

（5）海通公司应替珠海分公司承担违约责任。根据《公司法》的规定，分公司只是总公司管理的一个分支机构，不具有法人资格，但可以依法独立从事生产经营活动，其民事责任由设立该分公司的总公司承担。

第三节　股份有限公司

股份有限公司是指全部注册资本由等额股份构成并通过发行股份筹集资本，公司以其全部资产对公司债务承担有限责任的企业法人。股份有限公司的资本总额平分为金额相等的股份，股份以股票的形式表现。股份有限公司可以向社会公开发行股票筹资，股票可以依法转让。每一股份有一表决权，股东以其所认购持有的股份享受权利、承担义务。法律对公司股东人数只有最低限度的规定，无最高额规定。股份有限公司适合规模较大的企业采用。股票在证券交易所挂牌交易的股份有限公司是上市公司。

一、股份有限公司的概念和特征

（一）股份有限公司的概念

股份有限公司，简称股份公司，是指其全部资本分为若干等额股份，股东以其所持股份为限对公司承担责任，公司以其全部资产对公司的债务承担责任的企业法人。

（二）股份有限公司的特征

（1）公司的全部资本分为等额股份。股份有限公司全部资本分为等额股份，是指公司资本划分为股份，每股金额相等，由发起人或股东认购并持有。股份作为公司资本的基本单位，是股份有限公司最重要的特征。

（2）股东负有限责任。股份有限公司股东对公司的责任仅以其所持股份为限，公司则以其全部资产对外承担责任。这与有限责任公司的股东所负的有限责任是同样的。

（3）开放性与社会性。股份有限公司可以通过对外公开发行股票，向社会募集资金。任何投资者都可以通过购买股票而成为股份有限公司的股东，从而使股份有限公司具有了最广泛的社会性。股东可以自由转让其持有的公司股份。并且，为了便于投资者的决策及有利于对公司的法律监管，法律规定了股份有限公司的信息披露制度。所以，股份有限公司也被称为开放性公司。

二、股份有限公司的设立

（一）设立方式

股份有限公司的设立，可以采取发起设立或者募集设立两种方式。

发起设立，是指由发起人认购股份有限公司应发行的全部股份而设立公司。

募集设立，是指由发起人认购公司股份不得少于公司总股份的法定比例，其余股份向社会公开募集或者向特定对象募集而设立公司。

（二）设立条件

我国《公司法》规定，设立股份有限公司，应当具备下列条件：

（1）发起人符合法定人数。发起人是指依法筹办创立股份有限公司事务的人。发起人既可以是自然人，也可以是法人。我国《公司法》对发起人没有国籍的限制，但是有住所地的要求。我国《公司法》第78条规定："设立股份有限公司，应当有2人以上200人以下为发起人，其中须有半数以上的发起人在中国境内有住所。"

（2）有符合公司章程规定的全体发起人认购的股本总额或者募集的实收股本总额。

股份有限公司采取发起设立方式设立的，注册资本为在公司登记机关登记的全体发起人认购的股本总额。在发起人认购的股份缴足前，不得向他人募集股份。股份有限公司采取募集方式设立的，注册资本为在公司登记机关登记的实收股本总额。法律、行政法规以及国务院决定对股份有限公司注册资本实缴、注册资本最低限额另有规定的，从其规定。

股份有限公司采取募集方式设立的，发起人认购的股份不得少于公司应发行股份总数的35%。法律、行政法规对此另有规定的，从其规定。

发起人的出资方式适用有限责任公司股东出资的相关规定。但是采取募集方式设立的，社会公众认股人只能以货币方式认购股份。

（3）股份发行、筹办事项符合法律规定。发起人为了设立股份有限公司而发行股份，以及在进行其他的筹办事项时，都必须符合法律规定的条件和程序。

（4）发起人制定公司章程，采用募集方式设立的经创立大会通过。创立大会通常被认为是股份有限公司募集设立过程中的决议机构。发起人应当自股款缴足之日起30日内主持召开公司创立大会。创立大会由发起人、认股人组成。发起人应当在创立大会召开

15 日前将会议日期通知各认股人或者予以公告。创立大会应有代表股份总数过半数的发起人、认股人出席，方可举行。

创立大会的主要职权有以下方面：①审议发起人关于公司筹办情况的报告；②通过公司章程；③选举董事会成员；④选举监事会成员；⑤对公司的设立费用进行审核；⑥对发起人用于抵作股款的财产的作价进行审核；⑦发生不可抗力或者经营条件发生重大变化直接影响公司设立的，可以作出不设立公司的决议。创立大会作出决议时，必须经出席会议的认股人所持表决权过半数通过。

（5）有公司的名称，建立符合股份有限公司要求的组织机构。

（6）有公司的住所。

（三）设立程序

1. 以发起设立方式设立股份有限公司的程序

（1）发起人书面认足公司章程规定其认购的股份。

（2）缴纳出资。发起人以书面认足公司章程规定其认购的股份后，应按照公司章程规定缴纳出资。以非货币财产出资的，应当依法办理其财产权的转移手续。

（3）选举董事会和监事会。发起人认足公司章程规定的出资后，应当选举董事会和监事会，建立公司的组织机构。

（4）申请设立登记。董事会应当向公司登记机关申请设立登记。申请时应当报送公司章程以及法律、行政法规规定的其他文件。公司以营业执照签发日期为公司成立日期。

2. 以募集设立方式设立股份有限公司的程序

（1）发起人认购股份。发起人认购的股份不得少于公司股份总数的 35%。

（2）向社会公开募集股份。公告招股说明书，并制作认股书。招股说明书应当附有发起人制定的公司章程，并载明下列事项：发起人认购的股份数；每股的票面金额和发行价格；无记名股票的发行总数；募集资金的用途；认股人的权利、义务；本次募股的起止期限及逾期未募足时认股人可以撤回所认股份的说明。

（3）签订承销协议和代收股款协议。根据我国法律的规定，向社会公开募集股份，应当由有证券承销资格的证券公司承销；股款应当由银行代收。因此，发起人应当分别与证券公司、银行签订承销协议和代收股款协议。

（4）召开创立大会。

（5）申请设立登记。董事会应于创立大会结束后 30 日内，向公司登记机关申请设立登记，并应向公司登记机关报送国务院证券监督管理机构的核准文件。依法核准登记后，发给公司营业执照。

（四）股份有限公司发起人承担的责任

发起人是股份有限公司的创办人，公司设立的法律责任主要由发起人承担。根据我国《公司法》的规定，股份有限公司的发起人应当承担下列责任：

（1）公司不能成立时，对设立行为所产生的债务和费用负连带责任。

（2）公司不能成立时，对认股人已缴纳的股款，负返还股款并加算银行同期存款利息的连带责任。

（3）在公司设立过程中，由于发起人的过失致使公司利益受到损害的，应当对公司承担赔偿责任。

（4）股份有限公司成立后，发起人未按照公司章程的规定缴足出资的，应当补缴；其他发起人承担连带责任。

（5）股份有限公司成立后，发现作为设立公司出资的非货币财产的实际价额显著低于公司章程所定价额的，应当由交付该出资的发起人补足其差额；其他发起人承担连带责任。

三、股份有限公司的组织机构

（一）股东大会

1. 股东大会的性质和组成

股东大会是股份有限公司必设的最高权力机构。股东大会由全体股东组成。

2. 股东大会的职权

股份有限公司股东大会的职权同有限责任公司股东会的职权。

3. 股东大会的形式

股份有限公司的股东大会分为股东年会和临时股东大会两种。年会应当每年召开一次。临时股东大会应当在出现下列情形之一时的两个月内召开：①董事人数不足公司法规定人数或者公司章程所定人数的2/3时；②公司未弥补的亏损达实收股本总额1/3时；③单独或者合计持有公司10%以上股份的股东请求时；④董事会认为必要时；⑤监事会提议召开时；⑥公司章程规定的其他情形。

4. 股东大会的召开

股东大会会议由董事会召集，董事长主持；董事长不能履行职务或者不履行职务的，由副董事长主持；副董事长不能履行职务或者不履行职务的，由半数以上董事共同推举一名董事主持。董事会不能履行或者不履行召集股东大会会议职责的，监事会应当及时召集和主持；监事会不召集和主持的，连续90日以上单独或者合计持有公司10%以上股份的股东可以自行召集和主持。

公司召开股东大会会议，应当将会议召开的时间、地点和审议的事项于会议召开20日前通知各股东；临时股东大会应当于会议召开15日前通知各股东；发行无记名股票的，应当于会议召开30日前公告会议召开的时间、地点和审议事项。无记名股票持有人出席股东大会会议的，应当于会议召开5日前至股东大会闭会时将股票交存于公司。

单独或者合计持有公司3%以上股份的股东，可以在股东大会召开10日前提出临时提案并书面提交董事会；董事会应当在收到提案后2日内通知其他股东，并将该临时提案提交股东大会审议。临时提案的内容应当属于股东大会职权范围，并有明确议题和具体决议事项。股东大会不得对通知中未列明的事项作出决议。

5. 股东大会的决议

股东出席股东大会会议，所持每一股份有一表决权。股东可以委托代理人出席股东大会会议，代理人在授权范围内行使表决权。

股东大会作出决议，必须经出席会议的股东所持表决权过半数通过。但是，股东大会作出修改公司章程、增加或者减少注册资本的决议，以及公司合并、分立、解散或者变更公司形式的决议，必须经特别决议的方式，即出席会议的股东所持表决权的 2/3 以上通过。

股东大会选举董事、监事，可以依照公司章程的规定或者股东大会的决议，实行累积投票制。这里所称累积投票制，是指股东大会选举董事或者监事时，每一股份拥有与应选董事或者监事人数相同的表决权，股东拥有的表决权可以集中使用。需要注意的是，我国《公司法》中的累积投票制不属于强制性规范而是任意性规范，股份有限公司是否实行累积投票制由公司章程规定或股东大会决议。

股东大会应当对所议事项的决定做成会议记录，主持人、出席会议的董事应当在会议记录上签名。会议记录应当与出席股东的签名册及代理出席的委托书一并保存。

（二）董事会及经理

1. 董事会的性质和组成

董事会是股份有限公司必设的业务执行机构，对股东大会负责。

董事会成员为 5 ~ 19 人。董事会设董事长 1 人，可以设副董事长。董事长和副董事长由董事会以全体董事过半数选举产生。董事会成员中可以有公司职工代表。股份有限公司的董事任期的规定适用有限责任公司的董事任期的相关规定。

2. 董事会的职权

股份有限公司董事会的职权适用有限责任公司董事会的职权的规定。

3. 董事会的召开

股份有限公司的董事会分为定期会议和临时会议。董事会定期会议，每年度至少召开两次会议，每次会议应当于会议召开 10 日前通知全体董事和监事；代表 1/10 以上表决权的股东、1/3 以上董事或者监事会，可以提议召开董事会临时会议，董事长应当自接到提议后 10 日内，召集和主持董事会临时会议。

董事会会议由董事长召集和主持，董事长不能履行职务或者不履行职务的，由副董事长履行职务；副董事长不能履行职务或者不履行职务的，由半数以上董事共同推举一名董事履行职务。

4. 董事会的决议

董事会会议应有过半数的董事出席方可举行。董事会作出决议，必须经全体董事的过半数通过。董事会决议的表决，实行一人一票。

董事会会议应由董事本人出席；董事因故不能出席的，可以书面委托其他董事代为出席，委托书中应载明授权范围。董事会应当对会议所议事项的决定做成会议记录，出席会议的董事应当在会议记录上签名。

董事应当对董事会的决议承担责任。董事会的决议违反法律、行政法规或者公司章程、股东大会决议，致使公司遭受严重损失的，参与决议的董事对公司负赔偿责任。但经证明在表决时曾表明异议并记载于会议记录的，该董事可以免除责任。

5. 经理

我国《公司法》有关有限责任公司经理的相关规定适用于股份有限公司经理。

（三）监事会

我国《公司法》关于有限责任公司监事会的性质、组成、职权的规定适用于股份有限公司的监事会（《公司法》第53条、第54条）。

股份有限公司的监事会每6个月至少召开1次会议。监事可以提议召开临时监事会会议。监事会决议应当经半数以上监事通过。监事会应当对所议事项的决定做成会议记录，出席会议的监事应当在会议记录上签名。

（四）上市公司组织机构的特别规定

1. 上市公司的概念

上市公司是指其股票在证券交易所上市交易的股份有限公司。

2. 对上市公司组织机构的特别规定

由于上市公司是典型的公众公司，涉及广大公众投资者的利益，所以我国《公司法》对上市公司的组织机构作出了以下特别规定：①增加股东大会特别决议事项。上市公司在一年内购买、出售重大资产或者担保金额超过公司资产总额30%的，应当由股东大会作出决议，并经出席会议的股东所持表决权的2/3以上通过。②设立独立董事。所谓独立董事，是指不在公司担任除董事外的其他职务，并与所受聘的公司及其主要股东不存在可能妨碍其进行客观判断的重要关系的董事。[①] ③设立董事会秘书。上市公司设董事会秘书，负责公司股东大会和董事会会议的筹备、文件保管以及公司股东资料的管理，办理信息披露事务等事宜。④关联董事回避制度。上市公司董事与董事会会议决议事项所涉及的企业有关联关系的，不得对该项决议行使表决权，也不得代理其他董事行使表决权。该董事会会议由过半数的无关联关系董事出席即可举行，董事会会议所作决议须经无关联关系董事过半数通过。出席董事会的无关联关系董事人数不足3人的，应将该事项提交上市公司股东大会审议。

四、股份有限公司的股份发行与转让

（一）股份和股票

1. 股份的概念

股份是由股份有限公司发行的股东所持有的通过股票形式来表现的可以转让公司资本的最基本的构成单位。

2. 股票的概念和特征

股票是指公司签发的证明股东所持股份的凭证，是股份有限公司股份的表现形式。股票具有以下特征：一是有价证券。股票是一种具有财产价值的证券。二是证权证券。股票表现的是股东的权利，任何人只要合法占有股票，其就可以依法向公司行使权利。三是要式证券。股票应当采取纸面形式或者国务院证券监督管理机构规定的其他形式，其记载的

---

① 范建，王建文. 公司法（第三版）. 北京：法律出版社，2011. 396.

内容和事项应当符合法律的规定。四是流通证券。股票可以在证券交易市场依法进行交易。

3. 股票的种类

（1）普通股和优先股。这是根据股东权利不同进行的分类。普通股是股份的最基本形式，普通股股东享有《公司法》所规定的资产收益、参与重大决策和选择管理者等权利。优先股是相对于普通股而言的，是享有优先权的股份，公司对优先股的股利须按约定的股率支付，不受公司盈利大小的影响；在公司股利分配和剩余财产分配上优先于普通股。但优先股不参与公司决策，不享有表决权。

（2）国家股、发起人股和社会公众股。这是根据股份持有主体不同进行的分类。国家股是指以国有资产形成的股份。发起人股是发起人认购的股份。社会公众股是社会个人投资者所持有的股份。

（3）记名股和无记名股。这是根据股票上是否记载股东姓名或名称进行的分类。我国《公司法》规定，公司向发起人、法人发行的股票，应当为记名股票，并应当记载该发起人、法人的名称或者姓名。公司发行无记名股票的，公司应当记载其股票数量、编号及发行日期。

（二）股份的发行与转让

1. 股份发行

股份的发行实行公平、公正的原则，同种类的每一股份应当具有同等权利。同次发行的同种类股票，每股的发行条件和价格应当相同。任何单位或者个人所认购的股份，每股应当支付相同价额。股票发行价格可以按票面金额，也可以超过票面金额，但不得低于票面金额。以超过票面金额发行股票所得溢价款应当列入公司资本公积金。

2. 股份转让

股份转让，是指股份有限公司的股份持有人依法自愿将自己所拥有的股份转让给他人，使他人取得股份或增加股份数额成为股东的法律行为。我国《公司法》对股份有限公司的股份转让作出了具体的规定，主要包括以下内容：①股东持有的股份可以依法转让。股东转让其股份，应当在依法设立的证券交易场所进行或者按照国务院规定的其他方式进行。②记名股票，由股东以背书方式或者法律、行政法规规定的其他方式转让，转让后由公司将受让人的姓名或者名称及住所记载于股东名册。无记名股票交付即发生转让的效力。

3. 股份转让的限制性规定

股份以自由转让为原则，但是为了保护公司、债权人和其他利害关系人的利益，我国《公司法》对股份转让作了限制性的例外规定：①对发起人持有的本公司股份转让的限制。发起人持有的本公司股份，自公司成立之日起一年内不得转让；公司公开发行股份前已发行的股份，自公司股票在证券交易所上市交易之日起一年内不得转让。②对公司董事、监事、高级管理人员持有本公司股份转让的限制。公司董事、监事、高级管理人员应当向公司申报所持有的本公司的股份及其变动情况，在任职期间每年转让的股份不得超过其所持有本公司股份总数的25%；所持本公司股份自公司股票上市交易之日起一年内不得转让；上述人员离职后半年内，不得转让其所持有的本公司股份。③公司不得收购本公司股份。但是有下列情形之一的除外：为了减少公司注册资本；与持有本公司股份的其他公司合并；将股份奖励给本公司职工；股东因对股东大会作出的公司合并、分立决议持异议，要求公司收购其股份的。为了减少注册资本而收购的，应当自收购之日起 10 日内注销。与持有本公司股份的其他公司合并或股东行使股份回购请求权而收购的，应当在 6 个月内转让或者注销。为了将股份奖励给本公司职工而收购的，收购数额不得超过本公司已发行股份总额的 5%；用于收购的资金应当从公司的税后利润中支出；所收购的股份应当在一年内转让给职工。④公司不得接受本公司的股票作为质押权的标的。

五、公司董事、监事、高级管理人员的资格和义务[①]

（一）公司董事、监事、高级管理人员的资格

1. 概述

公司董事、监事和高级管理人员是公司经营管理者，对公司的业绩效益、规范运行等负有重要责任。因此，有关董事、监事和高级管理人员的资格主要是指任职资格。随着公司管理专业化的要求日益突出，各国公司法对董事、监事、高级管理人员的任职资格规定了限制条件。法律一般从积极资格和消极资格两方面规范其任职资格，而我国《公司法》则主要从消极资格方面规范了董事、监事、高级管理人员。

2. 公司董事、监事、高级管理人员任职的消极资格

我国《公司法》第 146 条规定，有下列情形之一的，不得担任公司的董事、监事、高级管理人员：①无民事行为能力或者限制民事行为能力。②因贪污、贿赂、侵占财产、挪用财产或者破坏社会主义市场经济秩序，被判处刑罚，执行期满未逾五年，或者因犯罪被剥夺政治权利，执行期满未逾五年。③担任破产清算的公司、企业的董事或者厂长、经理，对该公司、企业的破产负有个人责任的，自该公司、企业破产清算完结之日起未逾三年。④担任因违法被吊销营业执照、责令关闭的公司、企业的法定代表人，并负有个人责任的，自该公司、企业被吊销营业执照之日起未逾三年。⑤个人所负数额较大的债务到期未清偿。

公司违反《公司法》的上述规定选举、委派董事、监事或者聘任高级管理人员的，该选举、委派或者聘任无效。公司董事、监事、高级管理人员在任职期间出现上述所列情形的，公司应当解除其职务。

（二）公司董事、监事、高级管理人员的义务

1. 概述

权利和义务是相伴而生的。董事、监事和高级管理人员行使公司职权的同时，应当承担相应的义务。我国《公司法》第 147 条明确规定了董事、监事和高级管理人员对公司的忠实义务和勤勉义务。忠实义务是指董事、监事和高级管理人员受人之托，应忠人之

---

① 由于本书篇章结构设置的需要，本部分有关“公司董事、监事、高级管理人员的资格和义务”的规定，既适用于股份有限公司，也适用于有限责任公司。

事，不仅应为公司的最大利益行事，而且应在个人与公司利益相冲突时，以公司利益为重，服从公司利益。勤勉义务是指董事、监事和高级管理人员需以合理的注意管理或控制公司事务。①

2. 公司董事、监事、高级管理人员的具体义务

公司董事、监事、高级管理人员应当遵守法律、行政法规和公司章程，对公司负有忠实义务和勤勉义务。公司董事、监事、高级管理人员不得利用职权收受贿赂或者其他非法收入，不得侵占公司的财产。我国《公司法》规定，公司董事、高级管理人员不得有下列行为：①挪用公司资金。②将公司资金以其个人名义或者以其他个人名义开立账户存储。③违反公司章程的规定，未经股东会、股东大会或者董事会同意，将公司资金借贷给他人或者以公司财产为他人提供担保。④违反公司章程的规定或者未经股东会、股东大会同意，与本公司订立合同或者进行交易。⑤未经股东会或者股东大会同意，利用职务便利为自己或者他人谋取属于公司的商业机会，自营或者为他人经营与所任职公司同类的业务。⑥接受他人与公司交易的佣金归为己有。⑦擅自披露公司秘密。⑧违反对公司忠实义务的其他行为。公司董事、高级管理人员违反上述规定所得的收入应当归公司所有。

公司董事、监事、高级管理人员执行公司职务时违反法律、行政法规或者公司章程的规定，给公司造成损失的，应当承担赔偿责任。

六、股东代表诉讼②

（一）股东代表诉讼的概念

股东代表诉讼，又称股东派生诉讼或股东间接诉讼，是指当公司的合法权益受到不法侵害而公司却怠于诉权时，符合法定条件的股东有权为了公司的利益，以自己的名义直接向法院提起的诉讼。

（二）股东代表诉讼的资格

按照我国《公司法》的规定，有限责任公司的股东均有代表诉讼的资格；股份有限公司连续180日以上单独或者合计持有公司1%以上股份的股东才有资格行使代表诉讼。

（三）股东代表诉讼的具体规则

我国《公司法》规定，公司的董事、高级管理人员侵犯公司合法权益，给公司造成损失的，有代表诉讼资格的股东，可以书面请求监事会，或者不设监事会的有限责任公司的监事向人民法院提起诉讼。

监事侵犯公司合法权益，给公司造成损失的，有代表诉讼资格的股东可以书面请求董事会，或者不设董事会的有限责任公司的执行董事向人民法院提起诉讼。

---

① 朱羿锟．商法学——原理·图解·实例（第二版）．北京：北京大学出版社，2007.267，271.

② 由于本书篇章结构设置的需要，本部分“股东代表诉讼”的内容包括对有限责任公司和股份有限公司的相关规定。

他人侵犯公司合法权益，给公司造成损失的，有代表诉讼资格的股东可以书面请求董事会或者不设董事会的有限责任公司的执行董事或监事会或者不设监事会的有限责任公司的监事向人民法院提起诉讼。

监事会、不设监事会的有限责任公司的监事，或者董事会、执行董事收到有代表诉讼资格的股东书面请求后拒绝提起诉讼，或者自收到请求之日起30日内未提起诉讼，或者情况紧急、不立即提起诉讼将会使公司利益受到难以弥补的损害的，有代表诉讼资格的股东有权为了公司的利益以自己的名义直接向人民法院提起诉讼。

思考与拓展

股份有限公司董事会的职权[①]

【案情】

甲股份有限公司（以下简称甲公司）董事会由7名董事组成。某日，公司董事长张某召集并主持召开董事会会议，出席会议的共6名董事，董事会会议作出如下决议：①增选职工代表李某为监事；②为拓展市场，成立乙分公司；③决定为其子公司丙与A企业签订的买卖合同提供连带责任保证，该保证的数额超过了公司章程规定的限额。在讨论该保证事项时，只有董事赵某投了反对票，其意见已被记载于会议记录。其他董事均认为丙公司经营状况良好，信用风险不大，对该保证事项投了赞成票。出席会议的全体董事均在会议记录上签了名。

乙分公司依法成立后，在履行与丁公司的买卖合同过程中与对方发生纠纷，被诉至法院。法院判决乙分公司赔付货款并承担诉讼费用。乙分公司无力清偿，丁公司转而请求甲公司承担责任。

丙公司在其与A企业签订的买卖合同债务履行期届满后未履行债务，A企业要求甲公司承担保证责任。甲公司因承担保证责任而遭受严重损失。

【问题】

根据《公司法》的规定，回答下列问题：

（1）董事会会议决议增选职工代表李某为监事是否符合法律规定？简要说明理由。

（2）丁公司请求甲公司承担责任是否符合法律规定？简要说明理由。

（3）对于甲公司因承担保证责任而遭受的损失，与会董事应如何承担法律责任？

【案例分析】

（1）董事会增选职工代表李某为监事的行为不合法。首先，监事会中的职工代表由公司职工通过职工代表大会、职工大会或者其他形式民主选举产生。其次，如果不是职工代表的监事，则是股东会议选举产生，而不能是董事会选举产生。

（2）丁公司请求甲公司承担责任符合规定。根据规定，分公司不具有法人资格，其民事责任由总公司承担。题目中乙分公司签订合同而造成的损失，由总公司（甲公司）承担。

---

① 2011年中级会计职称考试《经济法》考试试题。

（3）出席会议的6名董事中，只有赵某不承担赔偿责任，其他董事承担赔偿责任。根据规定，董事应当对董事会的决议承担责任。董事会的决议违反法律、行政法规或者公司章程、股东大会决议，致使公司遭受严重损失的，参与决议的董事对公司负赔偿责任。但经证明在表决时曾表明异议并记载于会议记录的，该董事可以免除责任。题目中，赵某对担保事项持反对意见并记载于会议记录，因此不承担赔偿责任。

第四节　公司债券与公司财务会计制度

公司债券是指公司依照法定程序发行的，约定在一定期限还本付息的有价证券。公司债券是公司债的表现形式，基于公司债券的发行，在债券的持有人和发行人之间形成的以还本付息为内容的债权债务法律关系。有限责任公司与股份有限公司均可依法发行公司债券筹集资金。公司应当按照法律的规定建立财务会计制度，公司收益按法定顺序分配。为增强公司实力，公司应当依法提取和使用公积金。

一、公司债券

（一）公司债券的概念与种类

1. 公司债券的概念

公司债券是指公司依照法定程序发行、约定在一定期限还本付息的有价证券。公司债券与公司股票相比，有以下不同的法律特征：①公司债券的持有人是公司的债权人，对于公司享有民法上规定的债权人的所有权利；而股票的持有人则是公司的股东，享有《公司法》所规定的股东权利。②公司债券的持有人，无论公司是否盈利，都对公司享有按照约定给付利息的请求权；而股票持有人，则必须在公司盈利时才能依法获得股利分配。③公司债券到了约定期限，公司必须偿还债券本金；而股票持有人仅在公司解散时方可请求分配剩余财产。④公司债券的持有人享有优先于股票持有人获得清偿的权利；而股票持有人必须在公司全部债务清偿之后，方可就公司剩余财产请求分配。⑤公司债券的利率一般是固定不变的，风险较小；而股票股利分配的高低，与公司经营好坏密切相关，故常有变动，风险较大。

2. 公司债券的种类

依照不同的标准，对公司债券可作不同的分类：①记名公司债券和无记名公司债券。记名公司债券是指在公司债券上记载债权人姓名或者名称的债券；无记名公司债券是指在公司债券上不记载债权人姓名或者名称的债券。记名公司债券以背书或法律规定的其他形式转让；无记名公司债券交付即发生转让的效力。②可转换公司债券和不可转换公司债券。可转换公司债券是指可以转换成公司股票的公司债券。这种公司债券在发行时规定了转换为公司股票的条件与办法，当条件成就时，债券持有人拥有将公司债券转换为公司股票的选择权。凡在发行债券时未作出转换约定的，均为不可转换公司债券。按照我国现行法律的规定，只有上市公司才有资格发行可转换公司债券。

（二）公司债券的发行

1. 发行条件

公司发行公司债券应当符合《证券法》规定的发行条件。《证券法》规定，公开发行公司债券，应当同时符合下列条件：①股份有限公司的净资产不低于人民币 3 000 万元，有限责任公司的净资产不低于人民币 6 000 万元；②累计债券余额不超过公司净资产的 40%；③最近三年平均可分配利润足以支付公司债券一年的利息；④筹集的资金投向符合国家产业政策；⑤债券的利率不超过国务院限定的利率水平；⑥国务院规定的其他条件。

公开发行公司债券筹集的资金，必须用于核准的用途，不得用于弥补亏损和非生产性支出。

有下列情形之一的，不得再次公开发行公司债券：①前一次公开发行的公司债券尚未募足；②对已公开发行的公司债券或者其他债务有违约或者延迟支付本息的事实，仍处于继续状态；③违反规定，改变公开发行公司债券所募资金的用途。

2. 发行程序

①由公司的权力机关作出决议。有限责任公司、股份有限公司发行公司债券，由公司董事会拟订方案，公司股东会、股东大会作出决议。国有独资公司发行公司债券，由国家授权投资的机构或者国家授权的部门作出决定。②报有关部门或者机构批准。申请公开发行公司债券，应当向国务院授权的部门或者国务院证券监督管理机构报送相关文件。③经主管部门审核。国务院授权的部门或者国务院证券监督管理机构应当自受理公司债券发行申请文件之日起三个月内，依照法定条件和法定程序作出予以核准或者不予核准的决定。④与有承销资格的证券公司签订承销协议。⑤公告公司债券募集办法。发行公司债券的申请经国务院授权的部门核准后，应当公告公司债券募集办法。

二、公司财务和会计制度

（一）公司财务会计的基本要求

（1）公司应当依照法律、行政法规和国务院财政部门的规定建立本公司的财务会计制度。

（2）公司应当依法编制财务会计报告。公司应当在每一会计年度终了时编制财务会计报告，并依法经会计师事务所审计。公司财务会计报告应当依照《公司法》、《会计法》、《企业财务会计报告条例》等法律、行政法规和国务院财政部门的规定编制。

（3）公司应当依法披露有关财务、会计资料。有限责任公司应当按照公司章程规定的期限将财务会计报告送交各股东。股份有限公司的财务会计报告应当在召开股东大会年会的 20 日前置备于本公司，供股东查阅；公司发行股票的股份有限公司必须公告其财务会计报告。

（4）公司除法定的会计账簿外，不得另立会计账簿。对公司财产，不得以任何个人名义开立账户存储。

（5）公司应当依法聘用会计师事务所对财务会计报告审查验证。公司应当向聘用的会计师事务所提供真实、完整的会计凭证、会计账簿、财务会计报告及其他会计资料，不得拒绝、隐匿、谎报。

（二）公司的收益分配

公司利润分配顺序。公司利润是指公司在一定会计期间的经营成果。公司应当按照如下顺序进行利润分配：①弥补以前年度的亏损，但不得超过税法规定的弥补期限；②缴纳所得税；③弥补在税前利润弥补亏损之后仍存在的亏损；④提取法定公积金；⑤提取任意公积金；⑥向股东分配利润。

公司弥补亏损和提取公积金后所余税后利润，有限责任公司按照股东实缴的出资比例分配，但全体股东约定不按照出资比例分配的除外；股份有限公司按照股东持有的股份比例分配，但股份有限公司章程规定不按持股比例分配的除外。

（三）公积金

公积金是公司在资本之外所保留的资金金额。公积金分为盈余公积金和资本公积金。

盈余公积金是从公司税后利润中提取的公积金，分为法定公积金和任意公积金两种。法定公积金按照公司税后利润的10%提取，当公司法定公积金累计额为公司注册资本的50%以上时可以不再提取。任意公积金按照公司股东会或者股东大会决议，从公司税后利润中提取。

资本公积金是直接由资本原因等形成的公积金，股份有限公司以超过股票票面金额的发行价格发行股份所得的溢价款以及国务院财政部门规定列入资本公积金的其他收入，应当列为公司资本公积金。

公司的公积金应当按照规定的用途使用。公司的公积金主要用于弥补公司亏损、扩大公司生产经营和转增公司资本。对用任意公积金转增资本的，法律没有限制，但用法定公积金转增资本时，我国《公司法》规定，当法定公积金转为资本时，所留存的该项公积金不得少于转增前公司注册资本的25%。

思考与拓展

公司债券的发行

【案情】

某有限责任公司的资产总额为1亿元，负债总额3 000万元。为扩大生产能力，公司董事会决定向政府有关部门申请公开发行4 000万元普通公司债券，以添置一些机器设备。董事会拟订的债券发行方案的主要内容有以下方面：先向公司所在地人民政府申请批准；然后成立一个由公司总经理亲自挂帅的临时机构负责处理具体的债券发行事宜，并拟由该机构派出销售骨干直接到全国各地发售其债券；为确保债券发售工作顺利完成，公司拟向其派出的销售人员承诺："将根据个人发售出去的公司债券数量的多少，从发行债券所筹集到的资金中抽出部分资金奖励工作人员。"

【问题】

请指出该公司债券发行方案中的错误，并说明理由。

【案例分析】

（1）发行债券数额不符合《公司法》的规定，根据《公司法》的规定，累计债券余额不得超过公司净资产的40%。在本案中，公司净资产为7 000万元，而发行债券数额为4 000万元，超过了法定比例。

（2）根据《公司法》的规定，公开发行公司证券，必须符合法律、行政法规规定的条件，并依法报经国务院证券监督管理机构或者国务院授权的部门核准；未经依法核准，任何单位和个人不得公开发行证券。因此，不应报当地市政府申请批准。

（3）公司债券的发行应当由证券经营机构承销发售，而不能由发行公司自己组织发售。根据《公司法》的规定，公开发行公司债券应当由有承销资格的证券公司承销，而不能由发行人自行销售。

（4）公司以发行债券所筹集资金用于奖励销售人员的做法不符合《公司法》的规定。根据《公司法》的规定，发行债券所募集资金不得随便改变其用途，公开发行公司债券筹集的资金，必须用于核准的用途，不得用于弥补亏损和非生产性支出。因此，从发行债券所筹集到的资金中抽出部分资金奖励工作人员的做法违反了上述规定。

第五节　公司的变更、解散和清算

公司的变更是指公司设立登记事项中某一项或某几项的改变。本节中公司变更的内容主要包括公司合并、分立、注册资本、公司组织形式的变更。公司解散和清算是指已经成立的公司，因公司章程或者法定事由出现而停止公司的经营活动，并开始清理公司债权债务，注销公司登记，使公司法人资格消灭的行为。《公司法》对公司的变更、解散和清算有严格的法律程序规定。

一、公司的变更

公司的变更有广义和狭义之分。广义的公司变更包括公司合并与分立、公司资本变动、公司组织形式变更。狭义的公司变更是指公司的组织形式变更，即不中断公司的经营，将某种类型的公司变为其他类型公司的行为。

（一）公司的合并

1. 合并形式

公司合并是指两个以上的公司依法达成合并协议，归并为一个公司的法律行为。公司合并包括吸收合并和新设合并两种形式。前者是指一个公司吸收其他公司后续存，被吸收的公司解散；后者是指两个以上的公司合并设立一个新的公司，合并各方均解散。

2. 合并程序

①公司权力机构特别决议。参与合并的公司均需通过各自的股东会议以特别决议的方式作出合并决议。②签订合并协议。合并协议由合并各方签订，约定具体合并事项。③编制资产负债表和财产清单。④履行保护债权人程序。公司应当自作出分立决议之日起10日内通知债权人，并于30日内在报纸上公告。债权人自接到通知书之日起30日内，未接到通知书的自公告之日起45日内，有权要求公司清偿债务或者提供相应的担保。⑤办理合并后的变更登记手续。

公司合并时，合并各方的债权、债务，应当由合并后存续的公司或者新设的公司承继。

（二）公司的分立

1. 分立形式

公司分立是指一个公司依法分成两个以上公司的法律行为。公司分立包括派生分立和新设分立。前者是指一个公司分立成两个以上的公司，原公司存续；后者是指一个公司分解成两个以上公司，原公司解散。

2. 分立程序

公司分立程序与公司合并程序基本相同。公司分立前的债务由分立后的公司承担连带责任。但公司在分立前与债权人就债务清偿达成的书面协议另有约定的除外。

（三）公司资本变动

公司资本变动是指在公司组织形式不变的前提下，公司注册资本增加或减少的法律行为。

1. 减少注册资本

公司需要减少注册资本时，必须编制资产负债表及财产清单；由公司权力机构以特别决议的方式作出决议；履行与公司合并相同的保护债权人程序。

2. 增加注册资本

公司需要增加注册资本时，由公司权力机构以特别决议的方式作出决议。当有限责任公司增加注册资本时，股东认缴新增资本的出资，依照设立有限责任公司缴纳出资的有关规定执行。股份有限公司为增加注册资本发行新股时，股东认购新股，依照设立股份有限公司缴纳股款的有关规定执行。

公司增加或者减少注册资本，应当依法向公司登记机关办理变更登记。

（四）公司组织形式变更

公司组织形式变更是指依照法律规定，在不改变公司法人资格的前提下，由一种公司形态转换为另一种公司形态的法律行为。在我国，是指有限责任公司与股份有限公司之间的相互变更。我国《公司法》有关公司组织形式变更的规定主要包括：

（1）有限责任公司变更为股份有限公司，应当符合我国《公司法》规定的股份有限公司的条件。股份有限公司变更为有限责任公司，应当符合我国《公司法》规定的有限责任公司的条件。

（2）有限责任公司变更为股份有限公司的，或者股份有限公司变更为有限责任公司的，公司变更前的债权、债务由变更后的公司承继。

（3）有限责任公司变更为股份有限公司时，折合的实收股本总额不得高于公司净资产额。有限责任公司变更为股份有限公司，为增加资本公开发行股份时，应当依法办理。

二、公司的解散和清算

（一）公司的解散

公司的解散是指已成立的公司，因发生法定或章程规定的解散事由而使公司归于消灭的法律行为。根据我国《公司法》的规定，公司解散包括自愿解散、行政解散和司法解散。

1. 自愿解散

自愿解散是基于公司自身的意思而发生，属于自愿行为而非法律的强制。主要情形有：①公司章程规定的营业期限届满或者公司章程规定的其他解散事由出现；②股东会或者股东大会决议解散；③因公司合并或者分立需要解散。

2. 行政解散

行政解散是指行政主管机关基于法定事由强制解散公司的行政行为。我国《公司法》规定，公司被行政机关依法吊销营业执照、责令关闭或者被撤销，公司应当解散。

3. 司法解散

司法解散是指法院基于司法裁判权依法作出解散公司裁决的司法行为。我国《公司法》第 182 条规定："公司经营管理发生严重困难，继续存续会使股东利益受到重大损失，通过其他途径不能解决的，持有公司全部股东表决权 10% 以上的股东，可以请求人民法院解散公司。"

（二）公司的清算

清算是终结已解散公司的一切法律关系，处理公司剩余财产的法律程序。公司除了因合并或分立解散无须清算以及因破产而解散公司使用破产清算程序外，其他原因解散公司，都应当按照《公司法》的规定进行清算。主要规则有：

1. 成立清算组

公司应当在解散事由出现之日起 15 日内成立清算组，开始清算。有限责任公司的清算组由股东组成，股份有限公司的清算组由董事或者股东大会确定的人员组成。逾期不成立清算组进行清算的，债权人可以申请人民法院指定有关人员组成清算组进行清算。人民法院应当受理该申请，并及时组织清算组进行清算。

2. 清算组的职权

根据《公司法》的规定，清算组在清算期间行使下列职权：①清理公司财产，分别编制资产负债表和财产清单；②通知、公告债权人；③处理与清算有关的公司未了结的业务；④清缴所欠税款以及清算过程中产生的税款；⑤清理债权、债务，处理公司清偿债务后的剩余财产；⑥代表公司参与民事诉讼活动。

3. 保护债权人程序

清算组应当自成立之日起10日内通知债权人，并于60日内在报纸上公告。债权人应当自接到通知书之日起30日内，未接到通知书的自公告之日起45日内，向清算组申报其债权。在申报债权期间，清算组不得对债权人进行清偿。

4. 清理财产、清偿债务

清算期间，公司不得开展与清算无关的经营活动。公司财产在未按上述规定清偿前，不得分配给股东。公司财产在支付清算费用后，按下列顺序清偿：①职工的工资、社会保险费用和法定补偿金；②缴纳所欠税款；③清偿公司债务；④向公司股东分配剩余财产。有限责任公司按照股东的出资比例分配，股份有限公司按照股东持有的股份比例分配。

5. 公告公司终止

公司清算结束后，清算组应当制作清算报告，报股东会、股东大会或者人民法院确认，并报送公司登记机关，申请注销公司登记，公告公司终止。

思考与拓展

公司的解散和清算

【案情】

2008年3月，盛鑫实业股份有限公司（以下简称盛鑫公司）由于市场情况发生重大变化，如果继续经营将导致公司惨重损失。3月20日，该公司召开了股东大会，以出席会议的股东所持表决权的半数通过决议解散公司。4月15日，股东大会选任公司5名董事组成清算组。清算组成立后于5月5日起正式启动清算工作，将公司解散及清算事项分别通知了有关的公司债权人，并于6月20日在报纸上进行了公告，规定自公告之日起1个月内未向公司申报债权者，将不负清偿义务。

【问题】

根据《公司法》有关规定，指出盛鑫公司解散、清算过程中的违法之处，并说明理由。

【案例分析】

（1）该公司关于清算的决议不合法。根据我国《公司法》的规定，股份有限公司决议解散公司，须经出席股东大会的股东所持表决权的2/3以上通过，但本案中，盛鑫公司只以出席会议的股东所持表决权的半数通过决议解散公司，故该清算决议是不合法的。

（2）清算组成立的时间不合法。

（3）清算组清算通知公告债权人的时间不合法。

（4）清算组公告的内容不合法。

第六节 违反公司法的法律责任

违反公司法的法律责任是指公司等有关主体实施违反《公司法》的行为而应承担的法律后果。其特点有：一是承担法律主体的特定性。公司法上的法律责任主体是特定的，必须是公司法明确规定的主体。主要包括公司及其发起人、股东、董事、监事和高级管理人员，清算组及其成员，评估、验资等中介机构及其人员，公司登记机构及其人员。二是责任形式的全面性。公司法规定的责任形式包括民事责任、行政责任和刑事责任，涵盖了法律责任的所有形式。三是责任内容的多样性。公司法对相关主体的法律责任作了明确规定，规定了制裁的形式和惩罚的内容。

一、公司发起人、股东的法律责任

（1）违反《公司法》规定，虚报注册资本、提交虚假材料或者采取其他欺诈手段隐瞒重要事实取得公司登记的，由公司登记机关责令改正，对虚报注册资本的公司，处以虚报注册资本金额5%以上15%以下的罚款；对提交虚假材料或者采取其他欺诈手段隐瞒重要事实的公司，处以5万元以上50万元以下的罚款；情节严重的，撤销公司登记或者吊销营业执照。构成犯罪的，依《刑法》规定追究刑事责任，处3年以下有期徒刑或者拘役，并处或者单处虚报注册资本金1%以上5%以下的罚金。单位犯此罪的，对单位处以罚金，并对其直接负责的主管人员和其他直接责任人员，处3年以下有期徒刑或者拘役。

（2）公司的发起人、股东虚假出资，未交付或者未按期交付作为出资的货币或者非货币财产的，由公司登记机关责令改正，处以虚假出资金额5%以上10%以下的罚款。构成犯罪的，依《刑法》规定追究刑事责任，处5年以下有期徒刑或者拘役，并处或者单处虚假出资金额2%以上10%以下的罚金。单位犯此罪的，对单位处以罚金，并对其直接负责的主管人员和其他直接责任人员，处5年以下有期徒刑或者拘役。

（3）公司的发起人、股东在公司成立后，抽逃其出资的，由公司登记机关责令改正，处以所抽逃出资金额5%以上15%以下的罚款。构成犯罪的，依《刑法》规定追究刑事责任，处5年以下有期徒刑或者拘役，并处或者单处抽逃出资金额2%以上10%以下的罚金。单位犯此罪的，对单位处以罚金，并对其直接负责的主管人员和其他直接责任人员，处5年以下有期徒刑或者拘役。

二、公司的法律责任

（1）公司违反《公司法》规定，在法定的会计账簿以外另立会计账簿的，由县级以上人民政府财政部门责令改正，处以5万元以上50万元以下的罚款。构成犯罪的，依法追究刑事责任。

（2）公司在依法向有关主管部门提供的财务会计报告等材料上作虚假记载或者隐瞒

重要事实的，由有关主管部门对直接负责的主管人员和其他直接责任人员处以 3 万元以上 30 万元以下的罚款。

（3）公司不依照《公司法》规定提取法定公积金的，由县级以上人民政府财政部门责令如数补足应当提取的金额，可以对公司处以 20 万元以下的罚款。

（4）公司在合并、分立、减少注册资本或者进行清算时，不依照《公司法》规定通知或者公告债权人的，由公司登记机关责令改正，对公司处以 1 万元以上 10 万元以下的罚款。

（5）公司在进行清算时，隐匿财产，对资产负债表或者财产清单作虚假记载或者在未清偿债务前分配公司财产的，由公司登记机关责令改正，对公司处以隐匿财产或者未清偿债务前分配公司财产金额 5% 以上 10% 以下的罚款；对直接负责的主管人员和其他直接责任人员处以 1 万元以上 10 万元以下的罚款。构成犯罪的，依《刑法》规定追究刑事责任，对直接负责的主管人员和其他直接责任人员，处 5 年以下有期徒刑或者拘役，并处或者单处 2 万元以上 20 万元以下罚金。

（6）公司在清算期间开展与清算无关的经营活动的，由公司登记机关予以警告，没收违法所得。

（7）公司成立后无正当理由超过 6 个月未开业的，或者开业后自行停业连续 6 个月以上的，可以由公司登记机关吊销营业执照。

（8）公司登记事项发生变更时，未依照《公司法》规定办理有关变更登记的，由公司登记机关责令限期登记；逾期不登记的，处以 1 万元以上 10 万元以下的罚款。

（9）外国公司违反《公司法》规定，擅自在中国境内设立分支机构的，由公司登记机关责令改正或者关闭，可以并处 5 万元以上 20 万元以下的罚款。

（10）公司违反《公司法》规定，应当承担民事赔偿责任和缴纳罚款、罚金的，当其财产不足以支付时，先承担民事赔偿责任。

三、清算组的法律责任

（1）清算组不依照《公司法》规定向公司登记机关报送清算报告，或者报送清算报告时隐瞒重要事实或者有重大遗漏的，由公司登记机关责令改正。隐匿财产，对资产负债表或者财产清单做虚伪记载或者在未清偿债务前分配公司财产，严重损害债权人或者其他人利益的，依《刑法》规定追究刑事责任，对直接负责的主管人员和其他直接责任人员，处 5 年以下有期徒刑或者拘役，并处或者单处 2 万元以上 20 万元以下罚金。

（2）清算组成员利用职权徇私舞弊、谋取非法收入或侵占公司财产的，由公司登记机关责令退还公司财产，没收违法所得，并可以处以违法所得 1 倍以上 5 倍以下的罚款，构成犯罪的，依法追究刑事责任。

四、中介机构的法律责任

（1）承担资产评估、验资或者验证的机构提供虚假材料的，由公司登记机关没收违法所得，处以违法所得 1 倍以上 5 倍以下的罚款，并可以由有关主管部门依法责令该机构停业、吊销直接责任人员的资格证书，吊销营业执照。构成犯罪的，依《刑法》规定追究刑事责任，处5年以下有期徒刑或者拘役，并处罚金，如果犯此罪并有索取他人财物或者非法收受他人财物的，处5年以上10年以下有期徒刑，并处罚金。

（2）承担资产评估、验资或者验证的机构因过失提供有重大遗漏的报告的，由公司登记机关责令改正，情节较重的，处以所得收入1倍以上5倍以下的罚款，并可以由有关主管部门依法责令该机构停业、吊销直接责任人员的资格证书，吊销营业执照。严重不负责任，出具的证明文件有重大失实，造成严重后果的，依《刑法》规定追究刑事责任，处3年以下有期徒刑或者拘役，并处或者单处罚金。

（3）承担资产评估、验资或者验证的机构因其出具的评估结果、验资或者验证证明不实，给公司债权人造成损失的，除能够证明自己没有过错的外，在其评估或者证明不实的金额范围内承担赔偿责任。

五、公司登记机关的法律责任

（1）公司登记机关对不符合《公司法》规定条件的登记申请予以登记，或者对符合《公司法》规定条件的登记申请不予登记的，对直接负责的主管人员和其他直接责任人员，依法给予行政处分。构成犯罪的，依法追究刑事责任。

（2）公司登记机关的上级部门强令公司登记机关对不符合《公司法》规定条件的登记申请予以登记，或者对符合《公司法》规定条件的登记申请不予登记的，或者对违法登记进行包庇的，对直接负责的主管人员和其他直接责任人员依法给予行政处分。构成犯罪的，依法追究刑事责任。

【同步实练】

【案情】①

2007年8月8日，甲、乙、丙、丁共同出资设立了一家有限责任公司（下称公司）。公司未设董事会，仅设丙为执行董事。2008年6月8日，甲与戊订立合同，约定将其所持有的全部股权以20万元的价格转让给戊。甲于同日分别向乙、丙、丁发出拟转让股权给戊的通知书。乙、丙分别于同年6月20日和24日回复，均要求在同等条件下优先购买甲所持公司全部股权。丁于同年6月9日收到甲的通知后，至7月15日未就此项股权转让事项作出任何答复。戊在对公司进行调查的过程中，发现乙在公司设立时以机器设备折合30万元用于出资，而该机器设备当时的实际价值仅为10万元。公司股东会于2008年2月就2007年度利润分配作出决议，决定将公司在该年度获得的可分配利润68万元全部用于分红，并在4月底之前实施完毕。至7月底丁尚未收到上述分红利润，在没有告知公司任何机构和人员的情况下，直接向人民法院提起诉讼，要求实施分红决议。

【问题】

根据上述内容，回答下列问题：

① 2008年注册会计师考试《经济法》试题。

（1）丁未作答复将产生何种法律效果？并说明理由。

（2）乙、丙均要求在同等条件下，优先受让甲所持公司全部股权，应当如何处理？

（3）如果乙出资不实的行为属实，应当如何处理？

（4）丁直接向人民法院提起诉讼的行为是否符合法律程序？并说明理由。

【复习思考题】

1. 公司的特征。
2. 有限责任公司的设立条件。
3. 我国《公司法》对一人公司特别规定的内容。
4. 我国《公司法》对国有独资公司特别规定的内容。
5. 有限责任公司股东转让股权的规则。
6. 股份有限公司的设立条件及设立方式。
7. 股份有限公司股东转让股份的规则。
8. 股东派生诉讼的具体规则。
9. 发行公司债券的一般条件。
10. 公司合并、分立、减资、清算的具体程序。

【参考文献】

1. 范建，王建文．公司法（第三版）．北京：法律出版社，2011.
2. 赵旭东．公司法学．北京：高等教育出版社，2003.
3. 朱羿锟．商法学——原理·图解·实例（第二版）．北京：北京大学出版社，2007.
4. 范建．商法（第三版）．北京：高等教育出版社，北京大学出版社，2007.
5. 施天涛．公司法论．北京：法律出版社，2005.
6. 吴国平，邢亮．经济法概论．厦门：厦门大学出版社，2009.
7. 王文宇．公司法论．北京：中国政法大学出版社，2004.
8. 刘天善，张力．经济法教程．北京：清华大学出版社，北京交通大学出版社，2004.

第四章
物权法律制度

本章提要及学习目标

物权法是规范财产关系的民事基本法律。本章系统介绍了物权法概述、所有权制度、用益物权制度和担保物权制度等，内容包括物权的概念与特征、种类、效力及其变动，所有权的特点、种类及其效力，用益物权的共性以及土地承包经营权、建设用地使用权、宅基地使用权和地役权四类用益物权，担保物权的共性以及抵押权、质权和留置权三类担保物权的具体内容。通过本章的学习，可以清晰地了解物权法的基本概念与特征，深刻地理解并掌握所有权制度、用益物权制度以及担保物权制度的基本概念、特征与具体内容。

第一节　物权法概述

2007年3月16日，第十届全国人大五次会议经过认真审议通过了《中华人民共和国物权法》。这部法律在中国特色社会主义法律体系形成进程中具有里程碑意义。物权法是规范财产关系的民事基本法律，它规定了所有权制度、用益物权制度和担保物权制度。《物权法》第1条规定："为了维护国家基本经济制度，维护社会主义市场经济秩序，明确物的归属，发挥物的效用，保护权利人的物权，根据宪法，制定本法。"这一条规定，既确定了物权法的立法宗旨和根本依据，又体现了物权法的基本精神和主要内容。可见，物权法的颁布实施，既涉及国家的基本经济制度，又关系广大人民的切身利益；既是我国经济社会发展的迫切需要，又是我国经济社会发展的法制保障，对于进一步推进改革开放和发展社会主义市场经济具有重大而深远的意义。

一、物的概念与特征

（一）物权法上物的概念

在人们的平常生活中，物作为一切财产法律关系中的最基本要素，扮演着重要的角色。但是，法律上的物与我们日常生活中所理解的一般意义上的物还是有着不同之处的。通常认为，法律意义上的物是指独立存在于人身之外，具有满足人类社会生活需要且可为人力所实际支配的有体物及自然力。

（二）物权法上物的特征

综上所述，物应具有以下几方面的特征：

1. 须存在于人体之外

自然人自其出生之时起，自动获得民事权利能力，成为民事主体。由于自然人是民事法律关系的主体，为避免主客体混淆，所以即使人的身体及其组成部分属于物理意义上的物，也不得成为权利的客体。比如活人身体的全部或一部，包括基于生活需要而与人体不可分离的假肢、假牙等，也不得成为物权上的物。但诸如牙齿、毛发、可移植的器官等，一旦与人体分离后，则可以成为法律上的物，但分离时必须以不伤害人体健康且不违背公序良俗为要件。①

另外需要注意的是，死者的尸体、遗骸属于一类特殊的物，尸体可以成为所有权的客体，由继承人享有，但是其所有权的行使应受严格限制，仅限于火化、埋葬、供奉、祭祀目的。继承人不得放弃对遗骸的所有权。

2. 须为独立物

物权上所说的物的独立性是指，能够与其他的物区别开来而独立存在，并且能够满足人们生产或生活的某种需要。② 构成物权客体的物一般是指物的整体，物的一部分或其组成部分通常不属于物，这是为了使物权的支配范围得以明确，以便于物权的公示。

3. 须为有体物或者自然力

一般来说，作为物权客体的物原则上仅限于有体物，即占据一定空间，依人的感官可以感觉得到的物质，其形态包括固态、液态和气态。另外，可以通过物理的、技术的手段进行实际控制、支配的自然力，如光、热、电、磁等，虽然不占据一定的空间，但是因其拥有独立经济价值且具有排他的支配可能性，所以在法律上也认为其是物的一种。

4. 须能够满足人们的社会生活需要

人们的社会生活包括物质生活和精神生活两部分，要成为法律上的物，必须能够满足人们的物质生活需要，如粮食、衣服等，或者满足人们的精神所需，如报纸、书刊等。换句话说，法律上的物须具有使用价值或交换价值。

5. 须能为人们所实际控制或支配

一种物如果不能为人力所控制或支配，自然无法将其独立化或特定化，也就难以界定所有权，当然无法成为物权的客体。例如，雷电、台风、日月星辰等。但是需要提醒的一点是，人类的控制支配力是一个发展着的概念，随着科学技术的发展，人类所能控制与支配的范围会越来越大，也许有一天，雷电等物质也能为人所控制利用，这也绝非不可能的事。

6. 须具有稀缺性

马克思主义经济学认为，价值是凝结在商品里的一般无差别的人类劳动，简单地说，即价值来源于劳动。但除此之外，物的稀缺性也能产生价值，如一块天然未经加工的玉

---

① 施启扬．民法总论．台北：三民书局，1996. 177.

② 江平．民法学．北京：中国政法大学出版社，2007. 263.

石，正是由于它的稀有，所以价值不菲。法律上的财产关系实质也就是人与人之间关于物的价值利用所发生的关系。然而，并不是一切能够满足人们需要的物都可以成为法律意义上的物，如阳光、空气等，原因在于它们是随处可得且能无限供给的，不具有稀缺性。

二、物权的概念与特征

（一）物权的概念

虽然现代各国法律上均有关于物权制度的系统规定，但通常都未对物权作出明确的定义。我国《物权法》第2条第3款规定："本法所称物权，是指权利人依法对特定的物享有直接支配和排他的权利，包括所有权、用益物权和担保物权。"这一概念的界定，强调了物权对物支配以及效力排他两方面的基本要素。

（二）物权的特征

1. 特定性

这是物权在主体与客体方面的特征。物权是权利人对特定物所享有的权利，所以物权主体，即物权人是特定的，物权所指向的对象，即物也是特定的。换言之，物权就是特定人对特定物享有的排他支配权。在物权关系中，权利人即物权人总是特定的，而义务主体则是不特定的其他多数人，即除物权人之外的其他人均负有不得妨碍物权人行使或实现其权利的义务。相对应地，物权客体也应当是特定化了的物，这样物权才能得以支配与公示。

2. 支配性

这是物权在内容上的特征。直接支配与效力排他是物权的两大基本要素。所谓直接支配，就是物权人得以自己的意思，无须经过他人意思或行为的介入，对标的物进行管领处置，实现其利益，这既可以是事实上的管领处分，也可以是法律上的管领处分；既可以是有形的实体支配，也可以是无形的价值支配。

3. 绝对性

这是物权在实现方式上的特征。物权的绝对性，是指物权人在其标的物的支配范围内，除了遵守法律之外，仅凭自己的意思和行为便可实现其利益，无须他人的协助。[①] 不特定的其他多数人承担的是消极不作为的义务，即非经权利人同意，不得侵入或干预其物权支配范围。

4. 排他性

这是物权在效力方面的特征。物权效力排他的含义，一方面是指物权具有不容他人侵犯或须直接排除他人不法妨碍的效力；另一方面是指同一物上不得同时成立两个内容不相容的物权；还有一点，物权的排他性中包含有得对任意第三人主张权利的意思。[②]

---

① 江平．民法学．北京：中国政法大学出版社，2007. 260.

② 王利明．民法．北京：中国人民大学出版社，2000. 143.

三、物权的种类

（一）物权的法定种类

根据我国《物权法》的规定，我国的物权类型包括所有权、用益物权、担保物权和占有。

1. 所有权

所有权是所有人依法对自己财产所享有的占有、使用、收益和处分的权利，调整的是物的归属关系，是生产资料所有制的集中反映。因此，所有权是物权的核心，其他物权都是以所有权为基础而设立的。

2. 用益物权

用益物权是用益物权人对他人所有的不动产或者动产，依法享有占有、使用和收益的权利。[①] 具体包括建设用地使用权、宅基地使用权、土地承包经营权和地役权等。

3. 担保物权

担保物权是为了担保债权的实现而于他人之财产上设立的物权，当债务人不履行到期债务或者当事人约定的实现担保物权的情形时，担保物权人依法享有就担保财产优先受偿的权利，具体包括抵押权、质权（动产质权与权利质权）、留置权等。

4. 占有

占有是占有人对不动产或者动产有实际控制与支配的事实状态，是一种较为特殊的物权，在确认财产归属和利用方面发挥着重要的作用。物权取得中的善意取得、先占取得、时效取得，包括物权变动中的交付（转移占有）公示制度，都是基于财产的占有。[②]

（二）物权的学理分类

1. 自物权与他物权

根据标的物是自有还是他有，可将物权分为自物权与他物权。自物权是对自己所有之物享有的物权，也即所有权。他物权是在他人所有之物上设定的物权，是以他人的所有权为基础的，除了所有权之外的物权均是他物权。

2. 完全物权与定限物权

根据对物的支配范围的不同，可以将物权分为完全物权与定限物权。完全物权是指可对标的物行使全面支配的权利，包括占有、使用、收益和处分等行为的物权。完全物权也是自物权、所有权，是物权当中最完整、最充分的权利。定限物权也称不完全物权，权利人只能在法律或合同限制的范围内对标的物的使用价值或交换价值进行支配。除了所有权之外的其他物权均属于定限物权。

3. 用益物权与担保物权

用益物权与担保物权同属于定限物权，根据对标的物的支配内容的不同，分为用益物

---

① 《物权法》第117条。

② 柳经纬，朱炎生．民法（第三版）．厦门：厦门大学出版社，2008. 184.

权与担保物权。用益物权支配的是物的使用价值，即以标的物的占有、使用、收益为目的，具体包括建设用地使用权、宅基地使用权、土地承包经营权和地役权等。担保物权支配的是物的交换价值，是以保障债权的实现为目的，具体包括抵押权、质权（动产质权与权利质权）、留置权等。

4. 动产物权、不动产物权与权利物权

这是根据标的物的种类不同进行的分类。标的物为动产的是动产物权，包括动产所有权、动产质权、动产抵押权与留置权等。标的物为不动产的是不动产物权，包括不动产所有权、不动产用益物权和不动产抵押权等。标的物为可流通的财产性权利的是权利物权，包括权利抵押权与权利质权。

5. 主物权与从物权

这是根据权利能否独立存在与行使进行的分类。能够独立存在，其实现无须其他权利协助的物权是主物权，如所有权、土地使用权等。须依附于其他权利而存在的是从物权，从物权以主权利的存在为前提，主权利变更或消灭，从物权也随之变更或消灭，如抵押权、质权、留置权和地役权等。

6. 本权和占有

占有是占有人对标的物的一种事实控制或管领的状态，不论占有人是有权占有还是无权占有，均可成立，具有法律效力，例如善意取得等。相对于占有而言，所有权、用益物权与担保物权，统称为本权。

四、物权的效力

物权的效力，是指物权本身所具有的区别于其他财产权利的功能与作用。这里讨论的主要是各种物权所共有的效力，即物权的一般效力。关于物权效力的范围，学界存在着各种不同的学说，主要有“二效力说”、“三效力说”及“四效力说”。本书采纳“四效力说”，认为物权的效力包括排他效力、优先效力、物上请求权效力和追及效力。

（一）排他效力

物权的排他效力，是指物权具有的在同一物上不能同时存在两个内容相互排斥的物权的效力。物权间相互抵触，是由于物权的内容相同而引起的对标的物的支配冲突，所以同一标的物上不能成立两个内容相同的物权。物权排他效力的体现主要有两方面：第一，一个所有权只能从属于一个权利主体，若一物归属某人所有，即排除他人于此物之上再成立所有权的可能。第二，同一标的物上不得设立两个内容相同的他物权。如同一块农田，不能在发包给甲承包经营的同时，又将土地承包经营权发包给乙。但是，如果物权的内容不同，相互间不发生排斥，法律上则允许其共存于同一标的物之上。例如，国有土地的所有权属于国家，同时国家又可以将土地的使用权出让给建筑商，建筑商又可以用其土地使用权为自己的债务设立抵押，其债权人取得抵押权。

（二）优先效力

物权的优先效力包括物权相对于债权的优先效力和物权相互之间的优先效力。物权优先于债权的效力，是指物权相对于债权优先行使或实现的效力。假如同一物上同时存在物权和债权，则物权优先于债权受偿，不论其成立时间的先后。

物权相互之间的优先效力，是指当同一标的物上同时存在两个或两个以上内容不相抵触的物权时，其相互间效力的先后次序。通常情况下，物权之间的优先性，遵循成立时间原则，即成立时间在先的物权优先于成立时间在后的物权。但是，个别情况下有例外，例外的情况主要有：第一，他物权优先于所有权；第二，担保物权优先于用益物权；第三，留置权优先于抵押权和质权；第四，法律明确了特别顺序的。

（三）物上请求权效力

物上请求权是指物权人在其物权的圆满状态受到妨害或有被妨害的可能时，为恢复其物权的圆满状态，得请求妨害人为一定行为或不为一定行为的权利。① 具体包括返还原物请求权、停止侵害请求权、排除妨害请求权、消除危险请求权与恢复原状请求权。物权的请求权，是基于物权的支配性与排他性而产生的，以排除妨害和恢复物权的圆满状态为目的。需要注意的是，物权请求权不适用诉讼时效，也就是即使过了一般诉讼时效的期限，物权请求权依然存在。

（四）追及效力

物权的追及效力是指物权成立后，其标的物不论辗转于何人之手，物权的权利人均得追及物之所在，而直接支配其物之效力。② 追及效力也称为物权的“追及效”或“追及权”效力。物权的追及效力对保障物权人的权益不受非法侵犯有着重要的意义。例如，某甲的电脑被小偷盗窃后，被转卖于乙，甲可对乙主张电脑的所有权，要求返还被盗的电脑。但是，如果中间出现了善意取得或时效取得的情形的话，则追及效力被中断，由该善意第三人取得标的物所有权。

五、物权的变动

（一）物权的变动

物权的变动，是指物权的发生、变更和消灭。

1. 物权的发生

从权利人的角度看，物权的发生也就是物权的取得，包括原始取得与继受取得。原始取得是指不以他人的权利及意思为依据而取得物权。继受取得是指须以他人的权利及意思为依据而取得物权的情形。其中，继受取得又可以分为创设与转移：创设的继受取得，是指所有人在自己的物上为他人设定他物权，而由他人取得他物权的情况。例如，甲在自己所有的汽车上为乙设立抵押，从而使得乙获得抵押权。转移的继受取得，是指物权人以一定的法律行为将自己享有的物权转移给他人，而由他人取得该物权。

---

① 刘云生，李开国，孙鹏．物权法教程．北京：中国人民大学出版社，2009. 37.

② 梁慧星，陈华彬．物权法（第五版）．北京：法律出版社，2010. 57.

物权的取得方式主要包括民事法律行为及民事行为以外的原因。民事法律行为外的原因有继承，征收或没收，取得时效，附合、混合及加工，拾得遗失物，发现埋藏物，法律的特别规定（如留置权）。

2. 物权的变更

广义的物权变更包括物权主体、客体及内容等要素中的一个或者数个发生变更。物权主体变更包括权利人的改变与主体人数的变更，其实也就是物权的取得和丧失。狭义的物权变更仅指客体或内容的变更。物权客体的变更指的是标的物在量上面有所增减，例如所有权的客体（物）因附合而增加。物权内容的变更，也称为质的改变，是指物权发生内容上的扩张或缩减、期限上延长或缩短等变化。例如，土地使用权设定后，又经协议将存续期间延长或缩短。

3. 物权的消灭

物权的消灭，是指物权的终止或丧失，即物权与其主体的分离。物权的消灭包括绝对消灭和相对消灭。绝对消灭是指物权与原权利主体发生分离后，并未有第三人继受该物权，如消费物经消费后所有权的灭失。而相对消灭是指虽然物权与原主体分离，但又与另一新主体相结合。例如，基于买卖行为的所有权转移，从卖方的角度看，是物权的消灭，而从买方看，则为物权的转移继受取得。所以，物权的相对消灭也即物权的转移继受取得。

（二）物权变动的原因

1. 民事法律行为

法律行为是发生物权变动的最常见和最主要的原因，具体包括单方法律行为与双方法律行为。单方法律行为，如物权的抛弃、遗赠等；设定、变更和转让物权的契约行为则是典型的双方法律行为。

2. 事实行为与事件

事实行为是指行为人不具有设立、变更或消灭民事法律关系的意图，但依照法律的规定能引起民事法律后果的行为。如商品的生产制造、拾得遗失物、发现埋藏物、先占、添附、混同等。事件，是指不以当事人的意志为转移的客观现象，如法定期间的届满、物权人的死亡、继承等。

3. 行政行为或司法行为

行政行为或司法行为也能引起物权的变动。如因公用征收或没收、法院的判决等而引起物权的变动。

民事法律行为引起的物权变动要求公示，不动产须登记，而动产则需要进行交付；事实行为、事件、行政行为和司法行为引起的物权变动则不要求以公示为要件。

六、物权法及其基本原则

（一）物权法的概念

物权法，是指调整人们基于对物的支配而产生的法律关系的法律规范的总称。[①] 我国《物权法》第2条第1款规定："因物的归属和利用而产生的民事关系，适用本法。"据此可知，物权法的调整对象是基于人对物的支配而产生的人与人之间的财产关系，物权法对这种支配关系进行全面的法律调整，主要包括物的归属关系和物的利用关系两个方面。

（二）物权法的基本原则

1. 物权法定原则

物权法定原则，是指物权的种类与内容等均应由法律明确规定，任何人不得随意创设新物权或者变更物权的法定内容。这是物权与债权的一大不同之处，债权采用当事人意思自治原则，只要不违反法律的强行性规定便可成立。

由物权法定的定义我们可以知道，物权法定包括物权的种类法定与物权的内容法定。种类法定，即物权的种类应由法律明确规定，法律不允许当事人通过协议的方式合意创设出一种新的、法律不认可的物权。例如，当事人不得创设出我国法律所不认可的不动产质权。内容法定，即物权的内容应由法律明确规定，不允许当事人创设不符合法定内容的物权。例如，当事人不得设立不转移占有的动产质权。

违反物权法定原则的行为，原则上无效，不发生物权法上的效果，但法律另有特别规定的除外。部分违反物权法定原则，但其他部分的效力不受影响的，违反部分无效，其他部分仍然有效。例如，关于担保物权实现的"流质条款"，因违法而无效，但若其设立符合法定要件的，担保物权本身仍为有效。

物权法上没有明确规定的事项的，原则上推定为禁止。因违反物权法定原则而归于无效的物权行为，若其行为本身符合其他法律行为的生效要件，仍可产生该法律行为的效力。[②] 例如，当事人约定承租人就租赁物有物权效力的先买权时，因我国现行法律不承认先买权为物权，所以不发生物权法上的效力，但此行为仍可发生债权效力，出租人违反约定时，应负债务不履行的损害赔偿责任。[③]

2. 物权公示公信原则

物权公示公信原则，包括物权公示原则和物权公信原则。

物权公示原则，是指物权的变动，须以一定公开的、外在的、易于查知的适当方式作为表征，否则不能发生法律效果的原则。物权的公示方法，不动产要求进行登记，动产则需交付。我国《物权法》第6条规定："不动产物权的设立、变更、转让和消灭，应当依照法律规定登记。动产物权的设立和转让，应当依照法律规定交付。"

---

① 江平. 民法学. 北京：中国政法大学出版社，2007. 286.

② 江平. 民法学. 北京：中国政法大学出版社，2007. 301.

③ 谢在全. 民法物权论（上）. 北京：中国政法大学出版社，1999. 46.

物权公信原则，是指按照物权公示方式所表征的物权，即使与真实情况不相符，但对于信赖这种公示方式而进行物权交易的当事人，法律仍承认其与真实的物权存在相同的法律效果。[①] 例如，物权中的善意取得，就是物权公信原则的体现。

物权公示原则与公信原则，是为了维护交易的安全，既是对物权人的权利的明确，也是对善意第三人的利益的保护。它们是紧密联系、相互配合的一组概念。依法公示的物权应对第三人产生公信力，第三人基于对此公示的确信而进行的交易，也应得到法律的保护。否则，公示的效力便谈不上完整，他人将处于一种不确定的状态，交易的安全也将得不到保障，社会的生产与生活秩序也将处于混乱之中。

七、物权法中的占有

（一）占有的概念

通常认为，占有指占有人对不动产或者动产有实际控制与支配的事实状态。在占有的法律关系中，能实际控制物的人为主体，称为占有人；被实际控制的物为客体，称为占有物。

在现代民法上的占有制度，是独立于所有权及他物权的一项重要制度，无论针对所有权人的占有，还是非所有权人的合法占有和非法占有等，均受到占有制度的保护，占有制度的主要功能是维护物的事实秩序，禁止他人以私力加以破坏。[②] 占有制度吸收了罗马法和日耳曼法的占有制度的精华，兼具两者的性质和特点，主要表现为：①占有关系以物为客体；②占有人须对标的物有事实上的控制和支配；③占有是一种为法律所保护的事实。

（二）占有的分类

各国民法规定，所有人都有权占有所有物。同时也有非所有人占有的种种状况，情况相当复杂。为此，各国民法典和民法著作，依占有的不同状态，把占有分为以下不同的种类：

1. 自主占有和他主占有

这是以占有人是否以所有的意思占有物为标准进行的分类。一般认为占有人以所有的意思进行占有是自主占有，他可以对占有物拥有完全的物权。他主占有指占有人非以所有的意思进行占有，如承租人对租用的房屋、保管人对所保管的物的占有都属他主占有。

2. 直接占有和间接占有

这是以占有人是否直接占有物为标准进行的分类。直接占有是指直接对物的控制，而不问权源如何。所有人常常直接占有所有物；在不少情况下，所有人并不直接占有物，而为质权人、承租人、保管人、承运人等直接占有物，这些人被称为直接占有人。不直接占有物，但对物的直接占有享有返还请求权的，我们称之为间接占有人。例如，出质人、出租人、寄托人等，皆为间接占有人。

---

① 柳经纬，朱炎生．民法（第三版）．厦门：厦门大学出版社，2008. 212.

② 魏振瀛．民法（第四版）．北京：北京大学出版社，2010. 328.

3. 有权占有和无权占有

这是以占有是否真正有权利基础为标准进行的分类。有权占有是指有本权的占有，也就是基于法律上的原因而对物的占有，如所有权人、保管人、承租人对物的占有。无权占有是指无本权的占有，即没有法律上的原因的占有，如拾得人对遗失物的占有。

4. 善意占有和恶意占有

这是以占有人的主观方面表现为标准进行的分类。在无权占有中，按照占有人是否知情，即是否已知或应知为无权占有，可区分为善意占有和恶意占有两类。如占有人知情或应当知情其无占有权利的占有，就是恶意占有；如占有人不知情或不应知情其无占有权利的占有，就是善意占有。另外，占有还分为自己占有和辅助占有、单独占有和共同占有、和平占有与暴力占有等。

（三）占有的取得和消灭

1. 占有的取得

占有的取得，亦称为占有的发生，是指占有人依照某种事实或原因对物产生了事实上的支配和控制。占有的取得方式，因占有是直接占有还是间接占有而不同。

（1）直接占有的取得。直接占有是事实上对物的控制，直接占有的取得可分为直接占有的原始取得和直接占有的继受取得两种情形。在直接占有的取得中，只要不是继受他人的占有而对物具有事实上的支配时，就被称为直接占有的原始取得。如对拾得的遗失物的占有、对无主物的先占等都是直接占有的原始取得。直接占有的继受取得是指由他人的转移而取得的对物占有，其主要原因一般表现为转让和继承。

（2）间接占有的取得。间接占有亦可分为间接占有的原始取得和间接占有的继受取得。间接占有的原始取得一般是指创设取得间接占有。创设方法表现为直接占有人为自己或他人创设间接占有。如所有权人为他人设定质权，质权人从中取得对物的直接占有，而所有人自己成为间接占有人，对占有物享有返还请求权。间接占有的继受取得是指基于他人的转移而取得的占有，主要有转让和继承两种方式。例如，间接占有人以指示交付的方式，将其间接占有物转让给他人，他人从中对受让物进行间接占有。

2. 占有的消灭

占有的消灭，是指占有人丧失了对占有物的事实上支配和控制，这里所指的丧失须为确定的、持续的丧失，如占有人抛弃对物的占有、占有物被盗或遗失等。如果仅仅是一时不能进行控制，或不是出于自己的主观意愿丧失控制，均能够依法诉请追回的，此时占有并不消灭。

（四）占有的效力和保护

1. 占有的效力

占有的效力是指占有所具有的法律上的证明力和强制力，也就是指法律为了平衡占有关系中各主体的权益而对其权利义务所作的强制性配置。占有效力主要有状态推定效力、权利推定效力、时效取得的效力、善意取得的效力、占有人的权利义务等。[①] 这里我们只

---

① 江平．民法学．北京：中国政法大学出版社，2007.331.

谈占有的状态推定效力和权利推定效力。

（1）占有的状态推定效力。占有的状态推定效力，是指占有人在无相反证明的情况下，法律所作的推定占有人以所有的意思，善意、和平及公然占有；在占有的前后有占有的证据证明时，推定其为继续占有。当占有人的占有状态为自主占有和他主占有不明确时，推定为自主占有；占有人为善意占有和恶意占有不明确时，推定为善意占有；占有人的占有是否存在强暴占有、隐秘占有不明确则推定为和平、公然占有，占有人的占有是否持续不明确时，只要能证明前后两个占有者，推定在其期间内为不间断占有。

（2）占有的权利推定效力。占有的权利推定效力，是指基于占有之背后真实权利存在的盖然性，为保护占有人的权益，实现占有制度的立法宗旨，法律所作的占有人基于其占有而产生的各种权利外像具有真实的权利基础的推定。占有的权利推定，是占有的最主要的效力。① 占有的权利推定效力体现了占有制度保护占有背后的权利，维持社会秩序，促进交易安全，符合经济法原则。

2. 占有的保护

为了维护社会安宁和稳定，确保对占有的保护，占有人对于非法行为的侵害，享有自力救济权和占有保护请求权。例如，甲抢夺了乙的手表，丙不能因甲是无权占有而再去抢夺。

（1）占有人的自力救济权。自力救济是指当权利受到侵害或妨害时，权利人以自我保护力排除妨害，确保其权利得以实现的行为。占有人的自力救济权一般包括自力防御权和自力取回权两种。自力防御权是占有人对于非法侵夺其占有物的行为，可直接进行防御。自力取回权是指占有人有权取回被他人非法侵夺的占有物。

（2）占有保护请求权。占有保护请求权，是指占有人在其占有物被侵夺或者妨害时，请求侵害人返还原物，或者请求防止及除去妨害的权利。占有保护请求权包括占有物返还请求权、占有妨害除去请求权和占有妨害防止请求权三种。

我国《物权法》第245条规定：“占有的不动产或者动产被侵占的，占有人有权请求返还原物；对妨害占有的行为，占有人有权请求排除妨害或者消除危险；因侵占或者妨害造成损害的，占有人有权请求损害赔偿。”

思考与拓展

“一房多售”纠纷案②

【案情】

1998年10月至2002年5月，湖北省环发实业公司综合楼工程的项目经理王某在未取得售房许可资格的情况下，采取“一女二嫁”的手段，将同一商品房同时许诺出售给多个买房人，骗得55名购房户的预付房款230余万元。王某随后卷款出逃，至今下落不明。55名购房户诉至法院后，法院审理认定王某在不具备售房资格的情况下，采取欺骗手段，以开发商的名义与购房户签订的商品房预售合同无效，缺席判决王某返还购房款。

---

① 江平. 民法学. 北京：中国政法大学出版社，2007. 332.

② http：//www. china. com. cn/Chinese/law/1271627. htm.

【案例分析】

本案属于典型的“一房多售”情形，违反“一物一权”的物权法原则。为防止该类情形的出现，我国《物权法》第20条规定：“当事人签订买卖房屋或者其他不动产物权的协议，为保障将来实现物权，按照约定可以向登记机构申请预告登记。预告登记后，未经预告登记的权利人同意，处分该不动产的，不发生物权效力。预告登记后，债权消灭或者自能够进行不动产登记之日起三个月内未申请登记的，预告登记失效。”本案中的王某不但要承担民事责任，还要承担构成商业诈骗的刑事责任。

第二节　所有权制度

所有权不仅是发生其他财产权的前提，而且也是其他财产权的结果，甚至是各种人格权健全与完善的支撑，因此，可以说所有权是“万权之源”。所有权制度即有关所有权法律规范的总和，不仅是物权法的基本制度，也是整个民法的基本制度之一，是调整人类社会生活中有关物之归属与支配关系的重要而基本的法律制度。所有权制度是一个国家基本经济体制的基石，在社会主义市场经济的形成和发展过程中，是商品交易进行和市场经济发展的前提，具有其他制度不可代替的基础性作用。

一、所有权概述

（一）所有权的概念

所有权，是指所有人在法律规定的范围内，依法享有的对自己的财产以占有、使用、收益、处分等方式进行全面支配，并排除他人干涉的权利。[①] 我国《物权法》第39条规定：“所有权人对自己的不动产或者动产，依法享有占有、使用、收益和处分的权利。”

（二）所有权的特征

1. 全面性

所有权是自物权，是对自己所有之物进行占有、使用、收益和处分的权利，是物权主体对于标的物所能享有的最完整、最充分的权利。

2. 整体性

所有权的整体性也称为“单一性”、“浑一性”或“统一支配力”，是指所有权是所有人对标的物具有概括管领力或统一支配力的物权，而并不是占有、使用、收益、处分等各种权能的简单机械相加。所有权是这些权能浑然于一体的整体性权利。因此，所有权不得在内容或者时间上加以分割。在所有权上设定用益物权或担保物权，非属于让与所有权

① 江平．民法学．北京：中国政法大学出版社，2007. 336.

的一部，而是依创设行为设定一个新的独立的物权，是一种独立的法律行为。[①]

3. 弹力性

所有权的弹力性是指物的占有、使用、收益、处分权能可以依法与所有权分离，由非所有人行使，并在丧失分离的法律依据时自动回归所有权，恢复所有权的圆满状态的一种特性。因为类似弹簧，所以称之为弹力性。例如，在所有权之上设立他物权，此时所有权人对物的全面支配因受限制而减缩，当他物权消灭后，所有权人又恢复了对标的物的全面支配状态。

4. 恒久性

所有权的恒久性是指所有权以标的物的存在而永久存续，不受时效影响，也不能预定其存续期间。

（三）所有权的内容

所有权的内容即所有权的权能，包括积极权能与消极权能两部分。所有权的积极权能是指所有权人有权为或不为一定行为的权利，包括占有、使用、收益、处分权能。所有权的消极权能，是指所有权人有权要求他人为或不为一定行为，排除他人干涉的权能。本文此处主要介绍所有权的积极权能。

1. 占有权能

占有权能是指对标的物加以实际控制或事实管领。占有权既可以由所有权人自己行使，也可以与所有权分离而由非所有人行使。占有权能与占有不同，占有权能是有法律依据的占有，属于有权占有，如依据保管合同的保管人对物的占有。非所有权人的合法占有同样受法律保护，所有人不能随意请求其返还原物，当其占有物被他人非法侵夺时，其同样可以诉求保护。

2. 使用权能

所有权的使用权能是指在不损毁所有物或改变其性质的情况下，依照物的性能或用途加以利用，是实现物的使用价值的手段。行使物的使用权能以对物的占有为前提，反之，对物的合法占有却不一定享有物的使用权能，如质权人、保管人只能对标的物占有，而不能任意加以使用。与占有权能一样，所有权的使用权能可以由所有权人行使，也可以由非所有权人行使，前提是有合法依据。若无法定或约定原因而使用他人的物的，使用人须返还因对物之使用而获得的不当利益并承担其他民事责任。

3. 收益权能

收益权能是指收取由所有物所产生的经济利益或物质利益的权能。它包括收取天然孳息、法定孳息、生产经营活动中的劳动收益和利润等。物的收益通常来源于对物的使用，是物之使用的结果，但所有人也可以将使用权能授予他人，而自己保留收益权能，如出租。同时，收益权能也可以与所有权分离而由非所有人行使，实践中这种分离方式是多种多样的，如企业的租赁经营、建设用地使用权等。

4. 处分权能

处分权能是指依法对物进行处置的权利，包括事实上的处分和法律上的处分。事实上

---

① 梁慧星，陈华彬．物权法（第五版）．北京：法律出版社，2010. 116.

的处分是指对物进行实质上的变形、改造或损毁等物理上的事实行为，如装修、拆除房屋等。法律上的处分是指通过法律行为使标的物的所有权发生法律上的转移、限制或消灭。例如，出卖、赠与、设立抵押权等。处分权能可以由所有人自行行使，也可以由非所有人行使，如在信托关系中，受托人有权处分委托人的财产。

二、国家所有权、集体所有权和私人所有权

国家所有权、集体所有权和私人所有权的分类是依据所有权的主体不同进行划分。

（一）国家所有权

国家所有权是指中华人民共和国代表全体人民对全民所有的财产享有的占有、使用、收益和处分的权利，是社会主义全民所有制在法律上的反映。① 我国《物权法》第45条规定："法律规定属于国家所有的财产，属于国家所有即全民所有。"

国家所有权的客体十分广泛。《物权法》规定：矿藏、水流、海域、无线电频谱资源、国防资产，属于国家所有。法律规定属于国家所有的野生动植物资源、文物以及铁路、公路、电力设施、电信设施和油气管道等基础设施，属于国家所有。城市的土地，属于国家所有。法律规定属于国家所有的农村和城市郊区的土地，属于国家所有。森林、山岭、草原、荒地、滩涂等自然资源，除法律规定属于集体所有的以外，属于国家所有。

国家所有权作为一种特殊的所有权，其保护方式也有所不同。当其受到侵害或妨碍时，除了有物权请求权、不当得利返还请求权、侵权损害赔偿请求权等普通民事主体享有的保护方式外，还拥有普通民事主体所没有的特殊保护手段。例如，我国《城市房地产管理法》规定，土地使用权人满两年未动工开发建设用地的，国家可以无偿收回土地使用权。另外，关于未授权给公民、法人经营、管理的国家财产受到侵害的，不受诉讼时效期间的限制。②

（二）集体所有权

集体所有权是指集体全体成员或集体组织对集体所有的不动产和动产享有占有、使用、收益和处分的权利，是我国公有制的另一种法律形式。③ 由上述概念可知，集体所有权的主体包括集体全体成员和集体组织，集体组织又分为农村劳动群众集体组织和城镇劳动群众集体组织。集体所有权包括农民集体所有权和城镇集体所有权。

根据我国《物权法》第58条的规定，集体所有权的客体范围包括：①法律规定属于集体所有的土地和森林、山岭、草原、荒地、滩涂；②集体所有的建筑物、生产设施、农田水利设施；③集体所有的教育、科学、文化、卫生、体育等设施；④集体所有的其他不动产和动产。

关于集体所有权的行使方式，我国《物权法》第60条作了明确规定，体现了集体所

---

① 柳经纬，朱炎生．民法（第三版）．厦门：厦门大学出版社，2008. 220.

② 最高人民法院《关于贯彻执行〈中华人民共和国民法通则〉若干问题的意见（试行）》第170条。

③ 梁慧星，陈华彬．物权法（第五版）．北京：法律出版社，2010. 129.

有权的行使必须尊重集体成员的共同意志，《物权法》第59条第2款进一步规定了以下事项应当依照法定程序经本集体成员决定：①土地承包方案以及将土地发包给本集体以外的单位或者个人承包；②个别土地承包经营权人之间承包地的调整；③土地补偿费等费用的使用、分配办法；④集体出资的企业的所有权变动等事项；⑤法律规定的其他事项。

同时，集体经济组织或者村民委员会、村民小组应当依照法律、行政法规以及章程、村规民约向本集体成员公布集体财产的状况。①

集体所有权的保护，除了依物权请求权、不当得利返还请求权、侵权损害赔偿请求权等方式外，《物权法》第63条第2款还规定，集体经济组织、村民委员会或者其负责人作出的决定侵害集体成员合法权益的，受侵害的集体成员可以请求人民法院予以撤销。

（三）私人所有权

私人所有权是指非公有形态主体的自然人、法人对合法取得的动产和不动产享有的占有、使用、收益和处分的权利。这里的“私人”是与国家、集体相对应的物权主体，即非公有形态主体，不仅包括我国的公民，也包括在我国合法取得财产的外国人和无国籍人；不仅包括自然人私人所有权，也包括个体工商户、合伙、各类企业法人等组织。

私人所有权是民法所有权的常态，除了法律规定专属于国家或集体所有的财产外，其他一切物，私人均可享有所有权。

私人所有权的行使，既可以由公民个人直接进行，也可以将财产投资入股，获得股东地位，行使股东权。

对于私人所有权的保护，我国《物权法》坚持“平等保护国家、集体和私人的物权”的原则。《物权法》第3条规定：“国家在社会主义初级阶段，坚持公有制为主体、多种所有制经济共同发展的基本经济制度。国家巩固和发展公有制经济，鼓励、支持和引导非公有制经济的发展。国家实行社会主义市场经济，保障一切市场主体的平等法律地位和发展权利。”第4条规定：“国家、集体、私人的物权和其他权利人的物权受法律保护，任何单位和个人不得侵犯。”

三、建筑物区分所有权

一幢建筑物往往包含众多的单元房，每一单元房在客观上又都是相互关联的，存在着共用的部分。建筑物区分所有权，指的是业主对建筑物内的住宅、经营性用房等专有部分享有所有权，对专有部分以外的共有部分享有共有和共同管理的权利。

（1）专有部分的所有权。建筑物专有部分是指属于所有人的单元房，专有部分所有权是指区分所有人对其建筑物内的住宅、经营性用房等专有部分所享有的单独所有权。

专有部分的范围应区分内部和外部关系。在区分所有人相互间对建筑物维持、管理的内部关系上，专有部分仅包含至墙壁、天花板、地板等境界部分表层所粉刷的部分；在买卖等外部关系上，专有部分的范围达到墙壁、天花板、地板等境界部分厚度的中心线。②

---

① 《物权法》第62条。

② 段启武．建筑物区分所有权之研究．民商法论丛（第1卷）．北京：法律出版社，1994. 251.

除了建筑物的主体结构部分外，专有部分的范围还包括供区分所有人专用的附属物和附属建筑物，例如暖气管道、电话线、车库等。

专有部分所有权的内容与普通所有权内容并无实质上的区别，包括对专有部分进行占有、使用、收益和处分的权利，但由于专有部分在物理上是与整幢建筑物紧密联系在一起的，因此，区分所有人在行使权利时要更多地考虑其他区分所有人的权益以及维护建筑物的整体安全，较普通所有权有所限制。具体而言，其内容包括：

①在不违背专有部分本身用途和不危及建筑物整体结构安全的前提下，区分所有人享有对专有部分占有、使用、收益和处分的自由，如进行装修、出租、设定抵押权等。

②当遭受非法侵害时，有权依物权请求权、不当得利返还请求权、侵权损害赔偿请求权等方式请求保护，排除他人的非法干预。但对于他人的合理要求，区分所有人有容忍的义务。

③区分所有人在正常使用、保存或改良专有部分或共有部分所必需的限度内，有权使用其他区分所有人的专有部分或不属于自己共有的共用部分。

（2）共有部分的共有权。共有部分的共有权是指区分所有人依照法律或管理规约的规定或业主大会的决定，对区分所有建筑物内的住房或经营性用房的专有部分之外的共用部分所享有的占有、使用、收益和处分的权利。我国《物权法》第72条规定："业主对建筑物专有部分以外的共有部分，享有权利，承担义务；不得以放弃权利不履行义务。"

有些共有部分是属于全体业主共有的，如道路、绿地、公用设施等，有些则仅是部分业主共有，如上下楼层间的楼板、两套住房间的隔墙等。

在日常生活中，小区的车库、车位作为重要且特殊的一类共有部分，其归属越来越成为人们关注和讨论的问题，法律对此专门作了规定，《物权法》第74条规定："建筑区划内，规划用于停放汽车的车位、车库应当首先满足业主的需要。建筑区划内，规划用于停放汽车的车位、车库的归属，由当事人通过出售、附赠或者出租等方式约定。占用业主共有的道路或者其他场地用于停放汽车的车位，属于业主共有。"

建筑物及其附属设施的维修资金属于业主共有。经业主共同决定，可以用于电梯、水箱等共有部分的维修。维修资金的筹集、使用情况应当公布。① 建筑物及其附属设施的费用分摊、收益分配等事项，有约定的，按照约定；没有约定或者约定不明确的，按照业主专有部分占建筑物总面积的比例确定。②

业主作为共有权人，对共有部分享有以下权利：

①对共有部分的使用权。对共有部分的使用应遵循合理使用原则，不得损害全体业主的共同利益。具体包括对电梯、走廊等的共同使用以及对电话、洗衣机等的轮流使用。

②对共有部分的收益权。业主可根据管理规约或其共有份额，获得共有部分的收益。如对外面墙、屋顶平台、业主共有的车位出租所获的租金。

③对共有部分的保存、单纯的修缮及改良权。单纯的修缮、改良，是指不影响或损及建筑物共有部分的固有性质的修缮改良行为。各业主基于居住或其他用途需要，可对共有部分进行单纯的修缮和改良。

---

① 《物权法》第79条。
② 《物权法》第80条。

④物权请求权。业主对共有部分享有物的返还请求权、排除妨害请求权和妨害预防请求权。

（3）成员权。成员权，也称为共同事务管理权，是指业主基于一幢建筑物的构造、权利归属和使用上的不可分离的共同关系而产生的、作为建筑物的一个团体组织的成员所享有的权利和承担的义务。成员权主要是对全体业主的共同事务所享有的权利和承担的义务，不完全是单纯的财产关系，更多的是关于共同事务的管理关系。

四、相邻关系

相邻关系是指相互毗邻或邻近的不动产所有人或使用权人，在行使不动产的所有权或使用权时，因行使权利延伸或限制而发生的权利义务关系。从权利的角度讲，相邻关系又称为相邻权。

1. 相邻关系的特征

相邻关系具有以下法律特征：

（1）相邻关系的主体是相邻近的不动产所有人或使用权人。相邻关系并不要求不动产必须在物理上是相连的，只要不动产所有人或使用权人行使权利影响到另一方不动产所有人或使用权人的利益，即可产生相邻关系。相邻人既可以是公民，也可以是法人；既可以是财产所有人，也可以是非所有人，包括土地使用权人、承租人等各种不动产的合法使用人。

（2）相邻关系的客体主要是行使不动产权利时所体现的利益。相邻各方在行使权利时，既要实现自己的合法利益，又要为他人提供方便，尊重他人的合法权益。

（3）相邻关系因种类的不同而具有不同的内容。基本上是相邻的一方要求另一方为其行使权利提供必要的便利，另一方应当给予必要的方便。所谓必要的便利，指的是满足相邻方正常行使其所有权或使用权所需的最低限度代价。行使相邻权时，应当尽量避免或减少给对方造成的损失，不得滥用权利。我国《物权法》第92条规定："不动产权利人因用水、排水、通行、铺设管线等利用相邻不动产的，应当尽量避免对相邻的不动产权利人造成损害。造成损害的，应当给予赔偿。"

（4）相邻关系具有法定性。相邻关系并不是由当事人通过合同约定的，而是法律为调和相邻不动产人的冲突而对所有权所作的限制，具有法定性。

2. 相邻关系的处理原则

处理相邻关系时，应当坚持以下原则：

（1）有利生产和方便生活的原则。

（2）团结互助和公平合理的原则。

（3）尊重历史和习惯的原则。《物权法》第85条规定："法律、法规对处理相邻关系有规定的，依照其规定；法律、法规没有规定的，可以按照当地习惯。"

3. 相邻关系的种类

相邻关系的种类繁多，情况也十分复杂，常见的主要有以下几种：

（1）相邻土地使用关系。相邻土地使用关系主要包括相邻必要通行关系和相邻管线安设关系。

（2）相邻土地防险关系。相邻土地防险关系是指土地所有权人或利用权人在挖掘土地或修建建筑物时，不得使邻地地基动摇或使之发生危险，或者使邻地上的建筑物受到损害。

（3）相邻地界及越界物的相邻关系。因设置界标产生的相邻关系，若为一方独自修建且不占用对方土地，则界标归修建一方所有。

（4）相邻用水和排水关系。《物权法》第86条规定："不动产权利人应当为相邻权利人用水、排水提供必要的便利。对自然流水的利用，应当在不动产的相邻权利人之间合理分配。对自然流水的排放，应当尊重自然流向。"

（5）相邻采光、通风和日照关系。相邻各方建造建筑物时，应当与相邻的建筑物保持适当距离，不得妨碍邻居的采光、通风和日照。

（6）相邻环保关系。根据《物权法》第90条规定："不动产权利人不得违反国家规定弃置固体废物，排放大气污染物、水污染物、噪声、光、电磁波辐射等有害物质。"相邻一方属于可能排放污染物的，应与邻人生产、生活区域保持安全距离，在建造可能造成污染的设施时，还应当采取严格的预防和应急措施，一旦造成邻人损失的，应当给予赔偿。

（7）区分所有建筑物的相邻关系。区分所有建筑物的相邻关系比较复杂，主要是指相邻各区所有人在使用、修缮、维护其专有部分或共有部分时，相互间应给予必要的便利。

五、共有

共有，是指两个或两个以上的权利主体对同一物共同享有所有权。共有包括共同共有、按份共有和准共有。

（一）共同共有

共同共有是指共有人基于共同关系，不分差额地共享共有物所有权的共有。《物权法》第95条规定："共同共有人对共有的不动产或者动产共同享有所有权。"

1. 共同共有的特点

（1）共同共有是因共同关系而产生的，须以共同关系的存在作为前提。这里的共同关系是指共有人之间存在着共同的生产生活关系，如夫妻关系、家庭关系等。共同共有一般发生在互有特殊身份关系的当事人之间。

（2）共同共有是不分份额的共有。共同生产生活关系存续期间，共有财产不得划分或确定各共有人的具体份额。只有在共同生产生活关系终止后分割共有财产时，才能确定具体份额。所以，在共同关系存续期间，共同共有人一般不得请求分割共有物。

（3）各共同共有人平等地享有权利和承担义务。

2. 共同共有的类型

常见的共同共有主要有以下几种：

（1）夫妻财产共有。

（2）家庭财产共有。

(3) 遗产分割前的共有。

(4) 合伙共同共有。

(二) 按份共有

按份共有又称为分别共有，是指共有人按照各自的份额分别对共有财产享有权利和承担义务的共有。《物权法》第94条规定："按份共有人对共有的不动产或者动产按照其份额享有所有权。"

与共同共有相比，按份共有具有以下法律特征：

1. 按份共有人之间不以存在共同生产生活关系为必要

与共同共有相比，按份共有不要求当事人之间存在特殊的团体性或身份关系，按份共有人之间的联系是偶然的。

2. 各共有人分别对共有财产享有确定的份额

这是按份共有与共同共有最主要的区别。按份共有人的份额，有约定的从其约定，没约定的按照出资额确定，不能确定出资额的，则视为等额享有。

3. 按份共有人对其份额享有相当于所有权的权利

在法律未作限制或共有协议未作禁止的情况下，按份共有人可随时要求分出、转让其份额或就其份额设定负担。共有人死亡时，其继承人有权继承其份额。

(三) 准共有

准共有是指共有人按份共有或共同共有所有权以外的财产权的情况。《物权法》第105条规定："两个以上单位、个人共同享有用益物权、担保物权的，参照本章（即第八章）规定。"

六、所有权的取得与消灭

(一) 所有权的取得

所有权的取得，是指所有权与特定的主体的结合，也就是所有权人取得某一动产或不动产的过程和方式。所有权的取得，包括原始取得和继受取得两种情形。

所有权的原始取得，是指非依他人既存的权利而取得所有权的情况。所有权的原始取得不以原所有人的意志为依据而直接根据法律的规定取得所有权。具体方式包括劳动生产、孳息、没收征收和国有化、拾得遗失物和漂流物、发现埋藏物和隐藏物、添附、先占、善意取得、时效取得等。

所有权的继受取得，是指权利人通过法律行为或法律事件从原所有人处取得所有权的情况。继受取得又称为传来取得，以原所有人对标的物所享有的所有权为取得的前提条件。常见的法律行为包括合同买卖、赠与等，常见的法律事件包括继承、受遗赠等。

除法律另有规定或当事人另有约定外，财产所有权自财产交付时发生转移。所有权的取得，不动产需要登记，动产则须按照法律规定交付。所有权的取得方式复杂多样，《物权法》第九章专门对其中某些特别情况下所有权的取得作了规定：

1. 善意取得

善意取得，是指无权处分人将其占有的或者登记在其名下的他人的动产或不动产转让给第三人，第三人基于在交易时的善意而取得该动产或不动产所有权的情况。

根据《物权法》的相关规定，善意取得需要满足以下条件：

（1）让与人须为登记的不动产权利人或者是动产的占有人。这是发生善意取得的前提条件，善意取得的效力来源于物权公示的公信力。不知情的第三人有权与其所见的动产占有人或登记的不动产权利人进行交易，不管对方是否为真正权利人，法律保护善意第三人的这种权利。

（2）让与人为无权处分。无处分权包括自始欠缺处分权和嗣后未能取得处分权两种情况。

（3）受让人支付合理对价。当让与人和受让人之间存在正常交易（合理对价）时，才存在善意取得问题。非交易行为的受赠、继承等方式取得财产的，不能发生善意取得的效力。

（4）交易时受让人须为善意。受让人受让财产时须为善意，即不知道对方无权处分标的物，至于其后受让人是否知晓实情，则不影响交易。

（5）转让的标的物已完成过户登记或交付。如果受让人与物权处分人仅仅达成了转让的合意，并未进行过户登记或交付，则只发生债的关系，不发生善意取得。

发生善意取得后，受让人取得该标的物的所有权，原权利人丧失对该财产的所有，不得向受让人主张返还。但可依据债权关系向无权处分人请求损害赔偿、返还不当得利、赔偿侵权损害。需要注意的是，记名有价证券、货币现金以及法律禁止流通的物，不适用善意取得的规定。

2. 拾得遗失物

拾得遗失物，是指发现他人遗失的物并予以占有的事实。构成拾得遗失物，须满足以下条件：

（1）有拾得行为。即发现并占有遗失物的行为。

（2）标的物须为遗失物。构成遗失物一般须具备的条件：①应为动产；②须为他人之物，即有主物；③原权利人丧失了对物的占有；④丧失占有非出于原权利人的本意（否则应属于抛弃物）。

关于拾得遗失物的效力，我国《物权法》第109条、第110条、第113条规定："拾得遗失物，应当返还权利人。拾得人应当及时通知权利人领取，或者送交公安等有关部门。有关部门收到遗失物，知道权利人的，应当及时通知其领取；不知道的，应当及时发布招领公告。遗失物自发布招领公告之日起六个月内无人认领的，归国家所有。"

3. 发现埋藏物

发现埋藏物是指发现埋藏物并予以占有的事实。成立发现埋藏物，须具备以下条件：

（1）有发现行为。发现是指认识到埋藏物的存在或存在地点。发现埋藏物只需要有发现行为，无须要求占有。

（2）标的物须为埋藏物。构成埋藏物需具备的条件：①应为动产；②埋藏于土地或隐藏于他物之中而不易被发现；③所有人不明。埋藏物性质上仍是有主物，只是无法判定、查明所有人而已。

关于发现埋藏物的效力，我国《物权法》第114条规定："拾得漂流物、发现埋藏物或者隐藏物的，参照拾得遗失物的有关规定。文物保护法等法律另有规定的，依照其规定。"

4. 孳息

孳息是原物所产生的收益，包括天然孳息和法定孳息。天然孳息是指依物的自然属性而获得的收益，如树结的果实、母畜生的幼畜等。法定孳息是指根据法律的规定，因民事法律关系的存在而产生的收益，如利息、租金等。

我国《物权法》第116条规定："天然孳息，由所有权人取得；既有所有权人又有用益物权人的，由用益物权人取得。当事人另有约定的，按照约定。法定孳息，当事人有约定的，按照约定取得；没有约定或者约定不明确的，按照交易习惯取得。"

5. 添附

添附包括混合、附合以及加工三种形式。

混合是指不同所有人的动产相互渗合，难以分开，形成新的财产，如不同种类的酒的混合。

附合是指不同所有人的财产密切结合在一起形成新的财产，虽未达到混合程度，但非经拆毁不能恢复原状。附合包括动产和不动产的附合，如对他人房屋的装修；也包括动产和动产的附合，如油漆他人单车。

加工是指对他人所有的动产进行加工改造，形成价值更高的物，如把他人的布料加工成衣服。

我国《民法通则》与《物权法》均未对添附作相关规定，但最高人民法院《关于贯彻执行〈中华人民共和国民法通则〉若干问题的意见（试行）》第86条规定："非产权人在使用他人的财产上增添附属物，财产所有人同意增添，并就财产返还时附属物如何处理有约定的，按约定办理；没有约定又协商不成，能够拆除的，可以责令拆除，不能拆除的，也可以折价归财产所有人；造成财产所有人损失的，应当负赔偿责任。"若取得财产所有权一方为恶意添附行为，即明知为他人的财产而进行加工，或者有其他故意或过失行为的，则不适用添附取得所有权。另外，原所有人有权向其请求经济补偿及赔偿损失。

6. 时效取得

时效取得是指无权占有人以自己所有的意思，公开、善意、和平和持续地占有他人的财产，经过法律规定的期间，即依法取得该财产的所有权。

我国现行立法并未规定取得时效，但纵观近现代大陆法系国家的民法，几乎都有关于取得时效的规定。近年来，我国的民法著作及学者们，也大多建议应承认取得时效。取得时效对维护人类正常、和平的社会生产生活秩序有着重要意义。

（二）所有权的消灭

所有权的消灭是指所有人丧失所有权或所有权与所有人发生脱离的情况。能够引起所有权消灭的法律事实主要有以下几种：

1. 主体消灭

主体消灭包括自然人的死亡（包括自然死亡和宣告死亡）和法人的终止。自然人死亡后，其财产由其继承人继承或由受遗赠人接受遗赠，若无人继承且又无人受遗赠的，其财产则归国家所有，公民生前若是集体所有制组织成员的，则归其所在的集体所有制组织所有。法人终止后，其财产按法人章程或相关法律规定处理。

2. 客体消灭

所有权的标的物若发生灭失，所有权也将不复存在。

3. 依法进行转让

通过买卖、赠与、互易等方式转让所有权的，出让人丧失对该财产的所有权，而受让人则依法取得该财产的所有权。

4. 抛弃

抛弃所有权的情形包括两种：一是依法享有权利的人放弃取得所有权，如放弃受遗赠，《继承法》第25条第2款规定："受遗赠人应当在知道受遗赠后两个月内，作出接受或者放弃受遗赠的表示，到期没有表示的，视为放弃受遗赠。"二是所有权人抛弃所有物的情况。所有人抛弃所有权，不得损害国家利益和社会公共利益，也不能损害他人的合法权益。

5. 添附

动产因添附于他人之物上，他人取得动产的所有权，原动产所有人的所有权则宣告消灭。

6. 时效取得

在时效取得制度中，占有人因经过一定的期间而取得财产所有权，原财产所有人的所有权则宣告消灭。

7. 善意取得

在善意取得制度下，善意取得人依法取得财产所有权，原财产所有人的所有权宣告消灭。

思考与拓展

康某与包某房屋买卖纠纷案①

【案情】

康某与包某是世交。康某有一处140平方米的房子想要转让，包某正想买房结婚，于是两人协商一致，康某以50万元将房子转让给包某。由于两人是熟人，就没有按严格的程序办理产权过户手续。后来，康某生意场上赔了很多钱，人穷志短，也不顾及朋友的情谊，背着包某再次将房子卖给了赵某，并办理了过户登记。

【案例分析】

根据《物权法》的相关规定，不动产物权的设立、变更、转让和消灭均应依照法律规定进行登记。未经登记的，不产生物权效力，除非法律另有规定。本案中康某与包某的房屋转让并未进行登记，所以不发生物权效力，仅具有一般的合同债权效力。所以尽管包某的买卖合同订立在前，但其无法取得房子的所有权，包某仅能依据合同请求康某承担不履行的违约责任。

---

① 中国法制出版社．中华人民共和国物权法（案例应用版）．北京：中国法制出版社，2009. 8.

第三节 用益物权制度

用益物权作为他物权，虽然源自于他人之所有权，但其存在集中体现了“自由”与“效益”价值。以当事人的共同合意为前提，所有权人通过设立用益物权，将自己的财产交给最能发挥物的效用的“他人”利用，具有“物尽其用”的功能和作用。我国《物权法》的用益物权制度，在我国社会主义市场经济条件下具有重要的意义，它反映了我国经济体制改革的成果，且在很大程度上克服了《民法通则》与单行法时期的立法缺陷，确立了以土地承包经营权、建设用地使用权、宅基地使用权和地役权为中心的用益物权体系。用益物权制度对于妥善处理所有权人和用益权人的利益关系、保护和合理开发利用自然资源、充分发挥自然资源的利用效益、促进社会经济的发展具有深远的意义。

一、用益物权概述

（一）用益物权的概念与特点

1. 用益物权的概念

用益物权，是指非所有人对他人所有的物依法享有占有、使用和收益的权利。[①]《物权法》第117条规定：“用益物权人对他人所有的不动产或者动产，依法享有占有、使用和收益的权利。”

2. 用益物权的特点

用益物权具有以下特点：

（1）标的物主要为不动产。

（2）用益物权的成立与实现以对他人之物的占有为前提。用益物权属于他物权，只能存在于他人之物上。只有实际占有标的物，用益物权人才能够实现对物的使用和收益。

（3）用益物权是一种定限物权。用益物权人仅对标的物享有占有、使用和收益的权能，无权对标的物进行处分。

（4）用益物权是以使用和收益为目的的定限物权。与担保物权相比，用益物权侧重的是物的使用价值，以对物的使用和收益获取最大限度的经济效益。

（5）用益物权的设定和转移通常都需要登记。用益物权的标的物是不动产，而不动产的物权变动采用登记主义。

（二）我国的用益物权制度

我国《物权法》第三编（用益物权编）规定了四种用益物权类型，即土地承包经营权、建设用地使用权、宅基地使用权和地役权。此外，《矿产资源法》、《渔业法》、《海域

① 柳经纬，朱炎生．民法（第三版）．厦门：厦门大学出版社，2008. 267.

使用管理法》、《水法》、《野生动物保护法》等法律规定了探矿权和采矿权、渔业权、养殖权和捕捞权、取水权、狩猎权等各种用益性质的物权取得权（准物权）。这些用益性质的准物权，首先应适用特别法的规定，如果特别法未作规定，则适用物权法的规定。

二、土地承包经营权

（一）土地承包经营权的概念与特点

1. 土地承包经营权的概念

土地承包经营权又称农地使用权，是指农业生产经营者为种植、养殖、畜牧等农业目的，对其依法承包的农民集体所有和国家所有由农民集体使用的土地享有的占有、使用、收益的权利。①

2. 土地承包经营权的特点

（1）土地承包经营权的主体仅限于农业生产经营者。只有从事农业生产的个人或集体，才有资格成为土地承包经营权的主体。在土地承包经营权关系中，发包一方为农地所属的村集体经济组织，承包方通常为本集体经济组织的成员，但集体经济组织外的个人或单位经一定程序，也可以参与承包经营。

（2）土地承包经营权的设立目的仅限于种植、养殖或畜牧等农业活动。设立土地承包经营权是为了农业生产而利用土地，不是以农业生产为目的的，不得成立土地承包经营权。

（3）土地承包经营权的客体仅限于农民集体所有和国家所有由农民集体使用的土地。城市国有土地不得成立农地承包权。

（二）土地承包经营权的取得

土地承包经营权的取得主要有以下几种：

（1）根据土地承包经营合同设立而取得。

（2）依土地承包经营权的流转而取得。

（3）依法律行为外的原因而取得。

（三）土地承包经营权的效力

1. 承包人的权利

（1）对承包土地的占有、使用和收益权。土地承包经营权为权利人为进行耕作、养殖或畜牧等农业生产而设定的权利，因此在耕作、养殖或畜牧等农业范围内，当然享有对承包土地的占有、使用和收益权。承包人拥有自主经营的自由，在组织生产经营和处置农产品时，不受他人干涉。

（2）对土地承包权的转包、出租、互换和转让的权利。根据《物权法》和《农村土地承包法》的规定，通过家庭承包取得的土地承包经营权可以依法采取转包、出租、互

---

① 江平．民法学．北京：中国政法大学出版社，2007. 377.

换、转让或者其他方式流转。

（3）投资补偿权。承包人在发生以下情形时，有权获得相应的补偿：①承包地被依法征收、占用的；②农地承包权依法流转时，承包人在承包地上投入而提高土地生产力的；③承包期内，承包人交回承包地或发包人依法收回承包地时，承包人在其承包地上投入而提高土地生产力的。

2. 承包人的义务

（1）支付对价。如果设定土地承包经营权时约定了支付对价的，则承包人需要支付相应的对价，至于对价的具体种类和支付方法，均由当事人自行约定；若无约定，则依习惯定。

（2）依约定方法和用途使用土地。承包人不得以约定方法外的方式使用土地，或者将土地用作所定目的范围外的使用（主要指将农用地用于非农业用途），否则土地所有人有权终止其土地承包经营权。

（3）依法保护和合理利用土地。承包方在生产经营过程中，应当采取必要措施保护承包地的土地质量和生态环境，不得对土地造成永久性的损害。

（四）土地承包经营权的消灭

1. 土地承包经营权的消灭原因

（1）承包人自愿交回承包地。

（2）承包地的收回。

（3）承包地的调整。

（4）承包地的灭失。承包地灭失，或虽未灭失但因其性质改变而不能再为农业目的使用的，土地承包经营权消灭，[①] 如河岸边土地因崩岸而丧失等。

（5）承包地被征收。

（6）承包人死亡且无人继承或继承人放弃继承。

（7）土地承包经营权的期限届满。土地承包经营权是一种有期限的物权，根据《物权法》的规定，耕地的承包期为 30 年。草地的承包期为 30 年至 50 年。林地的承包期为 30 年至 70 年；特殊林木的林地承包期，经国务院林业行政主管部门批准可以延长。

需要注意的是，如果土地承包经营权已做过登记，发生上述消灭事由后，还须办理土地承包经营权的注销登记，土地承包经营权才发生消灭的法律后果。

2. 土地承包经营权消灭的法律后果

（1）土地承包经营权人应将承包地归还土地所有人。

（2）取回土地上的出产物和农用工作物。

（3）偿还改良费用或其他有益费用。

（4）承包地被征收时的补偿与安置。

---

① 梁慧星，陈华彬．物权法（第五版）．北京：法律出版社，2010. 264.

三、建设用地使用权

（一）建设用地使用权的概念与特征

1. 建设用地使用权的概念

建设用地使用权，是指自然人、法人和其他组织，对国家所有的土地，以利用该土地建造建筑物、构筑物及其附属设施为目的而享有占有、使用和收益的权利。①

2. 建设用地使用权的特征

（1）建设用地使用权的标的是国家所有的土地。

（2）建设用地使用权是以建造建筑物、构筑物及其附属设施为目的的用益物权。《物权法》第135条规定："建设用地使用权人依法对国家所有的土地享有占有、使用和收益的权利，有权利用该土地建造建筑物、构筑物及其附属设施。"

（3）建设用地使用权受到在先用益物权的限制。建筑物、构筑物及其附属设施，不仅限于构建在地表，也可以构建于地上空间和地下空间，因此便会产生同一地块上存在分属不同权利主体的数个用益物权的情况。对此，我国《物权法》第136条规定："建设用地使用权可以在土地的地表、地上或者地下分别设立。新设立的建设用地使用权，不得损害已设立的用益物权。"

（4）建设用地使用权自登记时设立。《物权法》第139条规定："设立建设用地使用权的，应当向登记机构申请建设用地使用权登记。建设用地使用权自登记时设立。登记机构应当向建设用地使用权人发放建设用地使用权证书。"

（二）建设用地使用权的取得

1. 出让与划拨

出让与划拨是建设用地使用权设立的两种法定方式。根据《物权法》第138条、第139条的规定，出让是指采取招标、拍卖、协议等出让方式设立建设用地使用权。设定建设用地使用权应当采用书面形式订立出让合同，向登记机构申请建设用地使用权登记。建设用地使用权自登记时设立。登记机构应当向建设用地使用权人发放建设用地使用权证书。

建设用地使用权的划拨取得，是指土地使用人依据法律规定通过行政划拨方式无偿取得建设用地使用权。② 通过行政划拨方式取得的建设土地，一般都具有特殊用途。法律规定在必要的情况下，下列建设用地的使用权可以由县级以上人民政府依法批准划拨：①国家机关用地和军事用地；②城市基础设施用地和公益性事业用地；③国家重点扶持的能源、交通、水利等项目用地；④法律、行政法规规定的其他用地。

2. 让与

在不违背法律的限制性规定下，建设用地使用权人可以通过合同的形式转让建设用地

---

① 梁慧星，陈华彬．物权法（第五版）．北京：法律出版社，2010. 163.

② 江平．民法学．北京：中国政法大学出版社，2007. 382.

使用权，受让人因此取得建设用地使用权，原权利人的建设用地使用权即宣告消灭。转让建设用地使用权的，一般应采用书面形式并于登记后发生物权效力。

3. 继承

建设用地使用权人为自然人的，在其死亡时，其继承人可继承其剩余期限的建设用地使用权。

（三）建设用地使用权的效力

1. 建设用地使用权人的权利

（1）对建设用地的占有、使用和收益。

（2）享有所建造的建筑物、构筑物及其附属设施的所有权。《物权法》第 142 条规定："建设用地使用权人建造的建筑物、构筑物及其附属设施的所有权属于建设用地使用权人，但有相反证据证明的除外。"

（3）对其建设用地使用权进行转让、互换、出资、赠与或者设立抵押权的权利。根据《物权法》第 143 ~ 147 条的规定，建设用地使用权人有权将建设用地使用权转让、互换、出资、赠与或者抵押，但法律另有规定的除外。

（4）从事必要附属行为的权利。虽然建设用地使用权以建造建筑物、构筑物及其附属设施为目的，但法律也允许建设用地使用人在其依法占有使用的土地范围内，进行与营造建筑物或其他工作物有关的附属行为，如种植花草等。

（5）当建设用地使用权被提前收回时，有权要求获得相应的补偿。《物权法》第 148 条规定："建设用地使用权期间届满前，因公共利益需要提前收回该土地的，应当依照本法第 42 条的规定对该土地上的房屋及其他不动产给予补偿，并退还相应的出让金。"

2. 建设用地使用权人的义务

（1）支付建设用地使用权出让金。以出让方式取得建设用地使用权的，建设用地使用权人应当依照法律规定以及合同约定支付出让金等费用。

（2）合理使用和保护土地。《物权法》第 140 条规定："建设用地使用权人应当合理利用土地，不得改变土地用途；需要改变土地用途的，应当依法经有关行政主管部门批准。"同时，依据《城市房地产管理法》的规定："建设用地使用权应当按照土地的自然属性和法律属性合理使用土地，维护土地的价值和使用价值。"

（四）建设用地使用权的消灭

1. 建设用地使用权的消灭事由

（1）建设用地使用权期限届满未续期。

（2）建设用地使用权被撤销或提前收回。

（3）土地灭失。

2. 建设用地使用权消灭的法律后果

（1）使用人交还建设用地，取回地上建筑物、构筑物及其附属设施，恢复土地的原状。

（2）土地所有人提出以市场价格购买地上建筑物、构筑物及其附属设施的，建设用地使用权人不得拒绝。《物权法》第 149 条第 2 款规定："非住宅建设用地使用权期间届满后的续期，依照法律规定办理。该土地上的房屋及其他不动产的归属，有约定的，按照约定；没有约定或者约定不明确的，依照法律、行政法规的规定办理。”

（3）有益费用偿还请求权。建设用地使用人有权请求土地所有人偿还其在土地上安装排水设施和进行改良工程等而使土地的客观价值实际增加所支出的费用。

（4）请求给予足额补偿金和退还剩余年限的出让金。根据《物权法》第42条、第148条的规定：“因公共利益的需要而提前收回建设用地使用权的，建设用地使用人有权请求土地所有人对建设用地上的房屋及其他不动产给予足额补偿，并有权要求退还建设用地使用权剩余年限的出让金。”

四、宅基地使用权

（一）宅基地使用权的概念与特征

1. 宅基地使用权的概念

宅基地使用权是指自然人依法取得的在国家或集体的宅基地上所享有的建造房屋、居住使用的权利，宅基地包括建筑物的基地以及附属于建筑物的空白基地，一般是指自然辅助用房、庭院和历年来不用于耕种的生活用地以及生活用房中的生产场地。①

宅基地使用权包括国有土地宅基地使用权和农村宅基地使用权，但现在一般说的宅基地使用权，如无特别说明，仅指农村宅基地使用权。

2. 农村宅基地使用权的特征

农村宅基地使用权具有以下特征：

（1）身份性。除法律另有规定外，农村宅基地使用权人仅限于本集体经济组织的内部成员，非本集体成员不得申请。

（2）无偿性。农村宅基地使用权的取得是无偿的，带有福利性质。

（3）目的特定。宅基地使用权仅能用于农村村民建造住宅及其附属设施所用，不得用作其他用途。住宅是指用于日常生活居住的房屋，而附属设施是指为辅助住宅发挥效能的与村民生活相关的建筑物和构筑物等设施，具体包括车库、厕所、牛棚、羊棚、猪圈等。与宅基地使用权相比，建设用地使用权的用途范围则显得宽广许多。

（4）从属性。农村宅基地使用权依附于房屋所有权，采取“房随地转”、“地随房转”的原则，不可单独流转。

（5）一户一宅。《土地管理法》第62条规定：“农村村民一户只能拥有一处宅基地，其宅基地的面积不得超过省、自治区、直辖市规定的标准。”另外，根据相关行政法规的规定，农村村民将其原有住房出卖、出租或赠与他人后，再申请宅基地的，不得批准。

（6）永久性。宅基地使用权没有期限的限制，宅基地使用权人可以终身享用，即使宅基地上的房屋消灭后，权利仍然存在，可以重新建造房屋。②

① 徐涤宇．物权法热点问题讲座．北京：中国法制出版社，2007. 221.

② 徐涤宇．物权法热点问题讲座．北京：中国法制出版社，2007. 222.

（二）宅基地使用权的取得

根据《土地管理法》等相关法律的规定，宅基地使用权的取得通常采用审批的方式，其程序主要包括三个步骤：申请、土地所有人同意、行政审批。宅基地使用权的审批应当符合农村土地利用的总体规划。原则上一户居民只能享有一处宅基地使用权，其面积也不得超过所在省、自治区、直辖市规定的标准。

（三）宅基地使用权的效力

宅基地使用权人可以在其取得的宅基地上建造住宅及其附属设施，供其居住、使用，也可以转让或作其他处分，但处分时须遵循“房地一体”原则。因房屋所有权转让或抛弃等原因而丧失宅基地使用权的，原权利人不得再申请宅基地使用权。宅基地使用权人死亡的，宅基地使用权可依法由其继承人继承。

（四）宅基地使用权的消灭

引起宅基地使用权消灭的原因主要有以下三种：

1. 宅基地被收回或征收

宅基地使用权人不按照批准的用途使用土地或者故意长期闲置宅基地的，集体经济组织作为土地所有人有权收回宅基地，从而使宅基地使用权归于消灭。另外，国家基于公共利益的需要征收集体所有的土地时，宅基地使用权因失去标的物而宣告消灭。

2. 宅基地使用权人不复存在

当占有、使用宅基地的农户因家庭成员全部死亡或举家迁移城镇等原因而不复存在，宅基地使用权因无主体而归于消灭。①

3. 宅基地的灭失

《物权法》第 154 条规定：“宅基地因自然灾害等原因灭失的，宅基地使用权消灭。对失去宅基地的村民，应当重新分配宅基地。”宅基地上的建筑物、构筑物及其附属设施灭失的，不影响宅基地使用权的效力，当事人可以于宅基地上重新建造房屋。

另外，根据《物权法》第 155 条的规定，已经登记的宅基地使用权转让或者消灭的，应当及时办理变更登记或者注销登记。

五、地役权

（一）地役权的概念与特征

1. 地役权的概念

地役权是指为了自己的不动产效益或使用便利，与他人约定而使用他人不动产的权利。《物权法》第 156 条规定：“地役权人有权按照合同约定，利用他人的不动产，以提高自己的不动产的效益。前款所称他人的不动产为供役地，自己的不动产为需役地。”

---

① 梁慧星，陈华彬．物权法（第五版）．北京：法律出版社，2010. 278.

2. 地役权的特征

地役权具有以下特征：

（1）地役权存在于他人的不动产之上。

（2）地役权以限制供役地的所有权或使用权为内容。

（3）地役权是以他人不动产供自己不动产的方便和利益之用的权利。这是地役权的设立特征，所谓“方便和利益”，不仅限于经济上的效益，还可以包括舒适、美观等利益在内，至于具体内容，由当事人自行约定。

（4）地役权具有从属性。地役权从属于需役地，不得与需役地相分离而单独转让，也不得与需役地的所有权或使用权相分离而作为其他权利的标的，如单独地役权设定抵押。《物权法》第 164 条、第 165 条规定：“地役权不得单独转让。土地承包经营权、建设用地使用权等转让的，地役权一并转让，但合同另有约定的除外。地役权不得单独抵押。土地承包经营权、建设用地使用权等抵押的，在实现抵押权时，地役权一并转让。”

（5）地役权具有不可分性。地役权及于需役地和供役地的全部，不得分割成数部分或仅为一部分而存在。需役地或供役地为共有的，地役权由各共有人共同享有或共同负担。地役权不得被分割为两个或两个以上的权利，也不得使其一部分消灭。需役地被分割的，各分割部分仍存在原地役权；供役地被分割的，各分割部分仍承担原来的地役权。《物权法》第 166 条规定：“需役地以及需役地上的土地承包经营权、建设用地使用权部分转让时，转让部分涉及地役权的，受让人同时享有地役权。”第 167 条规定：“供役地以及供役地上的土地承包经营权、建设用地使用权部分转让时，转让部分涉及地役权的，地役权对受让人具有约束力。”

3. 地役权与相邻关系的区别

地役权与相邻关系十分相似，都是存在于不动产上的物权，且调整的都是相邻土地的关系，实质都是为了发挥相邻不动产的效益和使用便利。但是两者也存在着重大区别，主要有下列几点：

（1）相邻关系是法定的，地役权则是当事人基于意思自治通过合同自由设定的。

（2）相邻关系不是一项独立的物权，其从属于所有权，属于对所有权本身的当然限制或扩张；而地役权则是单独的一项物权，属于用益物权的一种。

（3）相邻关系是法律对相邻不动产的利用的最低限度调整，对所有权或使用权的扩张与限制程度较小；而地役权的内容是当事人自由约定的，对不动产所有权或使用权的扩张与限制程度较相邻关系要高。

（4）相邻关系一般是无偿的，除非给相邻人造成损失；而地役权既可以是有偿的，也可以是无偿的，但通常情况下地役权都是有偿的。

（5）相邻关系的成立无须登记；地役权的成立则需进行登记，否则无法对抗第三人。

（二）地役权的取得

地役权的取得方式主要有以下几种：

1. 通过地役权合同设立地役权

通过签订地役权合同设定地役权，是取得地役权的最主要方式。《物权法》第 157 条第 1 款规定：“设立地役权，当事人应当采取书面形式订立地役权合同。”地役权合同一般包括以下内容：①当事人的姓名或者名称和住所；②供役地和需役地的位置；③利用目的和方法；④利用期限；⑤费用及其支付方式；⑥解决争议的方法。设定地役权需采取书面形式并经登记，才能产生对抗第三人的效力。《物权法》第158条规定："地役权自地役权合同生效时设立。当事人要求登记的，可以向登记机构申请地役权登记；未经登记，不得对抗善意第三人。"地役权可以是有偿的，也可以是无偿的；既可以是有期限的，也可以是无期限的。

2. 转让

地役权从属于需役地，不得与需役地相分离而单独转让。土地承包经营权、建设用地使用权等转让的，地役权一并转让，受让人因此取得地役权。但合同另有约定的除外。

3. 继承

地役权为财产权，可通过继承取得。地役权人为自然人的，当地役权人死亡时，其继承人可以继承取得其地役权。

（三）地役权的效力

1. 地役权人的权利和义务

（1）使用供役地。根据《物权法》第160条的规定，地役权人应当按照合同约定的利用目的和方法利用供役地，且尽量减少对供役地权利人物权的限制。

（2）实施必要的附从行为。为达到设定地役权的目的，地役权人有权享有为必要的随附行为和设置必要设施的权利，如为达到排水目的而开凿沟渠等。

（3）物上请求权。对于他人妨害或有可能妨害地役权正常行使的行为，地役权人有请求排除妨碍、消除危险、返还原物、恢复原状等物上请求权。

（4）维护设备义务。地役权人为行使其地役权而建造设施的，对该设施负有维修保护的义务。如为行使通行地役权而修筑的道路，应积极予以维护、保养。

（5）工作物取回权与恢复原状义务。地役权归于消灭后，原地役权人有权取回在供役地上设置的工作物，同时负有恢复供役地不动产原状的义务。但是如果供役地所有人提出以适当价格购买其工作物的，原地役权人不得拒绝。

2. 供役地人的权利和义务

（1）对价请求权。若地役权约定为有偿的，供役地人有权请求地役权人支付相应对价。

（2）使用设置的权利和分担维持设置费用的义务。在不影响地役权人行使权利的范围内，供役地人有权使用地役权人设置于供役地上的工作物。但在供役地人使用地役权人所为的设置时，应按其受益程度分担维持设置的费用，以求公平。[①]

（3）供役地使用场所及方法的变更请求权。在不影响地役权实现的前提下，供役地人于地役权存续期间，因自己生产生活的需要，有权请求地役权人变更利用场所或利用方法。

（4）容忍及不作为义务。《物权法》第159条规定："供役地权利人应当按照合同约定，允许地役权人利用其土地，不得妨害地役权人行使权利。"

---

① 江平．民法学．北京：中国政法大学出版社，2007. 391.

（四）地役权的消灭

地役权因下列事由而归于消灭：

（1）土地灭失。具体包括需役地的灭失与供役地的灭失。

（2）地役权约定期限届满。

（3）混同。当地役权人或供役地人通过转让等方式使得需役地与供役地同属于一人所有时，地役权归于消灭。

（4）目的不能。当供役地发生自然变化导致地役权合同目的无法实现时，地役权理应消灭。如取水权因水源干涸而归于消灭。

（5）供役地人依法解除地役权合同。

根据《物权法》的相关规定，已经登记的地役权消灭的，应当及时办理注销登记。

思考与拓展

赵某与村委会承包经营合同纠纷案[①]

【案情】

赵某与村委会签订了村头10亩农田的承包经营合同，在耕种的第2年，赵某打算将该10亩农田转包，于是找到了同村的李某，签订了土地转包合同。村委会知道此事后，找到赵某，表示村委会作为10亩农田的所有人不同意赵某转包10亩农田，认为该转包合同无效。双方产生争议，诉至法院。

【案例分析】

本案中，赵某根据与村委会签订的土地承包经营合同而依法获得10亩农田的承包经营权，取得土地承包经营权人资格。根据《物权法》第120条、第128条的规定，土地承包经营权人有权采用转包的方式将土地承包经营权进行流转，所有权人不得干涉其行使权利。所以，本案村委会无权干涉赵某对其承包的10亩农田进行转包。

第四节　担保物权制度

随着我国社会主义市场经济的发展，以债的形式发生的公民、法人之间的经济联系日益频繁，保障债的履行对于维护社会主义商品流通秩序，保护公民、法人的合法权益至关重要。担保物权制度是传统民法上典型的物权形式，也是担保制度中不可或缺的组成部分，设立的目的是确保债权的实现，维护交易秩序。我国物权法的担保物权制度规定的担保物权有抵押权、质权和留置权。在资金融通与商品流通中，担保物权制度以其特殊的机制不仅为当事人提供了安全保障，还能够引导和促使借贷合同与商品交易合同的订立，具有利导商品交易的重要功能；对于克服信用危机，促进经济发展与繁荣，都具有其他法律手段不可替代的作用。

---

① 中国法制出版社．中华人民共和国物权法（案例应用版）．北京：中国法制出版社，2009. 156.

一、担保物权概述

（一）担保物权的概念

担保物权，是指债权人为了确保债务的顺利清偿，而于债务人或第三人所有的动产、不动产或权利上设定的，当债务人不履行到期债务或者发生当事人约定的实现担保物权的事由时，债权人享有的就该财产变价并优先受偿的一种定限物权。

（二）担保物权的特征

（1）从属性。担保物权是以保障债权的顺利实现为目的的他物权，所以必然从属于债权。其成立以债权的存在为前提，因债权的转移而转移，并因债权的消灭而消灭。需要注意的是，担保物权所担保的债权必须合法存在，如不存在合法的债权，自然也不产生担保债权实现的问题。

（2）不可分性。担保物权的不可分性，是指在被担保的债权未受全部清偿前，担保物权人可以就担保物的全部行使权利。根据《担保法解释》第 71 条、第 72 条的相关规定，被担保债权被分割、部分清偿或消灭的，担保物权仍为担保所有各部分的债权或余存债权而存在；担保物被分割或部分灭失的，分割后的各部分担保物或余存部分的担保物，仍为担保全部债权而存在。[①]

（3）优先受偿性。担保物权的优先受偿性，是指当发生债务人不履行到期债务或出现约定实现担保物权的情况时，担保物权人得就担保物之价值优先于其他债权人而受清偿。

（4）物上代位性。担保物权实际支配的是担保物的交换价值而非担保物本身，所以，当担保物权的标的物毁损、灭失时，担保物权人可就获得的保险金、赔偿金或者补偿金等代替担保物而进行提存或者优先受偿，此之谓担保物权的物上代位性。

（三）担保物权的种类

我国《物权法》第四编专编规定了担保物权法律制度，明确规定的担保物权有抵押权、质权和留置权。其中，抵押权和质权通常只能依当事人约定而设立，为意定担保物权；而留置权则为法定担保物权，其发生由法律直接规定。抵押权的标的物可以是动产、不动产和不动产权利；质权的标的物则可以是动产或财产权利而不能是不动产；而留置权的标的物只能是动产。

---

① 梁慧星，陈华彬．物权法（第五版）．北京：法律出版社，2010. 294.

二、抵押权

（一）抵押权的概念与特征

1. 抵押权的概念

抵押是指债务人或第三人不转移占有而以其财产为他人之债权提供的担保。① 其中，提供财产担保的债务人或第三人称为抵押人，接受担保的债权人称为抵押权人，提供担保的财产称为抵押财产。抵押权，就是指抵押权人对抵押物，在发生债务人不履行届期债务或当事人约定实现抵押权的情形时，就抵押物变价所得享有优先受偿的权利。《物权法》第179条第1款规定："为担保债务的履行，债务人或者第三人不转移财产的占有，将该财产抵押给债权人的，债务人不履行到期债务或者发生当事人约定的实现抵押权的情形，债权人有权就该财产优先受偿。"

2. 抵押权的特征

（1）抵押权以确保债权的实现为目的。

（2）抵押权是不转移标的物占有的物权。抵押权的成立与存续，不以转移抵押财产的占有为必要，抵押人可对标的物继续占有、使用、收益，这是抵押权和其他担保物权的重要不同之处。

（3）抵押权是在债务人或第三人提供的财产上设定的物权。抵押权属于他物权。其标的物主要是不动产，但不限于不动产，还包括某些动产以及财产权利。如交通运输工具、国有土地使用权等。

（4）抵押权是须就标的物变价所得优先受偿的物权。抵押权的优先受偿包含三层含义：第一，就抵押财产变价所得价金，有抵押权担保的债权人优先于普通债权人而受清偿；第二，债务人受破产宣告时，抵押权成立在先的，不受破产宣告影响，仍得就其抵押财产变价所得价金优先受偿；第三，若同一抵押物上有两个或两个以上抵押权的，先次序抵押权人优先于后次序抵押权人而受清偿。

（5）抵押权具有追及性。抵押人擅自将抵押财产转让给他人的，抵押权人得追及该抵押财产并对之行使抵押权；在抵押财产受到不法侵害时，抵押权人得请求除去妨害。②

（二）抵押权的取得

1. 设立抵押权行为

通过法律行为设立抵押权，是抵押权取得的基本方式。

（1）抵押关系的主体。抵押关系的主体包括抵押人和抵押权人。抵押人是以自己所有或享有处分权的财产为他人的债权设立抵押担保的人，既可以是债务人本人，也可以是债务人之外的第三人。抵押权人是指被担保债权的债权人。

（2）抵押权的客体。关于抵押权的客体，我国《物权法》第180条规定："债务人或

① 柳经纬，朱炎生．民法（第三版）．厦门：厦门大学出版社，2008. 299.

② 柳经纬，朱炎生．民法（第三版）．厦门：厦门大学出版社，2008. 301.

者第三人有权处分的下列财产可以抵押：①建筑物和其他土地附着物；②建设用地使用权；③以招标、拍卖、公开协商等方式取得的荒地等土地承包经营权；④生产设备、原材料、半成品、产品；⑤正在建造的建筑物、船舶、航空器；⑥交通运输工具；⑦法律、行政法规未禁止抵押的其他财产。抵押人可以将前款所列财产一并抵押。”第 182 条规定：“以建筑物抵押的，该建筑物占用范围内的建设用地使用权一并抵押。以建设用地使用权抵押的，该土地上的建筑物一并抵押。抵押人未依照前款规定一并抵押的，未抵押的财产视为一并抵押。”第 183 条规定：“乡镇、村企业的建设用地使用权不得单独抵押。以乡镇、村企业的厂房等建筑物抵押的，其占用范围内的建设用地使用权一并抵押。”

另外，法律也规定了不得设立抵押的财产，《物权法》第 184 条规定：“下列财产不得抵押：①土地所有权；②耕地、宅基地、自留地、自留山等集体所有的土地使用权，但法律规定可以抵押的除外；③学校、幼儿园、医院等以公益为目的的事业单位、社会团体的教育设施、医疗卫生设施和其他社会公益设施；④所有权、使用权不明或者有争议的财产；⑤依法被查封、扣押、监管的财产；⑥法律、行政法规规定不得抵押的其他财产。”

（3）抵押合同。根据我国《担保法》第 38 条、第 39 条的规定，设立抵押权，当事人应当采取书面形式订立抵押合同。抵押合同一般包括下列条款：①被担保债权的种类和数额；②债务人履行债务的期限；③抵押财产的名称、数量、质量、状况、所在地、所有权归属或者使用权归属；④担保的范围；⑤当事人认为需要约定的其他事项。抵押合同不完全具备上述内容的，可以补正，不影响抵押合同的效力。但抵押合同对被担保的主债权种类、抵押财产没有约定或者约定不明，根据主合同和抵押合同不能补正或者无法推定的，则抵押不成立。①

（4）抵押登记。抵押登记属于权利登记，是指经当事人申请，主管机关依法在登记簿上就抵押物上的抵押权状态予以登录记载的行为，这是抵押权的公示要求。根据《物权法》和《担保法》的相关规定，办理抵押登记的部门包括下列几类：①以不动产或不动产权利设立抵押的，由不动产所在地的登记机构办理；②以林木抵押的，为县级以上林木主管部门；③以航空器、船舶、车辆抵押的，为运输工具的登记部门；④以企业的设备和其他动产抵押的，为财产所在地的工商行政管理部门；⑤当事人以其他普通动产设立抵押的，为抵押人所在地的公证部门。

关于抵押登记的效力，我国物权法采用了登记要件主义和登记对抗主义。《物权法》第 187 条规定：“以本法第 180 条第 1 款第 1 项至第 3 项规定的财产或者第 5 项规定的正在建造的建筑物抵押的，应当办理抵押登记。抵押权自登记时设立。”第 188 条规定：“以本法第 180 条第 1 款第 4 项、第 6 项规定的财产或者第 5 项规定的正在建造的船舶、航空器抵押的，抵押权自抵押合同生效时设立；未经登记，不得对抗善意第三人。”

2. 转让与继承

抵押权可以通过转让而获取，也可以经由继承而取得。但基于抵押权的从属性，抵押权不得单独转让而只能与其所担保的债权一同转让或消灭。《物权法》第 192 条规定：“抵押权不得与债权分离而单独转让或者作为其他债权的担保。债权转让的，担保该债权的抵押权一并转让，但法律另有规定或者当事人另有约定的除外。”在被继承人死亡时，

---

① 江平．民法学．北京：中国政法大学出版社，2007. 404.

被继承人的抵押权也随同债权一并由继承人继承，且无须经变更登记即可取得。

（三）抵押权的效力

1. 抵押权担保债权的范围

抵押权所担保的债权的范围，是指抵押权人实行抵押权时，可受优先清偿的债权的范围。《物权法》第 173 条规定："担保物权的担保范围包括主债权及其利息、违约金、损害赔偿金、保管担保财产和实现担保物权的费用。当事人另有约定的，按照约定。"

2. 抵押权的效力所及的标的物的范围

抵押权效力及于标的物的范围，是指抵押权人在实现抵押权时可依法予以变价的抵押财产的范围。一般来说，抵押权的效力不仅限于原抵押物，还应包括抵押物的从物和从权利、抵押物的附合物、抵押物的孳息和抵押物的代位物。

由于抵押权是不转移占有标的物的担保物权，所以当抵押权设立后，抵押人仍享有抵押物的使用权和收益权，其孳息自然也归其所得。但是当发生抵押权人实现其抵押权的情形，致使抵押物被法院扣押的，此时抵押权的效力及于抵押物的孳息。《担保法》第 47 条规定："债务履行期届满，债务人不履行债务致使抵押物被人民法院依法扣押的，自扣押之日起抵押权人有权收取由抵押物分离的天然孳息以及抵押人就抵押物可以收取的法定孳息。抵押权人未将扣押抵押物的事实通知应当清偿法定孳息的义务人的，抵押权的效力不及于该孳息。前款孳息应当先充抵收取孳息的费用。"

3. 抵押人的权利

（1）抵押物的占有、使用权。抵押权不以转移标的物占有为必要，所以抵押人仍可对抵押物行使占有和使用权，但负有保管义务，不得侵害抵押物，不得实施使抵押物价值减少的行为。抵押人可自行对抵押物行使使用或收益权，也可以由他人使用或于抵押物上设立用益物权。

（2）于抵押物上再设立抵押的权利。抵押人于抵押物上设立抵押权后，还可以为担保其他债权而在其上再设立抵押权。《担保法》第 35 条规定："抵押人所担保的债权不得超出其抵押物的价值。财产抵押后，该财产的价值大于所担保债权的余额部分，可以再次抵押，但不得超出其余额部分。"

（3）抵押物的出租权。在抵押期间，抵押人可将抵押物进行出租，但是承租人的承租权不得对抗抵押权。而设立抵押权之前便已出租的，原租赁合同继续有效。《物权法》第 190 条规定："订立抵押合同前抵押财产已出租的，原租赁关系不受该抵押权的影响。抵押权设立后抵押财产出租的，该租赁关系不得对抗已登记的抵押权。"

（4）抵押人的处分权。处分包括事实处分和法律处分。由于对担保物进行事实处分会导致抵押物价值的减损或灭失，所以，抵押人一般不得对抵押物进行事实上的处分。而关于法律上的处分（主要指转让），《担保法》第 49 条规定："抵押期间，抵押人转让已办理登记的抵押物的，应当通知抵押权人并告知受让人转让物已经抵押的情况；抵押人未通知抵押权人或者未告知受让人的，转让行为无效。转让抵押物的价款明显低于其价值的，抵押权人可以要求抵押人提供相应的担保；抵押人不提供的，不得转让抵押物。抵押人转让抵押物所得的价款，应当向抵押权人提前清偿所担保的债权或者向与抵押权人约定的第三人提存。超过债权数额的部分，归抵押人所有，不足部分由债务人清偿。"

4. 抵押权人的权利

（1）抵押权的保全权。由于在抵押权存续中，抵押权人不占有抵押物，在实现抵押权前，对抵押物也无事实上的支配力，所以，一旦抵押物的价值发生减损，则会损害抵押权人的利益。为防止这种情况的发生，法律允许抵押权人实施一定行为，以保全其抵押权利益。《物权法》第 193 条规定："抵押人的行为足以使抵押财产价值减少的，抵押权人有权要求抵押人停止其行为。抵押财产价值减少的，抵押权人有权要求恢复抵押财产的价值，或者提供与减少的价值相应的担保。抵押人不恢复抵押财产的价值也不提供担保的，抵押权人有权要求债务人提前清偿债务。"

（2）抵押权的处分权。抵押权人有权将其抵押权进行转让或另行用于担保。但由于抵押权具有从属性，所以，抵押权不得与其所担保的债权相分离而单独转让，也不得单独作为其他债权的担保。《物权法》第 192 条规定："抵押权不得与债权分离而单独转让或者作为其他债权的担保。债权转让的，担保该债权的抵押权一并转让，但法律另有规定或者当事人另有约定的除外。"

（3）抵押权的次序权。抵押权的次序权是指当同一抵押物上存在数个抵押权时，按抵押权设定次序受偿，先次序的抵押权人有优先受偿的权利。对于抵押权的次序权，抵押权人既可以抛弃（即放弃就抵押物优先受偿的权利），也可以转让。《物权法》第 194 条规定："抵押权人可以放弃抵押权或者抵押权的顺位。抵押权人与抵押人可以协议变更抵押权顺位以及被担保的债权数额等内容，但抵押权的变更，未经其他抵押权人书面同意，不得对其他抵押权人产生不利影响。债务人以自己的财产设定抵押，抵押权人放弃该抵押权、抵押权顺位或者变更抵押权的，其他担保人在抵押权人丧失优先受偿权益的范围内免除担保责任，但其他担保人承诺仍然提供担保的除外。"

（4）抵押权的优先受偿权。抵押权的优先受偿权，是指在债权已届清偿期而未获清偿时，抵押权人为求自己债权的优先受偿而处分抵押物，并就抵押物变价所得价款优先受偿的权利。这既是抵押权最主要的效力，也是抵押权人最主要的权利。《物权法》第 195 条规定："债务人不履行到期债务或者发生当事人约定的实现抵押权的情形，抵押权人可以与抵押人协议以抵押财产折价或者以拍卖、变卖该抵押财产所得的价款优先受偿。协议损害其他债权人利益的，其他债权人可以在知道或者应当知道撤销事由之日起一年内请求人民法院撤销该协议。抵押权人与抵押人未就抵押权实现方式达成协议的，抵押权人可以请求人民法院拍卖、变卖抵押财产。抵押财产折价或者变卖的，应当参照市场价格。"

（四）抵押权的实现与消灭

1. 抵押权的实现

抵押权的实现，是指当发生债权人未履行届期债务或出现当事人约定的实现抵押权的情形时，抵押权人处分抵押物并以其变价所得价金优先受偿其债权的过程。需要注意的是，抵押权本质上是抵押权人的一项权利，其实现与否是抵押权人的权利而不是义务。所以，抵押权人要求债务人履行债务时，债务人不得以先行实现抵押权作为抗辩，也不得强行要求以抵押物代为清偿。[1]

① 柳经纬，朱炎生．民法（第三版）．厦门：厦门大学出版社，2008. 316.

（1）抵押权实现的条件。抵押权的实现应具备以下几个条件：

①存在合法有效且不受限制的抵押权。

②债务人未履行届期债务，构成迟延的。未履行的情况包括拒绝履行、延迟履行和不适当履行。履行期限虽未届满，但出现以下情况的，抵押权人可以请求提前实现抵押权。具体包括：第一，债务人被宣告破产的；第二，抵押人的行为使抵押物发生减损，抵押权人请求恢复抵押物的价值或提供担保而被拒绝的；第三，债务人于履行期限届满前已明确表示不履行债务的。

③债务人未履行债务的原因须非债权人方面所致。如果发生给付迟延或到期未受清偿债务的原因是债权人方面造成的（如拒绝受领），则抵押权人不得实现抵押权。

④须在主债权的诉讼时效期间内完成。《物权法》第 202 条规定："抵押权人应当在主债权诉讼时效期间行使抵押权；未行使的，人民法院不予保护。"

（2）抵押权实现的方式。根据我国《物权法》第 195 条的规定，抵押权的实现方式主要有以下几种：

①折价抵偿。指抵押权人与抵押人协议，参照市场价格确定一定的价款将抵押财产的所有权转移给抵押权人，以实现债权。①

②拍卖抵押物。抵押权人与抵押人未能就抵押权实现方式达成协议的，抵押权人可以请求人民法院拍卖抵押物。

③变卖抵押物。即以一般买卖形式出卖抵押物，以其所得价款清偿抵押债权的方式。因变卖方式透明度与公开性不高，容易暗箱操作损害被执行人或其他债权人的利益，所以法律对其适用严格限制：第一，须经债权人或债务人申请；第二，原则上只适用于动产、有价证券和一些特殊的情形；第三，必须参照市场价格。

2. 抵押权的消灭

抵押权除因一般物权消灭的共同原因（如混同、抛弃、征收）外，还因下列事由而归于消灭：

（1）主债权消灭。基于抵押权的从属性，故主债权一经清偿、抵消、免除等而全部消灭时，抵押权也随之消灭。

（2）抵押物灭失。抵押权因抵押物的灭失而消灭，但若抵押物灭失而受有补偿金、赔偿金或保险金的，抵押权不消灭，而是转移至所受的补偿金、赔偿金或保险金上。

（3）抵押权实现。抵押权人实现其抵押权时，无论所担保的债权是否全部清偿完毕，抵押权均归于消灭。

（4）抵押权行使期间届满。抵押权人于主债权诉讼时效期间内未行使抵押权的，抵押权归于消灭。

（五）特殊抵押权

1. 最高额抵押

最高额抵押，又称最高限额抵押，是指在预定的最高限额内为担保将来一定期间内连续性交易所产生债权的顺利清偿而设立的抵押。《物权法》第 203 条第 1 款规定："为担

---

① 王胜明．中华人民共和国物权法解读．北京：中国法制出版社，2007. 424.

保债务的履行，债务人或者第三人对一定期间内将要连续发生的债权提供担保财产的，债务人不履行到期债务或者发生当事人约定的实现抵押权的情形，抵押权人有权在最高债权额限度内就该担保财产优先受偿。”最高额抵押主要适用于连续交易关系、劳务提供关系及连续借贷关系等场合。

与普通抵押权相比，最高额抵押具有以下特点：①是为担保将来不特定的债权的清偿而设立的抵押权。②担保的是一定期间内和一定范围内（即约定的最高额限度内）所连续发生的债权，目的在于避免连续交易中每单笔债权均设立抵押权的烦琐程序。③最高额抵押权设立时，其担保的债权具体数额具有不确定性。④对所担保的债权预定有最高限额及附有实际发生的债权数额的决算期。最高额抵押的最高额限，并非指最高额抵押中实际发生的债权额，而是指决算时所剩余的债权额享有优先清偿权所不得超过的最高担保限额。

2. 共同抵押

共同抵押，又称聚合抵押、总括抵押或连带抵押，是指为担保同一债权而于数个不同财产上设立抵押权的情形。与一般抵押权的区别是，共同抵押权的抵押物不是一个而是数个。至于抵押物的提供，可以是同一个抵押人，但通常情况下为不同的抵押人。共同抵押包括分配式共同抵押和连带式共同抵押两种基本形式。

3. 浮动抵押与财团抵押

随着近代以来资本主义企业发展而产生的更便捷、更高额融资需求，开始出现以集合财团为标的的特殊抵押，具体包括浮动抵押和财团抵押。由于浮动抵押与财团抵押具有一定的相似性和联系性，所以我们将二者置于一处作对比介绍。

（1）浮动抵押与财团抵押的概念。浮动抵押是指以企业的并不固定的全部财产或部分财产为标的物而设立的抵押。财团抵押是指以企业固定的全部或部分财产所构成的财团为标的物而设立的抵押。

浮动抵押与财团抵押的标的物，不是单纯的动产、不动产或权利，而是企业所有的动产、不动产以及权利的集合，包括有形资产和无形资产。例如，土地、建筑物、机器设备、商标权、专利权等。

（2）浮动抵押与财团抵押的特点。浮动抵押的特点主要有：①抵押标的一般为企业的全部财产，包括固定资产和流动资产，现有资产与将来取得的资产；②浮动抵押权设立后，抵押人仍可继续利用抵押标的（即企业的整体财产）进行生产经营活动；③在抵押权实现以前，抵押财产的具体数额处于不特定的状态。

财团抵押的特点主要有：①抵押财产仅限于企业现有的资产，企业的流动资产不属于抵押财团的范围；②设立财团抵押时，必须将作为抵押标的之财团制作成目录，从而使抵押财产的范围特定化；③一旦成立财团抵押，作为抵押人的企业对其财产的处分即受严格限制。

三、质权

（一）质权的概念与特征

1. 质权的概念

质权，是指债权人在债务人不履行到期债务或者发生当事人约定的实现质权的情形时，可以就债务人或第三人转移占有而供作担保的动产或权利所卖得的价金优先受偿的权利。[①] 其中，享有质权的债权人称为质权人；提供动产或权利的债务人或第三人称为出质人；作为质权标的物的动产或权利，则称为质物或质押物。我国《物权法》明确规定的质权种类有动产质权和权利质权两种。

2. 质权的特征

质权作为担保物权的一种，具有担保性、从属性、物权性、不可分性及优先受偿性等担保物权的一般特点。同时，与抵押权相比，质权还具有以下特征：

（1）质权的标的仅为动产和不动产用益物权以外的其他财产性权利。《物权法》第223条规定："债务人或者第三人有权处分的下列权利可以出质：①汇票、支票、本票；②债券、存款单；③仓单、提单；④可以转让的基金份额、股权；⑤可以转让的注册商标专用权、专利权、著作权等知识产权中的财产权；⑥应收账款；⑦法律、行政法规规定可以出质的其他财产权利。"

（2）质权以转移质物的占有为必要。在质权关系中，质权人对质物的"占有"应作扩大解释，具体包括以下情形：以动产出质的，质权自出质人将质物交付于质权人占有时成立；以存在权利凭证的财产性权利出质的，质权自出质人将权利凭证交付于质权人占有时成立；以其他财产性权利出质的，质权自有关主管部门办理出质登记时成立。

（3）质权所担保的债权未获清偿前，质权人可就质物加以留置。

（二）动产质权

1. 动产质权的设立

动产质权的设立以债务人或第三人与债权人签订质押合同，并按照质押合同的约定将质物移交债权人占有为要件。

（1）质押合同。质押合同为要式合同，须采用书面形式订立。《担保法》第65条规定："质押合同应当包括以下内容：①被担保的主债权种类、数额；②债务人履行债务的期限；③质物的名称、数量、质量、状况；④质押担保的范围；⑤质物移交的时间；⑥当事人认为需要约定的其他事项。质押合同不完全具备前款规定内容的，可以补正。"当质物为多个动产时，质物的名称、数量、质量、状况可以不在质押合同中注明，而采用"质物移交清单"的形式附于质押合同。

为了防止债权人利用有利经济地位侵害债务人或第三人的合法利益，法律规定在质押合同中不得规定"流质"条款。对此，《物权法》第211条明确规定："质权人在债务履

---

① 梁慧星，陈华彬．物权法（第五版）．北京：法律出版社，2010. 338.

行期届满前，不得与出质人约定债务人不履行到期债务时质押财产归债权人所有。”

（2）质物的交付。质权设立的直接根据是质物的交付，而不是质押合同，质押合同仅为质权设立的间接原因。所谓质物的交付，是指出质人以质押的意思而将财产交付于债权人占有的行为。如果当事人约定由出质人代质权人占有质物而不实际交付质物的，不发生质权设立的法律效果。如果出质人实际交付的质物与质押合同中约定的不符，则以实际交付的为准，即质权的客体仅为已交付的质物。

2. 动产质权的效力

（1）动产质权人的权利和义务。

①占有质物和收取孳息的权利。《担保法》第68条规定：“质权人有权收取质物所生的孳息。质押合同另有约定的，按照约定。前款孳息应当先充抵收取孳息的费用。”

②保全质权的权利。当质权存续期间，质物非基于质权人原因出现损坏或价值明显减少的可能时，法律赋予质权人实施一定行为以保全质物价值的权利。《担保法》第70条规定：“质物有损坏或者价值明显减少的可能，足以危害质权人权利的，质权人可以要求出质人提供相应的担保。出质人不提供的，质权人可以拍卖或者变卖质物，并与出质人协议将拍卖或者变卖所得的价款用于提前清偿所担保的债权或者向与出质人约定的第三人提存。”

③物上代位权。当发生质物损毁、灭失而使出质人获得赔偿请求权时，质权人得就该赔偿请求权或进而获得的赔偿金行使质权。[①]《担保法》第73条规定：“质权因质物灭失而消灭。因灭失所得的赔偿金，应当作为出质财产。”

④实现质权的权利。当债务人未履行到期债务时，质权人有权通过协议折价、拍卖、变卖的方式处置质物并就其变价所得优先清偿其债权。这是质权人最主要的权利，也是质权最主要的效力。

⑤妥善保管质物的义务。《担保法》第69条规定：“质权人负有妥善保管质物的义务。因保管不善致使质物灭失或者毁损的，质权人应当承担民事责任。质权人不能妥善保管质物可能致使其灭失或者毁损的，出质人可以要求质权人将质物提存，或者要求提前清偿债权而返还质物。”

⑥不得擅自使用和处分质物的义务。质权不包含对质物的使用和收益权，虽然质权人可以收取质物的孳息，但收取的孳息仍归出质人所有。另外，未经出质人同意的，质权人不得使用和处分（包括转让和转质）质物，否则应对出质人承担损害赔偿责任。

⑦返还质物的义务。《担保法》第71条第1款规定：“债务履行期届满债务人履行债务的，或者出质人提前清偿所担保的债权的，质权人应当返还质物。”

（2）动产出质人的权利和义务。

①行使质物所有权的权利。质权设立后，出质人仍可在不损害质权人质权的范围内行使其对质物的所有权。例如，与出质人协商将质物出租，以收取的租金清偿被担保的债权等。②保全质物所有权的权利。质权存续期间，当质物出现损毁、灭失的可能时，法律赋予出质人实施一定行为以保全其对质物的所有权利益。对此，《担保法》第69条第2款规定：“质权人不能妥善保管质物可能致使其灭失或者毁损的，出质人可以要求质权人将

① 刘云生，李开国，孙鹏．物权法教程．北京：中国人民大学出版社，2009. 226.

质物提存，或者要求提前清偿债权而返还质物。”③损害赔偿请求权。当质物因质权人保管上的过失或第三人原因而致损毁或灭失时，基于对质物的所有权，出质人有权请求质权人或第三人赔偿损失。④容忍不作为义务。对质权人依法行使质权的行为，出质人负有容忍及不作为的义务。

3. 动产质权的消灭

除因物权的一般消灭原因外，动产质权还因以下几种特别事由而归于消灭：

（1）主债权的消灭。

（2）质权的实现。

（3）返还质物。质权的设立与存续均以质权人占有质物为前提，当质权人将质物返还于出质人时，质权归于消灭或不得对抗第三人。

（4）质权人丧失对质物的占有且不能回复的。当质物因遗失、被盗、被侵夺等原因而脱离质权人实际占有，且无法依物上请求权请求返还的，质权归于消灭。

（5）质权人抛弃质权。

（6）质物灭失。

（7）质权存续期间届满的。当债务到期不能清偿时，质权人不能长久地占有质物而不行使其质权。根据《担保法解释》第 12 条的规定，质权存续的除斥期间为主债权的诉讼时效届满后两年。

（三）权利质权

1. 权利质权的概念与特点

权利质权是指以所有权、不动产用益物权外的可让与的财产性权利为标的而设立的质权。①

与动产质权相比，权利质权具有两方面的特点：第一，权利质权的标的为可让与的财产性权利，而非有体物。《物权法》第 223 条规定：“债务人或者第三人有权处分的下列权利可以出质：①汇票、支票、本票；②债券、存款单；③仓单、提单；④可以转让的基金份额、股权；⑤可以转让的注册商标专用权、专利权、著作权等知识产权中的财产权；⑥应收账款；⑦法律、行政法规规定可以出质的其他财产权利。”第二，权利质权以交付权利凭证或进行出质登记为其公示方法。

2. 权利质权的设立与效力

根据出质权利的不同，物权法对不同类型的权利质权规定了不同的成立要件及其效力。

（1）以汇票、支票、本票、债券、存款单、仓单、提单出质的，应当订立书面合同并在合同约定的期限内将权利凭证交付质权人，质权自权利凭证交付质权人时设立。没有权利凭证的，质权自有关主管部门办理出质登记时设立。

（2）以基金份额、股权出质的，当事人应当订立书面合同。以基金份额、证券登记结算机构登记的股权出质的，质权自证券登记结算机构办理出质登记时设立。而以其他股权（包括有限责任公司的股权和非公开发行的股东人数在 200 人以下的股份有限公司的

---

① 江平．民法学．北京：中国政法大学出版社，2007. 427.

股权等）出质的，质权自工商行政管理部门办理出质登记时设立。

（3）以依法可以转让的商标专用权、专利权、著作权等知识产权中的财产权出质的，出质人与质权人应当订立书面合同，并向其管理部门办理出质登记，质权自办理登记时设立。知识产权中的财产权一经出质后，除非出质人与质权人协商同意，否则出质人不得擅自进行转让或许可他人使用。经协商同意进行转让或许可他人使用所得的价款，应当向质权人提前清偿债务或者提存。

（4）以应收账款出质的，当事人应当订立书面合同。质权自信贷征信机构办理出质登记时设立。目前我国的信贷征信机构是中国人民银行信贷征信中心。应收账款出质后不得转让，但经出质人与质权人协商同意的除外。出质人转让应收账款所得的价款，应当向质权人提前清偿债务或者提存。

四、留置权

（一）留置权的概念与特征

1. 留置权的概念

留置权是指在债务人不履行到期债务时，债权人可以留置已经合法占有的且与债权的发生具有牵连关系的债务人的动产，并于法定条件成就时，就该动产优先受偿的权利。《担保法》第82条规定："本法所称留置，是指依照本法第84条的规定，债权人按照合同约定占有债务人的动产，债务人不按照合同约定的期限履行债务的，债权人有权依照本法规定留置该财产，以该财产折价或者以拍卖、变卖该财产的价款优先受偿。"在留置权关系中，享有留置权的债权人称为留置权人，其留置的动产称为留置物。

2. 留置权的特征

作为担保物权的一种，留置权具有担保物权的共同特征，如担保性、从属性、物权性、不可分性及优先受偿性等。同时，留置权还具有以下自身特点：

（1）法定性。留置权是当事人依法享有的权利，其权利的取得无须经过当事人协商约定而是直接根据法律的规定而享有。但是，当事人也可以事先约定不得留置的情形。《担保法》第84条第3款规定："当事人可以在合同中约定不得留置的物。"

（2）合法性。留置权的合法性是指留置权是在合法占有债务人的动产下设立的。其对留置物的占有须为合法，若债权人丧失对该动产的占有，留置权则无从产生，因为留置权不具追及性。

（3）牵连性。债权人占有的动产必须与其债权的发生具有牵连关系，即债权与债务均因债权人取得占有该动产而发生。债权人占有的动产与其债权的发生没有牵连关系的，债权人不得对该动产进行留置。

（4）留置物仅限于债权人依法占有的动产。首先，留置物只能是动产；其次，根据《担保法解释》第108条的相关规定，只要债权人取得该动产时符合法律规定，且该动产与债权的发生具有牵连关系，债权人就有权对该动产进行留置，不管事实上债务人是否享有对该动产的所有权或处分权。

（5）留置权具有二次效力。留置权的第一次效力是指在债务人清偿其债务前留置权人就其留置的动产有继续占有的权利，以促使债务人履行其债务。当债务人超过一定的期限仍不履行其债务时，留置权人可依法以留置物折价、变卖或拍卖所得的价款优先受偿，这是留置权的二次效力。

（二）留置权的取得

留置权为法定担保物权，其取得直接依据法律规定。留置权的成立需要满足以下几个条件：

（1）债权人须合法占有债务人的动产。

（2）留置物须与债权的发生具有牵连关系。

（3）债务的履行期须同时或先于债权人返还占有物的期限。如果债务人请求债权人返还占有物的期限先于债务人的债务履行期限，则债权人不得以担保未到期债权而对债务人的动产进行留置。但是，如果债权人能证明债务人丧失支付能力的，则债权人可行使不安抗辩权而在债务履行期未届满前留置债务人的财产。《担保法解释》第 112 条规定："债权人的债权未届清偿期，其交付占有标的物的义务已届履行期的，不能行使留置权。但是，债权人能够证明债务人无支付能力的除外。"

此外，当具有以下特殊情况之一的，留置权不得成立：

（1）留置违反公序良俗的，如扣留身份证、户口簿、荣誉证书等。

（2）留置与其应承担的义务相抵触的，如在发货地留置货物。

（3）双方合同明确约定不得留置财产的。

（三）留置权的效力

1. 留置权人的权利

（1）占有留置物。在债务人全部清偿其债务前，留置权人享有对其依法已占有的债务人的动产继续占有的权利。

（2）收取孳息。基于对留置物的占有，留置权人有权收取留置物的天然孳息。至于收取留置物的法定孳息，则须经债务人的同意。收取的孳息应先抵偿收取孳息所产生的费用，如有剩余再抵偿债权及其利息。

（3）请求偿还留置物的保管费用。

（4）就留置物折价、变卖或拍卖所得的价款优先进行受偿。根据《物权法》第 236 条和《担保法》第 87 条的相关规定，留置权成立后，留置权人并不能马上处分留置物，必须为债务人履行其债务提供至少两个月的宽限期。当宽限期届满，债务人仍不履行其债务时，债权人始得处分留置物，从而使其债权获得清偿。

2. 留置权人的义务

（1）妥善保管留置物。

（2）不得使用、出租留置物或于留置物上再设立担保。

（3）于债务人清偿债务后返还留置物。

（四）留置权的消灭

留置权因以下原因而归于消灭：

（1）主债权消灭。
（2）债权人丧失对留置物的占有。
（3）债务人另行提供相应的担保。
（4）留置物的灭失。
（5）留置权人抛弃留置权。

思考与拓展

抵押合同与质押合同的生效要件①

【案情】

甲向乙借款20万元做生意，由丙提供价值15万元的房屋做抵押，并签订了抵押合同。甲因办理登记手续费过高，经乙同意未办理登记手续。甲又以自己的一辆价值6万元的“夏利”车质押给乙，双方订立了质押合同。乙认为将车放在自家附近不安全，决定仍放在甲处。1年后，甲因亏损无力还债，乙诉至法院要求行使抵押权、质权。

【案例分析】

本案中，丙提供的房屋抵押并未进行登记，而甲乙间也未就“夏利”车的质权进行质物的移交占有，根据《物权法》关于抵押合同与质押合同生效要件的规定，抵押权自抵押财产登记时成立生效，质权自质物转移于质权人占有时成立生效。所以，本案中乙的抵押权和质权均不成立，应驳回其诉讼请求。

【同步实练】

【案情】

②冯系养鸡专业户，为改建鸡舍和引进良种需资金20万元。冯向陈借款10万元，以自己的一套价值10万元的音响设备抵押，双方立有抵押字据，但未办理登记。冯又向朱借款10万元，又以该设备质押，双方立有质押字据，并将设备交付朱占有。冯得款后，改造了鸡舍，且与县良种站签订了良种鸡引进合同。合同约定良种鸡款共计2万元，冯预付定金4 000元，违约金按合同总额的10%计算，冯以销售肉鸡的款项偿还良种站的货款。合同没有明确约定合同的履行地点。后县良种站将良种鸡送交冯，要求支付运费，冯拒绝。因发生不可抗力事件，冯预计的收入落空，冯因不能及时偿还借款和支付货款而与陈、朱及县良种站发生纠纷。诉至法院后，法院查证上述事实后又查明：朱在占有该设备期间，不慎将该设备损坏，送蒋修理。朱无力交付修理费1万元，该设备现已被蒋留置。

【问题】

（1）冯与陈之间的抵押关系是否有效？为什么？
（2）冯与朱之间的质押关系是否有效？为什么？

---

① 案例资料来源于1999年律考第二卷单选第10题。
② 案例资料来源于1998年律考第四卷第1题。

（3）对该音响设备陈要求行使抵押权，蒋要求行使留置权，应由谁优先行使其权利？为什么？

（4）冯无力支付县良种站的货款，合同中规定的定金条款和违约金条款可否同时适用？为什么？

（5）县良种站要求冯支付送鸡运费，该请求是否该支持？为什么？

（6）冯对县良种站提出不可抗力的免责抗辩，能否成立？为什么？

【复习思考题】

1. 如何认识物权法的性质？
2. 如何理解物权法定原则？
3. 如何认识所有权与所有制的关系？
4. 如何理解所有权与用益物权的关系？
5. 担保人的赔偿责任与担保责任有何区别？

【参考文献】

1. 江平．民法学．北京：中国政法大学出版社，2007.

2. 梁慧星，陈华彬．物权法（第五版）．北京：法律出版社，2010.

3. 王泽鉴．民法物权（第二版）．北京：北京大学出版社，2010.

4. 徐涤宇．物权法热点问题讲座．北京：中国法制出版社，2007.

5. 柳经纬，朱炎生．民法（第三版）．厦门：厦门大学出版社，2008.

6. 刘云生，李开国，孙鹏．物权法教程．北京：中国人民大学出版社，2009.

7. 屈茂辉，唐双娥．经济法律通论．长沙：湖南大学出版社，2008.

8. 施启扬．民法总论．台北：三民书局，1996.

9. 王利明．民法．北京：中国人民大学出版社，2000.

10. 谢在全．民法物权论（上）．北京：中国政法大学出版社，1999.

11. 刘保玉．空间利用权的内涵界定及其在物权法上的规范模式选择．杭州师范学院学报，2006（2）.

12. 段启武．建筑物区分所有权之研究．民商法论丛（第1卷）．北京：法律出版社，1994.

13. 王泽鉴．民法物权（通则·所有权）．北京：中国政法大学出版社，2001.

14. 刘家安．物权法论．北京：中国政法大学出版社，2009.

15. 王胜明．中华人民共和国物权法解读．北京：中国法制出版社，2007.

16. 魏振瀛．民法（第四版）．北京：北京大学出版社，2010.

第五章

合同法律制度

本章提要及学习目标

合同法是市场经济的基本法，是市场交易的核心规则。本章全面、系统、深入地介绍合同法的基本原理、法律制度及其应用，内容涉及合同法一般规定、合同的订立、合同的效力、合同的履行、合同的变更和转让、合同的权利义务终止以及违约责任等。通过本章的学习，可掌握合同法的基本原理，深刻理解并掌握合同订立的程序、合同的生效要件、合同履行的要求、当事人各方在交易中的权利和义务以及出现违约时的法律救济方式，并实现学以致用，解决实践当中的合同纠纷与争议。

第一节　合同法概述

从一定意义上讲，市场经济就是契约经济。在现实生活中，无论是自然人还是法人，无论是其他经济组织还是社团机构，只要置身于市场经济之中，就不可避免地要处于各种各样的合同关系之中。合同在经济生活中具有非常重要的作用，它是当代社会进行各种经济活动的基本法律形式。正如西方法学家所指出的，现代社会就是“合同社会”。因此，合同法在西方各国的民事法律中占有非常重要的地位。如在《法国民法典》中，涉及合同的条文几乎占全部法典的1/2。我国也非常重视合同法的建设，认为合同制度是发展社会主义市场经济的重要法律形式。

一、合同的概念

合同也称契约，是反映交易的法律形式。合同的用语来源于罗马法的合同概念“Contractus”，其本义是“共相交易”。① 而究竟应该如何给合同下定义，大陆法和英美法一直存在分歧。大陆法，如《德国民法典》，是把合同归入法律行为的范畴，认为合同是法律行为的一种，包括意思表示和其他合法行为。因此，大陆法系国家基本上认为合同是一种合意或协议。英美法则强调合同的实质在于当事人所作出的许诺，而不仅是达成协议的事

① 王利明．民法（第四版）．北京：中国人民大学出版社，2008. 430.

实。因此，英美法系国家大都认为合同是一种允诺。我国是大陆法系国家，故在合同的定义上，我国的民法理论基本上继受了大陆法的概念，认为合同是一种合意或协议。如我国《民法通则》第85条规定："合同是当事人之间设立、变更、终止民事关系的协议。依法成立的合同，受法律保护。"我国的《合同法》对此予以采纳和沿用。

因此，根据《中华人民共和国合同法》第2条的规定，我国将"合同"定义为：合同是平等主体的自然人、法人、其他组织之间设立、变更、终止民事权利义务关系的协议。此处所言"法人"是指依法成立，能够独立享有民事权利和承担民事义务的组织，包括机关、团体、企业、事业单位等；而"其他组织"则是指不具备法人资格的合伙组织以及企业的分支机构等。

从上述概念中，我们可以看出合同具有如下法律特点：①合同是合法行为。即合同是一种民事法律行为。合同以意思表示为要素，并且按意思表示的内容赋予法律效果，受法律保护。②订立合同是为了产生某种民事法律上的效果。即合同是以设立、变更、终止民事权利义务关系为目的和宗旨的民事法律行为。③合同是双方的民事法律行为。即合同是当事人各方在平等、自愿的基础上协商一致的产物或意思表示一致的协议，故合同的成立必须有两方以上的当事人，当事人相互作出意思表示，并且意思表示相一致。

此外，需特别注意，"合同"与"合同书"是不同的概念。合同在本质上是一种协议，而合同书则是证明协议存在的书面证据，即合同书只是用来证明合同关系的存在和内容的证据，故合同与合同书是不可等同的。

二、合同的种类

合同作为商品交换的法律形式，随着交易方式的多样化和交易关系的发展及内容的复杂化，必将呈现出纷繁复杂的合同形态。从法律的角度，依据各种标准对形态各异的合同作出不同的分类，这不仅有助于从性质和特点的角度全面掌握合同，而且有助于正确订立和履行合同，以及适用法律处理合同纠纷。依据立法与合同法理论，一般可对合同作如下分类。

（一）双务合同和单务合同

这是根据合同当事人是否互负义务为标准来划分的。所谓双务合同是指双方当事人互负对价义务的合同。一般民事合同都是双务合同，如买卖合同、承揽合同、租赁合同等。而单务合同又称片务合同，是指仅有一方当事人承担义务的合同。这在民事合同中是比较少见的，典型的单务合同如赠与合同。之所以作此分类，其法律意义在于：①如履行抗辩权，则仅发生于双务合同，而单务合同没有存在的基础。②风险负担的不同。双务合同有风险的负担问题；而单务合同没有对待给付以及返还的问题。

（二）有偿合同和无偿合同

这是根据当事人是否可从合同中获取某种利益为标准划分的。所谓有偿合同是指当事人一方享有合同规定的权益，须向对方当事人偿付相应代价的合同。有偿合同是以等价交换为原则订立的合同，大多数民事合同都是有偿合同，如买卖合同、承揽合同、租赁合同等。而无偿合同，是指当事人一方享有合同规定的权益，不必向对方当事人偿付相应代价的合同。在无偿合同中，双方当事人之间不存在对价给付关系，如赠与合同等。作此分类的意义在于：①确定当事人履行合同义务时应注意的程度及违约责任的大小，有偿合同的债务人的注意义务较无偿合同的为重。②限制民事行为能力人签订相关合同的效力问题。限制民事行为能力人订立有偿合同时，须经法定代理人同意或追认才有效，而对于纯获利益的赠与等无偿合同，则可独自为之。

（三）诺成合同和实践合同

这是根据合同是否以交付标的物为成立要件为标准来划分的。所谓诺成合同，即“一诺即成”的合同，是指当事人意思表示一致即可认定合同成立的合同，由于绝大多数合同都是从双方形成合意时成立，故现代社会中多数合同都属于诺成合同，如买卖合同、承揽合同、代理合同等。实践合同是指在当事人意思表示一致以外，尚须有实际交付标的物或者有其他现实给付行为才能成立的合同。确认某种合同属于实践合同必须有法律规定或者当事人之间有约定。常见的实践合同有保管合同、自然人之间的借贷合同、定金合同等。作此分类的法律意义在于：①二者成立与生效的时间不同。诺成合同自双方当事人意思表示一致时起即告成立；而实践合同则在当事人达成合意之后，还必须由当事人交付标的物，合同才能成立。②二者不履行所应承担的责任不同。实践合同中作为合同成立要件的给付义务的违反不产生违约责任，而只是一种缔约过失责任。

三、合同法的概念

合同法是现代各国民事法律制度的重要组成部分，主要是调整财产流转关系，规制交易行为的基本法。从狭义而言，我国的合同法就是特指 1999 年 3 月 15 日由第九届全国人民代表大会第二次会议通过的《中华人民共和国合同法》（下文简称《合同法》）及其内容的具体规定。该部《合同法》分总则、分则、附则三篇，共 23 章 428 条，是一部较为详尽、严密、具有可操作性的法律。该法自 1999 年 10 月 1 日起施行，我国之前按照合同性质先后制定的《中华人民共和国经济合同法》、《中华人民共和国涉外经济合同法》、《中华人民共和国技术合同法》同时废止。从广义而言，合同法是调整平等主体之间商品交换关系的法律规范的总称。目前我国为保障《合同法》的顺利实施，最高人民法院先后通过了《关于适用〈中华人民共和国合同法〉若干问题的解释（一）》、《关于适用〈中华人民共和国合同法〉若干问题的解释（二）》、《关于审理商品房买卖合同纠纷案件适用法律若干问题的解释》、《关于审理城镇房屋租赁合同纠纷案件具体应用法律若干问题的解释》、《关于审理建设工程施工合同纠纷案件适用法律问题的解释》、《关于审理技术合同纠纷案件适用法律若干问题的解释》等。此外，《民法通则》、《物权法》、《担保法》以及《担保法解释》等法律及司法解释对合同问题也起着重要的调整作用。

与其他法律相较，合同法具有如下特征：①合同法是私法。合同作为一种法律事实，是当事人自由约定、协商一致的结果。而合同法所规范的就是这种合同法律关系，强调主体平等、意思自治。故合同法属于私法的范畴。②合同法是自治法。合同法是将强制性规范严格地限制在合理与必要的范围之内，而主要通过任意性法律规范来调整合同关系。

③合同法是财产交易法。与物权法主要是从静态角度为财产关系提供法律保护不同，合同法是从动态角度为财产关系提供法律保护，调整财产的流转关系，即商品交换关系。

四、合同法的调整范围

合同法的调整范围，是指合同法调整哪些合同。在日常生活中，比如，政府为进行行政管理或经济管理与主管部门签订责任状等协议；法人、其他组织内部基于管理需要与个人签订的责任书等协议；法人、其他组织和劳动者之间签订的协议；民间收养孩子、订婚等达成的协议，这些协议能否适用《合同法》的规定，被合同法调整呢？对此，《合同法》第 2 条通过规定合同含义的方式，界定了合同法的调整范围。

根据《合同法》第 2 条的规定："本法所称合同是平等主体的自然人、法人、其他组织之间设立、变更、终止民事权利义务关系的协议"；"婚姻、收养、监护等有关身份关系的协议，适用其他法律的规定"。由此可见，合同法所调整的合同，具有如下特征：①合同法调整的是平等主体之间的协议。换言之，作为受合同法调整的合同，主体必须具有平等的法律地位。故政府与主管部门基于行政管理关系等所签订的责任状等协议，企业和单位内部之间基于管理关系等所签订的责任书等协议，以及法人、其他组织和劳动者之间签订的劳动协议，由于不是订立于平等主体之间，不适用合同法的规定。②合同是平等主体之间的具有财产性质的民事法律行为。合同的目的是设立、变更、终止民事权利义务。而这种民事权利义务关系，根据《合同法》的规定，是限于财产关系，而不包括身份关系和身份合同。故婚姻、收养、监护等有关身份关系的协议，不属于合同法的调整范围，不适用合同法的规定。

五、合同法的基本原则

合同法的基本原则，是指贯穿于整个合同法律规范之中的立法指导思想以及调整合同关系所必须遵循的基本方针和准则。合同法的基本原则不仅是制定、解释合同法的依据和出发点，而且也是合同当事人在合同活动中应当遵守的基本准则，是人民法院、仲裁机构在审理、仲裁合同纠纷时应当遵循的原则。因此，我国《合同法》开宗明义，在总则第一章的第 3 条至第 8 条中对合同法的基本原则作出明确规定。

（一）平等原则

根据《合同法》第 3 条的规定，合同当事人的法律地位平等，一方不得将自己的意志强加给另一方。即不论所有制性质、经济实力强弱，在法律面前，合同当事人是平等主体，双方之间没有高低从属之分，不存在命令与服从、管理与被管理的关系，其法律地位平等，都是独立、平等的合同当事人。

（二）自愿原则

根据《合同法》第 4 条的规定，当事人依法享有自愿订立合同权利，任何单位和个人不得非法干预。自愿原则体现了民事活动的基本特征，其贯穿于合同活动全过程，如合同订立与否、与谁订立、合同的内容如何订立以及合同的变更和解除等，在不违法的情况下，合同当事人都可通过协商自愿决定。一直以来，自愿原则为世界各国的合同法所普遍公认。

（三）公平原则

根据《合同法》第5条的规定，当事人应当遵循公平原则确定各方的权利和义务。公平原则要求当事人之间的权利义务要对等，双方的负担和风险要公平合理分配。具体而言，即在订立合同时，不得滥用权力、欺诈、假借订立合同恶意进行磋商，而要根据公平原则确定双方的权利和义务、风险的分配以及违约责任的承担等。

（四）诚实信用原则

根据《合同法》第6条的规定，当事人行使权利、履行义务应当遵循诚实信用原则。诚实信用原则要求当事人在订立、履行合同以及合同终止后的全过程中，都要讲究信用、恪守诺言、诚实不欺，在不损害他人利益和社会利益的前提下追求自己的利益。诚实信用原则对合同的各个环节都有着相当重要的规范作用，是世界各国公认的合同法基本原则。

（五）合法与公序良俗原则

根据《合同法》第7条的规定，当事人订立、履行合同，应当遵守法律、行政法规，尊重社会公德，不得扰乱社会经济秩序、损害社会公共利益。合法与公序良俗原则要求合同当事人就合同的订立、履行等都必须在法律规定的范围内进行，且不得与公序良俗相悖。即尽管合同是当事人通过意思自治而达成的一种协议，然而，对于这种当事人自愿的意思表示，并不是没有任何限制，而是要求合同行为必须是在遵守国家法律、法规，尊重社会公德，不扰乱社会经济秩序，不损害社会公共利益的大前提下进行的。

（六）严守合同原则

根据《合同法》第8条的规定，依法成立的合同，对当事人具有法律约束力。当事人应当按照约定履行自己的义务，不得擅自变更或者解除合同。依法成立的合同，受法律保护。严守合同原则主要是强调合同的效力问题，即合同依法有效成立，便对合同当事人具有法律约束力，受国家法律保护。该原则在我国的确立，既是维护合同当事人根本利益的需要，也是维护社会秩序、实现合同当事人意志和订约目的的需要，更是维护社会经济秩序、促进市场经济发展的客观需要。

思考与拓展

合同关系的相对性

——一起返本销售合同纠纷案①

【案情】

原告：南京某新贸商场（以下简称新贸商场）

被告：江宁县某劳动服务公司（以下简称劳动服务公司）

被告：江宁县某信用社（以下简称信用社）

第三人：董某等580人

某年10月16日，江宁县某裘皮厂（以下简称裘皮厂）向其主管部门劳动服务公司以及信用社写报告，提出拟与新贸商场举办联合返本销售活动。经劳动服务公司批准并经信用社签署担保意见后，裘皮厂于当年10月17日与新贸商场订立返本销售协议书，约定：裘皮厂在新贸商场举办裘皮服装五年返本50%的销售活动，新贸商场按裘皮厂销售额50万元提留13.5%；如销售额不足50万元，裘皮厂必须确保新贸商场50万元的13.5%毛利；在展销期间，裘皮厂不得将其他裘皮厂同类产品上柜；裘皮厂五年后将返本50%货款汇到新贸商场账户，由双方当众返还顾客。合同签订后裘皮厂向信用社写报告，要求其为五年后返还的货款提供担保，信用社在报告上签署担保意见。

合同签订后，双方按照约定进行联合销售活动，每销售一件服装，就给顾客出具购买发票并发一张信誉卡，卡上载明："凡展销期间，在本店购买裘皮厂服装五年后一个月内归还顾客所购货款50%，以发票购买日期为准，过期不补，遗失不补。"期间共销售855件服装，货款总额为252 217元。新贸商场按实际销售额的13.5%提留毛利34 049.3元。第二年8月2日，双方签订补充协议，约定裘皮厂应于四年后的11月15日以前将返还金额126 108.5元汇入新贸商场，然后由双方共同负责退款给顾客。次年年底，裘皮厂因经营不善，资不抵债歇业，既未成立清算组织，也未按约定将返还货款汇到指定账户。新贸商场到期未能将返本货款退还给第三人。

新贸商场诉称：由于裘皮厂未按约定汇款，而返本到期的顾客纷纷要求兑现，给商场信誉造成损害，也影响了正常营业，因裘皮厂歇业，现请求法院判令其主管部门劳动服务公司和担保单位信用社继续履行合同，并赔偿经济损失。

劳动服务公司辩称：本公司下属裘皮厂是具有法人资格的企业，因经营不善歇业，现尚有房产，应以其房产抵债。新贸商场是销售返本的合作者，应当利润共享、风险共担，现裘皮厂歇业，新贸商场也有支付返本货款的义务。本公司只能协助清理裘皮厂的财产还债，而不能承担代偿责任。

信用社辩称：本社在裘皮厂有关返本销售的报告上签字盖章属实，但这仅仅是对返本销售进行支持，并非答应承担返本销售的保证责任。

第三人作为有独立请求权的第三人，请求新贸商场、劳动服务公司和信用社归还50%货款，并偿付逾期付款的利息及经济损失。

---

① 孔祥俊．合同法疑难案例评析与法理研究（修订本）．北京：人民法院出版社，2000. 8 ~ 16.

【合同关系的相对性①】

合同关系的相对性，简称为合同的相对性，在大陆法中通常被称为债的相对性，它主要是指合同关系只能发生在特定的合同当事人之间，只有合同当事人一方能够向另一方基于合同提出请求或提起诉讼；与合同当事人没有发生合同上权利义务关系的第三人，不能依据合同向合同当事人提出请求或提起诉讼，也不应承担合同的义务和责任；非依法律或合同规定，第三人不能主张合同上的权利。

【法院判决】

南京市××法院经审理认为新贸商场与裘皮厂订立的返本销售协议有效。因裘皮厂歇业，此款应由其主管部门劳动服务公司用裘皮厂的财产偿还，服务公司届期未返还货款，对本纠纷负主要责任。信用社对裘皮厂提供的担保有效，应对返还货款承担保证责任。信誉卡上规定五年后一个月内归还50%货款，过期不补，违反公平原则，应属无效。因此，劳动服务公司、新贸商场对返还第三人货款均负有责任。劳动服务公司有责任用裘皮厂的财产偿还本货款。新贸商场提出不承担返本的责任的理由不能成立，本院不予采纳。在本案审理中，以董××等为代表的第三人请求参加诉讼，并依法主张权利，应予以支持。

故该法院根据有关法律规定，作出如下判决：①劳动服务公司在判决生效后10日内用裘皮厂的财产偿还第三人的返本总款126 108.5元及其银行利息；②信用社、新贸商场对劳动服务公司上述返还款承担连带责任。

原告、被告和第三人服从了本判决。

第二节　合同的订立

合同本质上是一种合意，是当事人之间意思表示一致的结果。各国合同法都认为，意思表示一致必须由双方当事人就同一标的交换各自的意思，从而达成一致的协议。法律上就把双方当事人交换各自的意思这个过程分别称为要约和承诺。我国《合同法》第13条规定："当事人订立合同，采取要约、承诺方式。"可见，当事人通过要约、承诺方式达成意思表示一致，合同即可成立。

一、合同订立的程序

合同订立的程序是指当事人相互作出意思表示并就合同条款达成一致协议的具体过程。这一过程分为要约和承诺两个阶段。

① 王利明．民法（第四版）．北京：中国人民大学出版社，2008.434.

（一）要约

1. 要约的概念

要约，又称发盘、出盘、发价或报价等，是指希望和他人订立合同的意思表示。具体而言，即要约是一方当事人以缔结合同为目的，向对方当事人提出合同条件，希望对方当事人接受的意思表示。发出要约的当事人称为要约人，要约所指向的对方当事人则称为受要约人、相对人、承诺人。

2. 要约的构成要件

要约作为一种订约的意思表示，含有一旦要约被对方承诺，即对要约方产生约束力的一种意思表示，且要约人在要约的有效期限内，必须受要约的内容约束。故一项能发生法律效力的要约，必须具有特定的有效条件，如果不具备这些条件，要约在法律上是不能成立的。根据《合同法》第 14 条的规定，要约应当符合下列规定："内容具体确定"；"表明经受要约人承诺，要约人即受该意思表示约束"。基于此，结合完整的合同订立程序，一个有效的要约需同时具备如下构成要件：

（1）要约必须是特定人的意思表示。所谓特定人是指确定的、具有订约能力的人。要约的提出旨在与他人订立合同，并唤起相对人的承诺，所以，要约人必须是确定的、具有相应的民事权利能力和民事行为能力的人。唯有如此，才能成就一旦受要约人承诺，要约人即能成为订立合同的一方当事人。

（2）要约必须具有订立合同的意图。要约必须是以缔结合同为目的的意思表示，且该意思表示必须能够表明：经受要约人承诺，要约人即受该意思表示约束。换言之，即如果对方接受要约，合同即告成立。

（3）要约的内容必须具体确定。所谓"具体"是指要约的内容必须具备足以使合同成立的主要条款；所谓"确定"，是指要约的内容必须明了、确切，而不能含糊不清、似是而非，使受要约人无法理解要约人的真实意图。要约的内容必须具体确定，即要约的内容需达到一旦被受要约人全盘接受即承诺，合同即告成立的程度。否则，即便受要约人有承诺之意，也会因为这种合意不具备合同的主要条款或者要约的内容表述不清，而使合同无法成立。

（4）要约必须向要约人希望与之缔结合同的受要约人发出。要约必须是向相对人发出，才能唤起受要约人的承诺，因此，要约必须是要约人向相对人发出的意思表示。要约原则上应向一个或数个特定人发出，即受要约人原则上应当是特定的人。但在特殊情况下，相对人也可以是不特定人，如悬赏广告。向不特定人发出要约，须具备两个条件：①必须明确表示其作出的建议是一项要约。这里的"明确表示"可以以各种方式表示，如在广告中注明"本广告构成要约"，或注明"本广告所列的各种商品将售予最先支付现金的人"等。②必须明确发出人承担向多人发出要约的责任。即要约人向不特定人发出要约，需具有在合同成立以后，向不特定的受要约人履行合同的能力。

3. 要约邀请

要约邀请，又称为引诱要约，是指一方邀请对方向自己发出要约。我国《合同法》第 15 条明确规定："要约邀请是希望他人向自己发出要约的意思表示。"要约邀请与要约不同，要约是当事人自己主动愿意订立合同的意思表示，而要约邀请是希望对方主动向自己提出订立合同的意思表示；要约中含有当事人表示愿意接受要约拘束的意思，要约邀请则只是引诱他人发出要约，它不能因相对人的应允而成立合同，而只是希望将自己处于一种可以选择接受对方要约的地位。区分要约和要约邀请在实践中的意义很大，因为它们的区分关涉到合同的成立与否以及当事人是否应当承担合同上的义务和责任等问题。尽管要约与要约邀请在实践中往往很难区别，不过，根据我国司法实践和理论，通常可从如下几方面对它们加以区分：

（1）依法律规定作出区分。法律如果明确规定了某种行为是要约或要约邀请，则按规定予以区分即可。如我国《合同法》第15条规定：“寄送的价目表、拍卖公告、招标公告、招股说明书、商业广告等为要约邀请”；“商业广告的内容符合要约规定的，视为要约”。众所周知，商业广告的目的在于宣传商品的优越性，并以此引诱顾客选购自己的商品，所以，各国一般认为商业广告属于要约邀请，我国的立法也持这种观点。但为了促进商品交易迅速进行，法律也不排除或禁止利用商业广告进行要约的可能性。如商业广告的内容符合要约规定或广告中含有一经承诺即受拘束意旨的，它就是一种要约。

（2）根据当事人的意愿作出区分。此处所谓的当事人的意愿，是指根据当事人已经表达出来的意思来确定当事人对其实施的行为主观上认为是要约还是要约邀请。即如果某项意思表示表明或当事人在其行为或提议中特别声明是要约或是要约邀请，则应根据当事人的意愿来作出区别。比如，在某电器店，在其展示的明码标价的电器上标示“正在出售”或“样品”，就表明了当事人不一样的意愿。如果标示“正在出售”，应视为要约；而标示“样品”，则应视为要约邀请。

（3）根据有关建议是否包括了合同的主要条款来区分。要约在内容上应当包含合同的主要条款，这样才能因受要约人的承诺而成立合同。而要约邀请只是希望对方当事人提出要约，故其不必要包含合同的主要条款。需注意的是，此处所说的主要条款，是指决定未来合同是否成立并有效的核心条款。换言之，如果不具备这些条款，合同是不能成立的。比如，甲对乙说：“我有一栋别墅，愿以低于市场价出售，你是否愿意购买”，则该提议中因没有明确规定价格，只能视为是要约邀请，而不能认为是要约。

（4）根据当事人之间的交易习惯来区分。根据当事人历来的交易做法，也可对要约与要约邀请予以区分。比如，出租车司机将出租车停在车站外边招揽乘客，如果根据当地的规定和习惯，出租车司机可以拒载，则此种招揽行为是要约邀请；如果不能拒载，则该招揽行为可认为是要约。

4. 要约的法律效力

要约的法律效力，又称要约的拘束力。一项意思表示，如果符合要约的构成要件，则会对要约人和受要约人产生一定的效力。

（1）要约生效的时间。要约生效的时间是涉及要约从什么时间开始生效的问题，这既关系到要约从什么时间开始对要约人产生拘束力，也涉及承诺期限的问题。根据《合同法》的规定，要约到达受要约人时生效。采用数据电文形式订立合同，收件人指定特定系统接收数据电文的，该数据电文进入该特定系统的时间，视为到达时间；未指定特定系统的，该数据电文进入收件人的任何系统的首次时间，视为到达时间。需注意的是，要约到达受要约人时生效中所指的“到达”，并不是表示要约一定要实际送达到受要约人及其代理人手中，而只要是要约送达到受要约人通常的地址、住址或能够控制的地方，即为到达。

（2）要约法律效力的内容。要约一经生效，即对要约人和受要约人产生一定的拘束力。对要约人而言，要约的此种拘束力又称为要约的形式拘束力，是指要约人不得随意撤销或对要约加以限制、变更和扩张。法律之所以赋予要约此种效力，其目的是在于保护受要约人的合法权益，维护交易安全。而对受要约人而言，要约的此种拘束力又称为要约的实质拘束力，在学理上也称之为承诺适格，是指受要约人在要约生效时即取得依其承诺而成立合同的法律地位。换言之，即受要约人在要约生效时即取得承诺的权利，享有对要约人作出承诺的资格，且不负有必须承诺的义务。受要约人既可以承诺，也可以不承诺，即便要约人在要约中明确规定承诺人不作出承诺通知即为承诺，此种规定对受要约人也不产生效力。

（3）要约的撤回和撤销。一般认为，如果基于生效要约对要约人的拘束力而绝对禁止要约人撤回或撤销要约，则不仅对要约人显得过于苛刻，也不符合商品交易的实际情况，故法律规定要约人在一定条件下，可以撤回或撤销要约。

所谓要约的撤回，是指要约在发出后、生效前，要约人使要约不发生法律效力的意思表示。根据法律的规定，要约可以撤回，但条件是撤回要约的通知应当在要约到达受要约人之前或者与要约同时到达受要约人。要约之所以可以撤回，原因就在于这时要约尚未发生法律效力，要约的撤回不会对受要约人产生任何影响，也不会对交易秩序产生不良影响。

所谓要约的撤销，是指要约人在要约生效后、受要约人承诺前，使要约丧失法律效力的意思表示。根据法律的规定，要约可以撤销。撤销要约的通知应当在受要约人发出承诺通知之前到达受要约人。由于撤销发生在要约已经到达并生效的期限内，撤销要约有可能会给受要约人带来不利的影响，损害受要约人的利益，因此，法律规定了两种不得撤销要约的情形：①要约人确定了承诺期限或者以其他形式明示要约不可撤销；②受要约人有理由认为要约是不可撤销的，并已经为履行合同做了准备工作。故如果受要约人在收到要约之后，基于对要约的信赖，已为准备承诺支付了一定的费用，则其有权就要约撤销要求要约人给予适当补偿。

（4）要约失效。所谓要约失效，是指要约丧失了法律效力。具体而言，即要约不再对要约人和受要约人产生拘束。要约人无须承担接受承诺的义务，受要约人也不再享有通过承诺使合同得以成立的权利。根据法律的规定，有下列情形之一的，要约失效：①拒绝要约的通知到达要约人。此处的拒绝不包括受要约人对要约的扩张、限制等广义上的拒绝，而是以通知的方式明确表示不接受要约，无意与要约人成立合同。要约失效的时间为拒绝通知到达要约人之时。②要约人依法撤销要约。在要约生效之后，要约人要令要约失效，只能采用撤销的方式。至于要约的撤回，则基于要约被撤回时，要约尚未生效，故也不存在失效之说。③承诺期限届满，受要约人未作出承诺。此种情形为受要约人以不作为的方式表明对要约的拒绝，是广义的拒绝要约。一般而言，如果要约中明确规定承诺期限的，超过该期限不承诺，则要约失效；如若要约中没有规定承诺期限的，则为要约发出后一段合理时间内不承诺的，要约失效。④受要约人对要约的内容作出实质性变更。此种情形实际上是受要约人对要约的实质内容作出限制、更改或扩张从而形成反要约。即受要约人的此种变更行为表明了受要约人不接受要约的内容并向要约人提出了一项新要约，而使原要约失效。

（二）承诺

1. 承诺的概念

承诺，又称收盘、接盘等，是受要约人同意要约的意思表示。换言之，承诺是指受要约人同意接受要约的条件以缔结合同的意思表示。也即受要约人一经承诺并送达于要约人，合同便告成立。

2. 承诺的构成要件

由于承诺一旦生效，合同即告成立，因此，承诺必须符合一定的条件。在法律上，承诺要取得成立合同的法律效力，必须同时具备如下条件：

（1）承诺必须由受要约人向要约人作出。具体而言，即承诺必须由受要约人作出，且必须向要约人作出。承诺之所以必须由受要约人作出，是因为要约和承诺是一种相对人的行为，只有受要约人才享有承诺的资格，故承诺须由受要约人作出。受要约人可授权代理人作出承诺，如由代理人作出承诺，其与受要约人本人承诺具有相同的法律效力。而承诺之所以必须向要约人作出，是由于受要约人承诺的目的在于同要约人这一特定的主体订立合同，故唯有向要约人作出承诺，才能实现成立合同的目的。否则，只能视为向其他人发出要约，而不能产生承诺的效力。受要约人向要约人授权的代理人作出承诺，应视同于向要约人作出。

（2）承诺必须在要约的有效期限内作出。即承诺必须在要约确定的期限内到达要约人，否则视为承诺迟到或逾期承诺。一般而言，逾期承诺被视为一项新要约，而不是承诺。故如果要约规定了承诺期限，则承诺应当在规定的期限内到达；如果要约没有确定承诺期限的，则承诺应当依照下列规定到达：①要约以对话方式作出的，应当即时作出承诺，但当事人另有约定的除外；②要约以非对话方式作出的，承诺应当在合理期限内到达。此处所指的合理期限，应当根据具体情况来确定。如根据一般的交易惯例，合理期限则可包括受要约人在收到要约以后需要考虑和作出决定的时间，以及发出承诺并到达要约人的时间。此外，根据《合同法》第24条的规定，要约以信件或者电报作出的，承诺期限自信件载明的日期或者电报交发之日开始计算。信件未载明日期的，自投寄该信件的邮戳日期开始计算。要约以电话、传真等快速通信方式作出的，承诺期限自要约到达受要约人时开始计算。

（3）承诺的内容必须与要约的内容一致。即在承诺中，受要约人不得限制、扩张或者变更要约的内容，而必须表明其愿意按照要约的全部内容与要约人订立合同。当然，此处承诺内容与要约的内容一致，并不是指承诺的内容对要约的内容不得作丝毫更改，而是强调受要约人必须同意要约的实质内容，不得对要约的内容作出实质性更改。因为若受要约人对要约的内容作出实质性变更，将会被视为是对原要约的拒绝并作出一项新的要约。所谓实质性内容就是指未来合同的重要条款，这些条款是未来的合同应当具备的，如果缺少这些条款，则未来的合同便不能成立或将存在重大缺陷。根据我国《合同法》第30条的规定，有关合同标的、数量、质量、价款或者报酬、履行期限、履行地点和方式、违约责任和解决争议方法等条款，即属于实质性内容。如果承诺对要约中所含上述条款作出变更，就是对要约内容的实质性变更。

（4）承诺的方式必须符合要约的要求。即受要约人必须将承诺的内容通知要约人。

根据《合同法》第22条的规定，承诺应当以通知的方式作出，但根据交易习惯或者要约表明可以通过行为作出承诺的除外。这就是说，承诺原则上应当以通知的方式作出，通知包括书面通知和口头通知。此外，如果根据交易习惯或者要约表明可以通过行为作出承诺的，则承诺的方式还可包括行为或以其他方式作出。不过，沉默和不作为本身不能构成承诺。故受要约人应采取何种方式承诺，则应根据要约的要求确定。如果要约规定承诺必须以某种方式作出，否则承诺无效，则受要约人就必须依要约人规定的承诺方式作出承诺。因在此种情况下，承诺的方式成为承诺生效的特殊条件。如果要约没有特别规定承诺的方式，则不能将承诺的方式作为有效承诺的特殊要求，受要约人可视情况就上述的某种方式作出承诺。

3. 承诺的法律效力

（1）承诺的生效。承诺的生效是指承诺在何时开始生效。承诺生效，表明双方当事人的意思表示一致，合同即告成立。根据《合同法》第26条的规定，承诺通知到达要约人时生效。此处的到达，是指承诺通知送达到要约人所能控制的范围内。承诺通知送达后即产生合同成立的效力，要约人是否实际阅读通知或实际知悉承诺的内容，均不影响合同的成立。如果承诺不需要通知，则根据交易习惯或者要约的要求作出承诺行为时生效。由于交易习惯是当事人所在领域的经营者众所周知的、从事经济交易时的普遍性做法，故如果根据交易习惯承诺不需要通知的，当事人按照交易习惯作出的承诺自其作出之时起生效。如果是采用数据电文形式订立合同，则收件人指定特定系统接收数据电文的，该数据电文进入该特定系统的时间，视为承诺到达时间；未指定特定系统的，该数据电文进入收件人的任何系统的首次时间，视为承诺到达时间。

（2）承诺的撤回。承诺的撤回是指受要约人阻止承诺发生法律效力的意思表示。根据《合同法》第27条的规定，承诺可以撤回。即在承诺通知发出与到达之间存在着时间差的情况下，受要约人如果对其承诺反悔，可以撤回其承诺。不过，撤回承诺的通知应当在承诺通知到达要约人之前或者与承诺通知同时到达要约人。

二、合同的内容

当事人经要约和承诺程序订立合同，意思表示一致，便形成合同条款，而合同条款固定了当事人各方的权利与义务，从而构成合同的内容。

（一）合同的条款

合同条款，是指合同当事人协商一致的合同内容，具体规定着双方当事人的权利与义务。由于合同的条款是否齐备、准确，决定了合同能否成立、生效以及能否顺利地履行、实现，故为了示范较完备的合同条款，《合同法》第12条对此予以明确规定，具体内容如下：

1. 当事人的名称或者姓名和住所

当事人的名称，是针对法人和其他组织而言；姓名则是针对自然人而言。法人和其他组织的住所是指其注册登记地；自然人的住所则是指其户籍所在地或长期生活与活动的处所。由于当事人是合同权利和义务的承受者，故订立合同时，要准确、清楚地写明各方当事人的名称或者姓名和住所。

2. 标的

标的，是合同权利和义务所共同指向的对象。标的是一切合同的必备条款。这是因为如果没有标的，则将失去订立合同的出发点和归宿，合同也根本无法履行。故订立合同时，对标的的规定务必清楚明白、准确无误，力求标的特定化。

3. 数量

数量，就是指合同标的的多少，它是对标的的量的规定，是对标的的计量，直接决定着合同权利义务的大小。在大多数合同中，数量是必备条款。为避免纠纷，标的的数量要确切，同时应选择使用双方当事人共同接受的计量单位、计量方法和计量工具，使用统一的解释方法，不能各行其是。

4. 质量

质量，是标的内在素质和外观形态的综合，是确定合同标的的具体条件。不同的标的，有不同的质量要求。故标的的质量需规定得详细具体。如国家有强制性标准规定的，必须严格按照规定的标准执行；如有多种质量标准的，则应尽可能约定其适用的标准。

5. 价款或者报酬

价款，是指取得标的物所支付的代价；报酬，则是指获得服务所应支付的代价。价款或报酬，是合同标的价值在法律上的表现，是有偿合同的主要条款。当事人在合同中应当准确无误地写清楚价款或报酬的数额，明确规定价款或报酬的计算标准、结算方式和程序。

6. 履行期限、地点和方式

履行期限，是指履行合同约定义务的时间界限，是确定当事人违约与否的因素之一。履行期限既可以是即时履行，也可以是定时履行，还可以规定为在一定期限内履行。对此，当事人在合同中应予以明确规定。

履行地点，是指履行合同约定义务的地点。由于履行地点关涉履行合同的费用、风险的承担，所有权的转移以及诉讼管辖等问题，故合同中对履行地点的规定应做到明确、具体。

履行方式，是指履行合同约定义务的具体做法。不同种类的合同，有着不同的履行方式。如果按照履行的期次，履行方式可分为一次履行和分期、分批履行；如果按照标的的交付方式，则履行方式可分为交易现场直接交付、送货式、邮寄式、代办托运式、购货方自提方式等。由于履行方式同样事关当事人的利益，故合同应清楚写明。

7. 违约责任

违约责任，是指当事人为保证合同的履行，依照法律规定或双方约定，在当事人不履行合同或者不适当履行合同时所应承担的法律责任。违约责任是促使当事人履行义务，使守约方免受或少受损失，保证合同履行的主要条款，故当事人宜在合同中对此予以明确规定，如约定定金或违约金等。

8. 解决争议的方法

解决争议的方法，是指合同当事人对合同内容的理解和合同履行等发生争议时解决的途径和方式。根据法律的规定，目前我国解决争议的方法主要有：当事人协商和解；第三人调解；仲裁；诉讼。如果当事人希望通过除诉讼之外的其他途径解决纠纷，皆需经过事先或者事后约定。此外，除法律另有规定外，涉外合同的当事人可以选择解决他们的争议所适用的法律。故合同中宜写明解决争议运用什么程序、适用何种法律、选择何处作为检验或鉴定机构等内容。

（二）格式条款

格式条款是指一方当事人为了重复使用而预先拟定，并在订立合同时未与对方协商的条款。实践中，有些行业基于需要进行频繁的重复性交易，因而简化了签约程序，形成了格式条款。

格式条款的适用尽管具有加快交易速度、减少交易成本、避免道德风险等优点，但由于其是由一方当事人预先拟定的，且在订立合同时不允许对方协商修改，条款内容极易出现不公现象。故为了保证合同相对人的合法权益，我国《合同法》从三方面对格式条款作出特别规定：①采用格式条款订立合同的，提供格式条款的一方应当遵循公平原则确定当事人之间的权利和义务，并采取合理的方式提请对方注意免除或者限制其责任的条款，按照对方的要求，对该条款予以说明。②格式条款具有《合同法》规定的合同无效[①]和免责条款无效[②]情形的，或者提供格式条款一方免除其责任、加重对方责任、排除对方主要权利的，该条款无效。③对格式条款的理解发生争议的，应当按照通常理解予以解释。对格式条款有两种以上解释的，应当作出不利于提供格式条款一方的解释。格式条款和非格式条款不一致的，应当采用非格式条款。

三、合同的形式

合同的形式，又称合同的方式，是当事人意思表示一致的表现形式，是合同内容的载体。我国《合同法》第10条规定，当事人订立合同，有书面形式、口头形式和其他形式。法律、行政法规规定采用书面形式的，应当采用书面形式。当事人约定采用书面形式的，应当采用书面形式。总而言之，在我国，合同形式分为约定形式与法定形式，法律兼采要式与不要式的原则。在实践中，当事人采用的最普遍合同约定形式是书面形式。

（一）口头形式

口头形式，是指当事人双方只用语言为意思表示达成协议。具体而言，即双方当事人通过面对面或以通信设备交谈，相互表示意思而订立合同。

合同采取口头形式，其优点是直接、简便、迅速、易行，凡当事人无约定、法律未规定须采用特定形式的合同，均可采用口头形式；而其缺点则是发生合同纠纷时难以取证，不易分清责任，因为发生争议时当事人必须举证证明合同的存在及合同关系的内容。故口头形式一般适用于合同标的数额不大和能够即时清结的合同，对于关系较复杂的重要合同

---

① 格式条款具有《合同法》第52条规定的情形时无效，这些情形包括：一方以欺诈、胁迫的手段订立合同，损害国家利益；恶意串通，损害国家、集体或者第三人的利益；以合法形式掩盖非法目的；损害社会公共利益；违反法律、行政法规的强制性规定。

② 格式条款具有《合同法》第52条规定的情形时无效，这些情形包括：造成对方人身伤害的；因故意或者重大过失造成对方财产损失的。

不宜采用。

（二）书面形式

书面形式，是指当事人以文字表现的形式订立合同。我国《合同法》第 11 条明确规定，书面形式是指合同书、信件和数据电文（包括电报、电传、传真、电子数据交换和电子邮件）等可以有形地表现所载内容的形式。

合同采用书面形式具有明确肯定、有据可查、发生纠纷时容易举证、便于分清责任等优点，故标的数额较大的合同、关系复杂的合同、不能即时清结的合同或重要的合同，均宜采用该种形式。

（三）推定形式

推定形式，又称行为默示形式，或称意思实现形式，是指当事人未用语言、文字表达其意思表示，而是根据当事人的行为或特定情形推定成立合同。我国《合同法》第 26 条规定“承诺不需要通知的，根据交易习惯或者要约的要求作出承诺的行为时生效”，就是对推定形式的一种法律认可。

推定形式是以合同的开始履行推定合同已经订立。比如，商店安装自动售货机，顾客将规定的货币投入机器内，买卖合同成立；又如当司机驾车驶入收费停车场停放车辆，停车场收费之时合同成立。

四、合同成立的时间和地点

合同成立的时间和地点通常联系紧密，我国《合同法》第 34 条规定“承诺生效的地点为合同成立的地点”，可见，承诺生效地就是合同成立地。

（一）合同成立的时间

合同成立的时间关系到当事人应在何时受合同关系的拘束，享受合同权利和承担合同义务，故对合同当事人具有重要意义。我国《合同法》第 25 条规定：“承诺生效时合同成立。”可见，合同成立的时间是由承诺实际生效的时间所决定。一般而言，承诺作出生效时合同即告成立，这是大部分合同成立的时间标准。而法律也规定了一些特殊情况下合同成立的具体时间：①当事人采用合同书形式订立合同的，自双方当事人签字或者盖章时合同成立。假如当事人是在合同书上摁手印的，也具有与签字或者盖章同等的法律效力。②当事人采用信件、数据电文等形式订立合同的，可以在合同成立之前要求签订确认书。签订确认书时合同成立。

需要注意的是，如果当事人未依法律规定或者当事人约定采用书面形式订立合同，或者采用合同书形式订立合同而当事人没有在合同书上签字盖章的，只要当事人一方已经履行主要义务，对方接受的，该合同也成立。

（二）合同成立的地点

合同成立的地点有可能成为确定法院管辖权及选择法律的适用等问题的重要因素，直接影响到当事人的权利和义务，因此，明确合同成立的地点十分重要。根据《合同法》的规定，承诺生效的地点为合同成立的地点，这是大部分合同成立的地点标准。此外，在特殊情况下，合同可以有不同的成立地点：①采用数据电文形式订立合同的，收件人的主营业地为合同成立的地点；没有主营业地的，其经常居住地为合同成立的地点。当事人另有约定的，按照其约定。②当事人采用合同书形式订立合同的，双方当事人签字或者盖章的地点为合同成立的地点。如双方当事人未在同一地点签字或盖章，则以当事人中最后一方签字或盖章的地点为合同成立的地点。

需要注意的是，要式合同就合同成立的地点，应以完成法定或约定形式的地点为合同成立地点。如果采用书面形式订立合同，合同约定的签订地与实际签字或者盖章地点不符的，约定的签订地为合同签订地；合同没有约定签订地，双方当事人签字或者盖章不在同一地点的，最后签字或者盖章的地点为合同签订地。

五、缔约过失责任

缔约过失责任，又称缔约过错责任，是指当事人在订立合同过程中，因故意或者过失致使合同不成立、被确认无效或被撤销，使对方当事人遭受损失而应承担的法律责任。

一般情况下，当事人根据自愿和诚实信用原则进行协商，决定合同的订立与否。如果协商不成，也无须承担责任。但如果当事人在订立合同过程中有下列情形之一，给对方当事人造成损失的，则应当承担损害赔偿责任：①假借订立合同，恶意进行磋商；②故意隐瞒与订立合同有关的重要事实或者提供虚假情况；③当事人泄露或者不正当地使用在订约过程中知悉的商业秘密；④有其他违背诚实信用原则的行为。

需要注意的是，缔约过失责任与违约责任、侵权责任是不一样的责任形态，其在理论上为一自足的体系。作为缔约过失责任，其理论依据为诚实信用原则；责任产生的时间为合同成立之前；适用的范围为合同未成立、未生效或无效等情况；赔偿范围为信赖利益的损失，即赔偿以受损害的当事人的损失为限。如果一方当事人于缔约之际违反义务而对方毫无损失，则不存在责任承担问题。

思考与拓展

要约和承诺

——从一起有奖募捐兑奖纠纷谈起①

【案情】

原告：菜×生

被告：李×盈

被告：天津市××工贸实业公司

某年4月8日至12日，被告河北区民政局经有关部门批准，举办社会福利有奖募捐活动，并委托被告××工贸实业公司代为销售此次活动的奖券。此次有奖募捐活动共设

① 孔祥俊．合同法疑难案例评析与法理研究（修订本）．北京：人民法院出版社，2000. 56～59.

10个奖级，除九、十等奖为现金奖外，其他奖级均为实物奖。兑奖牌上公布的一等奖奖品为“天津大发汽车一辆”，中奖符号为“小王”。奖券以扑克牌花色制成，每张面额为2元。为扩大影响，两被告利用广播、海报及布标等形式进行宣传。在奖券销售现场悬挂的布标上写有“一等奖中天津大发汽车一辆，价值5万元”的字样。两原告分别购买了此次活动的奖券，并均购得一张有“小王”符号的奖券，按兑奖规定为一等奖，各获得天津大发汽车一辆。后两原告获知奖品车发票上的价格为42 600元，且奖品车缺少部分配件，即找两被告交涉，因无结果，两原告以奖品实际价值不足布标宣传5万元以及缺少必要配件为由，起诉到天津市河北区法院，请求如约履行给付价值5万元的奖品。

【法院判决】

（一）一审法院的认定和判决

一审法院认为，被告举办的此次有奖募捐活动，是根据国家有关规定，并经有关部门批准进行的，合法有效。按照兑奖规则，两原告分别获得天津大发汽车一辆。针对两原告所提出的布标上写明的大发汽车5万元与实际不符，应补足差额，一审法院认为，由于布标属于宣传品，不属于规则，上面所写的价值5万元亦不属于实际价值，且该项奖是以实物奖奖给中奖人的，故原告请求理由不足，但被告应补足奖品上缺少的配件。故依法作出判决如下：两被告补足两原告所得奖品大发汽车上的配件；驳回其他诉讼请求。

（二）二审法院的认定和判决

原告菜×生不服一审判决，向天津市中级人民法院提起上诉称：河北区民政局、××工贸实业公司用布标形式标明的内容，属于要约的性质。参与募捐者只要花2元人民币购买奖券，即为承诺，此时双方形成了一种合同法律关系，应受法律保护，请求判令两被上诉人补足奖品的差价，责令两被上诉人赔偿因违约造成的一切损失。

二审法院进一步查明，河北区民政局购买的大发汽车奖品，销售单位因考虑属于社会福利事业，在价格上给予了优惠，价格低于当时市场价。当时的市场价从47 000元到50 000元不等，河北区民政局呈报的设奖方案申请表上写明一等奖大发汽车一辆，为实物奖。

二审法院认为，河北区民政局举办的有奖募捐活动符合国家规定，合法有效。其利用新闻媒体宣传及兑奖牌上标明的中奖内容，与不特定的人购买奖券的行为，构成了广告人与完成广告指定行为的人之间的法律关系，在形式和内容上均不违反法律规定和社会公德。兑奖牌上标明的奖级、奖品及实物名称、中奖符号等内容，应认定为是完整的要约内容。菜×生、李×盈中一等奖后，已实际取得对应奖品大发汽车，至此双方按约履行了权利义务。至于所提奖品发票价格与宣传价格不一致，因为该次募捐活动是以实物奖给中奖人，并非实物奖与金钱任意选择，上诉人对此也是清楚的，故布标上宣传价值5万元不属于要约内容。上诉人的上诉请求缺乏法律依据，不予支持。但必须指出，河北区民政局举办的有奖募捐活动，不应将有关单位的报价及自己认为的价值用布标形式进行宣传，宣传文字应当准确规范。据此，驳回上诉，维持原判。

第三节 合同的效力

合同的效力，又称合同的法律效力，是指经要约和承诺程序而成立的合同将对当事人乃至第三人产生的法律约束力。我国《合同法》第44条明确规定，依法成立的合同，自成立时生效。可见，合同在成立的同时并不当然有效，而只有已成立的合同符合法定生效要件，才能产生当事人预期的后果。合同有效成立，当事人设定的权利和义务才能得到国家强制力的保护。如果合同欠缺了合同的生效要件，合同的效力就会受到影响。在不同的国家、同一国家的不同时期，合同效力的评判标准和类型通常不同。依照我国现行合同法的规定，合同的效力主要有四种类型，即有效合同，以及欠缺不同生效要件的合同（包括效力待定合同、无效合同和可撤销合同）。

一、有效合同

有效合同，是指依法成立，法律承认其效力的合同。要使一项成立的合同合法有效，其必须满足法定的生效要件。生效要件可分为一般生效要件和特别生效要件。一般生效要件是所有合同生效必须满足的基本条件；特别生效要件则是合同生效除满足一般生效要件外，还须满足的法律有特别规定或当事人有特别约定的生效要件。

（一）合同的一般生效要件

依现行立法的规定，合同的一般生效要件应同时具备如下三方面的内容。

1. 当事人必须具有订立合同的能力

当事人订立合同时必须具有相应的缔约能力，这实际上是要求合同当事人必须具有据以独立订立合同并独立承担合同义务的主体资格的问题。一般而言，法律针对不同的主体在资信状况、认知能力、独立承担责任的能力等方面也有不同的要求。以自然人为例，合同主体原则上需是具有完全民事行为能力人；限制民事行为能力人仅能独立签订与其年龄、智力、精神健康状况相适应或纯获利益的合同；无民事行为能力人则只能由其法定代理人代为签订合同。

2. 当事人的意思表示真实

从订约的程序可看出，合同是双方当事人意思表示一致的结果。而这里所指的意思表示真实，是强调当事人的行为应当真实地反映其内心的想法。如果当事人意思表示的内容有错误，或意思与表示不一致，或是在受欺诈或胁迫的情况下订立了合同，则此种情况下，即便双方当事人达成了协议，然而，由于这种合意是不真实的，故合同不能有效成立。

3. 不违反强制性法律规范及公序良俗

合同不违反强制性法律规范及公序良俗，即要求当事人签订合同，从目的到内容都不能违反我国现行法律、行政法规中的强制性规定，不能违背社会公德、扰乱社会公共秩序、损害社会公共利益。可以说，此一要件是合同生效的重要条件，如果欠缺，则合同无效，其无法如前述两个要件可以通过补正欠缺等手段而使合同有效。各国立法大都这样规定，故其又被称为合同的目的及内容适法性原则。

（二）合同的特别生效要件

根据法律的规定，有些合同需要具备特殊的要件才能生效。

1. 需依法办理批准、登记等手续

我国《合同法》第44条第2款明确规定，法律、行政法规规定应当办理批准、登记等手续生效的，依照其规定。即法律、行政法规规定应当办理批准、登记等手续生效的，在依照其规定办理批准、登记等手续后合同方能生效。如根据《担保法》的规定，以土地使用权、城市房地产、航空器、船舶、车辆等抵押的，应当办理抵押物登记，抵押合同自登记之日起生效；以依法可以转让的股票出质的，出质人与质权人应当订立书面合同，并向证券登记机构办理出质登记，质押合同自登记之日起生效。

2. 当事人对合同的效力可以附条件或者附期限

由于合同自由原则赋予当事人对合同效力予以限制的权利，故当事人可以对合同的生效与解除附加条件、对合同的生效与终止附加期限。

（1）附条件的合同。我国《合同法》第45条规定，当事人对合同的效力可以约定附条件。附生效条件的合同，自条件成就时生效。附解除条件的合同，自条件成就时失效。当事人为自己的利益不正当地阻止条件成就的，视为条件已成就；不正当地促成条件成就的，视为条件不成就。

这里需注意的是，作为合同生效与解除的附加条件，必须是合法的、将来可能发生的事实，且需由双方当事人约定，作为合同的一个条款在合同中订立。如果是已经发生的事实、将来确定发生的事实，或是将来必定不能发生的事实，则不能作为附条件合同中的所附条件。

（2）附期限的合同。我国《合同法》第46条规定，当事人对合同的效力可以约定附期限。附生效期限的合同，自期限届至时生效。附终止期限的合同，自期限届满时失效。期限既可以是一个具体的期日，也可以是一个期间，甚至可以是某一不具体确定的时间。

需要特别注意的是，合同效力所附的期限与条件不一样，当事人在设定条件时对条件的成就与否是不能确定的，而期限的设定是当事人能够预知的，即期限的到来是必然的。故当事人附生效期限只是对已成立合同的生效时间予以延迟；附终止期限则是对合同效力的时间进行限制。

二、效力待定合同

效力待定合同，是指合同订立后，因欠缺一定的生效要件，其生效与否，尚未确定，须经权利人追认才能生效的合同。效力待定合同之所以效力未定，主要是因为合同主体资格的欠缺。此类合同既无意思表示瑕疵，也不违反强制性法律规范及公序良俗，故法律对其否定性评价也只是相对的，即既不让其当然有效，也不让其当然无效，而是将补正合同生效要件的权利赋予主体资格欠缺之当事人的有权表示人。如权利人追认，则合同有效；

如在一定的期限内权利人不予追认，则合同无效，且自始无效。

效力待定合同主要有以下三种类型：

（一）限制民事行为能力人订立的与其年龄、智力、精神状况不相适应的合同

我国《合同法》第 47 条第 1 款规定：“限制民事行为能力人订立的合同，经法定代理人追认后，该合同有效，但纯获利益的合同或者与其年龄、智力、精神健康状况相适应而订立的合同，不必经法定代理人追认。”可见，限制民事行为能力人订立的与其年龄、智力、精神状况不相适应的合同，其生效与否完全取决于法定代理人是否追认。追认是单方法律行为，一经作出就发生法律效力，效力待定合同即转化为有效合同。

法律在保护限制民事行为能力人合法权益的同时，为避免合同相对人的利益因合同效力待定而受损，也赋予相对人催告权和撤销权。《合同法》第 47 条第 2 款明确规定，相对人可以催告法定代理人在一个月内予以追认。法定代理人未作表示的，视为拒绝追认。合同被追认之前，善意相对人有撤销的权利。撤销应当以通知的方式作出。催告、撤销与追认一样，都是单方法律行为。撤销权只能由善意相对人享有。此处的“善意”，是指相对人在订立合同时，不知道与其订立合同的当事人欠缺相应的行为能力。

（二）无权代理人订立的合同

我国《合同法》第 48 条第 1 款规定：“行为人没有代理权、超越代理权或者代理权终止后以被代理人名义订立的合同，未经被代理人追认，对被代理人不发生效力，由行为人承担责任。”可见，不管是行为人自始就没有代理权，还是行为人原来有代理权但代理权已终止，或者是行为人虽有代理权但所实施的行为超越代理权，只要其以被代理人名义订立合同，该合同就属于效力待定合同。如被代理人追认，合同有效，其效力及于被代理人；如被代理人不予追认，则合同无效。

为保护善意相对人的利益，法律也赋予相对人催告权和撤销权。《合同法》第 48 条第 2 款规定相对人可以催告被代理人在一个月内予以追认。被代理人未作表示的，视为拒绝追认。合同被追认之前，善意相对人有撤销的权利。撤销应当以通知的方式作出。

（三）无处分权人订立的合同

我国《合同法》第 51 条规定：“无处分权的人处分他人财产，经权利人追认或者无处分权的人订立合同后取得处分权的，该合同有效。”可见，行为人没有处分权，却以自己的名义实施了对他人财产法律上的处分行为，其所订立的合同，也属于效力待定合同。而此处所指的无处分权，主要包括两种情况：一是行为人对处分的财产享有所有权，但是其处分权受到限制，使其不得处分其所有的财产；二是行为人对处分的财产没有所有权，只有占有权，因而没有对该财产的处分权。[①] 无权处分合同在合同成立后，经权利人追认或者无处分权的人取得处分权的，该合同有效。如无处分权人不能取得处分权或权利人不予追认，则该合同无效。

---

① 财政部会计资格评价中心．经济法．北京：中国财政经济出版社，2010. 222.

三、无效合同

无效合同，是指因欠缺一定生效要件而不具有法律约束力和不发生履行效力的合同。无效合同绝对无效、自始无效、当然无效。[①] 此处所称之无效，是狭义的无效，不包括合同因未予补正或是因事后被撤销、被解除后的无效。无效合同自始没有法律约束力，故因无效合同取得的财产，应当予以返还；不能返还或者没有必要返还的，应当折价补偿。有过错的一方应当赔偿对方因此所受到的损失；双方都有过错的，应当各自承担相应的责任。

根据我国《合同法》第 52 条的规定，无效合同主要有如下四种类型：

（一）一方以欺诈、胁迫手段订立的损害国家利益的合同

所谓欺诈，是指当事人一方故意隐瞒真实情况或故意编造虚假情况，诱使对方陷入错误认识而作出违背自己真实意思表示的行为。所谓胁迫，是指行为人以将要发生的损害或以直接实施损害相威胁，迫使对方作出违背真实意愿的意思表示。

在这里需注意的是，一方以欺诈、胁迫手段订立的合同，只有在损害国家利益的情况下，才被确认无效。即这类合同无效的原因，关键在于其损害了国家利益，而不在于以欺诈、胁迫手段订立合同。

（二）恶意串通，损害国家、集体或者第三人利益的合同

所谓恶意串通，是指当事人之间故意合谋实施损害他人利益的行为。如一方当事人不知道且不应当知道订立的合同将会损害他人利益的，就不构成恶意串通，而可能构成欺诈。对于串通行为，除积极的串通外，还包括默示的串通即心照不宣。如果合同当事人恶意串通，订立损害国家、集体或者第三人利益的合同，尽管当事人所表达的意思是真实的，但这种意思表示是非法的，产生了非法的结果，因而是无效的。当事人恶意串通，损害国家、集体或者第三人利益的，因此取得的财产收归国家所有或者返还集体、第三人。

在这里需注意的是，构成此类合同无效的关键，不在于其是否谋取了私利，而在于其损害了国家、集体或第三人利益。即恶意串通合同的当事人即便没有为自己获利的目的，也没有从合同中获利的结果，但由于其损害了国家、集体或者第三人利益，故合同无效。

（三）以合法形式掩盖非法目的的合同

以合法形式掩盖非法目的，又称为隐匿行为，是指当事人以表面合法的行为或形式掩盖其非法的目的或内容。例如，以赠与的形式掩盖其行贿之实。故尽管合同表面上合法，但由于行为人是为达非法目的而采取迂回方法避开法律或行政法规的强制性规定，此类合同因此无效。

在这里应注意，在实践中，如果当事人虽以一个合同形式掩盖另一个合同形式，但两

① 绝对无效，即绝对不发生法律效力，且不能通过当事人的行为进行补正。当事人通过一定行为消除无效原因，使之有效，这不是对合同所欠缺的生效要件的补正，而是消灭旧的合同，成立新的合同。

者都不违反法律的强制性规定，也不涉及损害他人的合法利益，而仅是对当事人的利益关系产生影响，则即便合同的表现形式和真实目的相分离，该合同也不构成以合法形式掩盖非法目的。

（四）违反强制性法律规定和公序良俗的合同

此类合同由于完全违背立法本意，与法律的强制性或禁止性规定相抵触、违反公序良俗、损害社会公共利益，其危害性大，故法律予以全然否定性评价而令其绝对无效。

在这里需注意如下两点：①当事人超越经营范围订立合同，人民法院不因此认定合同无效。但违反国家限制经营、特许经营以及法律、行政法规禁止经营规定的除外。②合同部分无效，不影响其他部分效力的，其他部分仍然有效。所谓部分无效的合同是指由于其部分条款违反法律规定或者损害他人利益，但并不影响合同的本质成立的合同。下列各类合同，如约定了免除或限制当事人因故意或重大过失而应承担责任的条款①、约定了免除或者限制人身伤害责任条款②、约定了违法的违约责任或解决争议的方式、约定了免除或限制法律禁止免除或限制的责任条款、约定了严重违反诚实信用原则和社会公共利益的免责条款③等就均属于部分无效合同。

四、可撤销合同

可撤销合同，是指合同欠缺意思表示真实的生效要件，其有效与否取决于有撤销权的一方当事人是否行使撤销权的合同。相对于绝对无效合同而言，可撤销合同属于相对无效合同，即可撤销合同在未被撤销前，对当事人是有效力的，而只有在有撤销权的一方当事人行使撤销权，法院或仲裁机构同意撤销该合同后，该合同才无效，且无效溯及合同成立之时。故合同被撤销后和绝对无效合同的法律责任大致相同，都是相互返还财产、赔偿损失。

在这里应注意，撤销权通常由因意思表示不真实而受损的一方当事人享有。由于撤销权在本质上是一种请求权，故享有撤销权的当事人不能以自己单方的行为来撤销合同，而只能向法院或仲裁机构主张撤销该合同，至于该合同的撤销与否，确认权在法院和仲裁机构。《合同法》规定的撤销权在效力上具有一定的灵活性，其不仅有撤销的效力，还有变更的效力。如果当事人请求变更的，人民法院或者仲裁机构不得撤销。同时，撤销权的行使是有时效和限制的。《合同法》第 55 条规定，有下列情形之一的，撤销权消灭：①具有撤销权的当事人自知道或者应当知道撤销事由之日起一年内没有行使撤销权；②具有撤销权的当事人知道撤销事由后明确表示或者以自己的行为放弃撤销权。

---

① 约定了免除或限制当事人因故意或重大过失而应承担责任的条款的合同。例如，当事人约定，对于任何原因造成的合同不能履行，当事人只承担赔偿责任，不承担其他责任。这样的约定是违法的，因为有关人员如果玩忽职守，给国家造成损失的，除应承担民事赔偿责任外，还应根据情况追究行政责任、民事责任、刑事责任，所以当事人在合同中约定这样的条款是无效的，但并不影响其他条款的有效性，不影响合同的本质。

② 约定了免除或者限制人身伤害责任条款的合同。例如，在雇佣合同中，当事人约定，受雇佣人从事雇佣劳动期间无论何原因造成伤害或死亡，雇用人都不负任何责任。这样的约定违反了民法和劳动法的原则，是无效的条款。

③ 我国《合同法》第 53 条规定，合同中的下列免责条款无效：造成对方人身伤害的；因故意或者重大过失造成对方财产损失的。

根据我国《合同法》第54条的规定，可撤销合同有如下三种类型：

（一）因重大误解订立的合同

所谓重大误解，是指当事人为意思表示时，因自己的过失，对合同的性质、对方当事人、标的物的品种、质量、规格和数量等涉及合同法律效果的重大事项发生错误认识，而使行为的后果与自己的意思相悖，并造成较大损失的情形。由于此类合同是一方当事人基于误解作出的意思表示，且在结果上使自己遭受较大的损失，故经该当事人请求，可以变更或撤销。

在这里应注意，重大误解必须是表意人自己的不知或误认所致。如果是表意人故意使表示行为与效果意思不一致，则不构成误解。同时，表意人的这种不知或误认，应是对合同重要事项的误解，并在结果上使自己遭受较大的损失。如果表意人仅是对合同一般事项发生误解以及结果上只是轻微的不利，则不构成重大误解。在实践中，为防止当事人以重大误解之名规避正常商业风险，同时基于重大误解是因误解人自己的过错造成，对方并无过错，故考虑到善意相对人的利益，对这类合同的撤销与否，还会根据交易习惯、商业常识由法官依公平原则自由裁量。

（二）显失公平的合同

所谓显失公平，是指一方当事人利用优势或者利用对方没有经验，致使双方的权利与义务明显不对等，使一方遭受重大不利的合同。由于此类合同是一方当事人利用优势或利用对方没有经验而损害对方的利益，违反了公平、等价有偿原则，故经具有撤销权的当事人请求，可以变更或撤销。

在这里应注意，对于显失公平合同的判断，主要在于结果上的不公平，即显失公平是在没有诸如欺诈、胁迫、重大误解、乘人之危等其他可撤销事由适用的情况下结果上的显失公平。而判断合同是否显失公平的时间点，则应当以订立合同之时为标准。如果合同订立之后，因情势变化而导致双方权利义务不对等，则不属于显失公平，而应当按照诚实信用原则处理。

（三）以欺诈、胁迫的手段或者乘人之危订立的合同

此处的一方以欺诈、胁迫的手段，使对方违背真实意思订立的合同，因只是损害了集体或第三人的利益，故属于可撤销合同。而所谓乘人之危而订立的合同，则是指一方当事人利用对方处于危难处境或紧迫需要，迫使对方违背真实意思，订立严重损害对方利益的合同。由于此类合同欠缺意思表示真实的生效要件，故也属于可撤销合同。合同的受损害方有权请求人民法院或者仲裁机构变更或者撤销。

在这里应注意的是，以欺诈、胁迫手段订立的合同，究竟属于可撤销合同还是无效合同，关键是看合同是否损害了国家利益。即因欺诈、胁迫而订立的合同，如果损害了国家利益，则属无效合同；如果仅是损害了受欺诈人或受胁迫人的利益，则该合同属于可撤销合同。

思考与拓展

表见代理的构成①
——一起持他人合同章订立的合同的法律效力纠纷案②

【案情】

原告（二审被上诉人、再审被申请再审人）：深圳进出口贸易（集团）纺织服装工贸公司（以下简称工贸公司）

被告（二审上诉人、再审申请再审人）：中国中山实业公司深圳公司（以下简称中山公司）

被告（二审被上诉人、再审被申请再审人）：深圳深远贸易公司（以下简称深远公司）

某年8月30日，中山公司与深远公司签订《关于共同筹建中外合作合资企业意向书》，约定由中山公司负责申报及有关办企业所需的手续，引进合作外商；深远公司负责提供厂房、引进技术和与外商洽谈业务。双方同时约定，为便于开展筹建工作，便于双方资金的投入及有关经济往来，中山公司将合同章、业务专用章和所设账号给深远公司使用。对中山公司提供的公章和账号，深远公司只能用于办理实业款项往来，不许用于其他往来。该书订立后，中山公司将其（1）号合同章及在中国银行深圳分行中兴办事处开设的0105010001826账号提供给深远公司使用。

次年3月11日，深远公司六部业务经理王春祥以中山公司的名义，使用中山公司的合同章与工贸公司签订《联营丝绸协议书》，约定：中山公司负责组织货源、落实出口客户、办理出口手续及结汇；工贸公司负责提供75万元人民币货款给中山公司经营；中山公司在1个月内把75万元及所得利润4.5万元付给工贸公司；经营过程中如出现经济损失由中山公司承担。同月15日，工贸公司委托另一家公司将75万元汇进中国银行深圳分行中兴办事处开设的0105010001826账号。此后深远公司将工贸公司所付的75万元用于归还银行贷款，并未进行丝绸贸易活动。协议期满，工贸公司要求中山公司返还75万元本金及约定的利润。中山公司以其不知情，工贸公司所汇款项与其无关为由，拒绝偿还75万元本利。工贸公司据此向深圳市罗湖区法院起诉中山公司。该院在审理过程中追加深远公司为共同被告。深远公司辩称：其所收取的工贸公司汇付的75万元，是工贸公司代深圳崇光时装有限公司的冯抗雄归还深远公司的欠款，冯抗雄后来已将75万元本息偿还给了工贸公司。深远公司的答辩没有证据证实。

---

① 表见代理，是指无权代理人的代理行为客观上存在使相对人相信其有代理权的情况，且相对人主观上为善意，因而可以向被代理人主张代理的效力。表见代理属于广义的无权代理的一种。《合同法》第49条规定："行为人没有代理权、超越代理权或者代理权终止后以被代理人名义订立合同，相对人有理由相信行为人有代理权的，该代理行为有效。"实践中，代理人没有代理权、超越代理权或者代理权终止后，持被代理人的合同专用章、介绍信、盖章的空白合同书、银行账户等，与相对人订立合同，足以使第三人相信代理人有代理权的，构成表见代理，由被代理人对相对人承担有权代理人责任；明知他人以自己的名义订立合同而不作否认表示的，构成表见代理。法律确立表见代理规制的主要意义在于维护人们对代理制度的信赖，保护善意相对人，保障交易安全。

② 孔祥俊．合同法疑难案例评析与法理研究（修订本）．北京：人民法院出版社，2000.178～188.

【法院判决】

1. 一审法院的认定理由和判决

罗湖区法院经审理认为，工贸公司与中山公司所取得的联营协议，实为非法借贷协议，违反了国家关于企业之间不准借贷的政策规定，应确认为无效，对此双方均有责任。深远公司利用与中山公司联营及保管公章、账户之机，以中山公司名义与工贸公司签订联营协议，并占有75万元，是造成本案纠纷的主要原因，深远公司应负返还之责。中山公司提供公章、账号给深远公司，应视为授权深远公司进行民事活动，因此，应对深远公司所发生的民事行为承担连带责任。深远公司辩称的冯抗雄归还贷款一节证据不足，不予认定。该院依据相关法律规定，判决如下：①深远公司返还75万元及利息110 700元给工贸公司，中山公司负连带责任。中山公司代偿后可向深远公司追偿。②追缴中山公司约定付给工贸公司的非法利润4.5万元，上缴国库。

2. 二审法院的认定和判决

中山公司不服一审判决，向深圳市中级人民法院提起上诉。深圳市中级人民法院二审认为，工贸公司与中山公司所签订的《联营丝绸协议书》，名为联营，实为非法贷款，因此应确认为无效。对此双方均有责任。中山公司与深远公司签订的《关于共同筹建中外合作合资企业意向书》，对中山公司提供的公章、账号已约定了特定用途和使用办法，这是两个平等主体之间的意思表示一致的约定，且没有违反法律规定，应视为对中山公司和深远公司具有约束力，在法律没有规定这种约定必须公示的情况下，这种约定在对外经济关系中享有对抗性。深远公司在本案中无视这一约定，擅自使用中山公司的公章和账号对外签订了协议，收取款项自行占用，又主动向法院自行承担责任，因此，本案的全部经济责任应由深远公司承担。工贸公司与深远公司之间的非法借贷活动，双方约定的利润予以追缴，由深远公司负责缴付，对工贸公司予以罚款。原审判决中山公司对本案债务承担连带责任缺乏法律依据，应予撤销。二审法院依法作出如下判决：①撤销一审判决；②深远公司负责返还75万元及其利息110 700元给工贸公司；③追缴非法利润4.5万元，由深远公司负责上缴，课罚工贸公司1万元。

3. 广东省高级人民法院的认定和判决

工贸公司不服二审判决，向广东省高级人民法院诉称：①中山公司将合同章和账号提供给深远公司使用，这一违法行为不能给予法律保护，二审法院对此认定有效显属错误。②《联营丝绸协议书》是工贸公司与中山公司签订的，工贸公司的75万元也是直接汇进中山公司账户，中山公司与深远公司的关系，工贸公司不知情。因此，中山公司应对本案75万元及利息承担法律责任。中山公司答辩称：工贸公司完全知道与其签订《联营丝绸协议书》的是深远公司，而不是中山公司；中山公司将合同章、账号交给深远公司使用，并不是出借、出租和转让，只是为了在共同筹建中外合作合资厂时方便工作而已，这是委托代理，至于深远公司超越代理权限所产生的后果，依法应由深远公司承担责任。

广东省高级人民法院经审理认为，深远公司使用中山公司的合同章，以中山公司的名义与工贸公司签订名为联营丝绸、实为借贷的合同，依法应确认无效，双方对此均有过错。该合同约定的非法利润应当追缴。深远公司使用中山公司账户收取工贸公司汇付的75万元，未用于丝绸经营活动，而用于归还银行贷款，应承担返还本息给工贸公司的责任。中山公司的合同章和银行账户只能限于其在对外经济活动中合法使用，不能以任何理由长期提供给他人使用。中山公司与深远公司就上述合同章和账户的使用达成的书面协议，是内部的约定，对外没有约束力。中山公应对深远公司以其名义和使用其账户对外进行的民事行为承担连带责任。工贸公司的申请再审理由成立，应予以支持。二审判决适用法律错误，应予以纠正。据此，广东省高级人民法院依法作出如下判决：①维持二审判决主文第 2 项和第 3 项中关于追缴 4.5 万元非法利润，由深远公司缴纳的判决。深远公司应返还给工贸公司 75 万元本金和利息。②撤销二审判决主文第 1 项和第 3 项中给予课罚工贸公司 1 万元。③深远公司应偿付工贸公司的债务，由中山公司承担连带责任，中山公司代偿后可向深远公司追偿。

4. 最高人民法院的再审认定和判决

中山公司不服广东省高级人民法院判决，向最高人民法院申诉称：中山公司与深远公司系委托代理关系，并非出借公章、账户关系，即使将公章、账户交予深远公司使用的做法不妥，也应按相应规定处罚，但不应该改变双方的法律关系，请求改判中山公司不承担连带责任。

最高人民法院经复查认为，中山公司与深远公司就中山公司的合同章和银行账户使用的书面约定，是双方之间的约定，对他人没有约束力。故深远公司以中山公司名义和合同章与工贸公司签订借贷合同，并以中山公司账户收取工贸公司 75 万元，由此所形成的债务，应由深远公司偿还，中山公司承担连带赔偿责任。原审判决认定事实清楚，适用法律正确，判决得当，应予以维持。中山公司申请再审理由不能成立，予以驳回。最终，最高人民法院书面驳回再审申请。

第四节　合同的履行

合同的履行是整个合同法律制度的核心内容，它是当事人订立合同的目的，也是生效合同所必然发生的法律行为；它是合同利益得以实现的根本条件，也是合同关系消灭最正常的原因。合同的履行是一个过程，它由执行合同义务的准备、具体合同义务的执行、义务执行的善后三个阶段组成。合同的履行制度，就是对合同履行这三个阶段中有关合同当事人的行为予以规范的制度，一般认为其具体可表现为合同履行的规则、合同履行中的抗辩、合同履行的保全制度等，而这构成我国合同法完整的合同履行制度。

一、合同履行的概念

合同的履行是指合同生效后，双方当事人依合同规定的内容，全面、正确执行义务和享受权利，使合同目的得以实现的行为。换言之，合同的履行，其具化的表现即为当事人执行合同义务的行为。

合同履行的前提条件是合同的有效成立。按照法律的规定，合同当事人应按照约定全面、正确履行自己的义务。所谓全面履行，即合同的履行是当事人完全完成合同义务的行为过程，包括当事人的最终履行行为以及为此所实施的一系列准备行为和善后行为。所谓正确履行，又称为适当履行，是指适当的主体在适当的时间和地点，以适当的方式履行合同义务。由此可知，法律在要求当事人全面履行合同义务的同时，还要求当事人要按照合同的规定正确履行。当事人只有全面、正确履行合同义务，才能使合同目的得以实现，合同关系归于消灭。

当事人执行合同义务，在一般情况下，表现为当事人的积极行为，如根据合同的性质、目的和交易习惯履行通知、协助义务，或按合同规定执行交付等。如果是在特殊情况下，合同的履行也可表现为消极的不作为，如履行保密义务等。

二、合同履行的规则

合同履行的规则，是指在合同履行过程中，当事人依法需要遵守的具体规范。根据我国合同法的规定，合同履行过程中主要有如下规则：

（一）法定义务规则

所谓法定义务规则，是指法律将某些会影响合同目的的实现而当事人又可能忽视的义务，规定为当然的合同义务。也即该合同义务即便在合同中没有约定，当事人依据法律规定也应承担。根据《合同法》第 60 条第 2 款的规定①，结合诚实信用原则，合同履行的法定义务规则主要应包括通知义务、协助义务、方便义务以及保密义务等。

1. 通知义务

通知义务，是指按照法律的规定，合同当事人应将自己履行义务的情况及时通知另一方当事人。在合同履行过程中，如一方当事人遭遇到意外或复杂的情况，则有可能影响合同履行的事项，因此，应及时通知对方，以便对方采取适当的行为，避免不必要的损失。比如，我国《合同法》第 69 条、第 70 条关于中止履行以及债权人状况变更的通知②，即通知义务的法律表现。

2. 协力义务

协力义务，即协助义务和方便义务的合称，是指为保障合同顺利履行，合同当事人有协助对方履行义务或为对方履行合同义务提供方便的义务。可以说，协力义务的产生，是由合同本身决定的。我们从上文已知，合同权利是一种相对权，其实质就是需要相对的义务人积极协助履行义务。反之亦然，义务人在履行义务时，如果没有权利人的积极协助或提供方便，有时也是无法履行的。比如，建设工程合同，对于承建方而言，如果业主没有为其提供水电供应方便、临时用地方便等，其施工义务的履行就无法进行；如果承建方履行了义务，业主就是拖着不验收、不接受履行，则履行将无法完成。需要注意的是，此处的协助义务，仅限定在接受履行方面，而应避免将对方的合同义务当作一方的协助义务。

① 《合同法》第 60 条第 2 款规定，当事人应当遵循诚实信用原则，根据合同的性质、目的和交易习惯履行通知、协助、保密等义务。

② 《合同法》第 69 条规定，当事人依照本法第 68 条的规定中止履行的，应当及时通知对方。对方提供适当担保时，应当恢复履行。中止履行后，对方在合理期限内未恢复履行能力并且未提供适当担保的，中止履行的一方可以解除合同。《合同法》第 70 条规定，债权人分立、合并或者变更住所没有通知债务人，致使履行债务发生困难的，债务人可以中止履行或者将标的物提存。

同时，如果合同中没有约定需要提供的方便，一方依法履行了方便义务并付出一定代价，则对方依据诚实信用原则应给予一定的补偿。

3. 保密义务

保密义务是指合同当事人对基于合同关系的确立而获知的对方的秘密负有保守的义务。通常，在合同订立时，为使对方了解和信任，一方当事人会根据需要向对方展示自己的一些秘密，诸如商业秘密、技术秘密、财务记录、财产状况等。这些秘密对于知悉方而言，可能无甚用处，然而，对秘密方来说，则价值不可估量，如果公开，将可能使其遭受巨大损失，故保密义务显得非常重要。保密义务是一种消极的义务，义务人只需消极地不作为即可，故其履行通常不会给义务人带来额外的负担。

（二）条款约定不明的履行规则

条款约定不明的履行规则，是在合同有效的前提条件下，由于客观情况的复杂性和当事人主观认识的局限性，使合同条款本该约定明确、具体，却出现条款欠缺或约定不明的情况。为避免因理解的不同而产生纠纷，保证这类合同顺利履行，由合同法规定一系列补救性规则。

在合同生效后，当事人就质量、价款或者报酬、履行地点等内容没有约定或者约定不明确的，并不直接适用条款约定不明的履行规则，而是先由当事人协议补充，即由当事人通过协商的形式，就内容不明的条款或欠缺的条款签订补充协议，以便执行；如果当事人不能达成补充协议的，法律依然尊重当事人的意思自治，规定应由当事人按照合同有关条款或者交易习惯确定，即在当事人不能协商补充时，应根据已有的合同条款来确定约定不明的条款内容，如果已有的条款仍不足以确定的，则应根据交易习惯确定。如果有关合同内容约定不明确的情况，在当事人采用上述自由补救方法仍不能确定的，适用条款约定不明的履行规则。

（1）质量要求不明确的，按照国家标准、行业标准履行；没有国家标准、行业标准的，按照通常标准或者符合合同目的的特定标准履行。

（2）价款或者报酬不明确的，按照订立合同时履行地的市场价格履行；依法应当执行政府定价或者政府指导价的，按照规定履行。

（3）履行地点不明确，给付货币的，在接受货币一方所在地履行；交付不动产的，在不动产所在地履行；其他标的，在履行义务一方所在地履行。

（4）履行期限不明确的，债务人可以随时履行，债权人也可以随时要求履行，但应当给对方必要的准备时间。

（5）履行方式不明确的，按照有利于实现合同目的的方式履行。

（6）履行费用的负担不明确的，由履行义务一方负担。

（三）价格变动的履行规则

价格变动的履行规则，是指执行政府定价或者政府指导价的合同，在合同订立后、履行前，政府所定价格发生调整时，确定履行价格的具体规范。

价格变动的履行规则是以执行政府定价或者政府指导价为前提的。根据《合同法》第 63 条的规定，执行政府定价或者政府指导价的，在合同约定的交付期限内政府价格调整时，按照交付时的价格计价。逾期交付标的物的，遇价格上涨时，按照原价格执行；价格下降时，按照新价格执行。逾期提取标的物或者逾期付款的，遇价格上涨时，按照新价格执行；价格下降时，按照原价格执行。

从这一规定可以看出，价格变动的履行规则主要涉及两方面的内容：一是如果合同正常履行时遇价格变动，则按照新价格执行；二是如果出现违约事项时的价格变动履行，则按不利于违约方的价格执行。而这事实上也是对违约方的一种处罚。

（四）第三人履行规则

第三人履行规则，是指合同当事人以外的第三人依当事人在合同中的约定，成为履行合同义务的人或接受义务履行的人时，在合同履行过程中的具体规范。

一般而言，合同义务的履行应由合同债务人亲自履行，且只能向合同债权人履行。但是，由于每个合同当事人的主观目的、执行合同条件等存在着的多样性，故根据合同自由原则，当事人在订立合同时，只要对方当事人同意，完全可以将某项义务约定由第三人履行，或将某项合同权利约定由第三人享有。

我国合同法在允许第三人履行的同时，为保障涉及第三人的合同履行中各方当事人的正当权益，也明确了第三人履行规则。《合同法》第 64 条、第 65 条规定，当事人约定由债务人向第三人履行债务，债务人未向第三人履行债务或者履行债务不符合约定的，应当向债权人承担违约责任。当事人约定由第三人向债权人履行债务，第三人不履行债务或者履行债务不符合约定的，债务人应当向债权人承担违约责任。

从上述规定可以看出，对于向第三人履行和由第三人履行，《合同法》严格遵循合同的相对性规则，并不将参与履行的第三人作为合同相对人对待，使其既不承担合同项下的义务，也不享有合同项下的权利。①

（五）不完全履行规则

不完全履行规则，是指当事人在履行合同时，没有按照合同约定的全部履行因素进行履行时，对此种不完全履行的具体规范。

根据合同效力的要求，当事人应按约完成合同的全部履行因素。不过，由于合同的完全履行是一个过程，当事人在履行中，有可能面临客观情况的变化而导致合同不完全履行，故我国合同法规定了在特殊情况下的不完全履行的存在，明确了包括中止履行、提前履行和部分履行等不完全履行规则。

1. 中止履行

《合同法》第 70 条规定，债权人分立、合并或者变更住所没有通知债务人，致使履行债务发生困难的，债务人可以中止履行或者将标的物提存。

2. 提前履行

《合同法》第 71 条规定，债权人可以拒绝债务人提前履行债务，但提前履行不损害债权人利益的除外。债务人提前履行债务给债权人增加的费用，由债务人负担。

---

① 中国注册会计师协会．经济法．北京：中国财政经济出版社，2011. 336.

3. 部分履行

《合同法》第72条规定，债权人可以拒绝债务人部分履行债务，但部分履行不损害债权人利益的除外。债务人部分履行债务给债权人增加的费用，由债务人负担。

三、合同履行的抗辩权

抗辩权是指在双务合同中，一方当事人在对方不履行或履行不符合约定时，依法对抗对方要求或否认对方权利主张的权利。法律上之所以确立履行抗辩制度，就在于解除履行合同义务当事人对另一方当事人不履行或履行不符合约定而给自己带来不利的忧虑，鼓励合同履行。因此，只有在双务合同中，才存在合同履行的抗辩权。由于单务合同根本不会有义务履行时的担忧问题，因此也就不存在合同履行的抗辩权了。根据我国合同法的规定，合同履行的抗辩权主要有同时履行抗辩权、先履行抗辩权和不安抗辩权。

（一）同时履行抗辩权

1. 同时履行抗辩权的概念

同时履行抗辩权，又称不履行抗辩权，是指在没有约定先后履行顺序的双务合同中，一方当事人在对方未履行或履行不符合约定时，有拒绝对方请求自己履行合同的权利。

我国《合同法》第66条规定："当事人互负债务，没有先后履行顺序的，应当同时履行。一方在对方履行之前有权拒绝其履行要求。一方在对方履行债务不符合约定时，有权拒绝其相应的履行要求。"

2. 同时履行抗辩权的行使条件

同时履行抗辩权的实质就是同时履行权，即要求合同另一方当事人同时履行合同义务。而保障这一实质性权利行使的就是其自身含有的拒绝履行权。具体而言，即一方当事人通过拒绝履行权的享有来促使对方同时履行合同义务。不过这样一来，将导致合同无法继续履行而使订立合同的目的落空，其结果与法律规定同时履行抗辩权所要达到的合同履行的目的相悖。因此，理论上普遍认为，同时履行抗辩权的行使，需符合严格的条件。

同时履行抗辩权的行使，具体需具备如下条件：①须基于同一双务合同且双方当事人互负债务。即同时履行抗辩权只在合同当事人互负债务的双务合同中存在。这是由于双方当事人因同一合同互负债务，才能在履行上存在关联性，形成对价关系。②须双方互负的债务均已届清偿期。即当事人行使抗辩权须是双方的债务都已到清偿期，否则不可能存在同时履行抗辩的问题。这是由于在双务合同中，如果当事人双方所负的债务均未到清偿期，则债务人就没有必要履行债务，债权人也无权要求债务人履行；同时，也只有均已到清偿期的债务，才可能是履行顺序不分先后的债务。③须对方未履行债务。即一方当事人须有证据证明应同时履行义务的对方当事人未履行或未适当履行合同。这是由于如果须同时履行义务的对方当事人已履行债务，则不存在同时履行抗辩权的问题。④须对方所负义务有履行的可能性。即如果对方所负债务已丧失履行的可能性，如标的物灭失，则应依法律关于债务的履行不能的规定寻求补救，而不存在同时履行抗辩权的问题。这是由于在对方已不可能履行的情况下，当事人行使同时履行抗辩权已没有实际意义，只能解除合同。

3. 同时履行抗辩权的效力

同时履行抗辩权的效力，属于延期的抗辩权，其只是一方当事人在对方当事人未及时履行义务时，暂时阻止对方当事人请求权的行使，而不具有消灭对方请求权的效力，也不具有消灭自己所负的债务的效力。如果对方当事人完全履行了合同义务，则同时履行抗辩权的效力终止，主张抗辩权的当事人就必须履行自己的合同义务。当然，因行使同时履行抗辩权致使合同迟延履行的，迟延履行责任由对方当事人承担。

（二）先履行抗辩权

1. 先履行抗辩权的概念

先履行抗辩权，是指在有履约顺序的双务合同中，应当先履行义务的一方当事人不履行或履行合同不符合约定时，对方当事人有拒绝对方请求履行的权利。

我国《合同法》第 67 条规定："当事人互负债务，有先后履行顺序，先履行一方未履行的，后履行一方有权拒绝其履行要求。先履行一方履行债务不符合约定的，后履行一方有权拒绝其相应的履行要求。"

2. 先履行抗辩权的行使条件

在大陆法系的传统民法理论中，先履行抗辩权被包含在同时履行抗辩权中，作为同时履行抗辩权的一种特殊情形对待。我国《合同法》之所以将其单列，是因为在该法通过之前的合同司法实践中，法官有时会将后履行一方因先履行一方未履行债务而拒绝己方履行的行为视为违约，忽视了双方债务之间的牵连关系，损害了后履行一方的履行顺序利益。① 此外，存在于有先后履行顺序的双务合同中的先履行抗辩权与同时履行抗辩权也区别明显。应该说，我国法律将先履行抗辩权独立规定还是比较合理的。

先履行抗辩权的行使，具体需具备如下条件：①须当事人基于同一双务合同且互负债务。即双方的义务须是基于同一合同产生的。这是出于对双务合同履行上的牵连性的要求。②须当事人的履行有先后顺序。即当事人双方互负的债务须有先后履行顺序。这是由于如果没有先后履行顺序，则是同时履行抗辩权的问题，故此为先履行抗辩权的当然产生前提。③须先履行一方未履行或未适当履行合同。即须先履行合同的一方当事人不履行合同或履行合同不符合约定。这是由于在有先后履行顺序的双务合同中，后履行一方当事人享有期限利益，先履行的一方只有未能全面、适当地履行合同义务而要求后履行一方履行债务，才存在侵害后履行一方的期限利益，而使后履行一方得以拒绝其请求。④须后履行一方债务履行期届至。即只有当后履行一方债务履行期届至，先履行的一方要求其履行合同时，抗辩权才得以产生。这是由于如果后履行一方债务履行期并未届至，先履行一方向其提出合同上的请求权时，后履行一方拒绝履行的原因就应是自己履行期未届至的抗辩，而不是对先履行抗辩权的行使。

3. 先履行抗辩权的效力

先履行抗辩权的行使，无须以明示方式行使，沉默亦有效，其效力与同时履行抗辩权相同，只在于暂时阻止对方当事人请求权的行使。如先履行一方按约履行，则先履行抗辩权消灭，后履行一方不得再迟延履行，否则构成违约。至于一方当事人因行使先履行抗辩

---

① 苏号朋．合同法教程（第二版）．北京：中国人民大学出版社，2011. 170.

权致使合同迟延履行的，责任由对方当事人承担。

（三）不安抗辩权

1. 不安抗辩权的概念

不安抗辩权，是指在有先后履约顺序的双务合同中，应先履行义务的一方当事人，有确切证据证明相对人有丧失履行债务能力之虞时，在对方没有履行或者没有提供担保之前，有暂时中止履行合同的权利。

我国《合同法》第68条、第69条规定，应当先履行债务的当事人，有确切证据证明对方有下列情形之一的，可以中止履行：①经营状况严重恶化；②转移财产、抽逃资金，以逃避债务；③丧失商业信誉；④有丧失或者可能丧失履行债务能力的其他情形。当事人没有确切证据中止履行的，应当承担违约责任。当事人依照本法第68条的规定中止履行的，应当及时通知对方。对方提供适当担保时，应当恢复履行。中止履行后，对方在合理期限内未恢复履行能力并且未提供适当担保的，中止履行的一方可以解除合同。

2. 不安抗辩权的行使条件

不安抗辩权是大陆法系的典型制度，该制度的基本思想是，如果后履行一方确实存在无法为对待给付的可能，还要求先履行一方必须先给付，从而使其陷于“先有损失而后谋求救济”的困境，显然缺乏正当性，因此允许先履行一方拒绝给付。[①] 在实践中，不安抗辩权的行使，能够切实保护当事人的合法权益，有效防止借合同进行欺诈，实现促使对方履行义务。基于不安抗辩权能够使合同的先履行方不履行自己的合同义务，为避免破坏合同纪律，法律对该权利的行使，规定了严格的行使条件。

不安抗辩权的行使，需具备如下条件：①须当事人基于同一双务合同且互负债务。该条件与前述先履行抗辩权的理由相同，故不赘述。②须先履行一方债务已届清偿期。即当事人的履行有先后顺序，只有在先履行的一方履行期限届满，后履行一方才可以向先履行的一方请求履行，先履行的一方才有可能存在行使不安抗辩权的问题。③须后履行一方有丧失或可能丧失履行债务能力的情形。即先履行的一方须有足够的证据证明后履行的一方履行能力明显降低，存在法律所规定的不能为对待给付的危险情形。这是由于在有先后履行顺序的双务合同中，先履行的一方要不按合同约定先履行己方的义务，行使履行抗辩权，就必须具有充分的合理性，以避免损害后履行的一方享有的正当的顺序利益，破坏交易秩序。故只有在先履行的一方有确切的证据证明后履行一方存在不能为对待给付的现实危险时，先履行的一方才可以中止自己的履行。如果后履行的一方有履行能力，则先履行的一方不得行使不安抗辩权。

3. 不安抗辩权的效力

（1）中止合同。即先履行合同的当事人停止履行或延期履行合同。[②] 先履行的一方中止履行，应及时通知对方，[③] 以避免给对方造成不必要的损失，同时也令对方能及时采取适当措施，消灭该不安抗辩权，保障合同的顺利履行。此时，不安抗辩权的效力即表现为

---

① 王卫国．合同法．北京：北京师范大学出版社，2010. 147.

② 财政部会计资格评价中心．经济法．北京：中国财政经济出版社，2010. 226.

③ 此处的通知，并不要求形式，口头或书面均可。

一时性阻却请求权行使。故如果后履行的一方为确保其合同上的履行利益和履行中的次序利益，恢复了履行能力或提供适当担保的,[①] 则不安抗辩权即归于消灭，先履行一方应当继续履行。

（2）解除合同。即后履行一方未能在合理期限内恢复履行能力或提供适当担保的，先履行一方可以解除合同。

四、合同的保全

合同保全，就是对合同之债的保全，是指法律为防止因债务人责任财产的不当减少而给债权人的债权带来危害，而赋予债权人干预债务人处分自己财产行为的权利，从而保证债权实现的法律制度。合同的保全由债权人代位权和债权人撤销权构成。

合同的保全涉及当事人之外的第三人，属于合同的对外效力，法律之所以允许这种与合同的相对性原则相冲突、打破债法基本原理的制度存在，其正当性和合理性就在于该制度保障了一般债权的实现，维护了交易安全。其中，债权人代位权针对的是债务人消极不行使自己债权的行为，行使的目的在于保持债务人的财产，从而确保债权人债权的实现；而债权人撤销权则是针对债务人积极侵害债权人债权实现的行为，行使的目的在于恢复债务人的责任财产，从而实现对债权人债权的保障。

（一）债权人代位权

1. 债权人代位权的概念

债权人代位权，是指债务人怠于行使其对第三人（以下称次债务人）享有的到期债权，危及债权人的债权时，债权人为保障自己的债权而以自己的名义行使债务人对次债务人的债权的权利。

我国《合同法》第73条第1款规定：“因债务人怠于行使其到期债权，对债权人造成损害的，债权人可以向人民法院请求以自己的名义代位行使债务人的债权，但该债权专属于债务人自身的除外。”

2. 债权人代位权的行使条件

债权人提起代位权诉讼，依法应当符合以下条件：①债权人对债务人的债权合法。该条件是代位权行使的首要条件。因为如果债权人对债务人不享有合法债权，也就不存在所谓代位权的行使问题。②债务人怠于行使其到期债权，对债权人造成损害。即债务人不履行其对债权人的到期债务，又不以诉讼方式或仲裁方式向其债务人主张其享有的具有金钱给付内容的到期债权，致使债权人的到期债权未能实现。③债务人的债权已到期。即债权人只有在次债务人的债务已届履行期，才能代债务人行使债权，否则将侵害次债务人的合法权益。④债务人的债权不是专属于债务人自身的债权。所谓专属于债务人自身的债权，是指基于扶养关系、抚养关系、赡养关系、继承关系产生的给付请求权和劳动报酬、退休

---

① 此处所谓的恢复履行能力，是指后履行一方针对先履行一方主张抗辩权的理由和举证情况，以自己的适当行为，消除该不安情事；而此处的提供适当担保，并不要求担保类型，人的担保和物的担保均可，但须达到消除先履行风险，保障对方履行利益实现的程度。

金、养老金、抚恤金、安置费、人寿保险、人身伤害赔偿请求权等权利。即债权人行使代位权所执行的债务人的债权，应是非专属于债务人自身的债权。

3. 债权人代位权的行使程序和范围

债权人代位权的行使，在程序上需符合法律的要求。根据《合同法》和最高人民法院《关于适用〈中华人民共和国合同法〉若干问题的解释（一）》（以下简称《合同法司法解释一》）的相关规定，债权人应以向人民法院起诉的方式行使代位权。

债权人代位权的行使范围，以债权人的债权为限。《合同法司法解释一》第 21 条规定，在代位权诉讼中，债权人行使代位权的请求数额超过债务人所负债务额或者超过次债务人对债务人所负债务额的，对超出部分人民法院不予支持。

4. 债权人的代位权诉讼

债权人依照法律规定提起代位权诉讼的，由被告住所地人民法院管辖。代位权诉讼的主体，根据《合同法》及《合同法司法解释一》的规定，债权人是原告，次债务人是被告，债务人为诉讼上的第三人。如果债权人未将债务人列为第三人的，人民法院可以追加债务人为第三人。两个或者两个以上债权人以同一次债务人为被告提起代位权诉讼的，人民法院可以合并审理。

在代位权诉讼中，次债务人对债务人的抗辩，依法可以向债权人主张。如果债务人在代位权诉讼中对债权人的债权提出异议，经审查异议成立的，人民法院应当裁定驳回债权人的起诉。

在代位权诉讼中，债权人向次债务人提起的代位权诉讼经人民法院审理后认定代位权成立，债权人胜诉的，诉讼费由次债务人负担，从实现的债权中优先支付。同时由次债务人向债权人履行清偿义务，债权人与债务人、债务人与次债务人之间相应的债权债务关系即予以消灭。

（二）债权人撤销权

1. 债权人撤销权的概念

债权人撤销权，又称废罢诉权，是指债权人对债务人实施的危害债权的行为，可请求人民法院撤销债务人处分行为以维持债务人责任财产的权利。

我国《合同法》第 74 条第 1 款规定：“因债务人放弃其到期债权或者无偿转让财产，对债权人造成损害的，债权人可以请求人民法院撤销债务人的行为。债务人以明显不合理的低价转让财产，对债权人造成损害，并且受让人知道该情形的，债权人也可以请求人民法院撤销债务人的行为。”对此，最高人民法院《关于适用〈中华人民共和国合同法〉若干问题的解释（二）》（以下简称《合同法司法解释二》）第 18 条、第 19 条第 3 款更是进一步规定，如果债务人放弃其未到期的债权或者放弃债权担保，或者恶意延长到期债权的履行期，或者以明显不合理的高价收购他人财产，对债权人造成损害，债权人依法提起撤销权诉讼的，人民法院应当支持。

2. 债权人撤销权的成立要件

在债权人撤销权的成立要件上，要视撤销对象究竟为有偿行为还是无偿行为而有不同。如撤销的是有偿行为，则债权人撤销权的成立要件需同时具备客观与主观两方面的要件；如撤销的是无偿行为，则只需具备客观条件。

债权人行使撤销权，需具备如下客观要件：

（1）债务人实施了减少责任财产的行为。债务人实施的减少责任财产的行为，如上文法条所述，主要包括放弃其到期或未到期的债权；无偿转让财产、放弃债权担保、以明显不合理的低价转让财产、以明显不合理的高价收购他人财产、恶意延长到期债权的履行期。对何谓“明显不合理”价格的判断，根据《合同法司法解释二》第 19 条第 1 款和第 2 款的规定，则应当以交易当地一般经营者的判断，并参考交易当时交易地的物价部门指导价或者市场交易价，结合其他相关因素综合考虑予以确认。通常情况下，如果转让价格达不到交易时交易地的指导价或者市场交易价 70% 的，一般可以视为明显不合理的低价；对转让价格高于当地指导价或者市场交易价 30% 的，一般可以视为明显不合理的高价。[①]

（2）债务人的行为须以财产为标的。所谓以财产为标的的行为，即债务人的行为必须以财产为标的，如果是诸如抛弃所有权此类事实行为，或者是诸如结婚、收养、放弃继承权等身份行为，则以上行为虽然有可能造成债务人财产范围的变化，但是债权人不得请求撤销。此外，还有一些诸如拒绝赠与要约、拒绝他人为自己承担债务、拒绝接受遗赠等债务人拒绝财产增加的行为，虽然也是以财产为标的，但由于此种行为的结果只是使债务人的财产没有增加，而并未减少债务人的责任财产，故债权人也不得请求撤销。

（3）债务人的行为须危及债权。所谓行为危及债权，是指债务人积极减少财产或消极地增加债务，导致债权不能得到满足。如果债务人是清偿到期债务或以正常价格买卖，则尽管可能导致债务人财产减少，然而，因未发生债务人责任财产的不当减少，故不能视为危及债权。

正如上文所述，如果债务人的行为是无偿行为，则债权人只需具备客观要件即可行使撤销权。而如果债务人的行为是有偿行为的，则由于涉及第三人的利益，为保护善意第三人，达到维护交易安全的效果，债权人行使撤销权，就还需同时具备如下主观要件：①债务人的恶意。也即只要债务人对其行为可能影响其履行资力并害及债权人的后果具有一定的认识，即构成恶意。[②] 对债务人恶意的证明，应实行推定规则。②第三人的恶意。也即只要第三人在取得财产或受有利益时，知道债务人所为的行为有害于债权，即构成恶意。此处的恶意并不要求第三人具有故意损害债权人的意图或是与债务人恶意串通。

3. 债权人撤销权的行使程序和范围

债权人撤销权的行使，在程序上需符合法律的要求。根据合同法的规定，债权人应以自己的名义通过诉讼方式请求人民法院撤销债务人不当处分财产的行为。

撤销权的行使范围，以债权人的债权为限。如诈害行为的标的大于债权额，在标的为可分物时，债权人只能就其债权范围内的标的物部分行使撤销权；如果标的为不可分物，则债权人可就该不可分物整体主张撤销。

4. 债权人的撤销权诉讼

债权人依照法律规定提起撤销权诉讼的，由被告住所地人民法院管辖。撤销权诉讼的

---

① 此处需注意的是，对于季节性产品和易腐烂变质的时令蔬果等特殊产品，在临近换季或保质期将届满时，为回笼资金而大幅甩卖的，或者在市场疲软、有价无市、资金占用利息损失巨大的情况下为挽回经营损失而以低价转让财产的，以及在其他情形下当事人可以提出事实和证据证明其转让价格具有合理性时，即便该转让价格达不到交易时交易地的指导价或者市场交易价的 70%，也不宜认定其属于“明显不合理的低价”。

② 苏号朋．合同法教程（第二版）．北京：中国人民大学出版社，2011. 191.

主体，根据《合同法》及《合同法司法解释一》的规定，债权人是原告，债务人为被告，受益人或者受让人为诉讼上的第三人。如果债权人未将受益人或者受让人列为第三人的，人民法院可以追加该受益人或者受让人为第三人。两个或者两个以上债权人以同一债务人为被告，就同一标的提起撤销权诉讼的，人民法院可以合并审理。

撤销权自债权人知道或者应当知道撤销事由之日起一年内行使。自债务人的行为发生之日起五年内没有行使撤销权的，该撤销权消灭。此处规定的撤销权行使期间，应属于除斥期间，是一个绝对不变的期间，不适用诉讼时效中止、中断或者延长的规定。

在撤销权诉讼中，一旦法院确认债权人的撤销权成立，债务人的处分行为即归于无效，且自始无效。受益人或者受让人应当返还从债务人处获得的财产。债权人行使撤销权所支付的律师代理费、差旅费等必要费用，由债务人负担；第三人有过错的，应当适当分担。

思考与拓展

不安抗辩权

——从一起买卖合同纠纷看不安抗辩权的适用条件①

【案情】

×年2月8日，原告北京志国商贸有限公司（以下简称商贸公司）与被告涿州市皇后物资公司（以下简称物资公司）签订了购销高压聚丙烯合同。合同约定：物资公司购买商贸公司2401型高压聚丙烯500吨，每吨价格8 500元，共计货款425万元；当年2月底交货，物资公司自提；合同履行前，物资公司向商贸公司交付定金30万元，如违约，完全归商贸公司所有，并处以10%的罚款；货物价格变化，按交货时燕山石化公司的调整价执行；合同有效期为当年2月底。

合同签订后，商贸公司组织货源，同时要求物资公司履约给付定金。当年3月3日，物资公司偕客户到商贸公司看货，双方同意继续履行2月8日签订的合同。物资公司当即将定金及部分货款49万元交付，商贸公司出具的收据载明“物资公司3月6日提货2401聚丙烯50吨”。3月6日，物资公司前往提货时，商贸公司以未交清全部货款为由，既不退款又不付货。事后，商贸公司又催促物资公司履行合同未果，遂向北京市房山区法院起诉。

原告商贸公司起诉称：我公司与被告签订合同和口头协议后，被告两次违约，拒不付清定金和货款，造成我公司直接损失16万元，请求被告支付定金30万元和违约金罚款。被告物资公司辩称：因合同标的数额大，为慎重起见，曾于合同签订后多次要求看货，但原告一方面推诿不让看，另一方面又催促我公司交定金，我公司觉得与原告所签合同存在着极大的欺诈性，就未给付定金。合同有效期间双方未履行，合同应视为自动终止。当年3月3日，我公司带客户到原告处看是否有货，原告强行扣押我公司车辆、人员，并保证发货，我公司才支付了49万元。原告收款后仍不发货。请求法院判令原告返还我公司已支付的49万元及利息。

① 孔祥俊．合同法疑难案例评析与法理研究（修订本）．北京：人民法院出版社，2000. 354～360.

【处理结果】

1. 一审法院的认定和判决

房山区法院查明上述事实后认为，原告、被告签订的购销合同，主体、内容和形式不违反法律，合同有效。合同失效后，双方又约定继续履行该合同，该约定应视为双方对原合同履行期限的修改。被告在支付49万元货款后，未按约定提货及交付剩余货款，被告对此应承担不履行合同的违约责任。原告诉请被告给付定金，因双方在合同有效期内未履行定金条款，该条款不成立，本院不予支持。该院遂依法作出判决：①被告物资公司给付原告商贸公司违约金212 500元；②驳回其他诉讼请求。

2. 二审法院的调解

物资公司不服一审判决，向北京市第一中级人民法院上诉称：其在与商贸公司签订合同后，经多方了解，发现被上诉人商贸公司无现货，需从燕山石化公司进货转供。1月下旬燕山石化公司已将该产品的最低售价调整为8 600元，商贸公司明知该情况，仍与我公司确定价格为8 500元，商贸公司不能做亏本生意，其中可能有诈：是以低价作引诱，骗取我公司货款。为防上当受骗，我公司不再履行。当年3月3日付款及约定，是在商贸公司胁迫下不得已而为，且商贸公司又未按收据载明的内容交货。一审法院认定3月3日约定为原合同履行期限的修改及我公司未按约定提货，不符合事实，请求改判。

二审法院查明，物资公司上诉所称价格属实，商贸公司确无现货可供。

二审法院认为，依照查明的事实，商贸公司在与物资公司签订×年2月8日合同的过程中，实施有一定的欺诈行为。物资公司为维护自己的合法权益，防止蒙受重大的经济损失，行使不安抗辩权，停止合同的履行，符合我国法律规定，不仅不用承担违约责任，而且商贸公司依合同收取物资公司的49万元货款应予以返还。据此，北京市第一中级人民法院主持调解，商贸公司不再坚持诉讼请求。物资公司考虑到商贸公司签约后为联系货源确有支出，愿意补偿。双方当事人自愿达成协议如下：①物资公司给付商贸公司违约金8万元；②商贸公司返还物资公司货款49万元。北京市第一中级人民法院确认上述调解协议，于次年1月30日制发调解书，当事人已自动履行。

第五节　合同的变更、转让与终止

合同一旦生效，即受法律保护，对合同当事人产生法律约束力。当事人应当按照合同的约定履行自己的义务，不得擅自变更、转让或者解除合同。不过，合同领域本就是私法主体意思自治的场所，当事人既然有权订立合同，自然也有权再次依双方合意，依法变更或转让合同。可以说，合同的变更和转让是合同自由原则在合同生效之后的继续贯彻。而合同权利义务的终止，则是合同之债设立的目的，因唯有合同消灭，才能达成当事人的目的，实现当事人的利益，私法的秩序也基于当事人的意思而实现自治。

一、合同的变更

（一）合同变更的概念

合同的变更有广义与狭义之分。广义的合同变更包括合同主体和合同内容的变更，其中合同主体的变更即合同的转让；狭义的合同变更仅指合同内容的变更，是指在合同当事人保持不变的情况下，当事人双方根据客观情况的变化，依照法律规定的条件和程序，经协商一致，对原合同内容予以改变的现象。我国《合同法》所称合同的变更是指合同内容的变更，是狭义上的概念。本节所讲的就是狭义的合同变更。

合同的变更，就原因和程序上看，可有如下类型：①法定变更。即基于法律的直接规定变更合同，如《合同法》第 63 条、第 258 条、第 308 条等的规定。[①] ②享有形成权的合同当事人行使权利。即在合同存有可撤销事由时，有权人诉请变更或撤销合同，法院或仲裁机构判决或裁决变更的。③情势变更。即在情势变更使合同履行显失公平的情况下，当事人诉请变更合同，法院或仲裁机构准许变更的。④当事人协商变更合同。即当事人经协商一致，在不违反法律和公序良俗的情况下，对合同内容的变更。

（二）合同变更的要件

合同变更，须具备如下要件：

1. 原已存在着有效的合同关系

合同变更是对合同内容的改变，故原已存在的有效合同是合同变更的前提和基础。如果没有原合同关系，便无合同变更的对象，也就不存在合同变更的问题；如果原合同关系无效，则该合同自其成立时即无效，即便之后变更合同内容，也不能使其有效，只能视为当事人之间重新订立了合同。

2. 合同内容发生变更且变更的内容明确

合同内容发生变更是合同变更不可或缺的条件。合同内容的变更包括标的的变更、标的物数量的增减、标的物品质的改变、价款或酬金的增减、履行期限的变更、履行地点的改变等。为避免发生争议，合同内容不管如何变更，其变更的内容都必须明确，否则，将推定为未变更。

3. 须依法律规定或当事人约定

依法律规定变更合同，包括两种情况：一是基于法律的直接规定而变更，当法律规定的情形出现时，合同内容当然发生变化，如遇有不可抗力导致债务不能履行时，合同可以延期履行；二是根据人民法院或仲裁机关的裁决而变更，如对因重大误解而订立的合同，或在订立时显失公平的合同，当事人一方有权请求人民法院或仲裁机构变更或撤销。[②] 依

---

① 《合同法》第 63 条规定："执行政府定价或者政府指导价的，在合同约定的交付期限内政府价格调整时，按照交付时的价格计价。逾期交付标的物的，遇价格上涨时，按照原价格执行；价格下降时，按照新价格执行。逾期提取标的物或者逾期付款的，遇价格上涨时，按照新价格执行；价格下降时，按照原价格执行。"

② 财政部会计资格评价中心．经济法．北京：中国财政经济出版社，2010. 249.

当事人约定变更合同的情形，既可以是当事人达成变更合同协议，也可以是当事人在订立合同时即约定当某种特定情况出现时当事人有权变更合同。

（三）合同变更的效力

合同变更的效力是合同内容发生变化。如果法律、行政法规规定变更合同应当办理批准、登记等手续的，依照其规定。具体而言，即如果原合同是经过公证、鉴证的，变更后的合同应报原公证、鉴证机关备案，必要时应对变更的事实予以公证、鉴证；如果原合同按照法律、行政法规的规定是经过有关部门批准、登记的，变更后仍应报原批准机关批准、登记。

合同变更后，未变更的部分继续有效，变更的部分就取代了原合同的内容，当事人应当按照变更后的合同内容履行，任何一方违反变更后的合同内容，均构成违约。

合同变更原则上仅对将来发生效力，对原合同已经履行的部分没有溯及力，任何一方不能因合同的变更而要求对方返还已为的给付，但法律另有规定或当事人另有约定的除外。

合同变更不影响当事人要求赔偿损失的权利，如对重大误解而成立的合同予以变更，致相对人遭受损失，则相对人有权要求误解人赔偿损失。如果合同变更涉及第三人利益，尤其是增加第三人的负担的，应当征得第三人的同意，否则合同变更不对其发生效力。例如，根据最高人民法院《关于适用〈中华人民共和国担保法〉若干问题的解释》第 30 条第 1 款的规定，保证期间，债权人与债务人对主合同数量、价款、币种、利率等内容作了变动，未经保证人同意的，如果减轻债务人的债务的，保证人仍应当对变更后的合同承担保证责任；如果加重债务人的债务的，保证人对加重的部分不承担保证责任。

二、合同的转让

（一）合同转让的概念

合同的转让，又称合同的让与，是指在不改变合同内容的前提下，合同一方当事人依法将其权利、义务全部或者部分转让给第三人的行为。换言之，即在保持合同内容的前提下，合同主体发生变更。

合同的转让，依转让内容的不同，可分为债权转让、债务承担、债权债务的概括移转。各种类型的合同转让既可以是全部转让，也可以是部分转让。

（二）债权转让

1. 债权转让的概念

债权转让，又称合同权利转让，是指在不改变合同内容的前提下，债权人将其债权的全部或者部分转让给第三人享有的法律制度。其中债权人称为转让人，第三人称为受让人。

我国《合同法》第 79 条规定，债权人可以将合同的权利全部或者部分转让给第三人。在这里需注意，债权转让的当事人双方是债权人和第三人，与债务人无关。虽然合同法规定，债权人转让权利的应当通知债务人，但是债务人并不因此成为债权转让的当事人。

2. 债权转让的条件

债权转让，须具备如下条件：

（1）须有有效债权的存在。所谓有效债权，是指在合同权利转让时该债权是确实存在的，并不意味着其在将来一定能够实现。[①] 即转让人不能以根本不存在或无效或已经消灭的债权让与他人，而必须负有保证该债权确实存在的义务，但无须负有债权能够实现的担保责任。如诉讼时效已完成的债权、可撤销的债权、已经成为权利质权标的的债权、附条件或期限的债权，都可以成为转让的标的。[②] 债权的有效存在，是债权转让的前提。

（2）须有具可转让性的债权。即被转让的债权应当具备可转让性。一般而言，债权是一种财产性权利，原则上都具有可转让性，但是考虑到交易安全、合同目的、社会政策等因素，法律明确规定了不可转让的债权。作为被转让的债权，则不得有法律所禁止的情形。

（3）须符合法定的形式要件。如果法律、行政法规规定转让权利或者转移义务应当办理批准、登记等手续的，则债权人在转让债权时应依规定办理相应的手续。

3. 不可转让的债权

根据法律规定，不可转让的债权主要包括如下几种情形：

（1）根据合同性质不得转让。即根据合同权利的性质，只能在特定当事人之间发生效力，如果当事人将合同权利转让给第三人，将会使合同内容发生变更，从而使转让后的合同内容和转让前的合同内容失去联系性和同一性，且违反当事人订立合同的目的。[③] 譬如，在雇佣、委托、承揽、赠与等此类以特定当事人之间的信赖关系为基础的合同所生之债权，原则上不能转让。

（2）按照当事人约定不得转让。即在不违反法律的强制性规定或者公序良俗原则的情况下，根据合同自由原则，当事人可以在合同履行之前作出禁止债权转让的特别约定。不过，该约定的效力只及于合同当事人之间，对第三人没有拘束力。如果一方当事人违反约定，将债权转让给善意第三人，则善意第三人可以取得该项权利。

（3）依照法律规定不得转让。即基于社会政策及维护社会公共秩序的客观需求，法律明文禁止转让的合同债权不得成为转让合同的标的。如《担保法》规定，最高额抵押的主合同债权不得转让。

4. 债权转让的效力

债权转让的效力，包括债权转让在转让人与受让人之间发生的效力即对内效力，以及债权转让对债务人与第三人的效力即对外效力。

---

① 王卫国．合同法．北京：北京师范大学出版社，2010. 163.

② 诉讼时效已完成的债权、可撤销的债权、已经成为权利质权标的的债权、附条件或期限的债权，之所以都可以成为转让的标的，是因为诉讼时效已完成的债权，虽然不受法律的强制保护，但仍存在债务人自愿履行的可能性，债权人依然可能受领并且其受领结果是受法律保护的，债务人不得再以已过诉讼时效为由请求返还；可撤销的债权在被撤销前是有效的，可以成为转让的标的；已经成为权利质权标的的债权、附条件或期限的债权，只要债权在将来的发生中属于可确定债权，则此种债权仍然具有财产价值而具有可让与性。

③ 王利明，房绍坤等．合同法．北京：中国人民大学出版社，2009. 197.

债权转让的对内效力，具体表现为：

（1）合同权利的全部或部分转让。在合同权利全部转让的情况下，原合同关系消灭，受让人完全取代原合同债权人的地位成为合同当事人。在合同权利部分转让的情况下，受让人作为第三人加入到合同关系中，与原债权人共享合同债权。

（2）合同从权利的转移。债权人转让主权利时，附属于主权利的从权利也一并转让，[①] 受让人在取得债权时，也取得与债权有关的从权利，但该从权利专属于债权人自身的除外。[②]

（3）债权人应对债权瑕疵负担保义务。转让人应当保证其所转让的权利有效存在且不存在权利瑕疵。如果因转让存有瑕疵的债权而令受让人遭受损失，则转让人需因此向受让人承担赔偿责任，但受让人明知权利存在瑕疵的除外。

（4）转让人的交付及告知义务。转让人应向受让人交付有关债权的全部文件，并告知其行使债权必需的一切情况，以确保受让人能够完全行使债权。

债权转让的对外效力，则具体表现为：

（1）债权转让对债务人的效力。根据合同法的规定，债权人转让权利的，应当通知债务人。未经通知，该转让对债务人不发生效力。因此，如果债务人没有接到债权转让通知，则受让人不能以债权转让为由，要求债务人向其履行债务。债务人对原债权人的履行行为，或转让人对债务人的免除或抵销行为，均为有效；而在债务人接到债权转让通知之后，债权的转让对债务人即发生效力，债务人须向受让人履行义务，其对转让人的所有抗辩权均可以向受让人主张。[③] 而如果债务人对让与人享有债权，并且债务人的债权先于转让的债权到期或者同时到期的，债务人可以向受让人主张抵销。

（2）债权转让对第三人的效力。在债权人重复转让其债权时，应当以债权转让的时间先后顺序为标准，以时间在先者为正当受让人。

（三）债务承担

1. 债务承担的概念

债务承担，又称合同义务转移，是指不改变合同关系的内容，债务人将其债务全部或者部分转移给第三人承担。债务人称为转让人，第三人称为承担人。

我国《合同法》第 84 条规定：“债务人将合同的义务全部或者部分转移给第三人的，应当经债权人同意。”

债务承担以原债务人是否就第三人承担的债务免除责任为标准，可以分为免责的债务承担和并存的债务承担。

2. 免责的债务承担

免责的债务承担，是指债务人将合同义务转移给第三人，由该第三人以其承担的债务

---

① 此处所称的“从权利”，包括担保权、利息债权、违约金债权以及其他从权利。例如最高人民法院《关于适用〈中华人民共和国担保法〉若干问题的解释》第 28 条规定，保证期间，债权人依法将主债权转让给第三人的，保证债权同时转让，保证人在原保证担保的范围内对受让人承担保证责任。

② 此处所称的专属于债权人自身的从权利，是指与债权人不可分离的从权利。例如，在保证合同中，如保证人和债权人约定专为债权人设定保证债权，则该保证债权便与债权人不可分离，不得随同主债权的转让而转移给受让人。

③ 我国《合同法》第 82 条规定：“债务人接到债权转让通知后，债务人对让与人的抗辩，可以向受让人主张。”

取代原债务人的地位，并使原债务人就该部分债务免除责任的债务承担。

如果是债务人与第三人订立债务承担合同，将其债务全部或部分转由第三人承担的，则须经债权人同意，以保障债权人的利益；如果是债权人直接与第三人订立债务承担合同的，则一般不必经债务人同意即可成立免责的债务承担，但应当通知债务人。

免责的债务承担使得承担人成为合同债务人，由其直接向债权人承担债务，且应当承担与主债务有关的从债务。① 而原债务人脱离原债务关系，不再承担履行义务，且对承担人的偿还能力不负担保责任。如果担保人不履行债务，或者履行债务不符合法律规定或当事人约定的，债权人只能要求承担人履行或承担违约责任。当然，承担人依法可以主张原债务人对债权人的抗辩。

3. 并存的债务承担

并存的债务承担，又称债务加入、附加的债务承担或重叠的债务承担，是指为担保原债务人的债务，第三人也加入到债的关系中，由原债务人和第三人一起对债权人承担同一合同债务。

并存的债务承担，既可以通过债务人与第三人订立债务承担合同，也可以通过债权人与第三人订立债务承担合同的方式，使第三人与原债务人一起对债权人负担债务。由于在这两种情形下，债权人或债务人的权益都不会受到损害，因此，并存的债务承担合同有效成立不以债权人或债务人的同意为必要。

并存的债务承担合同生效以后，第三人作为债务人参与到合同关系当中，与原债务人共同承担合同义务。依据我国学者的通说，在并存的债务承担场合，债务人与第三人之间成立连带关系，他们共为连带债务人。②

（四）债权债务的概括移转

1. 债权债务概括移转的概念

债权债务的概括移转，又称合同权利义务的概括移转，是指不改变合同关系的内容，合同一方当事人将其在合同中的权利义务一并转让给第三人，由第三人概括地继受该债权债务。

我国《合同法》第 88 条规定：“当事人一方经对方同意，可以将自己在合同中的权利和义务一并转让给第三人。”对于债权债务的概括移转，既可以是合同权利义务的全部转移，也可以是合同权利义务的一部分转移。如果是合同权利义务的全部转移，则承受人因此取代出让人的法律地位，成为合同关系的新当事人；如果是合同权利义务的一部分转移，则承受人依其与出让人之间达成的债权债务转移的份额和性质，享有合同权利，承担合同义务。

2. 债权债务概括移转的分类

债权债务概括移转以引起合同权利义务概括移转的原因为标准，可分为约定的概括移

---

① 根据《合同法》第 86 条的规定，债务人转移义务的，新债务人应当承担与主债务有关的从债务，但该从债务专属于原债务人自身的除外。如利息债务或违约金债务，通常要一并转移。但如果是专属于债务人自身的从债务，则不能随着债务的转移而转移。

② 王卫国．合同法．北京：北京师范大学出版社，2010. 170.

转和法定的概括移转。

（1）约定的概括移转。约定的概括移转又称意定的概括移转，是指合同一方当事人经对方同意，与第三人订立转让合同，基于转让合同的方式将其合同权利义务一并转移给第三人。

约定的概括移转须以合同另一方当事人的同意为必要，且由于债权债务的概括移转包括权利和义务两个方面的转移，故此类合同只能是双务合同，而不能是单务合同。

（2）法定的概括移转。法定的概括移转，是指因某一法定事实的发生，基于法律的直接规定，由第三人取得合同一方当事人的地位，承受合同的权利义务。

法定的概括移转，因并非基于当事人的合意，故无须以相对人的同意为必要。比如，企业的合并与分立，就直接依法律规定引起债权债务的概括移转。《合同法》第 90 条规定，当事人订立合同后合并的，由合并后的法人或者其他组织行使合同权利，履行合同义务。当事人订立合同后分立的，除债权人和债务人另有约定的以外，由分立的法人或者其他组织对合同的权利和义务享有连带债权，承担连带债务。

3. 债权债务概括移转的效力

债权债务的概括移转，既包括债权转让，也包括债务承担。根据《合同法》第 89 条的规定，权利和义务一并转让的，其效力涉及合同权利转让的部分适用债权转让的有关规定，涉及合同义务转移的部分则适用债务承担的有关规定。需要注意的是，债权债务概括移转的法律效果并非只是债权转让和债务承担的简单相加，其还包括依附于原当事人的一切权利和义务，都应一并转移给第三人。

三、合同的终止

（一）合同终止的概念

合同权利义务的终止，简称合同的终止，又称合同的消灭，是指依法生效的合同，因具备法定或当事人约定的情形，合同关系归于消灭，债权人不再享有合同权利，债务人也不必再履行合同义务，合同终止法律效力。

合同权利义务的终止，是合同的自身目的使然，即作为当事人达到其利益要求的手段，它必然因当事人订立合同所期待的利益的实现或不能实现而终结。任何合同关系皆不可能永久存在，而只会因各种原因或事由走向消灭。①

（二）合同终止的具体情形

根据《合同法》第 91 条的规定，有下列情形之一的，合同的权利义务终止：

1. 债务已经按照约定履行

债务已经按照约定履行，简称履行，又称清偿，是指合同的债务人按照合同的约定适当地履行合同义务，实现债权人权利的行为。

债务依合同约定得到履行，可使债权人的债权得以实现，从而使合同的债权债务同时

---

① 王卫国．合同法．北京：北京师范大学出版社，2010. 173.

归于消灭，合同的权利义务因此而终止。债务人履行债务、第三人对债权人为给付，都属于清偿；债权人通过强制执行或者实现担保物权而使债权得到满足，性质上也为受清偿。

此外，以下的情况也属于合同按照约定履行：

（1）代物清偿。即债权人同意以其他种类的给付代替合同原定种类的给付，而达到债务消灭的目的。如标的物灭失无法交付或者实际履行费用过高，经债权人同意，采用替代物履行，而实现债务的消灭。

（2）清偿抵充。即债务人对同一债权人负有同种类的数宗债务，但没有能力清偿所有债务时，决定其履行行为抵充其中某宗或某几宗债务，从而令该抵充的债务归于消灭。对于抵充的顺序，大多数国家所确立的规则是：有约定从约定，无约定依指定，无指定依法定。① 我国《合同法司法解释二》第 20 条规定，债务人的给付不足以清偿其对同一债权人所负的数笔相同种类的全部债务，应当优先抵充已到期的债务；几项债务均到期的，优先抵充对债权人缺乏担保或者担保数额最少的债务；担保数额相同的，优先抵充债务负担较重的债务；负担相同的，按照债务到期的先后顺序抵充；到期时间相同的，按比例抵充。但是，债权人与债务人对清偿的债务或者清偿抵充顺序有约定的除外。此外，《合同法司法解释二》第 21 条规定，债务人除主债务之外还应当支付利息和费用，当其给付不足以清偿全部债务时，并且当事人没有约定的，人民法院应当按照下列顺序抵充：①实现债权的有关费用；②利息；③主债务。

2. 合同解除

合同解除，是指合同有效成立以后，没有履行或者没有完全履行之前，当解除的条件具备时，因当事人一方或双方的意思表示，使合同关系终止的行为。

合同的解除根据解除合同方式的不同，可以分为合意解除和单方解除；② 根据解除权是基于当事人之间的约定还是法律的规定，可以将单方解除分为约定解除和法定解除；③ 根据解除条件适用的合同范围不同，可以将法定解除分为一般法定解除与特别法定解除。④

合同解除的条件，因合同解除类型的不同而各不相同。协议解除的条件是当事人达成新的解除协议；约定解除的条件是当事人约定的解除权发生事由已经实现；法定解除的条件则根据《合同法》第 94 条的规定，包括如下情形：①因不可抗力致使不能实现合同目的；②在履行期限届满之前，当事人一方明确表示或者以自己的行为表明不履行主要债务；③当事人一方迟延履行主要债务，经催告后在合理期限内仍未履行；④当事人一方迟

---

① 苏号朋．合同法教程（第二版）．北京：中国人民大学出版社，2011. 210.

② 合意解除，又称协议解除，是指当事人通过协商达成合意，将合同解除的行为；单方解除，是指当具备解除条件时，当事人一方或双方行使约定或法定解除权，将合同解除的行为。

③ 约定解除，是指当事人在合同中为一方或双方设定行使解除权的条件，当解除条件出现时，当事人即可行使解除权，以解除合同；法定解除，是指法律规定合同当事人行使解除权的条件，当解除条件出现时，当事人即可行使解除权，以解除合同。

④ 一般法定解除，是指法定的解除条件适用于所有或绝大多数合同的解除，主要指《合同法》第 94 条规定的合同解除；特别法定解除，是指法定的解除条件仅适用于特定合同的解除，如《合同法》分则及其他法律针对特定合同类型规定的解除条件。

延履行债务或者有其他违约行为致使不能实现合同目的；⑤法律规定的其他情形。[①]

合同解除的程序，也基于合同解除类型的不同而有所不同。对于合意解除，只要双方意思表示一致，解除协议有效成立，即产生解除的法律效果，无须特定程序。对于约定解除和法定解除，则均须当事人行使解除权。解除权的行使须经一定的程序，即由当事人以意思表示的方式解除合同；在特殊情况下，则由法院或仲裁机构裁判解除合同。根据《合同法》第 96 条的规定，当事人一方依法主张解除合同的，应当通知对方。合同自通知到达对方时解除。对方有异议的，可以请求人民法院或者仲裁机构确认解除合同的效力。法律、行政法规规定解除合同应当办理批准、登记等手续的，应依照其规定办理相关手续。

合同解除的效力，主要分为未履行部分的终止、已履行部分的清算和损害赔偿三方面。根据《合同法》第 97 条的规定，合同解除后，尚未履行的，终止履行；已经履行的，根据履行情况和合同性质，当事人可以要求恢复原状、采取其他补救措施，并有权要求赔偿损失。

3. 债务相互抵销

抵销，是指合同当事人之间存在两个或多个债的关系，且互负相同种类债务，当事人各以其债权充当债务的清偿，而使双方的债务在对等额内相互消灭的法律制度。主张抵销的债权为主动债权；被抵销的债权为被动债权。抵销依其产生的依据不同，可分为法定抵销和合意抵销。

（1）法定抵销。法定抵销，是指合同双方当事人互负债务，并具备法律规定的要件时，依当事人一方的意思表示，使双方的债权按同等数额消灭的制度。

在法定抵销中，当事人完全具备法律规定要件的，可以主张抵销。根据《合同法》第 99 条的规定，[②] 法定抵销须具备如下构成要件：①当事人双方互负债务、互享债权；②当事人双方互负债务的标的物种类、品质相同；③双方互负的债务已届清偿期；④双方的债务均为可抵销的债务。[③]

法定抵销不能自行进行，根据《合同法》第 99 条第 2 款的规定，当事人主张抵销的，应当通知对方。通知自到达对方时生效。抵销不得附条件或者附期限。可见，一方当

---

① 法律规定的其他情形，如根据《合同法》第 69 条的规定，在双务合同中，应当先履行义务的当事人行使不安抗辩权后，对方在合理期限内未恢复履行能力并且未提供适当担保的，先履行方可以解除合同；根据《合同法司法解释二》第 26 条规定，在发生情势变更时，当事人请求人民法院解除合同的，人民法院可根据公平原则，并结合案件的实际情况确定解除合同。此外，还有《合同法》分则或其他法律针对特定类型的合同规定的解除情形，如《合同法》第 165、166、167、203、219、224、227、231、232、233、248、253、259、268、308、337、410 条的规定等。另外，最高人民法院的多个关于合同法的司法解释中也就解除问题作了特别规定。

② 《合同法》第 99 条规定："当事人互负到期债务，该债务的标的物种类、品质相同的，任何一方可以将自己的债务与对方的债务抵销，但依照法律规定或者按照合同性质不得抵销的除外。"

③ 按照有关法律规定，下列债务不能抵销：A. 按合同性质不能抵销。有些合同不实际履行就不能达到订立合同的目的，如债务标的为劳务的合同，如咨询、培训、医疗合同。B. 按照约定应当向第三人给付的债务。如果双方当事人在订立合同时已约定债务人应向第三人履行义务，则债务人不得以对合同对方当事人享有债权而主张抵销该义务，否则将损害第三人的利益。C. 因故意实施侵权行为产生的债务。这种债务是对被害人的赔偿，如允许抵销，则意味着可以用金钱补偿对债务人的人身和财产权利的任意侵犯，是有悖社会正义的。D. 法律规定不得抵销的其他情形。如被人民法院查封、扣押、冻结的财产，当事人已无处分权，不能用来抵销债务。见财政部会计资格评价中心．经济法．北京：中国财政经济出版社，2010. 254.

事人行使法定抵销的方法为：①抵销的意思表示须通知对方。通知以明示的方式作出，既可采书面形式，也可采口头形式。②抵销不得附条件或附期限。抵销如果附条件或附期限，将会使抵销的效力处于不确定的状态，有悖抵销的主旨、功能，故附条件或附期限的抵销不发生抵销的法律效力。

当事人行使抵销权后，法定抵销的效力主要表现为：①双方互负的债务在数额对等的范围内消灭。②抵销具有溯及力，其效力溯及于抵销权产生之时。债务抵销后，就消灭的债务不再发生支付利息的债务，也不再发生迟延责任，且双方的从债务如担保债务、违约金债务、损害赔偿债务等也溯及于抵销权产生时消灭。③抵销权行使后不得撤回。抵销权行使后，双方对等数额的债权因抵销而实现债的绝对消灭，故抵销权行使后不得撤回。

（2）合意抵销。合意抵销，又称约定抵销，是指双方当事人协商一致将互负的债务抵销，以消灭当事人之间的债权和债务。

在不具备法定抵销的条件时，当事人依法可以通过合意抵销的方式来消灭债务。我国《合同法》第100条规定，当事人互负债务，标的物种类、品质不相同的，经双方协商一致，也可以抵销。合意抵销须具备如下构成要件：①当事人双方须互负合法有效的债务；②当事人须意思表示一致；③须不得损害第三人的利益。

合意抵销的效力与法定抵销的效力基本相同，即消灭当事人之间同等数额的债权债务关系。但因合意抵销贯彻当事人的意思自由，故其具体的效力，可取决于抵销合同中的约定。[①] 比如，双方当事人可无论债务是否已届履行期限而合意抵销；双方当事人也可对法定抵销中不得附条件或附期限的规定予以协商排除其适用。

4. 债务人依法将标的物提存

提存有广义和狭义之分，广义的提存包括清偿提存和担保提存两种类型；[②] 而狭义的提存仅指清偿提存。本节所指的提存是其狭义的概念，即指债务人于债务已届履行期时，由于债权人的原因致使债务人无法或难以履行债务，债务人将标的物提交提存机关保存，以终止合同权利义务关系的行为。在一般情况下，提存人为债务人；提存受领人为债权人或其代理人；提存机构为国家设立的接收并保管提存物的机关，目前我国主要的提存机构为公证处。

根据《合同法》第101条的规定，有下列情形之一，难以履行债务的，债务人可以将标的物提存：①债权人无正当理由拒绝受领；②债权人下落不明；③债权人死亡未确定继承人或者丧失民事行为能力未确定监护人；④法律规定的其他情形。[③]

债务人提存时，提存物必须与合同约定的标的物相符，否则不能产生债务消灭的后果。此外，提存物必须适合于保存且提存费用不能过高。根据法律规定，诸如货币、有价

---

① 王卫国．合同法．北京：北京师范大学出版社，2010. 185.

② 清偿提存是合同法上的概念，是一种消灭债务、终止合同权利义务的方法；担保提存是担保法上的概念，是一种担保债务履行的手段，并不发生债的关系消灭的效果。如《担保法》第49条规定，抵押人转让抵押物所得的价款，应当向抵押权人提前清偿所担保的债权，或者向与抵押权人约定的第三人提存。

③ 法律规定的其他情形，是指除上述情形外，如《合同法》或其他法律对提存有特别规定的，则依其规定。例如《合同法》第70条规定，债权人分立、合并或者变更住所没有通知债务人，致使履行债务发生困难的，债务人可以中止履行或者将标的物提存。此外，当事人双方可以在合同中约定提存条款，当条件成就时，债务人可以提存的方式消灭债务。见苏号朋．合同法教程（第二版）．北京：中国人民大学出版社，2011. 228.

证券、票据、提单、权利证书、贵重物品、担保物（金）或其他替代物等皆是适宜提存的标的物；而诸如鲜活食品、化学药品、需要特殊设备或人工照顾的动物等则属不适于提存或提存费用过高的标的物。根据《合同法》第101条第2款的规定，标的物不适于提存或者提存费用过高的，债务人依法可以拍卖或者变卖标的物，提存所得的价款。

提存涉及债务人、债权人以及提存部门三方当事人，其所产生的法律效力也包括三个方面：

（1）债务人与债权人之间的效力。自提存之日起，债务人的债务得到清偿，债权人不得再要求债务人履行合同。标的物提存后，除债权人下落不明的以外，债务人应当及时通知债权人或者债权人的继承人、监护人。标的物在提存期间毁损、灭失的风险由债权人承担；标的物产生的孳息归债权人所有；提存费用由债权人负担。

（2）债务人与提存部门之间的效力。当债务人的提存申请符合要求，依法将标的物提交于提存部门之后，提存部门则有义务予以提存，并负有保管提存物的义务。

（3）债权人与提存部门之间的效力。标的物提存后，债权人可以随时领取提存物，但债权人对债务人负有到期债务的，在债权人未履行债务或者提供担保之前，提存部门根据债务人的要求应当拒绝其领取提存物。债权人领取提存物的权利，自提存之日起五年内不行使而消灭，提存物扣除提存费用后归国家所有。

5. 债权人免除债务

免除，是指债权人以消灭债权为目的而抛弃自己的债权，从而全部或部分地消灭合同权利义务关系的行为。免除在性质上为单方法律行为，其不需征得债务人同意，而只需债权人向债务人作出抛弃债权的意思表示即可生效。债权人免除的意思表示既可以是明示的，也可以是默示的；既可以是书面形式，也可以是口头形式。免除为无偿行为，免除的意思表示一旦作出，不得撤销。我国《合同法》第105条规定："债权人免除债务人部分或者全部债务的，合同的权利义务部分或者全部终止。"

债权人免除债务，须符合如下条件：①债权人须具有相应的民事行为能力；②债权人须向债务人作出免除的意思表示；③须不得损害第三人的合法利益。

免除生效后，即发生债消灭的法律后果。免除可以附条件或附期限。如果债权人免除债务人全部债务的，则合同关系全部归于消灭，有债权证书的，[1] 债务人可以请求返还；如果为部分免除的，则合同关系仅就免除部分归于消灭。免除可使附属于主债务的从债务，如保证债务、利息债务、违约金债务等也归于消灭；但如果债权人免除的仅是从债务时，则主债务并不能随之消灭。对于法律规定禁止抛弃的债权，不能以免除的方式抛弃。

6. 债权债务同归于一人

债权债务同归于一人，即混同，是指因债权债务同归于一人，而致债的关系归于消灭的事实。债权是相对权，债权人与债务人是债的关系中两个必备的对立主体，如二者归为同一主体，则债的关系已无存在的意义，故债的关系当然消灭。混同无须当事人的任何意思表示，只要债权债务同归于一人的事实发生，且不违背法律的强制性规定和禁止性规定，就可以发生合同权利义务终止的效力。我国《合同法》第106条规定，债权和债务

---

① 债权证书，也称债务证书、负债字据，是债权债务关系的证明。债权证书通常由债务人所立，并交债权人持有，以作为证明债权的凭证。

同归于一人的，合同的权利义务终止，但涉及第三人利益的除外。

债权债务之所以同归于一人，是因债权或债务的承受而产生，故混同的原因可分为两种：

（1）概括承受。概括承受是发生混同的主要原因。例如，两企业合并，则两企业之间原先订立的合同中的权利义务同归于合并后的企业，原来的债权债务关系自然终止。

（2）特定承受。即因债权让与或债务承担而承受权利或义务而发生混同。例如，当债权人继承了债务人或者债务人继承了债权人时，债权债务同归于一人，合同终止。

债权债务同归于一人的效力，在于绝对地消灭合同的关系，此种消灭的效力及于主债权和从债权。不过，如果债权与保证债务混同时，则保证债务消灭而主债务仍然存在；而如果涉及第三人利益时，则合同不得因混同而消灭。如债权人以其债权为第三人设定了权利质权，后债务人将债务转移给债权人，则此时如果发生混同，质权也将因权利标的的丧失而消灭，这势必影响到第三人的担保利益，故在此种情况下不成立混同。

7. 法律规定或者当事人约定终止的其他情形

对于法律规定终止的其他情形，比如，《合同法》规定，委托人或者受托人死亡、丧失民事行为能力或者破产的，委托合同终止。《民法通则》规定，代理人死亡、丧失民事行为能力，作为被代理人或代理人的法人终止，委托代理终止。当事人也可以约定合同的权利义务终止的情形，如当事人订立的附解除条件的合同，当解除条件成就时，债权债务关系消灭，合同的权利义务终止。①

（三）合同终止的效力

合同终止尽管有多种情形，然而，因合同终止而产生的法律后果却是相同的。合同终止的效力主要表现为如下几个方面：

1. 合同关系消灭

合同的权利义务一旦终止，则债权人不再享有债权，债务人也不再负担债务，合同即丧失法律上的效力，合同关系也归于消灭。合同终止后，依附于该合同的从权利义务也随之消灭。

2. 债权证书的返还

合同关系消灭后，债权人应当将债权证书返还债务人。如果合同关系部分消灭或债权证书上记载有债权人的他项权利时，债务人有权请求将消灭事由记入债权证书中；如果债权证书丢失，则债权人应当向债务人作出债务消灭的证明。

3. 合同终止不影响合同中结算、清理条款及争议解决条款的效力

合同终止后，合同中的结算、清理条款及争议解决条款由于都是当事人事先约定的，涉及对合同终止后事务的处理，具有相对的独立效力，故可不受合同关系消灭的影响而继续有效。结算和清理条款是处理合同当事人双方在经济往来中产生的、合同终止后遗留的财产问题的条款，我国《合同法》第 98 条规定，合同的权利义务终止，不影响合同中结算和清理条款的效力。而争议解决条款则是当事人解决合同纠纷的处理方法，《合同法》第 57 条规定，合同终止的，不影响合同中独立存在的有关解决争议方法的条款的效力。

---

① 财政部会计资格评价中心．经济法．北京：中国财政经济出版社，2010. 255.

4. 当事人负有后合同义务

后合同义务，理论上又称为“后契约义务”，是指为保护正常的交易秩序，在合同终止后，双方当事人依据诚实信用原则和交易习惯应当履行的义务。我国《合同法》第92条规定，合同的权利义务终止后，当事人应当遵循诚实信用原则，根据交易习惯履行通知、协助、保密等义务。可见，后合同义务既可以是作为方式，如通知、协助等，也可以是不作为方式，如保守国家秘密、商业秘密和合同约定的不得泄露的事项等。合同当事人如违反后合同义务，则应当承担相应的损害赔偿责任。我国《合同法司法解释二》第22条明确规定，当事人一方违反《合同法》第92条规定的义务，给对方当事人造成损失，对方当事人请求赔偿实际损失的，人民法院应当支持。

思考与拓展

父子债务纠纷案①

【案情】

甲（父亲）、乙（儿子）二人合伙做生意。某日逛商场时，乙为其女朋友选中了一枚戒指，但带的钱不够，于是，甲对乙说：“我来帮你付钱。”并对收银员说：“这2 000元由我替他付款。”付钱后，售货员将戒指交付于乙。半年后，父子发生矛盾，两人间的合伙解散。经亲属调解分割合伙财产时，对于甲以前欠乙的3 000元借款，乙当场表示免除这笔债务。后来乙反悔，多次向甲索要该笔债务，甲不同意，一怒之下将乙打伤。乙花去医疗费大概2 000元。乙向法院起诉，要求甲偿还3 000元债务，并赔付医疗费2 000元。甲提出其在商场为乙付款2 000元买戒指，现在乙受伤支付医疗费2 000元，二者抵销，互不欠账；合伙做生意的3 000元借款，乙已表示免除。乙则提出其父为自己付款2 000元，纯属赠与；合伙解散结算时所免除的3 000元债务，后来自己又不同意免除了，该债务仍应偿还。

【问题】

（1）乙在商场购买戒指所欠商场债务因何种原因而消灭？

（2）甲欠乙的3 000元债务是否已经消灭？乙能否反悔？

（3）甲能否主张以其为乙支付的价款抵销医疗费用？

【案例分析】

甲为乙支付价款购买戒指，消灭乙与商场间的债务关系，是一种代为清偿行为。所谓代为清偿，是指第三人主动为债务人履行其对债权人的债务，实现债权人的权利。商场的利益因甲的付款行为而实现，乙与商场之间债的关系因清偿而消灭。

由于乙已经免除甲欠其的3 000元债务，因而该债务已经消灭，乙不能撤销此前作出的债务免除行为。这是因为，免除一经生效，不得撤销。在本案中，乙在合伙解散后，当场明确表示免除甲的3 000元债务，甲的3 000元债务因此消灭。

---

① 苏号朋．合同法教程（第二版）．北京：中国人民大学出版社，2011. 233～234.

甲不得主张以其为乙支付的价款抵销乙的医疗费用。抵销可以使当事人双方互负的债务在对等额内消灭。抵销分为法定抵销与合意抵销。根据《合同法》第99条规定，当事人互负到期债务，该债务的标的物种类、品质相同的，任何一方可以将自己的债务与对方的债务抵销，但依照法律规定或者依据合同的性质不得抵销的除外。实施故意侵权行为所产生的债务不得适用法定抵销。在本案中，甲、乙之间互负同种类的金钱债务，但是，甲应承担的医疗费用债务是故意侵权行为之债，是不可抵销的债务，因此，甲不得主张以其为乙支付的价款抵销乙的医疗费用。但是，如果甲、乙两人达成协议，将甲为乙支付的价款与乙的医疗费用抵销，则为合意抵销，可以发生消灭债的关系的效力。

第六节　违约责任

违约责任是合同法的核心内容，在合同法体系中占据了核心的位置，同时也是我国民事责任制度的重要组成部分。一般而言，当事人订立合同的目的是实现自己的利益，在通常情况下，当事人在订立合同后是愿意依照约定自觉履行合同的。但由于主观或客观原因，也不可避免地存在当事人一方或双方违反合同义务的情况。若放任当事人违反合同义务的行为，无疑是对双方当事人“合意”的否定，是对产生法律约束力的合同的否定。因此，违约责任制度的设立和存在，是合同当事人的合意能够产生法律约束力的前提，只有违约责任的强制性，才能将当事人的“合意”作为一把“法锁”来约束当事人自身，从而有效地维护合同纪律，促进合同的正确履行，有利于弥补因违约给对方造成的损失，有利于稳定正常的社会经济秩序。[①]

一、违约行为

（一）违约行为的概念

违约行为，是指合同当事人一方不履行合同义务或履行合同义务不符合约定条件的行为。

对于违约行为，可以从如下方面进行理解：

（1）违约行为的主体是合同当事人。合同具有相对性，违反合同的行为只能是合同当事人的行为，且一般是债务人，只有在债权人迟延的情况下，债权人才成为违约行为的主体。

（2）违约行为是一种客观的违反合同义务的行为。即在判断当事人的行为是否构成违约时，不需要考虑当事人的主观状态如何，只要当事人的行为违反了合同义务，即为违约行为。

（3）违约行为是合同项下的债务不履行。即债务人未依债务的内容为给付，而侵害

---

① 陈小君．合同法学．北京：中国政法大学出版社，2001. 231～232.

了债权人的债权，使其债权无法得到实现。

（二）违约行为的形态

违约行为的形态，又称违约形态，是指根据违约行为违反义务的性质和特点而对违约行为所作的分类。

关于违约行为的形态，我国学者持不同的观点。《合同法》将违约行为区分为预期违约和届期违约两种类型，每种类型又可以分为两类。①

1. 预期违约

预期违约，也称先期违约，是指在履行期限到来之前，一方当事人无正当理由而明确表示其在履行期到来后将不履行合同，或者其行为表明其在履行期到来以后将不可能履行合同。《合同法》第 108 条规定，当事人一方明确表示或者以自己的行为表明不履行合同义务的，对方可以在履行期限届满之前要求其承担违约责任。从该规定中可见，预期违约可分为明示的预期违约和默示的预期违约两种。明示与默示的区别，就在于违约的合同当事人是否通过意思表示明确表达自己不再履行合同的意愿。

2. 届期违约

届期违约，又称实际违约，是指合同当事人在无法定事由的情况下，在履行期限到来以后，不履行或不完全履行合同义务。届期违约可以分为不履行和不适当履行两类。不履行包括履行不能和拒绝履行。履行不能即债务人在客观上已经没有履行能力；拒绝履行是指合同履行期到来后，一方当事人没有正当理由在能够履行的情形下故意不履行合同义务。不适当履行包括瑕疵给付和加害给付。瑕疵给付即履行有瑕疵，如给付数量不完全、给付质量不符合约定、给付时间和地点不当等；加害给付即因不适当履行造成对方履行利益之外的其他损失，如出售不合格产品导致买方的其他财产受到损害等。

二、违约责任的概念

违约责任即违反合同的民事责任，是指合同当事人一方不履行合同义务或履行合同义务不符合约定时应承担的法律责任。

违约责任作为一种民事责任，除具有民事责任的一般属性——财产性和补偿性之外，还具有如下特殊属性：

（1）违约责任以合同的有效存在为前提。合同生效即在当事人之间产生法律效力，当事人应依合同的约定履行合同债务。对于假借合同名义实施违法行为，因其已非有效合同，故其所应承担的已不是违约责任，而应是行政责任或刑事责任。

（2）违约责任基于违约行为产生。违约责任的产生须以合同当事人不履行或不完全履行合同为前提。如果当事人违反的不是合同义务，而是法律规定的其他义务，则应负其他责任。

（3）违约责任具有一定程度的可约定性。违约责任在具有明显的强制性的同时，还

---

① 中国注册会计师协会．经济法．北京：中国财政经济出版社，2011. 351 ~ 352.

具有一定程度的可约定性，当事人可以在法律规定的范围内预先对违约责任作出约定。①

（4）违约责任具有相对性。基于合同的相对性原则，违约责任具有相对性，即违约责任只能在合同当事人之间发生，当事人一方因第三人的原因造成违约的，应当向对方承担违约责任。当事人一方和第三人之间的纠纷，依照法律规定或者按照约定解决。

三、违约责任的归责原则

（一）违约责任的归责原则概述

归责原则，是指特定民事不法事实发生后，责任的归属据以确定的标准和原则。民事责任的认定必须遵循一定的归责原则。归责原则是贯穿于整个民事责任制度并对责任规范起统率作用的立法指导理念。违约责任的归责原则是指基于一定的归责事由而确定违约责任成立及违约方承担该责任的法律原则。明确违约责任的归责原则具有重要意义，因为归责原则直接决定着违约责任的构成要件及举证责任的主体和内容，也影响着违约责任的形式和违约损害赔偿的范围。

（二）我国《合同法》确立的违约责任归责原则

由于交易关系的多样性、违约发生的原因及违约所致后果的复杂性，我国《合同法》在违约责任的归责原则基础上，采用的是以无过错责任原则为主，以过错责任原则为辅的二元制归责体系。②

1. 以无过错责任为基本原则

无过错责任，又称严格责任，是指合同当事人只要不履行合同义务并给守约的另一方当事人造成损害的，不论其主观上有无过错，都应当承担合同责任。违约责任采用无过错责任原则，即责任的确定、承担、分配与过错无关，违约方除非有法定或约定的免责事由，否则不能以自己无过错为由主张免责。

《合同法》采纳无过错责任原则，主要是为了强化合同的约束力，确保“合同必须严守”的原则，督促当事人严格履行合同，从而保障守约方的利益。在发生违约以后，守约方只需证明违约方的行为已构成违约，而无须证明违约方有过错，这就减轻了守约方的举证负担。违约方要想免于承担违约责任，必须就不可抗力、免责条款等免责事由举证证明。③

2. 以过错责任为补充原则

我国《合同法》分则规定的具体合同中有相当一部分采纳了过错责任原则，规定了违约方有过错才承担违约责任，这应当看作是对无过错责任原则的一种补充，即只在法律

---

① 违约责任具有一定程度的可约定性具体可表现为：第一，当事人可以在合同中约定违约责任形式，如约定违约金。第二，当事人可以事先确定违约金的数额、约定损失赔偿额或其计算方法等，这类约定具有方便诉讼的功能。第三，当事人还可以通过设置免责条款来限制和免除未来的违约责任。见苏号朋．合同法教程（第二版）．北京：中国人民大学出版社，2011. 240.

② 王卫国．合同法．北京：北京师范大学出版社，2010. 209.

③ 苏号朋．合同法教程（第二版）．北京：中国人民大学出版社，2011. 241.

有特别规定时适用。《合同法》分则中采用过错责任原则主要是体现在对赠与、保管、仓储、委托等合同的相关规定中。

四、违约责任的承担方式

违约责任的承担方式，或称违约责任的形式，即承担违约责任的具体方式。违约行为的复杂性决定了违约责任的形式的多样性。依据《合同法》等相关法律的规定，违约责任的基本形式主要有继续履行、采取补救措施、赔偿损失、支付违约金、适用定金条款等。

（一）继续履行

1. 继续履行的概念

继续履行，又称实际履行、强制履行、特定履行或强制实际履行，是指合同一方当事人违约后，对方可请求人民法院或者仲裁机构强制违约方实际履行合同义务。

我国《合同法》第107条规定，当事人一方不履行合同义务或者履行合同义务不符合约定的，应当承担继续履行、采取补救措施或者赔偿损失等违约责任。可见，继续履行在我国是最基本的违约责任承担方式之一。

作为有效实现当事人订立合同目的的一种救济方式，继续履行与正常的债务履行行为在性质上并不相同。继续履行通常发生在合同履行期限届满之后，是以违约行为的存在为适用前提，并且须守约方提出继续履行的请求，同时债务须是违约方能够履行且标的适于履行的。

2. 继续履行的具体适用

继续履行作为一种违约救济措施，根据我国《合同法》第110条的规定，并不是在任何情况下都能适用。对于金钱债务，当守约方提出继续履行请求时，是可以无条件适用的，因金钱债务只存在迟延履行，而不存在履行不能；但如果当事人一方不履行的是非金钱债务或者履行非金钱债务不符合约定的，则对方可以要求履行，但有下列情形之一的除外：①法律上或者事实上不能履行。前者如合同标的物被行政机关没收，后者如合同标的物因不可抗力灭失。②债务的标的不适于强制履行或者履行费用过高。前者如委托合同、合伙合同以及提供服务的合同中的受托人、合伙人、服务提供人的债务，因对于存在人身信赖关系的合同所产生的债务，强制违约方履行义务，即是对违约方人身的强制，有违合同的根本性质，故不适于强制履行；后者之所以排除其适用性，是基于继续履行不具有经济上的合理性，如继续要求实际履行有违法律追求的效率价值，同时也会成为对违约方不合理的刁难。③债权人在合理期限内未要求履行。如对于季节性物品的供应，在当季已经过去而债权人没有请求履行，则不适用继续履行责任。

3. 继续履行与其他违约救济方式的关系

继续履行可以与支付违约金、损害赔偿和适用定金条款责任并用，但不能与合同解除并用。

继续履行和合同解除不能并用，因为合同解除后合同关系便不复存在，解除合同的目的是消灭违约方尚未履行的债务；而继续履行则是请求违约方继续履行原来的合同债务，显然二者是相互排斥、完全对立的救济方式。

（二）采取补救措施

1. 采取补救措施的概念

采取补救措施，是指债务人履行合同义务不符合约定，债权人在请求人民法院或者仲裁机构强制债务人实际履行合同义务的同时，可根据合同履行情况要求债务人矫正合同不适当履行、消除履行缺陷的具体措施。

作为一种独立的违约责任形式，采取补救措施是以合同对质量不合格的违约责任没有约定或者约定不明确，事后又未达成补充协议进行约定，且依据合同有关条款或者交易习惯不能确定违约责任为前提，受损害方对补救措施享有选择权，由其根据标的的性质以及损失的大小，选定合理的、相适应的补救方式。

2. 采取补救措施的类型

采取补救措施的具体类型，根据我国《合同法》第 111 条的规定，主要包括修理、重作、更换、退货、减少价款或者报酬等形式。

修理适用于履行标的存在的瑕疵并不严重，通过修理即可达到合同约定的质量的情形。重作主要适用于承揽合同中承揽人交付的工作成果质量不符合约定的情形，承揽人应当再次完成承揽工作并提交工作成果。更换主要适用于违约方交付的履行标的的一部分不符合约定的情形，违约方应以符合约定质量的标的更换不符合约定的部分。退货主要适用于违约方交付的货物全部不符合合同约定的质量或虽部分不符合合同约定的质量但已致非违约方合同目的无法实现，非违约方将全部货物退回，违约方应再次交付符合约定质量的货物。[①] 减少价款或者报酬适用于债权人同意接受债务人不符合约定的履行，并依实际履行的给付确定价款或者报酬，以维持原合同的均衡关系。

3. 采取补救措施与其他违约救济方式的关系

采取补救措施是与继续履行和赔偿损失互补的一种独立的违约责任形式。根据《合同法》第 112 条的规定，当事人一方不履行合同义务或者履行合同义务不符合约定的，在履行义务或者采取补救措施后，对方还有其他损失的，应当赔偿损失。

（三）赔偿损失

1. 赔偿损失的概念

赔偿损失，又称违约损害赔偿，是指因合同一方当事人的违约行为给对方当事人造成财产损失时，违约方应当以金钱或实物的形式弥补对方当事人因此遭受的损失。

赔偿损失以合同关系的存在为前提，是基于债务人违反合同义务所产生的一种责任，具有典型的补偿性。即以支付金钱为主要方式弥补损失，从而达到使相对人回复到违约行为未发生时的利益状态。损害赔偿的方法主要有恢复原状、金钱赔偿和以其他财产替代赔偿等。需要注意的是，此处的赔偿损失只限于财产损失，不包括非财产损失，即精神损害。

---

① 苏号朋．合同法教程（第二版）．北京：中国人民大学出版社，2011. 257.

2. 赔偿损失的确定方式

赔偿损失的确定方式有约定损害赔偿和法定损害赔偿两种。

约定损害赔偿是指依当事人在合同中的事先约定进行损害赔偿。我国《合同法》第114条规定，当事人可以约定因违约产生的损失赔偿额的计算方法。因此，如果合同当事人在订立合同时事先约定了损失赔偿金数额或损失赔偿额的计算方法，则应依其约定进行损害赔偿。

法定损害赔偿是指法律规定的，由违约方向守约方承担因其违约行为而令守约方遭受的损失的赔偿责任。即如果合同当事人对损害赔偿金或损失赔偿额的计算方法未进行约定，则依照法律规定进行赔偿。根据我国《合同法》的规定，损害赔偿范围的确定，应遵循以下原则：

（1）完全赔偿原则。完全赔偿原则，又称全部赔偿原则或全额赔偿原则，是指违约方应对守约方承担因其违约所致的全部损失的赔偿责任。根据我国《合同法》第113条第1款的规定，损失赔偿额应当相当于因违约所造成的损失，包括合同履行后可以获得的利益。可见，损害赔偿的范围包括实际损失和可得利益损失。实际损失是指因违约方的违约行为而造成守约方现有物质财富的减损，如造成财物毁损或灭失、为减少违约的损失而支出的费用、诉讼费用等。可得利益损失是指因违约行为而造成对方当事人损失了本可在合同适当履行后实现和取得的财产利益，如利润损失等。

（2）合理预见规则。合理预见规则是指违约方只对在订立合同时能够合理预见到或应当预见到的损害进行赔偿。我国《合同法》第113条规定，损失赔偿额不得超过违反合同一方订立合同时预见到或者应当预见到的因违反合同可能造成的损失。可以说，合理预见规则的设置，就是从公平原则出发，对法定违约损害赔偿的范围予以一定限制，以实现利益的平衡。

（3）过失相抵规则。过失相抵规则是指就损害的发生或扩大，非违约方有过失时，法院可以减少违约方的赔偿数额，甚至免除其赔偿责任。我国《合同法》将非违约方的过失作为免除违约方相应损害赔偿责任的事由。如依该法第311条的规定，承运人对运输过程中货物的毁损、灭失承担损害赔偿责任，但承运人证明货物的毁损、灭失是因不可抗力、货物本身的自然性质或者合理损耗以及托运人、收货人的过错造成的，不承担损害赔偿责任。可以说，过失相抵规则是诚实信用原则的具体化，其对于及时妥当地救济受害人，同时实现损害在当事人之间公平分担有着重要意义。

（4）减轻损失规则。减轻损失规则是指在一方违约并造成损害后，另一方应及时采取合理措施防止损失的扩大，否则不得就扩大的损失请求赔偿。我国《合同法》第119条规定，当事人一方违约后，对方应当采取适当措施防止损失的扩大；没有采取适当措施致使损失扩大的，不得就扩大的损失要求赔偿。当事人因防止损失扩大而支出的合理费用，由违约方承担。减轻损失规则是诚实信用原则的体现，因一方在对方违约造成损害后未能采取合理措施防止损失扩大，这就存在过错，其应对自己的过错行为所致的后果负责。

（5）损益相抵规则。损益相抵规则又称损益同销规则，是指违约方因违约所需支付的赔偿额应当减去非违约方因违约而减少的支出或者获得的利益。因违约而减少的支出，如因违约停工不支付工资等；因违约而获得的利益，如违约令其避免了因标的物价格在不断下跌而带来的损失等。损益相抵规则的理论依据是赔偿责任制度本身的目的，即补偿非违约方因违约而遭受的损失，并非使非违约方因此而获得额外利益。

3. 赔偿损失与其他违约救济方式的关系

赔偿损失可以与继续履行并用。即在当事人违约时，相对人可以请求其继续履行，并可视情况请求其赔偿损害。不过，如果非违约方可以通过继续履行而使其目的全部获得满足，则不应再请求损害赔偿；如果继续履行对非违约方而言已无利益，则非违约方可以不再请求继续履行，转而请求损害赔偿。

（四）支付违约金

1. 违约金的概念

违约金是指按照当事人在合同中的预先约定或者法律规定，一方当事人违约时应当向对方支付的一定数额的货币或其他给付。

违约金的成立须以有效合同的存在为前提，且一方当事人须有不履行合同义务或履行合同义务不符合约定的行为。作为一种违约责任，支付违约金与继续履行或损害赔偿等无须约定的违约责任形式不同，其适用除法律规定外，须以合同约定有违约金条款为必要。也即在具体适用违约金时，除非法律就违约金作出明确规定，否则，如果当事人在合同中未约定违约金条款，则不产生违约金责任，而不得适用违约金这一责任形式。

违约金是对不能履行或者不能完全履行合同行为的一种带有惩罚性质的经济补偿手段，不论违约的当事人一方是否已给对方造成损失，都应当支付。不过，依《合同法》第 114 条第 2 款规定和司法实践，我国对违约金性质的认定坚持补偿性为主、惩罚性为辅的原则，即在一般情况下，违约金仅体现为补偿性，不具惩罚性；在少数情况下（约定违约金高于因违约造成的损失时），允许违约金在以补偿性为主的前提下，体现出一定的惩罚性。①

2. 违约金的数额及调整

在实践中，对于违约金的数额，当事人主要以两种方式约定：①比例制，即按照合同的价款（报酬）或就合同未履行部分的价值总额约定一个违约金比率。如约定任何一方违约，应向对方支付相当于合同总价款 3% 的违约金。②固定数额制，即将违约金约定为一个固定的总额。如约定任何一方迟延履行，应向对方支付违约金 100 万元。此外，如果当事人在合同中虽约定了违约金条款，但未约定违约金数额的，则可参照中国人民银行规定的金融机构计收逾期贷款利息的标准计算违约金。

由于违约金是对损害赔偿额的预先约定，故违约金数额与实际损失自然会出现不相当的情况。尽管约定违约金与实际损失在数量上不必完全相等，但如果约定的违约金过高或低于实际损失，都会导致不公平结果。故一旦当事人通过反诉或者抗辩的方式，向人民法院或者仲裁机构提出调整违约金数额的要求时，则必须考虑非违约方受到的实际损害，并以此为基准予以调整。我国《合同法》第 114 条第 2 款规定，约定的违约金低于造成的损失的，当事人可以请求人民法院或者仲裁机构予以增加；约定的违约金过分高于造成的损失的，当事人可以请求人民法院或者仲裁机构予以适当减少。《合同法司法解释二》第

① 苏号朋．合同法教程（第二版）．北京：中国人民大学出版社，2011. 272.

28条、第29条对此予以进一步规定，即如果当事人请求人民法院增加违约金的，增加后的违约金数额以不超过实际损失额为限。如果当事人主张约定的违约金过高请求予以适当减少的，人民法院应当以实际损失为基础，兼顾合同的履行情况、当事人的过错程度以及预期利益等综合因素，根据公平原则和诚实信用原则予以衡量，并作出裁决。当事人约定的违约金超过造成损失的30%的，一般可以认定为约定的违约金“过分高于造成的损失”。

3. 违约金与其他违约救济方式的关系

违约金能否与继续履行并用，必须根据不同的违约情况加以具体分析。如果当事人就迟延履行约定违约金的，根据《合同法》第114条第3款的规定，则在发生迟延履行时，违约方须支付违约金并继续履行债务。

违约金与赔偿损失能否并用，也须视具体情况而定。如果约定的违约金与违约造成的损失相当时，非违约方只能在违约金与损害赔偿之间作出选择，而不能同时请求；如果约定的违约金低于实际损失，非违约方仅请求违约金数额且不再要求进行调整的，则可就其余损失请求损害赔偿。

违约金与合同解除可以同时并用。根据《合同法》第98条的规定，合同的权利义务终止，不影响合同中结算和清理条款的效力。因违约金条款属于结算和清理条款，故如果当事人针对某一违约行为约定了违约金，且因一方有该违约行为而导致合同解除时，违约金与合同解除可以并用。

（五）适用定金条款

1. 定金的概念

定金是合同当事人为确保合同的履行，依据法律规定或当事人双方的约定，由一方当事人按照合同标的额的一定比例，预先向对方支付的金钱或其他替代物。

我国《合同法》第115条规定，当事人可以依照《中华人民共和国担保法》约定一方向对方给付定金作为债权的担保。债务人履行债务后，定金应当抵作价款或者收回。给付定金的一方不履行约定的债务的，无权要求返还定金；收受定金的一方不履行约定的债务的，应当双倍返还定金。由此可见，如若当事人约定了定金担保，则一方违约，定金罚则即成为一种违约责任形式。

2. 定金与其他违约救济方式的关系

定金与违约金不能并用。在定金与违约金针对的违约情形相同的情况下，由于二者在目的、性质、功能等方面具有共性，故不得同时适用。我国《合同法》第116条规定，当事人既约定违约金，又约定定金的，一方违约时，对方可以选择适用违约金或者定金条款。

定金与赔偿损失可以并用。如果非违约方执行定金条款后不足以弥补所受损害的，仍可以请求赔偿损失。

五、违约责任的免责事由

在合同有效成立之后，双方当事人都应依约履行合同。如果违约，则不论是自己的原因，还是第三人的原因，都应当向对方承担违约责任。不过，如果违约方的不履行或履行不符合约定，存在法律规定或当事人约定的特定事由时，则违约方将可免于承担部分或全部违约责任。而此处的“特定事由”即为违约责任的免责事由。

免责事由包括法定的免责事由和约定的免责事由。法定的免责事由是指法律直接规定的免除当事人对其违反合同的行为承担违约责任的事由。我国《合同法》规定的法定的免责事由仅限于不可抗力；[①] 约定的免责事由是指当事人在合同中事先约定的免除或限制未来违约责任的事由。免责事由具体表现为合同中的免责条款。

（一）不可抗力

1. 不可抗力的概念

不可抗力，是指不能预见、不能避免并不能克服的客观情况。具体而言，不可抗力是独立于当事人意志和行为以外的，为一般人的预见能力及现有的科学技术水平所无法预见的。即便当事人已尽到最大努力，仍不能避免其发生；或者在事件发生后，即便当事人已尽到最大努力，仍不能克服事件所造成的损害后果以使合同得以履行的事实。

2. 不可抗力的范围

常见的不可抗力主要有：

（1）自然灾害。自然灾害是指地震、台风、洪水、海啸等较严重的灾害性自然事件。其属于典型的不可抗力。

（2）政府行为。政府行为是指当事人无法预见的，在合同订立以后，政府颁布实施新的法律、法规和政策以及采取行政措施致使合同不能履行的情形。如运输合同订立后，由于政府颁布禁运的法律，使合同不能履行。

（3）社会异常现象。社会异常现象是指一些偶发的事件阻碍合同的履行，如罢工、骚乱等。这些事件对合同当事人而言，是在订约时不可预见的，且无力抵御由此产生的后果，故可作为不可抗力。

3. 不可抗力适用的法律效果

当事人一方因不可抗力不能履行合同的，根据不可抗力的影响程度，部分或者全部免除责任，但法律另有规定的除外。具体而言，即如果因不可抗力致使合同全部义务不能履行，当事人可以解除合同并免除违约责任。如果不可抗力仅致合同部分义务不能履行，则当事人可免除部分义务；如不可抗力只是暂时阻碍合同的履行，则当事人可以延迟履行合同，并可免除其在不可抗力影响持续期间延迟履行的责任。但是，如果法律规定因不可抗力造成的违约也须承担违约责任的，则违约方也要承担无过错的违约责任；如果当事人迟延履行后发生不可抗力的，则违约方不能免除责任。

在不可抗力发生后，当事人一方因此而不能履行合同的，应及时通知对方合同不能履行或需要延迟履行、部分履行的情况，并应当尽力消除事件的不利影响，以减轻可能给对

---

① 《合同法》规定的免责事由仅限于不可抗力，但《合同法司法解释二》还特别规定了情势变更制度。根据《合同法司法解释二》第26条的规定，合同成立以后客观情况发生了当事人在订立合同时无法预见的、非不可抗力造成的不属于商业风险的重大变化，继续履行合同对于一方当事人明显不公平或者不能实现合同目的，当事人请求人民法院变更或者解除合同的，人民法院应当根据公平原则，并结合案件的实际情况确定是否变更或者解除。

方造成的损失，同时，还应当在合理期限内提供有关机关出具的证明。如果当事人一方因怠于履行通知义务而导致对方造成损失的，应承担相应的损害赔偿责任。

（二）免责条款

免责条款是指合同双方当事人在合同中约定的免除或限制当事人违约责任的合同条款。免责条款是合同的组成部分，必须经双方当事人事先充分协商，并以明示的方式作出。

免责条款因可把合同的风险预先分配给当事人承担，故其使用具有经济合理性。按照合同自由原则，当事人可以在合同中约定免责条款。作为合同的组成部分，免责条款的内容必须符合法律的规定才具有法律效力。同时，合同中不得约定免除造成对方人身伤害的责任、免除因故意或者重大过失造成对方财产损失的责任的免责条款；而如果是格式化的免责条款，则不得具有不合理地免除条款使用人的责任，加重对方责任或者排除对方主要权利的内容。如果合同具有上述可能导致合同当事人之间的权利义务严重失衡的免责条款，则属无效条款。

思考与拓展

违约责任与侵权责任的竞合①

——一起拖拉机质量事故索赔纠纷案②

【案情】

原告：谢某

被告：农机公司

11 月 3 日，谢某从农机公司购买了拖拉机一台。12 月 18 日，谢某驾车运砖时，在某一下坡处翻到路基下，导致身受重伤，拖拉机严重受损。事后谢某向法院起诉称：因拖拉机转向传动拉杆连接处球头销断裂，造成翻车事故，请求赔偿车损，并赔偿受伤的医疗、误工等费用。

经技术部门鉴定，谢某翻车是由于拖拉机转向传动拉杆连接处球头销断裂，该断裂是出厂时即已存在，不是谢某使用过程中造成的。而且，谢某对翻车的发生也没有驾驶上的过错。

【案例分析】

此案纯粹是由于拖拉机质量不合格（有缺陷）造成的，由于农机公司出售的产品质量不合格，造成了谢某的人身伤害和财产损失。从本案的情况来看，谢某与农机公司之间

---

① 违约责任与侵权责任的竞合，是指同一违法行为同时符合违约责任和侵权责任的构成要件，从而同时产生了具有排斥关系的违约责任和侵权责任的现象。《合同法》第 122 条规定：“因当事人一方的违约行为，侵害对方人身、财产权益的，受害人有权选择依照本法请求承担违约责任或者依照其他法律请求承担侵权责任。”该规定显然是对违约责任与侵权责任（违约行为与侵权行为）竞合的规定，也是对受害人的请求权竞合的规定，其前提是违约行为同时又构成侵害对方人身、财产权益的侵权行为。更确切地说，本条是规定违约请求权与侵权请求权竞合的行使规则的。

② 孔祥俊．合同法疑难案例评析与法理研究（修订本）．北京：人民法院出版社，2000. 471 ~484.

存在着两种法律关系：一是购买拖拉机的合同关系，二是产品质量不合格产生的侵权行为关系。按照谢某与农机公司之间的买卖合同关系，农机公司对于出售质量不合格的商品给买受人谢某造成的财产损失和人身伤害，应当承担违约的赔偿责任；按照《民法通则》第122条规定，应当承担侵权责任。由于《合同法》和《侵权法》都能够适用于谢某与农机公司之间的关系，因而发生了违约责任、侵权责任竞合。按照《合同法》第122条规定，因当事人一方的违约行为，侵害对方人身、财产权益的，受害人有权选择依照本法请求承担违约责任或者依照其他法律请求承担侵权责任。因此，谢某可以在违约责任和侵权责任之间选择其一，向农机公司行使请求权。

【同步实练】

【案例】①

甲企业向乙企业发出传真订货，该传真列明了所需货物的种类、数量、质量、供货时间、交货方式等，并要求乙在10日内报价。乙接受甲传真中列明的条件并按时报价，也要求甲在10日内回复。甲按期复电同意其价格，并要求签订书面合同。乙在未签订书面合同的情况下按甲提出的条件发货，甲收到后未提出异议，也未付货款。后因市场发生变化，该货物价格下降，甲遂向乙提出，由于双方未签订书面合同，买卖关系不能成立，故乙应尽快取回货物。乙不同意甲的意见，要求其偿付货款。随后，乙发现甲放弃其对关联企业的到期债权，并向其关联企业无偿转让财产致使自己的货款无法得到清偿，遂向人民法院提起诉讼。

【问题】

根据以上事实及《合同法》的规定，回答下列问题：

(1) 甲传真订货、乙报价、甲回复报价行为的法律性质是什么？

(2) 买卖合同是否成立？说明理由。

(3) 对甲放弃到期债权、无偿转让财产的行为，乙可以向人民法院提出何种权利请求？对乙行使该权利的期限，法律有何规定？

【复习思考题】

1. 如何理解合同的含义？合同法调整哪些合同？合同法的基本原则有哪些？

2. 要约和承诺的构成要件各有哪些？要约与要约邀请的区别是什么？

3. 合同的一般生效要件有哪些？效力待定合同、无效合同、可撤销合同各自的发生原因是什么？

4. 合同履行应遵循哪些基本规则？根据我国《合同法》的规定，合同履行的抗辩权主要包括哪三种？债权人代位权及债权人撤销权应如何行使？

5. 合同变更的要件和效力分别是什么？依转让内容的不同，合同的转让可分为哪三种形态？合同终止的具体情形有哪些？

6. 我国《合同法》中违约责任的归责原则是什么？违约责任的承担方式主要有哪些？

---

① 财政部会计资格评价中心．经济法．北京：中国财政经济出版社，2010. 281.

【参考文献】

1. 苏号朋．合同法教程（第二版）．北京：中国人民大学出版社，2011.
2. 王卫国．合同法．北京：北京师范大学出版社，2010.
3. 王利明．民法（第四版）．北京：中国人民大学出版社，2008.
4. 中国注册会计师协会．经济法．北京：中国财政经济出版社，2011.
5. 财政部会计资格评价中心．经济法．北京：中国财政经济出版社，2010.
6. 孔祥俊．合同法疑难案例评析与法理研究（修订本）．北京：人民法院出版社，2000.
7. 陈小君．合同法学．北京：中国政法大学出版社，2001.
8. 刘泽海．新编经济法教程．北京：清华大学出版社，2010.
9. 王利明，房绍坤等．合同法．北京：中国人民大学出版社，2009.

第六章

市场规制法律制度

本章提要及学习目标

市场规制法是国家对市场交易和竞争进行直接干预的重要制度设计。它从维护市场的正常秩序和社会公共利益的角度出发，以义务性规范和禁止性规范的形式，规定市场经营主体的相关义务，针对市场主体的微观经济行为进行调整。通过本章的学习，掌握反不正当竞争法的规制对象，不正当竞争行为及其表现形式和法律规制；反垄断法规制的对象，垄断的表现形式和法律规制；理解产品质量法的体系，生产者和销售者的产品质量责任和义务，产品责任的监督管理制度；消费者权益保护法中消费者的权利和经营者的义务，消费争议的解决方式等。

第一节　市场规制法概述

在市场经济体制下，市场主体对自身资源的交换是自由的，由于市场主体利益最大化的趋利性特点，个体利益最大化往往会以损害社会公共利益为代价，垄断和不正当竞争便是典型的表现，政府对这类行为的干预和规制就显得十分必要。市场规制法通过规制垄断行为和不正当竞争行为，调整市场竞争关系，恢复和维护公平竞争机制，提高市场配置资源的效率；通过矫正经营者和消费者之间不均衡的利益关系，保护经营者和消费者的权利和利益，最终解决市场主体个体营利性和社会公益性之间的冲突，保障社会公共利益和社会公平，促进经济的稳定增长，实现经济和社会的良性互动和协调发展。

一、市场规制法的含义

市场规制法是国家从社会整体利益出发，为维护市场机制的正常运行，对影响市场秩序、偏离市场经济要求的行为进行规制的法律规范的总称。[①]

市场规制法体现了经济法以社会利益为本位，对传统民商法强调市场主体平等而忽略其事实上的不平等的缺陷进行校正，即对经济生活中不同主体实力悬殊的关系进行修正，

① 李昌麒．经济法学（第二版）．北京：法律出版社，2007. 227.

着眼于社会经济整体发展，对交易关系和竞争关系作的一种特殊的安排，如在商品交易关系中对消费者权利的倾斜性保护，禁止垄断企业滥用市场支配优势地位，禁止经营者违反诚实信用原则的竞争等，以此来保护正常的市场竞争秩序，维护社会弱者的权利，实现社会经济健康、持续发展。

二、市场规制法的调整对象

市场规制法的调整对象包括：

（一）市场竞争关系

竞争是市场经济发挥市场配置资源作用的重要机制，也是使市场主体积极进取、富有活力的机制。只要有竞争，就可能出现影响市场有序运作的反竞争行为，限制或排除竞争从而影响市场竞争机制的正常发挥。为维护公平竞争的市场秩序，对市场主体的垄断和不正当竞争行为进行法律规制构成了市场规制法不可或缺的内容。

（二）产品质量关系

无论是国际市场还是国内市场的竞争，都是围绕产品的质量来展开的。产品的高质量意味着高成本、高投入，这与市场主体追求自身利益最大化是既相矛盾又相统一的。有战略眼光的经营者以产品质量占领市场、建立信誉、获得最大化的利益；目光短浅的经营者往往以假充真，以次充好，以不合格产品冒充合格产品，以低成本、低投入，甚至以损害消费者的合法权益为手段来获取高额利润。这造成了社会资源的浪费，也严重影响了经济的持续有效增长和我国在国际市场上的竞争力。对产品质量的监督管理和对消费者产品权益的保护是市场规制法的重要调整对象之一。

（三）消费者权益保护过程中发生的社会关系

消费者的安全、消费领域的有序化、消费关系中的正义和消费者的福利是人类社会安全、秩序、正义和福利的一个重要组成部分，国家的基本职能决定它不可能完全置社会生活这一领域于不顾。随着生产的社会化规模的扩大和专业化越来越细密，一方面是拥有经济实力、技术知识和庞大法律顾问团的大型企业，另一方面是分散的、个体的消费者，如果不强化国家从生活上对经济弱者的保护，势必使经营者和消费者之间的利益关系严重失衡，市场秩序和社会公平正义将无从谈起，所以对经营者行为的规制和对消费者权益的特别保护也是市场规制法的内容。

三、市场规制法的基本原则

市场规制法的基本原则是指在市场规制立法、执法和守法过程中人们所应遵循的基本准则。

（一）市场规制法基本原则的内容

民法中的“意思自治”、“契约自由”原则正是自由放任原则的最高概括，这些原则把自由交易和自由竞争推到了绝对的、至高无上的神圣地步。但是，历史经验表明，放任自由并不总是带来个体利益与社会利益的和谐。在进入垄断资本主义阶段之后，人们发现，一方面经济中大量存在着“自由交易”和“自由竞争”，另一方面，有经济优势的市场主体不正当地掠夺他人利益，以此来实现自身利益的行为也屡见不鲜。垄断组织的大量出现，成为难以控制的经济势力，他们通过对市场上商品投放量、商品价格的控制来牟取暴利。这不仅使消费者饱尝产品质次价高、物价飞涨等苦楚，而且使整体经济普遍失去活力，经济增长缓慢、停滞，乃至倒退。究其原因，是因为相对于“经济人”假设，资源稀缺性是人们面对的一个更大利润事实，一旦有可能，经济主体总是乐于从别人那儿掠夺更大的事实，脆弱的理性并不足以使他们因考虑社会整体利益而主动放弃这样的机会。这就要求对“放任自由”的原则加以摒弃，代之以适度自由原则，用法律的形式明确剥夺“经济人”那些可能或已经危及社会的自由。

保障适度自由原则并不意味着对市场主体的行动自由一概加以限制，法律只对危及经济发展的行为或不正当掠夺他人利益的自由进行限制，而对那些有利于经济发展的自由则是实行保障的。市场规制法意义上的自由，是以保障社会整体利益为前提的自由交易和自由竞争，是法律对自由经济制度在更高层次上的确认和保护。因此，它要求区别不同的情况，对市场秩序中发生的各种情况，以经济规律的客观要求为“度”，适应限制经济主体自由的原则。

（二）实质公平原则

公平原则包括：一是市场主体进出市场的机会应当公平，即竞争者所处的竞争环境一样，不应厚此薄彼，不应有歧视待遇和不适当的差别待遇；二是市场主体交易和竞争规制应当公平，即市场主体通过交易和竞争行为，能获得与其付出的代价相符合的法律后果。因此，从形式上看，只要法律赋予每个主体相同的权利，并使其承担相同的义务，就能够达到公平的目标。

但是，实践证明，这种公平并不是真正的公平和实质的公平，并不能使主体的法定权利得到完全的实现，因此，经济法并不追求这种形式上的公平，而是追求实质上的公平。

实质公平原则的特点，是着眼于实际的权利义务内容而非形式上的规定。它包括两个方面的基本要求：一是对具备某些特殊条件、地位和能力的市场主体的行为进行一定的限制，增加其义务或减少其权利，如大型企业之间的合并必须报经政府审批；二是对遭受或易于遭受经济特权侵害的弱小主体进行特别保护，如对消费者保护等。市场秩序规制法将实质公平作为基本原则，是对市场经济体制的全方位保障，让自由的价格产生最佳的市场信号，实现资源配置的最优化。

（三）社会效率优先原则

社会效率优先原则是指在社会效率与其他因素发生冲突时，市场秩序规制法优先考虑社会整体效率的基本原则。这是贯彻上述两个基本原则的逻辑结论。

社会效率优先原则的基本要求，一是在社会效率与个体利益之间，应以社会效率为优先；二是当社会效率同其他目标发生矛盾时，立法也应该以维护社会效率为自任。

（四）保护弱者原则

在现代社会，由于种种原因，致使在作为个体人和群体人总和的“人群”中，总有一批容易受损害或者处于弱势者地位的人群，这类人群很难以自己的力量与拥有优势地位的人进行抗争。如果这类人群的利益得不到法律的强有力的保护，那么，以追求社会正义为理念的各种法律，就难以体现自己的价值。作为对社会弱者的保护，行政法、民法和经济法都可以在各自的功能范围内发挥作用，但是，以“个体本位”为理念的民法和以“国家本位”为理念的行政法对社会弱者的保护程度要远远小于以“社会本位”为理念的经济法的保护程度。在我国市场程序法律体系中，有关限制大企业的独占、消除对消费者权益的侵犯、保护中小企业的权益等一系列法律、法规都体现了保护弱者的原则。

第二节　反垄断法

反垄断法是规范市场行为、维护竞争秩序的基本法，是现代经济法的重要组成部分，在市场经济发达的国家，反垄断法被称为维护经济自由的“经济宪法”。它是市场发展到近代以后出现的旨在规制市场中一系列独占市场、限制竞争、破坏市场竞争机制、损害社会公平利益行为的法律。世界各国普遍认识到，垄断不仅会损害企业的效率，损害消费者的利益，还会遏制一个国家或民族的竞争精神，许多发达国家包括发展中国家都积极制定和颁布反垄断法。由于竞争模式和经济背景的差异等原因，各国在制定反垄断法时也各有侧重。1890 年美国的《谢尔曼反托拉斯法》诞生，标志着现代意义上反垄断法的产生。此后，日本、英国、加拿大、法国等先后制定反垄断法，反垄断法成为各国保护自由竞争、促进经济民主的法律。

一、反垄断法概述

（一）垄断的概念

从经济学的角度讲，垄断是指少数企业凭借雄厚的经济实力对生产和市场进行控制，并在一定的市场领域内从实质上限制竞争的一种市场状态。法律上关于垄断的界定，各国不尽相同，但重点放在规范市场行为上。在我国反垄断法中，垄断是指垄断主体滥用已经具备的市场支配地位，或者通过协议、合并或其他方式谋求并滥用市场支配地位，借以排除或限制竞争，妨碍公平竞争秩序的行为或状态。①

---

① 李昌麒，卢代富．经济法学．厦门：厦门大学出版社，2010.

（二）反垄断法的概念

反垄断法是国家干预经济、克服市场失灵的重要手段。垄断行为侵害了自由竞争的机制和社会公众利益，反垄断法正是以公众利益为出发点的，以维护公平竞争的市场竞争为己任，它通过谴责、打击种种取消和限制竞争的行为，来保证经济主体平等参与竞争的自由权利和保护消费者的权益，从而维护社会的经济民主和政治民主。

我国反垄断法是规制市场主体或行政机关在垄断行为过程中所发生的社会关系的法律规范总称。

我国《反垄断法》于2007年8月30日通过，2008年8月1日起实施，其目的是“预防和制止反垄断行为，保护市场公平竞争，提高经济运行效率，维护消费者利益和社会公共利益，促进社会主义市场经济健康发展”。

二、我国反垄断法规制的垄断行为

早期的反垄断法主要着眼于市场结构的变化，主要针对垄断影响市场结构进行规制，消除垄断状态。现代反垄断法认为，市场高度集中未必导致垄断或限制竞争，还要看市场主体是否利用这样的市场优势进行限制竞争的行为。我国反垄断法规制的主要是垄断协议、滥用市场支配地位、经营者集中，以及行政垄断等对市场竞争设置障碍的行为。

（一）垄断协议

1. 垄断协议的概念

垄断协议也称限制竞争协议或联合行为，是排除或者限制竞争的协议、决定或者其他协调行为。垄断协议对市场竞争产生了消极影响，直接损害了未参与协议的企业利益，对消费者的利益造成侵害，妨碍了竞争机制功能的发挥。

2. 垄断协议的表现形式

按照主体在市场中所处的层次，可以把垄断协议分为横向垄断协议和纵向垄断协议。横向垄断协议是指处于同一生产环节或销售环节的经营者之间通过划分市场、限制产量、联合固定价格、联合抵制交易等方式排除、限制或损害竞争的协议。纵向垄断协议是指处于不同生产或销售环节的经营者之间通过协议或其他共谋方式排除、限制或损害竞争的协议。

横向垄断协议形式主要有以下几种：

（1）限制价格协议。又称价格固定，是指具有竞争关系的经营者联手统一确定、维持或变更商品价格的行为。它是限制竞争协议中最为常见的一种。在这种情况下，企业不是独立自行地决定商品的价格，而是与其他同类商品的竞争者联合制定或者共同维持或变更商品的销售或购买价格。如我国彩电行业峰会固定价格的行为，拉面协会和方便面协会联合涨价行为等。

（2）限制市场供应数量协议。又称限制生产行为，是指具有竞争关系的经营者之间联合限制商品的市场供应数量。企业之间通过协议限制商品的供应数量或者降低企业生产能力，人为地压缩供应，使市场上该商品永远处于“未饱和”状态，从而维持商品的较高价格，获取高额利润。如“国际石油输出国组织”签署的协议便是一个典型的限制生产协议，它规定了一个统一的原油年开采量，各个成员国都不得随意提高产量，压低销售，以此来维护“国际石油输出国组织”各成员国的利益。

（3）市场分割协议。这也是限制竞争协议的重要表现形式，它包括划分交易地区和划分交易对象。前者是两个或者两个以上的经营者，为避免竞争而达成的划定彼此交易区域或者对交易数量分配限额的协议。后者则是根据交易对象的不同来决定市场的分配方式，如甲选择华北地区和大型客户作为销售对象，乙选择华南地区和其他客户作为自己的销售对象。

（4）联合抵制协议。联合抵制协议是指经营者共同阻碍市场进入者或者排挤竞争对手的行为。因此联合抵制协议可分为设置第三人进入市场障碍协议和排挤竞争对手协议。前者是市场内的老企业为了阻止其他经营者进入市场参与竞争，通过一系列的手段设置市场进入障碍，如与客户签订长期独家购销协议。后者是一些共谋者出于一定的目的或可预见的后果，联合拒绝向市场上具有直接竞争关系的企业进行交易，以将该企业驱逐出市场的限制竞争行为。

（5）限制购买新技术、新设备或限制开发新技术、新设备的协议。具有竞争关系的企业联合限制购买新技术或新设备是为了减少老技术或老设备淘汰带来的损失，这严重阻碍了技术进步。

纵向垄断协议形式主要有三种：①固定向第三人转售商品的价格。处于同一产业不同环节的交易者约定，就交易标的转售给第三人或由第三人再转时，遵守一定价格约束的限制竞争协议；②限定向第三人转售商品的最低价格；③国务院反垄断机构认定的其他垄断协议。

3. 限制竞争协议的豁免

限制竞争协议的豁免是指对于违反法律规定的企业之间的协议或者联合行为，由于其具有某些有益的作用，并且足以抵消其限制竞争带来的危害，经审批机构批准给予豁免其违法责任的制度。

经营者能够证明达成的协议是为实现下列目的之一，并且不会严重限制相关市场的竞争，能够使消费者分享由此产生的利益的，不适用本法的相关规定：①为改进技术、研究开发新产品的；②为提高产品质量、降低成本、提高效率，统一产品规格、标准的；③为提高中小经营者经营效率，增强中小经营者竞争力的；④为实现节约能源、保护环境、救灾救助等社会公共利益的；⑤为保障对外贸易和经济合作中的正当利益的；⑥在经济不景气时期，为缓解销售量严重下降或者生产明显过剩的。

（二）滥用市场支配地位

1. 滥用市场支配地位的概念

滥用市场支配地位又称滥用市场优势地位，是指企业获得一定的市场支配地位以后滥用这种地位，对市场的其他主体进行不公平的交易或者排除竞争对手的行为。滥用市场支配地位的前提是企业取得特定市场的支配地位。从现代各国的反垄断法来看，占有市场支配地位本身并不必然违法，只有利用这种支配地位排除或限制竞争才会被反垄断法所禁止。如利用支配地位任意抬高价格、缩减产量或确定不公平的交易条件等。因此，市场经济国家都以具体的规定来消除滥用市场支配地位行为，把它作为弥补市场经济机制不足的一项重要任务。

2. 滥用市场支配地位的表现形式

我国反垄断法中禁止的滥用市场支配地位，主要有以下几种：

（1）不正当的价格行为，指占有支配地位的企业为了获得超额的垄断利润或者排挤竞争对手，以不公平的高价销售商品或者以不公平的低价购买商品的行为。该行为严重地损害了消费者的权益，使得消费者享有的部分福利转移到垄断厂商；同时也妨碍了其他竞争者的进入，对市场竞争构成实质性的限制。

（2）掠夺性定价，指处于市场支配地位的企业以排挤竞争对手为目的，没有正当理由，以低于成本的价格销售商品。首先，掠夺性定价是一种不公平的低价行为，实施该行为的企业占有一定的市场支配地位，他们具有资产雄厚、生产规模大、分散经营能力强等竞争优势，所以有能力承担暂时故意压低价格的利益损失，而一般的中小企业势单力薄，无力承担这种牺牲。其次，掠夺性定价是以排挤竞争对手为目的的故意行为，实施该行为的企业以低于成本价销售，会造成短期的利益损失，但是这样做的目的是吸引消费者，以此为代价挤走竞争对手，行为人在一定时间达到目的后，会提高销售价格，独占市场。其对市场和消费者造成的不利影响是显而易见的。

（3）拒绝交易，指具有市场支配地位的经营者没有正当理由，拒绝与交易相对人进行交易的行为。在市场经济中，根据合同自由原则，经营者有权选择自己的交易对象，但如果经营者为了加强其市场支配地位而拒绝交易的话，那么该行为就是违法的。拒绝交易的表现形式有：拒绝供应产品或服务、拒绝提供信息、拒绝提供其他企业已经产生依赖性的必要的配件、拒绝知识产权的许可使用等。①

（4）强制交易，指处于市场支配地位的企业强制交易相对人与其进行交易，或者没有正当理由，限定交易相对人只能与其进行交易或者只能与其指定的经营者进行交易的行为。强制交易的表现形式多种多样，包括强迫他人与自己进行交易、强迫他人不与自己的竞争对手交易、迫使竞争对手放弃或回避与自己的竞争等。

（5）搭售和附加不合理交易条件，指在商品交易过程中，拥有某种经济优势的一方利用自己的优势地位，在提供商品或服务时，违背交易相对人意愿，强行搭配销售购买方不需要或不愿意要的另一种商品或服务，或者附加其他不合理条件的行为。搭售现象在日常生活中更多地表现为企业利用其优势地位，在销售优质、畅销产品时，搭配销售劣质、滞销产品；销售名牌产品时，搭配销售杂牌产品。

（6）差别对待，指处于市场支配地位的企业没有正当理由，对条件相同的交易相对人，就其所提供商品的价格或其他交易条件给予明显区别对待的行为。这里的“对待”应当包含价格、配件供给、交货速度、担保以及其他交易条件。其中价格歧视是差别对待中最常见的一种形式，即卖方无正当理由要求购买同一等级、同一质量商品的若干买主支付不同的价格。

（7）反垄断执法机构认定的其他滥用市场支配地位的行为。

① 李昌麒．经济法学（第二版）．北京：法律出版社，2007. 257.

3. 滥用市场支配地位的法律规制

《反垄断法》第 47 条规定："经营者违反本法规定，滥用市场支配地位的，由反垄断执法机构责令停止违法行为，没收违法所得，并处上一年度销售额 1% 以上 10% 以下的罚款。"

（三）经营者集中

1. 经营者集中的概念

经营者集中是指两个或两个以上相互独立的经营者通过合并、取得资产或者股份等方式，直接或间接控制另一个或多个经营者，并引起市场结构持久变化的行为。

2. 经营者集中的表现形式

（1）经营合并，是指两个以上具有独立实体地位的经营者通过一定的形式归并为一个经营者。从合并对市场的影响来分类，直接企业合并又可以分为横向合并、纵向合并和混合合并。

横向合并是指具有直接竞争关系的相同产品的生产者和销售者之间的合并。横向合并被认为最有可能引起垄断和破坏市场竞争，因为横向合并直接影响市场结构，它提高了合并企业的市场占有率，市场集中度也因此提高。横向合并一直是各国反垄断法管制较严的企业竞争行为。

纵向合并是指处于不同生产或销售环节的企业之间的合并，如生产商和销售商的合并。纵向合并一般不直接导致企业市场占有率的提高和市场势力的增强，但纵向合并会增强合并企业对上、下游市场的控制力，可能导致对上游或下游市场的竞争的限制，某些强有力的合并厂商可能采取掠夺性定价方式排挤竞争对手，因而纵向合并也受到反垄断法的关注。

混合合并是指分属不同产业领域的企业的合并。混合合并使得企业的实力增强，可能使合并企业加强对其主要产品市场的控制。不同部门资本的集中有可能导致少数大型混合企业对国民经济的垄断性影响，有悖于经济自由与经济民主原则。因而超过一定限制的混合合并也会受到反垄断法的规制。

（2）取得股份，是指在不改变各自法律主体资格的前提下，经营者通过取得股权或资产的方式取得对其他经营者的控制权的行为。

（3）订立合同，是指一个经营者通过订立承包合同、租赁合同、管理合同等方式取得其他经营者的经营管理权。

（4）人事联合，是指一个企业的人事受其他企业的控制，从而纳入其他企业的运行轨道，包括董事互任、干部兼任。

3. 对经营者集中的控制

（1）申报义务。当企业合并后，市场集中度达到法律规定的规模后，合并者应当向主管当局申报。

（2）对经营者集中的集中度审查。反垄断主管机关主要考虑以下因素：参与集中的经营者在相关市场的市场份额及其对市场的控制力；相关市场的市场集中度；经营者集中在相关市场内排除、限制竞争的可能性；经营者集中对市场进入、技术进步的影响；经营者集中对消费者和其他有关经营者的影响；经营者集中对国民经济发展和社会公共利益的影响；国务院反垄断执法机构认为应当考虑的其他因素。

（3）豁免规则。经营者能够证明该集中对竞争的有利影响明显大于不利影响的，或者符合社会公共利益的，反垄断机构可作出不予禁止的决定，这就是豁规则免。

（4）法律责任。对经营者集中的法律规制主要有罚款、禁止合并、强行分解等。我国反垄断法规定，对经营者违反规定集中的，反垄断执法机构责令停止实施集中、限制处分股份和资产、限期转让营业以及采取其他必要措施恢复到经营者集中前的状态，可处50万元以下罚款。

（四）行政垄断

经济体制改革的不彻底和政治体制改革的相对滞后是行政性垄断产生的根本原因。地方政府及其所属部门为谋求本地区、本部门的经济利益和“政绩”，屡屡滥用行政权力，使得在计划经济体制下国家对经济的全面垄断转变成目前非法的局部性（地区性和部门性）行政性垄断。

1. 行政性垄断的概念

行政性垄断是行政机关和法律、法规授权的具有管理公共事务职能的组织滥用行政权力，限定或者变相限定单位或者个人经营、购买、使用其指定的经营者提供的商品，排斥、限制竞争的违法行为。

行政性垄断具有以下三方面的特征：

（1）行政性垄断的行为主体是行政机关或其授权的组织。这里的行政机关是指政府及其所属部门，特别是地方政府机关及其职能部门，这些政府机构往往具有明显的保护本地区或本部门的经济利益的目的。行政机关授权组织（如行政性公司）因兼有管理职能和经营职能，更容易利用管理优势实施经营行为，从而形成非常典型的行政性垄断行为。

（2）行政性垄断是行政主体滥用行政权力而实施的行为。这些行为包括限定交易、地区垄断、对外地经营者的差别待遇、限制或排斥外地竞争者在本地竞争等干涉市场主体行为以及分割市场资源等行为。

（3）行政垄断行为具有双重违法性。行政垄断行为从本质上看，滥用行政权力和限制竞争，兼具行政违法与经济违法双重性质。

2. 行政垄断的表现形式

（1）强制交易行为。指政府的所属部门滥用其行政权力，限定他人购买其指定的经营者的商品，限制其他经营者正当的经营活动。强制性经营行为包括明确规定在行政区域中只能购买或销售指定的产品；行政机关以明示或暗示的方式，要求企业或其他经济组织和个人到指定的企业购买或销售有关的商品或接受服务。

（2）地区封锁。地区垄断行为是指地方政府及其职能部门通过行政权力建立市场壁垒的行为。经济体制改革以来，随着各地区利益的相对独立，地方保护主义日益明显，这种现象导致了市场的分割，妨碍了地区之间商品的自由交易，与市场经济建立一个统一开放的大市场的客观要求存在着严重的不协调。地方政府或政府授权机构为了本地区的利益，往往采用发布命令、决定的方式，对外地商品设定歧视性收费项目、实行歧视性收费标准，或者规定歧视性价格；对外地商品规定与本地同类商品不同的技术要求、检验标准，或者对外地商品采取重复检验、重复认证等歧视性技术措施，限制外地商品进入本地市场；采取专门针对外地商品的行政许可，限制外地商品进入本地市场；设置关卡或者采取其他手段，阻碍外地商品进入或者本地商品运出；妨碍商品在地区之间自由流通的其他行为。

（3）排斥或限制外地经营者招标和投标行为。行政机关和法律、法规授权的具有管理公共事务职能的组织滥用行政权力，以设定歧视性资质要求、评审标准或者不依法发布信息等方式，排斥或者限制外地经营者参加本地的招标投标活动。

（4）对外地经营者实行差别待遇。行政机关和法律、法规授权的具有管理公共事务职能的组织滥用行政权力，采取与本地经营者不平等待遇等方式，排斥或者限制外地经营者在本地投资或者设立分支机构。

（5）强制经营者从事垄断行为。行政机关和法律、法规授权的具有管理公共事务职能的组织滥用行政权力，强制经营者达成垄断协议、合并或制定垄断价格、设置不合理的交易条件等垄断行为。

（6）排除或限制竞争的抽象行政行为。地方政府或行业主管部门以法规、规章、命令、决议、会谈纪要等规范性文件形式限制或排除竞争的行为。

3. 法律责任

在反对和规制行政性垄断行为时，单纯地运用包括法律在内的任何一种单一的方法，都不可能取得显著的成效，必须深入地分析各种现实因素，综合利用可资运用的手段方法（特别是行政的方法），对之进行综合治理。我国《反垄断法》第 51 条规定："行政机关和法律、法规授权的具有管理公共事务职能的组织滥用行政权力，实施排除、限制竞争行为的，由上级机关责令改正；对直接负责的主管人员和其他直接责任人员依法给予处分。反垄断执法机构可以向有关上级机关提出依法处理的建议。法律、行政法规对行政机关和法律、法规授权的具有管理公共事务职能的组织滥用行政权力实施排除、限制竞争行为的处理另有规定的，依照其规定。"

思考与拓展

美国联邦政府司法部与 20 个州的总检察官对微软提出反垄断诉讼案

【实例阅读】

美国微软公司是世界软件行业的著名企业，该公司研发的 Windows 系列操作系统在全球市场占有 90% 以上的份额。1998 年 5 月 18 日，美国联邦政府司法部与 20 个州（南卡罗来纳州后来退出）的总检察官对微软提出反垄断诉讼，控告微软滥用其市场支配地位，妨碍其他软件厂商与其进行正当竞争，以保护并扩大其软件的垄断地位。2000 年 4 月 3 日，哥伦比亚特区地方法院杰克逊法官作出微软违反《谢尔曼法》的判决，认为：微软公司在个人电脑操作系统中滥用其支配地位，"通过反竞争的手段和试图独占网络浏览器市场，维持其垄断力量"，并据此认定微软的行为损害了消费者、电脑制造商和其他公司的利益。微软通过捆绑销售，将 IE 浏览器强加给用户；在 Windows 系列操作系统中安装了源代码，把竞争对手排斥在外；微软还根据亲疏关系实行歧视定价。2000 年 6 月 7 日，判决将微软公司一分为二。

13 日微软公司提起上诉。28 日上诉法院作出判决，对涉及的四个关键问题审判如下：

①基本确认微软采用非法和反竞争手段来维持它在英特尔芯片的电脑操作系统软件上的垄断地位；②否定了初审法院关于微软试图将垄断地位扩展到浏览器软件领域的判决；③对于微软将浏览器软件与视窗95和98操作系统捆绑销售违反反垄断法的判决发回重审；④由于杰克逊法官在作出判决的过程中，对微软存在“不公正的偏见”，没有给予微软公司充分的发言权因而导致微软被拆分，驳回此项判决，不再允许杰克逊担任本案主审。

11月6日，微软公司与司法部和原告中的9个州和解，政府不再坚持对微软拆分，同时微软公司承诺：将给予电脑制造商更大灵活性，允许他们同与微软公司竞争的软件开发商签订合同，把产品标识置于微软公司的视窗操作系统上；微软公司不得对电脑生产商、软件开发商和其他选择竞争者进行报复。包括加利福尼亚州和华盛顿市在内的9州1市，认为司法部和微软的协议不足以抑制微软的垄断倾向，难以保护消费者的利益，仍要将反垄断诉讼进行到底。

2003年8月6日，欧盟委员会发表声明，声称其对美国微软公司长达4年的反垄断调查已接近尾声，要求微软公司在1个月内就欧委会的调查结果作出最后陈述。

欧委会表示，它已从消费者、供应商和竞争者手中收集了足够的证据，证明微软公司滥用了在软件市场上的垄断地位，将自己的媒体播放软件与Windows视窗操作系统捆绑销售，“抑制了产品更新”，并最终“减少了消费者的选择”。

欧委会在调查结果中要求微软采取措施，结束垄断行为。欧委会提出的解决方案包括：微软向竞争对手公开其服务软件的源代码；将媒体播放软件与Windows视窗操作系统分开销售，向电脑制造商们提供一个未整合媒体播放器的Windows操作系统版本等。2004年3月18日，由于未能达成一致意见，欧盟与微软关于反垄断案的谈判宣告破裂。

3月24日，欧盟委员会宣布：由于微软公司滥用其市场支配地位，违反了欧盟的公平竞争法，欧盟将对其处以高达4.97亿欧元的巨额罚款。此外，欧盟还要求微软在90天内向计算机生产商提供不带有媒体播放器的视窗操作系统，并在120天内公布相关的接口信息，以使其他厂商的网络服务器产品能与视窗操作系统兼容。微软公司已经明确表示将向欧洲法院提出上诉。

在本案中，微软公司凭借其在市场中的支配地位和强大的技术实力，将其生产的网络浏览器和媒体播放软件与操作系统软件捆绑销售、在操作系统中安装源代码以排斥竞争对手、根据亲疏关系实行歧视定价，这些都是典型的滥用市场支配地位行为。这些行为不仅损害了其竞争对手的正当利益，妨害了软件市场的自由竞争，使得广大软件最终用户失去了选择的自由，而且从长远来看，还必将使广大用户支付超出正常价格的垄断高价。因此，无论是在美国还是欧洲，微软滥用市场支配地位的行为都是反垄断法所不容许的。

第三节　反不正当竞争法

市场经济要求自由的、公平的、有效的竞争。竞争是市场主体繁荣的根本，没有竞争，经济就会停滞，这是不言而喻的。但竞争的发展结果，一方面可能导致与之相对立的垄断；另一方面又会在竞争的过程中伴随不正当竞争。市场竞争要求建立在公平的基础上，不公平的竞争对市场危害甚大。只要存在市场竞争，就必然会有正当的竞争和不正当的竞争之分，要保证市场机制的有效运作，实现有效的竞争，必须对不正当竞争行为依法进行规制，这也是反不正当竞争法的目标。

一、反不正当竞争法概述

（一）不正当竞争行为

不正当竞争行为是针对市场竞争中的正当竞争行为而言的，它泛指经营者为了争夺市场竞争优势，违反公认的商业习惯和道德，采用欺诈、混淆等经营手段排挤或破坏竞争，扰乱市场经济秩序，并损害其他经营者和消费者利益的竞争行为。

早期各国对不正当竞争行为的规制是民法中的侵权规则。由于不正当竞争行为日益增多、形式多变，对市场经济秩序的危害非常严重，仅仅依靠民法中的侵权规则难以达到规制的效果，因此现代世界各国大多通过反不正当竞争法律对其进行规制。我国于 1993 年 12 月 1 日实施《反不正当竞争法》，对不正当竞争行为的界定采用了世界各国的通常做法。首先，在该法的总则部分规定了市场交易的基本准则，实际上是把违背这些基本准则的行为界定为不正当竞争行为。其次，对不正当竞争行为作了概括性的界定，即“经营者违反本法规定，损害其他经营者的合法权益，扰乱社会经济秩序的行为”。这是在吸收现代竞争法律和理论发展成果的基础上，进一步明确了不正当竞争行为不仅是侵害其他经营者合法权益的行为，而且是一种危害社会利益、扰乱社会经济秩序的行为，揭示了其社会危害性的性质。再次，在分则部分又规定了 6 种不正当竞争行为。① 它们分别是仿冒混淆行为、虚假广告宣传行为、商业贿赂行为、侵犯商业秘密行为、低价倾销行为以及不正当有奖销售行为。这些特别的列举较为明确地规定了对市场秩序影响特别大的行为的定义、构成要件以及处罚的措施，并根据这些行为对社会影响的程度、社会公众对这些行为的容忍程度，适当地调整法律制约机制。

（二）不正当竞争行为的特征

纵观各类不正当竞争行为，一般都具有以下三项基本特征：

1. 主体的特定性

竞争是经营者之间在市场上通过价格、数量、质量或服务等条件，为争取交易机会和经济利益而开展的“商战”，因此，不正当竞争行为的主体都是在商业活动中采用不正当手段竞争的经营者，政府行政机关或其他不以盈利为目的的社会团体则应当与此无涉。我国《反不正当竞争法》中明确规定该法规制的对象是“经营者”，即以盈利为目的、从事商品的生产、销售或提供服务的法人、其他经济组织和个人。

2. 行为的违法性

不正当竞争行为具有违法性，如果竞争行为违反一国竞争法规定原则和具体规范，就

---

① 我国反不正当竞争法制定和颁布之时，反垄断立法时机尚未成熟，将本该由反垄断法规制的一些行为一并在反不正当竞争法中予以规范。由于反垄断法已经单独立法，明确认定这些行为属于反垄断法中禁止的垄断行为，故本节认为不正当竞争行为只有六种。

应当确定为不正当竞争行为。但是，这种违法性的确定与其他行为违法性的确定有所不同，它是以违反商业道德为一般判断依据的。商业道德是在长期经济生活中逐渐形成的符合交易各方利益的、得到社会公认的经济行为规范，是社会秩序得以维持的最基本的市场环境条件。但是，道德规范不可能及时地成为法律规定的内容，而不正当竞争行为的表现形式各异且变化多样，大部分的不正当竞争行为是采取了似是而非的手段，混淆真伪的方法。因此，以违反商业道德来概括不正当竞争行为是最为贴切和全面的，并以此作为一般性条款来覆盖已经发生的和潜在的不正当竞争行为，对维护市场竞争秩序及时规制竞争行为具有重要意义。

3. 不正当竞争行为的社会危害性

现代市场经济是充满竞争的社会，竞争的程度日益加剧，对社会的影响也日益增强。因此，对竞争行为的规制已远远超出了传统法律对个体经济行为规制的意义。仿冒他人营业标识、盗窃他人商业秘密、贬低他人的商业信誉、劣质产品鸠占鹊巢、交易内幕贿赂成风等，造成市场交易秩序混乱。不正当竞争行为的危害性已经从经营者的私权和私益领域扩大到对公众利益的损害和对社会经济运行秩序的破坏。法律之所以把竞争行为从私法规制转而纳入具有公法性质的竞争法规制，正好说明了其社会危害性的本质特征。这也正是不正当竞争行为与一般的民事侵权行为和违约行为的区别所在。

（三）反不正当竞争法的概念

反不正当竞争法，是国家对经营者在市场竞争中违法商业道德，损害其他经营者的合法权益，扰乱社会经济秩序的行为进行规制的法律规范的总称。它以维护市场竞争机制，创造公平竞争的市场环境，制止不正当竞争，保护经营者和消费者的合法权益为目标，与反对垄断和限制竞争，保障市场竞争机制支持运行的反垄断法一起构成了竞争法的两大组成部分。

二、反不正当竞争法的作用

反不正当竞争法在我国建立和完善竞争法律体系中有着重要的作用。第一，建立统一的社会主义市场经济秩序，保障社会市场经济健康发展。竞争是市场的支付，市场秩序的建立，有赖于竞争秩序的建立，竞争秩序混乱，必然带来市场秩序混乱。社会主义市场经济必须是一种规范化、制度化、法制化的经济。竞争规则是所有参与市场竞争的经营者必须共同遵守的行为准则。不正当竞争行为违反了这些共同行为准则，用投机性、掠夺性、欺诈性的行为使人达到利己的目的。这些行为严重破坏社会经济秩序，反不正当竞争法要禁止这些行为，从而保障社会主义市场经济的健康有序发展。第二，规范经营者的竞争行为，提高经济效益。反不正当竞争法对经营者的竞争行为加以规范，促使经营者通过改善经营管理，加强经济核算，增加花色品种，提高产品质量，降低产品成本，提高劳动生产率，改进服务等，从而在激烈市场竞争中取胜。法律通过对不正当竞争行为给予制裁，促使经营者从法律后果上考虑从而使自己的行为纳入正当竞争的范围。第三，保护经营者的合法权益。在社会主义市场经济的大环境中，经营者都有权依法从事商品经营或者营利性服务，在平等的条件下参与市场竞争，享有合法权益和合法权益不受侵害的权利。不正当竞争行为的人所采取的各种不正当竞争的手段，直接侵犯了作为竞争对手的其他经营者。对不正当竞争行为禁止与制裁，正是保护了合法经营者的正当权益。第四，保护消费者合法权益。竞争与消费者的利益是紧密相关的，正当竞争有助于实现消费者的利益，而不正当竞争者往往损害消费者的利益。因此，为了保护消费者合法权益，必须打击、制裁不正当竞争行为。

三、不正当竞争行为的种类

《反不正当竞争法》第 2 条规定："本法所称的不正当竞争，是指经营者违反本法规定，损害其他经营者的合法权益，扰乱社会经济秩序的行为。"

（一）混淆行为

混淆行为是指生产者或经营者为了争夺竞争优势，在自己的商品或者营业标识上不正当地使用他人的标识，使自己的商品或者营业与他人经营的商品、营业相混淆，牟取不正当利益的行为。具体表现为擅自使用其他经营者特有的、为公众所周知的注册商标、商品的包装、装潢、名称或者各种质量标识，导致消费者混淆商品和市场混乱。

1. 仿冒他人合法外部标识的行为

仿冒他人合法外部标识行为是指不经任何授权，擅自使用其他经营者受国家法律保护的合法外部标识的行为。企业的合法外部标识是经过注册登记的商标、商号、企业名称、服务标记等具有识别意义的标识。仿冒他人合法外部标识的行为具体表现为：

（1）假冒他人的注册商标行为。根据我国《商标法》及其《实施细则》的规定，这种侵权行为包括：①未经注册商标所有人的许可，在同一种商品或者类似商品上使用与其注册商标相同或者近似的商标；②销售明知是假冒注册商标商品的行为；③伪造、擅自制造他人注册商标标识或者销售伪造、擅自制造注册商标标识的行为。

（2）假冒他人名称权的行为。我国法律明确企业享有名称的专用权，并"保护企业名称专用权"。冒用企业名称引起消费者的误解，造成市场竞争秩序混乱。

《反不正当竞争法》第 5 条规定禁止以"假冒他人注册商标"、"假冒他人名称权"的手段从事不正当竞争，从竞争法的角度保护经营者合法的外部标识。

2. 不正当使用他人合法外部标识的行为

仿冒者为了牟取竞争中的有利地位，虽然不直接在自己企业的名称、商号、商品以及商标中直接使用其他经营者经合法登记注册的企业名称、商标以及商号、字号等外部标识，但对这些合法外部标识进行不正当的使用。如故意以他人的著名商标作为自己企业的名称或商号，或者把他人享有盛誉的企业字号作为自己企业商品的名称或者服务的标记，或者作类似商标用途的使用。

3. 不正当使用他人未经注册登记的外部标识，导致市场混淆的行为

这是指仿冒者不经任何授权，对知名企业及其产品、服务的特有的外部标识进行不正当使用，造成市场秩序的混乱的行为。我国《反不正当竞争法》禁止"擅自使用知名商品特有的名称、包装、装潢，或者使用与知名商品近似的名称、包装、装潢，造成与他人的知名商品相混淆，使购买者误认为是该知名商品"的行为。

4. 仿冒他人产品的质量标识和产地，引人误解的行为

这种行为包括仿冒他人的质量认证标识、质量名优标识或伪造产地的行为。质量认证标识是指经国际上或国内质量认证机构认证合格后在商品上或商品包装上使用的标识。名优标识是指在国际上或国内由有关部门或社会团体评定颁发在产品或其包装上使用的质量荣誉标识。商品产地是指商品的制造地、加工地、出产地或商品生产者的所在地。伪造商品产地是经营者在商品上虚假地标上名优产品或特有产品的原产地。

（二）虚假广告宣传的不正当竞争行为

该行为是指经营者利用广告或者其他方法，对商品的质量、制作成分、性能、生产者、有效期限、产地等作引人误解的虚假宣传，以及广告的经营者在明知或应知的情况下，代理、设计、制作、发布虚假广告的行为。广告商为了商业目的，通过报刊、广播、电视、电影、路牌、橱窗、印刷品、霓虹灯等媒体或者形式对商品进行公开宣传。广告设计有效的促销手段，其职能在于向用户和消费者介绍某种商品，诱发人们的需求欲望并产生商业交易的行为。这就要求广告的内容必须真实、健康、清晰、明白，不得以任何形式弄虚作假，蒙蔽或者欺骗消费者。形形色色的虚假广告不仅严重挫伤了公众对广告的感情，损害了消费者的利益和商品生产者相互之间正当的竞争关系，而且也损害了企业和广告部门的信誉。由此可见，虚假广告宣传已构成一种严重的不正当竞争。

（三）侵犯商业秘密的不正当竞争行为

商业秘密是指不为公众所知悉，能为权利人带来经济效益，具有实用性并经权利人采取保密措施的技术信息和经营信息。商业秘密是一种与知识产权最相邻近的财产权，它可以给所有人和使用人带来经济利益和经济优势。用不正当的手段侵犯他们的商业秘密也是法律禁止的一种不正当竞争行为。侵犯商业秘密的不正当竞争行为主要表现为：①以盗窃、利诱、胁迫或者其他不正当手段获取权利人的商业秘密；②披露、使用或者允许他人使用获取权利人的商业秘密；③违反约定或者违反权利人有关保守商业秘密的要求，披露、使用或者允许他人使用其所掌握的商业秘密；④第三人明知或应知向其转授商业秘密的人具有前面所列违法行为时接受使用或者披露他人的商业秘密。

（四）有奖销售的不正当竞争行为

有奖销售是指经营者为扩大商品销路、吸引顾客，把售出商品所得全部利润的一部分拿出来设立将金和奖品，从而进行推销的方法。对于消费者来说，这种方法具有一定的吸引力，使他们有正常的消费过程中可能意外地得到获奖的机会。但有些经营者却利用有奖销售，利用消费者的盲目性和投机心理促销，来坑害消费者和其他经营者的合法权益，这是一种不公平竞争行为。有奖销售的不正当竞争形式有三种：一是经营者利用谎称有奖或者故意让内定人员中奖的欺骗方式进行有奖销售；二是利用有奖销售的手段推销质次价高商品；三是抽奖式的有奖消费，最高奖金额超过 5 000 元。上述三种行为对市场经济秩序的健康发展造成了极大的破坏。

（五）诋毁商业信誉的不正当竞争行为

商业信誉是指经营者以公平、公正、公开的方法，遵守法律、法规和商业道德的行为，通过诚实劳动取得的精神成果。一种商品声誉如何，直接影响到整个企业的商业信誉。商业信誉是企业的生命，它需要经过长时间的艰苦努力才能建立，它拥有广大的市场和顾客，并具有强大的市场竞争优势。如果经营者为了竞争的目的，不是通过诚实劳动提高自己的商业信誉和竞争能力，而是通过制造谣言方式损害竞争对手长期建立的商业信誉，在广大购买者不知情的情况下，有可能使竞争对手遭受难以挽回的巨大损失，广大消费者也将会受到购物选择的损失。这种破坏他人信誉、声誉的严重破坏公平竞争的违法行为，是极为恶劣的。只有打击这种不正当竞争行为，经营者的商业信誉和商品声誉在参与市场竞争中才能得到法律保护，经营者才能正常经营。

思考与拓展

“永芳”诉“梦姿”不正当竞争案

【案情】

广东肇庆粤肇化工厂生产的“梦姿四季回春霜”的包装、装潢标识同永芳化妆品的相似。被告提供答辩称：“梦姿”的图案商标为梯形，梯形内的汉语拼音为“四季回春霜”，而永芳的商标图形为矩形，里面为一玫瑰花形。另外，“梦姿”和“永芳”的发音亦不同。因此认为，两者商标设计只是局部近似而非整体近似，不构成商标侵权和不正当竞争。

【案例分析】

肇庆市中级人民法院经审理认为：被告的“梦姿”商标和包装设计，同“永芳”的商标和包装设计构成整体近似，只在局部图案上有细小差别。具体表现在：①“梦姿”外包装全部使用紫红色，与“永芳”商标注册中的紫红色以及 F 珍珠膏外包装上所使用的紫红色相比略浅，两种产品在单独存放时是不能区别的。②两种化妆品的商标图案、花形、名称均使用银白色；③“梦姿”外包装正面使用的玫瑰花同“永芳”的花大小形状基本相同，都处于显著位置；两种花型和两种化妆品使用的紫红色结合起来，已构成两种商标的整体近似。④两种产品外包装形状、容积基本一致，“梦姿”正面商标左右两侧两条银白竖线与“永芳”同位置的同样两条竖线极为相似，“梦姿”的斜长方框（即所谓梯形）和“永芳”的长方框也近似。

第四节　产品质量法

在现代社会，产品质量已经成为生活的主旋律和经常性话题。产品质量的优劣，直接影响市场的发育、兴衰和秩序，反映生产者和销售者的素质与职业道德，代表着一个国家的强盛和民族精神。正因为如此，国务院制定了《质量振兴纲要》，确立了“质量第一”、

"质量立国"的发展战略，各部门在加强产品质量监督、完善企业的质量保证体系时，采用国际标准等方面做了大量工作，许多企业的产品质量达到国际先进水平，繁荣了市场，丰富了人民的生活，促进了经济的发展。与此同时，假冒伪劣产品的泛滥，也成为社会的一大公害，给消费者、用户和国家经济发展造成了严重危害。依靠单一的民事法律难以遏制生产、销售假冒伪劣产品的经济驱动力，必须依靠充分体现国家干预的产品质量法的规制和调控，通过一系列监管制度来调整和规范产品质量和产品责任关系。

一、产品质量概述

（一）产品的概念

"产品"的概念在不同国家有不同的界定。我国《产品质量法》所称的产品，是指经过加工、制作，用于销售的产品。"建筑工程不适用于本法；但是，建设工程使用的建筑材料、建筑构配件和设备，属于前款规定的产品范围的，适用本法规定。""军工产品质量监督管理办法，由国务院、中央军事委员会另行制定。"从法律的规定中，我们可以看出，我国产品质量法所调整的产品必须具备两个基本条件：第一，必须是经过加工、制作的产品，未经加工、制作的天然物品不属于产品的范围。第二，必须是用于销售的产品，即投入流通领域以满足用户使用需要的产品。不用于销售的产品，如自己生产、制作，自己使用的产品，纯科学研究使用的产品，不属于我国产品质量法所称的产品。以下几类产品被排除在产品质量法适用范围之外：天然产品、初级农产品、不动产、军工产品。

（二）产品质量的概念

产品质量是指国家有关的法律、法规、质量标准以及合同约定的对产品适用、安全和其他特性的要求。国际标准化组织颁布的 ISO8402《质量—术语》对质量的定义是："产品或服务满足规定或者潜在需要的特征和特性的总和。"需要包括使用性能、安全性、可用性、可靠性、可维修性和环境等基本目标。他们分别反映产品使用性能和外观性能，可靠、安全、灵活和及时的程度，以及与此相适应的用户和消费者所付出的代价。

产品质量包括产品的内在质量和外观质量。内在质量是指产品的内在属性，包括性能、寿命、可靠性、安全性、经济性等方面的要求。产品性能是指产品具有适合用户要求的物理、化学或技术性能；产品寿命是指产品在正常使用情况下的使用期限；产品可靠性是指产品在规定的时间内和规定的条件下使用，不发生性能故障；产品的安全性是指产品在使用过程中对人身和环境的安全保障程度；产品的经济性是指产品经济寿命周期内的总费用的多少。产品的外观质量指产品的外部熟悉，包括产品的光洁度、色泽、包装等。产品的内在质量与外观质量特性比较，内在质量是主要的、基本的，只有在保证内在特性的前提下，外观质量才有意义。

我国《产品质量法》第 26 条对产品质量作了细化，规定产品质量应当符合下列要求：不存在危及人身、财产安全的不合理危险，有保障人体健康和人身、财产安全的国家标准、行业标准的，应当符合该标准；具备产品应当具备的使用性能，但是对产品存在使用性能的瑕疵作出说明的除外；符合在产品或者其包装上注明采用的产品标准，符合以产品说明、实物样品等方式表明的质量状况。

（三）产品质量法

产品质量法是调整生产、流通和消费过程中因产品质量所发生的经济关系的法律规范的总称。一般包括产品质量责任、产品质量监督管理、产品质量损害赔偿及处理质量争议等方面的法律规定。产品质量法有广义和狭义之分。广义的产品质量法不仅包括《中华人民共和国产品质量法》，还包括相关法律、法规中调整产品质量责任、产品质量监督管理和产品质量争议处理的法律规范，如《中华人民共和国计量法》、《中华人民共和国标准化法》、《中华人民共和国食品安全法》、《中华人民共和国药品管理法》、《工业产品生产许可证试行条例》中的相关法律规范。狭义的产品质量法是指1993年2月22日第七届全国人大常委会第十三次会议通过、2000年7月8日第九届全国人大常委会第十六次会议修改并于2000年9月1日正式实施的《中华人民共和国产品质量法》。

二、产品质量监督管理制度

产品质量监督管理制度是指执行产品质量监督的方式、形式和方法的总称。我国对产品质量实行统一立法、区别管理的原则，对可能危及人身健康和生命、财产安全方面的产品实行强制管理，其他产品主要是通过市场竞争和企业自我约束的机制去解决。对产品质量的监督管理，采取事先保证和事后监督相结合的原则。产品质量的执法监督按照行政区划统一管理、组织协调的原则。在加强国家监督的同时发挥行业监督、社会监督的作用。

（一）产品质量检验制度

县级以上人民政府产品质量监督管理部门依法设置和依法授权的社会中介机构，按照特定的标准检测产品质量，以判明产品是否合格的活动。判断产品质量合格与否的依据有四个：第一，产品质量是否符合法律、行政法规对产品质量的要求，即是否符合国家标准、行业标准，符合保障人体健康，人身、财产安全的要求。第二，产品质量是否符合合同约定在产品或其包装上注明采用的产品标准，符合以产品说明、实物样品等方式表明的产品质量状况。第三，产品是否符合标准的要求，包括国家标准、行业标准、地方标准或企业备案的生产标准。第四，产品的生产厂名、厂址与产地是否真实。

（二）企业质量体系认证制度

企业质量体系认证是认证机构根据企业申请，对企业的产品质量保证能力和质量管理水平所进行的综合性检查和评定，并对符合质量体系认证标准的企业颁发认证证书的活动。企业质量体系认证制度，是指国务院产品质量监督管理部门或者由它授权的部门认可的认证机构，依据国际通用的“质量管理和质量保证”系列标准，对企业的质量体系和质量保证能力进行审核合格，颁发企业质量体系认证证书，以资证明的制度。

目前国际上通用的“质量管理和质量保证”标准是ISO9000系列国际标准，我国对企业实行质量体系认证的依据是CB/T19000—ISO9000质量管理和质量保证系列国家标准。企业根据自愿原则可以向国务院产品质量监督部门认可的或者国务院产品质量监督部门授权的部门认可的认证机构申请企业质量体系的认证。经认证合格的，由认证机构颁发企业质量体系认证证书。

（三）产品质量认证制度

产品质量认证，是依据产品标准和相应技术要求，经国家认证机构确认并通过颁发认证证书和认证标志来证明某一产品符合相应标准和技术要求的活动。产品质量认证分安全认证和合格认证。实行安全认证的产品，必须符合《产品质量法》、《标准化法》的有关规定。我国《产品质量认证管理条例》、《产品质量认证管理条例实施办法》、《产品质量认证委员会管理办法》、《产品质量认证检验机构管理办法》、《产品质量认证书和认证标志管理办法》等法规、规章，对企业申请产品质量认证的程序，即申请、审查和检验、批准等具体步骤，作了明确规定。产品质量认证部门依法对符合规定条件的企业批准认证，颁发认证证书，并允许企业在该产品上使用认证标志。

（四）产品质量监督抽查制度

产品质量监督检查是指产品质量的监督部门依法对生产、销售的产品，依据有关规定进行抽样、检验，并对抽查结果依法公告和处理的活动。依《产品质量法》第 15 条规定，国家监督抽查制度重点监督检查三类产品：一是可能危及人体健康和人身、财产安全的产品；二是影响国计民生的重要工业产品；三是用户、消费者、有关组织反映有质量问题的产品。国家监督性抽查的目的是客观地了解和反映产品的质量状况，及时向社会公告检测结果，查处质量低劣的假冒伪劣产品，让用户、消费者掌握真实信息。

三、产品生产者、销售者的产品质量义务

（一）生产者的产品质量责任和义务

生产者的责任，即产品的加工、制作过程的责任，是产品成为产品的第一关。生产者的产品质量责任和义务从不同角度可以分为不同的类型。

（1）以产品责任的受害人为标准，可以分为制造者对直接买方的责任、对间接买方的责任以及制造者对其他第三人的责任。

对直接买方的责任，是指制造者与用户和消费者有直接的关系。在这种情况下，便产生产品责任和合同责任的竞合的问题。这时，制造者究竟承担质量违约责任还是承担产品责任，原告可以根据自己的利益作出选择。对间接买方的责任，是由于社会化协作和分工的高度发展，制造者大多只具有生产和出厂产品的业务范围，而由销售者向用户和消费者提供产品的职能。在这种情况下，用户和消费者对于制造者而言，就是间接买方，发生的责任也属于间接责任。制造者对有关第三人的责任，是指有缺陷的产品不仅会给直接买方或间接买方造成损害，但可能给其他工作人员和亲朋好友以及过路的行人造成损害。以上三种情况生产者都应当承担产品质量责任。

（2）以生产者应当对其生产的产品质量为标准，可分为生产者的产品内在质量责任、

产品的标识质量责任和生产过程的遵守规则责任。

生产者的产品质量应当符合下列要求：不存在危及人身、财产安全的不合理的危险，有保障人体健康、人身财产安全国家标准、行业标准的，应当符合该标准；具备产品应当具备的使用性能，但是，对产品存在使用性能的瑕疵作出说明的除外；符合在产品或者其包装上注明采用的产品标准，符合以产品说明、实物样品等方式表明的质量状况。

产品或者其包装上的标识应当符合下列要求：有产品质量检验合格证明；有中文标明的产品名称、生产厂名和厂址；根据产品的特点和使用要求，需要标明产品规格、等级、所含主要成分的名称和含量的，用中文相应予以标明；需要事先让消费者知晓的，应当在外包装上标明，或者预先向消费者提供有关资料；限期使用的产品，应当在显著位置清晰地标明生产日期和安全使用期限或者失效日期；使用不当，容易造成产品本身损坏或者可能危及人身、财产安全的产品，有警示标识或者中文警示说明。裸装的食品和其他根据产品的特点难以附加标识的裸装产品，可以不附加产品标记。易碎、易燃、易爆、有毒、有腐蚀性、有放射性等危险物品以及储运中不能倒置和有其他特殊要求产品，其包装质量必须符合相应要求，有警示标识或者中文警示说明，标明储运注意事项。

生产者必须遵守国家有关规定：生产者不得生产国家明令淘汰的产品；生产者不得伪造产地，不得伪造或者冒用他人的厂名、厂址；生产者生产产品，不得掺杂、掺假，不得以假充真，以次充好，不得以不合格产品冒充合格产品。

（二）销售者的产品质量责任和义务

销售者承担产品责任与义务概括起来，表现为三个方面：一是保证责任。当制造者是产品责任的最终承担者时，销售者对用户和消费者承担了产品责任后，有权向制造者追偿，此时销售者的法律地位类似于保证合同中的保证人。二是连带责任。如果制造者向销售者提供的产品具有缺陷，而由于销售者自己的过错使产品的质量进一步降低并出售给了用户或者消费者，在这种情况下，虽然用户和消费者有权向制造者或销售者中的任何一方请求全部的产品责任，但是，实质上制造者与销售者各自承担相应的产品责任。三是销售者找不到生产商和供应商时，产品责任由其自己承担。除非他在合理时间内将真正的提供者或向其供应产品者的身份通知索赔人。

销售者的产品质量责任和义务具体规定如下：销售者应当建立并执行进货检查验收制度，验明产品合格证明和其他标识；销售者应当采取措施，保持销售产品的质量；销售者不得销售国家明令淘汰并停止销售的产品和失效、变质的产品；销售者销售的产品的标识应当符合规定；销售者不得伪造产地，不得伪造或者冒用他人的厂名、厂址；销售者不得伪造或冒用认证标志、名优标志等质量标志；销售者销售产品，不得掺杂、掺假，不得以假充真，以次充好，不得以不合格产品冒充合格产品。

四、产品质量责任

产品质量法与消费者权益保护密切相关，早期各国对产品责任方面的案件是根据“非责任原则”加以处理的，也就是说，因产品缺陷而给消费者造成损坏或者损失，受害者必须与生产者或者销售者之间存在着合同关系，才能提起合同责任性质的赔偿之诉，否则，就不能提起损害赔偿之诉。随着现代工业生产的发展和科学技术的进步，各种机械、电气、化学等产品大量投放市场，消费者的安全和利益也随之受到越来越大的损害；同时产品从生产到消费，中间往往经过多个环节，甚至跨越国境，消费者或者使用者与生产者、销售者之间也就往往没有直接合同关系。因此突破“非责任原则”的羁绊，已成为社会经济发展的必然要求。20 世纪 20 年代，英、美率先通过司法判例确立了产品责任不仅仅是一种合同责任，同时也是一种侵权责任的双重责任理论。之后，各国也先后通过立法和判例，以保护消费者的权益，加重产品的生产者、销售者的责任。目前产品责任为各国所普遍重视，产品责任法性质，早已从合同责任转变为侵权责任；从保护消费者的“私法益”转变为保护社会的“公法益”。产品责任的归责原则，也早已从过错责任原则向严格责任原则转化。

（一）产品质量责任的主体

产品质量责任的主体就是对产品质量问题应该承担相应的责任者。在现代社会生产条件下，一件产品从设计、制造、装配、运输、储存、销售、修理至消费，中间往往要经过一系列环节，才能最终送到消费者手中。这一系列环节的责任者都是产品质量的责任主体。参加产品运动过程的任何一个主体都负有保证其经手产品的质量的义务，因此他们都有可能成为承担产品责任的主体。可以说产品责任是一个极其广泛的主题系列，它包括产品的设计者、原材料、零部件的供应者、制造装备者、储存者、运输者、进口商、批发商、零售商。而消费者处于这一链条的末端，当遭受损害时，消费者往往难以找到对产品特定缺陷负责的人。为了分清责任和诉讼上的便利，消费者往往向与之关系最密切的销售者或可能最终承担责任的制造者起诉，因为这个责任主体责任最重，发生损害的事实也最多。尽管其他环节也可能成为责任的主体，但对消费者来说属于间接关系，并且他们的责任可以由生产者、销售者予以追究。所以，我国产品质量法主要规定了产品的生产者和销售者为产品质量责任的主体。

（二）产品质量责任的构成要件

产品质量责任作为一种特殊的侵权责任，其成立必须具备以下几个要件：

（1）产品本身存在缺陷。产品缺陷，指产品存在危及人身、他人财产安全的“不合理危险”。“不合理危险”是指普通消费者认为仅凭对产品及其特征的一般知识了解不到的危险。产品缺陷可以分为四种类型：①设计上的缺陷，即产品本身在结构，功能上的缺陷。②制造上的缺陷，即生产时和装配式的工艺流程或操作规程处理不当。③指示上的缺陷，即对产品的性能、使用方法未作正确的指示说明，对产品的潜在危险性未作必要的警告。④发展上的缺陷，即产品的制造试验符合当时科学技术标准，但由于受当时科学技术水平的限制，仍不免存在缺陷。

前三种产品质量缺陷造成损害的，应当发生产品责任，第四种缺陷造成损害的按我国产品质量法规不负责任。

（2）生产者与销售者有提供缺陷产品的行为。生产者与销售者违反法律上的义务，提供缺陷产品，主要表现为两种情况：一种是提供的产品本身不符合法规、标准以及合同质量的要求；另一种是生产者和销售者没有履行或没有适当履行向消费者告知的义务。

（3）存在造成他人损害的事实。这里的损坏，不是指产品本身的损坏、毁灭，而是指产品造成他人的人身伤害、死亡和财产损失。这种损害是合同权利以外的损害，它既可以表现为人身的伤害，也可以表现为财产上的毁坏与损失。

（4）损害的事实与提供有缺陷产品行为有因果关系。所谓因果关系，是指损害是由提供有缺陷产品的行为直接造成的，即损害是由于产品自身的原因所致，而不是由于他人把产品作为实施侵权的工具造成的。

判断造成损害事实的产品确有缺陷，主要应区分两种情况：一种是致害产品在损害事故发生后仍然存在原状态的情况。例如，汽车甲醛含量超标，对使用者的人身造成伤害后仍然存在。另一种是致害产品在损害事实发生后不复存在或虽然存在却已面目全非了。如假药、假酒及暖水瓶发生爆炸的碎片等。在第一种情况下，判断致害产品是否有缺陷比较容易，一般可将致害产品送交质量检验部门进行检验即可解决。第二种情况下的产品质量因果关系比较难以认定；根据国内外的实践经验，一般可以采取以下几种方法认定。第一，从产销者的产品质量违法行为上推定其提供的产品有缺陷。比如，该企业违反国家的法律规定，将不合格的原材料投入生产，从而导致产品质量缺陷。第二，应用类比方法推定致害产品不合格。如果同批产品普遍存在质量问题，可推定同批产品中造成损害已经不复存在的产品同样存在质量问题，是有缺陷产品。第三，根据“事实本身说明问题”的原则，认定致害产品的质量有缺陷。使用这三种方法推定产品有缺陷时，必须是损害事故的原因不明确，而且合理地排除了致害的其他原因；被害人经证明确实不存在过错；被告人如果举不出证据证明质量合格，那么可采用推理方法认定产品质量存在缺陷。

五、产品质量责任的抗辩事由

我国《产品质量法》规定，生产者能够证明有下列情形之一的，不承担赔偿责任：

（1）未将产品投入流通的。生产者、销售者只需证明其未经有关产品投入流通，那么对非经商业渠道进入使用和消费领域的有关产品造成的损害结果不负责任。此外，出于非商业目的提供产品，提供者通常也不承担产品责任。

（2）产品投入流通时，引起损害的缺陷尚不存在的。生产者、销售者如果能证明造成损害结果的产品缺陷在离开其控制之前并不存在，则不负产品责任。但是如果产品的缺陷是运输和仓储过程中因储运人的过错造成的，生产者、销售仍需承担责任。

（3）将产品投入流通时的科学技术水平尚不能发现缺陷存在的。生产者如果能够证明其在产品投入商业流通时，由于当时的科技水平和工艺水平所限而未能觉察该产品的潜在危险的，即所谓的设计、开发风险的，生产者可对此种产品缺陷所引起的损害不负责任。

（4）超过诉讼和赔偿请求时效。《产品质量法》规定，因产品质量不合格导致人身伤害请求赔偿的诉讼时效为 2 年；因产品存在缺陷造成损害要求损害赔偿请求权，在造成损害的缺陷产品交付最初消费者满 10 年丧失；但是，尚未超过明示的安全使用期的除外，即生产者承担产品责任的时效为 10 年，超过这个期限，生产者即无承担产品责任义务。

六、产品质量责任的类型

产品质量责任可分为民事责任、行政责任和刑事责任。民事责任的主要目的在于对受害人的补偿，而行政责任和刑事责任主要在于对侵害人的惩戒。在产品质量事故中受害人最关心的就是获得补偿，挽回经济损失。由此可见，民事责任是产品质量责任的主要责任形式。

（一）产品质量的民事责任

由于产品质量不合格造成消费者人身损害或者财产损失的，生产者、销售者应当承担相应的法律责任。由于销售者的过错使产品存在缺陷，造成人身、他人财产损害的，销售者应当承担赔偿责任。销售者不能指明缺陷产品生产者也不能指明缺陷产品的供货者的，销售者应当承担赔偿责任。因产品存在缺陷造成人身、他人财产损害，受害人可以向产品的生产者要求赔偿，也可以向产品的销售者要求赔偿。属于产品的生产者责任的，产品的销售者有权向产品的生产者追偿。属于产品的销售者责任的，产品的生产者有权向产品的销售者追偿。

就民事法律责任而言，产品责任是一种侵权责任。根据《产品质量法》有关规定，生产者、销售者承担侵权责任的形式，以损害赔偿为主。对于因产品有缺陷而造成消费者人身伤害的，责任者应当赔偿医疗费、治疗期间的护理费、因误工减少的收入、残疾者生活自助费、生活补助费、残疾赔偿金以及由其扶养人所必需的生活费等费用；因产品有缺陷而造成人员死亡的，应当支付丧葬费、死亡赔偿金、死者生前扶养的人的必要的生活费等费用。因产品有缺陷而造成财产损失的，责任者应当赔偿财产毁损的直接损失，并且在一定条件下，也应当适当地赔偿受害者的间接损失。此外，根据《侵权责任法》规定，生产者明知产品存在缺陷仍然生产、销售，造成他人死亡或者健康严重损害的，受害人可要求生产者、销售者承担惩罚性赔偿责任。承担产品责任的方式，除支付赔偿金外，在造成财产损失的情况下，也可以单独或者同时采用恢复原状的方式。

产品责任是一种强制性的法定责任。产品的生产者、销售者不得以任何方式排除或者减免其产品责任，任何旨在排出或者限制产品的生产者、销售者的产品责任的条款或者协议，都是无效的。产品责任的这种强制性，决定了生产者、销售者一般只能通过投保产品责任险的方式，转移损害赔偿的责任。

（二）产品质量的行政责任

产品责任以民事责任为主。生产者、销售者违反产品制造、经营、销售方面的行政法规，违反食品、药品、卫生管理方面的法规，生产、经营、销售有缺陷的产品，并造成消费者人身伤亡或者财产重大损失的，情节较严重，生产者、销售者应当承担相应的行政法律责任。生产、销售不符合人体健康和人身、财产安全的国家标准、行业标准的产品的；在产品中掺杂、掺假，以假充真，以次充好，或者以不合格产品冒充合格产品的；生产国家明令淘汰的产品的，销售国家明令淘汰并停止销售的产品的；销售失效、变质的产品的；伪造产品产地的；产品标识不符合产品质量法规定的；拒绝接受依法进行产品质量监督检查的；隐匿、转移、变卖、损坏被产品质量监督部门或工商行政管理部门查封、扣押的物品的；知道或应当知道属于本法规定禁止生产、销售的产品而为其提供运输、保管、仓储等便利条件的，或者为以假充真的产品提供制假生产技术的；服务业的经营者将本法禁止销售的产品用于经营性服务的。

产品质量监督部门有权对上述行为责令停止其违法行为、没收违法生产或者销售的产品、没收违法所得、罚款、吊销营业执照，有权根据情节单处或并处。

（三）产品质量的刑事责任

违反《产品质量法》实施下列行为构成犯罪的，应当依照《刑法》承担刑事法律责任：生产、销售不符合保障人体健康和人身、财产安全的国家标准、行业标准的产品的；在产品中掺杂、掺假，以假充真，以次充好，或者以不合格产品冒充合格产品的；销售失效、变质的产品的；在广告中对产品质量作虚假宣传，欺骗和误导消费者；知道或应当知道属于本法规定禁止生产、销售的产品而为其提供运输、保管、仓储等便利条件的，或者为以假充真的产品提供制假生产技术的；以暴力、威胁方法阻碍产品质量监督部门或工商行政管理部门的工作人员依法执行职务的。

思考与拓展

日本三菱汽车工业株式会社涉产品侵权责任纠纷案

【案情】

原告：陈梅金，女，46 岁，福建省莆田市城厢区劳动局干部，住福建省莆田市城厢区。

原告：林德鑫，男，13 岁，福建省莆田市第四中学学生，住址同陈梅金。

被告：日本三菱汽车工业株式会社，住所地：日本国东京都港区芝五丁目 33 番 8 号。

法定代表人：河添克彦，取缔役社长。

1996 年 9 月 13 日晨，林志圻乘坐由本单位（莆田车购办）司机刘文彬驾驶的三菱越野吉普车前往福州市。林志圻坐在副驾驶座位上，林志圻的哥哥林志仁坐在后座。7：02 时左右，当该车以时速 90～100 公里通过福厦公路没边村路段时，林志圻面前的挡风玻璃突然爆破，形成口杯大小的一个洞。刘文彬、林志仁二人将已经昏迷的林志圻从车上抬下，送往福建省武警总医院抢救。

福建省武警总医院于当日早 7：25 时开始对林志圻抢救，受害人因抢救无效死亡。死因为爆震伤，猝死。

次日，莆田市公安局刑事警察支队五大队对林志圻的尸体进行尸表检查，结论是："死者左胸部附有细小的玻璃碎片，并伴有散在针样状血点，其余部位未见异状。全身体表未发现钝器直接击伤痕迹。"

福州市苍山交警大队事发当日在现场勘查后认定，未发现任何外力致挡风玻璃爆破的原因，该起事故不属于道路交通事故。

经与三菱公司协商，双方同意将前挡风玻璃拆卸下来封存，待共同委托鉴定机构进行玻璃质量鉴定。当晚，三菱公司擅自将前挡风玻璃空运回国，交由玻璃生产厂家进行鉴定，厂家先后两次出具检查报告书确认“挡风玻璃本身不存在品质不良现象，破损系由外部原因造成。”三菱公司代表回到中国后，拒绝承担任何责任。原告遂向法院起诉，要求被告承担侵权责任。

【法院判决】

一审法院认为，《中华人民共和国民法通则》第106条第2款规定：“公民、法人由于过错……侵害他人财产、人身的，应当承担民事责任。”本案查明的事实不能证明被告三菱公司在林志圻死亡问题上有过错，林志圻的死亡与三菱公司无必然的因果关系。原告陈梅金、林德鑫要求三菱公司赔偿因林志圻死亡所遭受的损失，没有事实根据和法律依据，据此判决驳回原告的诉讼请求。

【案例分析】

本案中被告是否承担产品侵权责任，主要看：①挡风玻璃是否存在质量缺陷；②是否存在与之相关的人身、财产受到损害的事实；③挡风玻璃破裂与受害人死亡的损害结果之间是否存在因果关系。生产者只有证明未将产品投入流通领域、产品合格和发展缺陷等三种法定情形，才能免除承担损害赔偿责任。

受害人乘坐被告三菱公司生产的吉普车时，因车前的挡风玻璃爆裂而死亡，其性质是产品缺陷产生的产品侵权责任，应当适用无过错原则，原告不应对被告的过错负举证责任。由于被告破坏协议自行将物证原物运往玻璃生产厂家鉴定，致使无法确认被鉴定对象与原破裂挡风玻璃是否具有同一性，应承担举证不能的后果，即推定受害人的死亡与被告的挡风玻璃缺陷有因果关系。被告不能举证证明其玻璃质量没有缺陷，与死者的死亡后果没有因果关系，应推定因果关系成立，判决被告承担侵权损害赔偿责任。

第五节　消费者权益保护法

在经济生活中，商品的生产者和经营者会采取各种手段使其利益最大化，甚至不惜损害消费者的利益，经营者和消费者的利益冲突必然存在，消费者权益受到损害的事情时有发生。作为个体的消费者，与组织起来的经营者在经济力量对比上处于明显的弱势地位。随着生产的社会化和专业化程度的日益提高，与生产者、经营者相比，消费者不具备商品或服务的专业技能和知识，消费者与经营者之间因商品或服务质量发生纠纷时，依靠自身单个的力量维护权益十分困难。这种消费者和经营者之间事实上的不平等，使得消费者依靠传统的民事救济途径来保护自己的合法权益极不容易，基于此，各国通过立法来对经济生活中处于弱势地位的消费者给予保护。

一、消费者的概念及特征

消费者是社会消费的主体，包括生产性消费和生活性消费。消费者权益保护法中所涉及的“消费者”，主要是指生活资料的消费者，在特殊情况下也包括生产资料的消费者，如农民的生产性消费活动等。国际标准化组织“消费者政策委员会”于1978年在日内瓦召开的第一届年会上，把“消费者”定义为“为个人目的购买或者使用商品和接受服务的个体社会成员”。我国在这一定义的影响下，在1985年6月颁布的《消费品使用说明总则》中首次规定了“消费者”是“为满足个人或家庭的生活需要而购买、使用商品或服务的个体社会成员”。在1994年1月1日正式施行的《中华人民共和国消费者权益保护法》第2条规定：“消费者为生活消费需要购买、使用商品或者接受服务，其权益受本法保护。”我国现行的《消费者权益保护法》中继续沿用上述规定。

消费者具有以下特点：

（一）消费者是指购买、使用商品或者接受服务的人

消费者是在市场上购买商品或接受服务的人。这就是说，消费者既可能是亲自购买商品的个人，也可能是使用和消费他人购买的商品的人；既可能是有关服务合同中接受服务的一方当事人，也可能是接受服务的非合同当事人。消费者不能完全等同于买受人。

（二）消费者购买商品或者接受服务时不得以营利为目的

消费者购买商品或接受服务，并不是为了将这些商品转让给他人从而盈利，消费者购买使用商品或接受服务的目的主要是用于个人与家庭的消费。这就是说，购买商品和接受服务的消费者是为了个人的消费，个人消费包括两部分：一部分是物质资料的消费，另一部分是劳务消费，即接受各种形式的服务。当然，消费者购买商品或接受服务的目的也不完全限于个人的直接消费，也可能是用于储存、欣赏，或作为赠品赠送给他人等。另外，消费者购买商品或接受服务，也可能是用于家庭的或单位的消费，这些直接使用商品或接受服务的个人虽然不是合同的当事人，但也是消费者。相反，如果不是用于个人消费，而是用于生产和经营的，则不是法律上所说的消费者。

（三）消费者是指购买商品或者接受服务的个人

消费者权益保护法中所指的“消费者”原则上仅限于自然人，不应当包括单位。单位因消费而购买商品或接受服务，应当受合同法调整，而不应当受消费者权益保护法的调整。消费者权益保护法始终是与对消费者个人权益的保护联系在一起的，将消费者的范围局限于个体社会成员是基于对个体社会成员处于弱势地位的认识。再者，各国消费者权益保护法所确定的消费者权益，都是与个人享有的权利联系在一起的，而主要不是赋予单位所享有的权利。单位在购买某种商品或接受某种服务以后，还需要将这些商品或服务转化为个人的消费。

二、消费者权益保护法的概念

消费者权益保护法是调整因生活消费而发生的各种社会关系并对消费者提供特别保护的法律规范的总称。广义的消费者权益保护法是指各类法律、法规对消费者权益保护的规定，是以《中华人民共和国消费者权益保护法》为基础，以质量、计量、价格、卫生、商标、广告等法律、法规中涉及消费者权益保护的法律规范为组成部分形成的消费者保护

的法律体系。狭义的消费者权益保护法仅指 1993 年 10 月 31 日第八届全国人民代表大会常务委员会第四次会议通过，2009 年 8 月第一次修正，2013 年 10 月第二次修正并于 2014 年 3 月 15 日起施行的《中华人民共和国消费者权益保护法》（以下简称《消费者权益保护法》）。

在消费领域里存在三类社会关系，即经营者与消费者之间的关系、国家与经营者之间的关系、国家与消费者之间的关系。我国《消费者权益保护法》体现出国家干预市场主体行为的特点，着力保护消费者的权利，规范经营者的行为，以消费者为弱者作为认识的基点，构建了对消费者的全方位保护机制。

三、消费者的权利

一般认为，世界上最早明确提出消费者权利的是美国总统翰·肯尼迪。他指出了消费者应享有的四项权利：一是获得商品安全保障的权利；二是获得正确的商品信息资料的权利；三是对商品有自由选择的权利；四是有提出消费者意见的权利。肯尼迪的理论提出以后，逐渐为各国所广泛认同并在实践中加以发展，相继增加了获得合理赔偿的权利。

我国《消费者权益保护法》在借鉴和吸收世界各国保护消费者权益成功经验的基础上，结合我国的实际情况，在该法第二章专门规定了消费者的权利。

（一）安全保障权

安全保障权是消费者最基本的权利，是指消费者在购买，使用商品和接受服务时所享有的保障其人身、财产安全不受损害的权利。安全权是消费者最重要的权利，也是宪法赋予公民的人身权、财产权在消费领域的体现。

（二）知悉真情权

知悉真情权是指消费者享有知悉其购买、使用的商品或者接受服务的真实情况的权利。具体地说，消费者有权根据商品或服务的不同情况，要求经营者提供商品的价格、产地、生产者、用途、性能、规格等级、主要成分、生产日期、有效期限、检验合格证明、使用方法说明书、售后服务，或者服务的内容、规格、费用等相关情况。

（三）自主选择权

自主选择权是指消费者享有自主选择商品或者服务的权利。该权利包括以下几个方面：自主选择经营者；自主选择商品品种或服务方式；自主决定是否购买商品和接受服务；在选择商品和服务时，有权进行比较、鉴别和挑选。

（四）公平交易权

公平交易权是指消费者购买商品或者接受服务时享有获得质量保障和价格合理、计量正确等公平交易条件的权利。自由、公平、诚实信用、遵守法律规范、不得违反公认的商业道德。因此，消费者和经营者都享有公平交易的权利。

（五）求偿权

求偿权是指消费者在购买、使用商品或者接受服务受到人身、财产损害时享有依法请求并获得赔偿的权利。求偿权是弥补消费者所受损害的必不可少的救济性权利。享有求偿权的主体是因购买、使用商品或者接受服务而受到人身、财产损害的消费者，包括以下几种类型：商品的购买者；商品的使用者；服务的接受者；第三人。根据《消费者权益保护法》第55条的规定，经营者提供商品或者服务有欺诈行为的，应当按照消费者的要求增加赔偿其受到的损失，增加赔偿的金额为消费者购买商品的价款或者接受服务的费用的三倍；增加赔偿的金额不足五百元的，为五百元。法律另有规定的，依照其规定。经营者明知商品或者服务存在缺陷，仍然向消费者提供，造成消费者或者其他受害人死亡或者健康严重损害的，受害人有权要求经营者依照法律规定赔偿损失，并有权要求所受损失二倍以下的惩罚性赔偿。

（六）结社权

结社权是指消费者享有依法成立维护自身合法权益的社会团体的权利。赋予消费者以结社权，使消费者通过有组织的活动，维护自身合法权益是非常必要的，也是国家鼓励全社会共同保护消费者合法权益的体现。

（七）获得知识权

获得知识权是指消费者享有获得有关消费和消费者权益保护方面的知识的权利。这一权利包括两方面的内容：一是获得有关消费方面的知识，如有关消费观的知识，有关商品和服务的基本知识，有关市场的基本知识；二是获得有关消费者权益保护方面的知识，如消费者权益保护的法律、法规和政策，以及保护机构和争议解决途径等方面的知识。

（八）受尊重权

受尊重权是指消费者在购买、使用商品和接受服务时，享有人格尊严、民族风俗习惯得到尊重的权利，享有个人信息依法得到保护的权利。内容为：①人格尊严。是指人的自尊、自重和自爱，不允许别人侮辱、诽谤。②民族风俗习惯。各民族在饮食、服饰、居住、婚葬、娱乐、礼节等方面都有不同的风俗习惯，这就要求经营者在制售商品、提供服务时要充分考虑这些风俗习惯。③个人信息依法得到保护。我国《消费者权益保护法》第29条明确规定，经营者收集、使用消费者个人信息，应当遵循合法、正当、必要的原则，明示收集、使用信息的目的、方式和范围，并经消费者同意。经营者收集、使用消费者个人信息，应当公开其收集、使用规则，不得违反法律、法规的规定和双方的约定收集、使用信息。经营者及其工作人员对收集的消费者个人信息必须严格保密，不得泄露、出售或者非法向他人提供。经营者应当采取技术措施和其他必要措施，确保信息安全，防止消费者个人信息泄露、丢失。在发生或者可能发生信息泄露、丢失的情况时，应当立即采取补救措施。经营者未经消费者同意或者请求，或者消费者明确表示拒绝的，不得向其发送商业性信息。

（九）监督权

监督权是指消费者享有对商品和服务以及保护消费者权益工作进行监督的权利。这一权利可具体表现为：消费者有权检举、控告侵害消费者权益的行为和国家机关及其工作人员在保护消费者权益工作中的违法失职行为，有权对保护消费者权益工作提出批评和建议。

四、经营者的义务

经营者是与消费者直接进行交易的相对人，其义务与消费者的权利相对应，消费者权利的实现有赖于经营者义务的履行，故明确经营者的义务至关重要。我国《消费者权益保护法》第三章专门规定了经营者的义务。

（一）履行法定或约定义务及诚信交易的义务

经营者向消费者提供商品或者服务，应当依照《消费者权益保护法》和其他有关法律、法规的规定履行义务。经营者和消费者有约定的，应当按照约定履行义务，但双方的约定不得违背法律、法规的规定。经营者向消费者提供商品或者服务，应当恪守社会公德，诚信经营，保障消费者的合法权益；不得设定不公平、不合理的交易条件，不得强制交易。

（二）接受监督的义务

经营者应当听取消费者对其提供的商品或者服务的意见，接受消费者的监督。经营者生产经营的目的就是要满足用户、消费者的需要，创造经济效益和社会效益。消费者至上应成为经营者的经营方针。对于经营者的商品和服务，消费者是最终的评判官，最有发言权。消费者有权对经营者的商品或服务提出意见，不管是正面的还是反面的，经营者都应认真对待。消费者有权对经营者的商品或服务问题进行监督，不管是向经营者直接提出，还是向有关组织、机关提出，经营者都应积极处理。事实上，经营者的经营过程是一个不断听取消费者意见、改进经营质量的过程。目前一些精明的企业家设立了消费赔偿基金，公布了投诉电话，甚至花钱买意见，这一切便于消费者行使监督权，也为经营者树立了良好的企业形象。经营者如果拒绝消费者进行监督，理应受到法律的制裁。

（三）保障安全义务

经营者应当保证其提供的商品或者服务符合保障人身、财产安全的要求。对可能危及人身、财产安全的商品和服务，应当向消费者作出真实的说明和明确的警示，并说明和标明正确使用商品或者接受服务的方法以及防止危害发生的方法。宾馆、商场、餐馆、银行、机场、车站、港口、影剧院等经营场所的经营者，应当对消费者尽到安全保障义务。经营者发现其提供的商品或者服务存在缺陷，有危及人身、财产安全的，应当立即向有关行政部门报告和告知消费者，并采取停止销售、警示、召回、无害化处理、销毁、停止生产或者服务等措施。采取召回措施的，经营者应当承担消费者因商品被召回支出的必要费用。

（四）提供真实信息义务

经营者向消费者提供有关商品或者服务的质量、性能、用途、有效期限等信息，应当真实、全面，不得作虚假或者引人误解的宣传。经营者对消费者就其提供的商品或者服务的质量和使用方法等问题提出的询问，应当作出真实、明确的答复。经营者提供商品或者服务应当明码标价。

（五）标明真实名称和标记义务

租赁他人柜台或者场地的经营者，应当标明真实名称和标记。这一方面有利于消费者了解经营的真实情况，作出合于真实意愿的消费决定；另一方面有利于国家对经营者的监督管理，便于消费者在其权益受到侵害时，实现求偿权。

（六）出具购货凭证或服务单据义务

经营者提供商品或者服务，应当按照国家有关规定或者商业惯例向消费者出具发票等购货凭证或者服务单据；消费者索要发票等购货凭证或者服务单据的，经营者必须出具。

（1）购货凭证：是指商品的销售者向消费者出具的证明商品买卖合同已经履行的书面凭证。

（2）服务单据：是服务的提供者向消费者出具的证明服务合同已经履行的书面凭证。

（3）商业惯例：是指在长期的市场交易活动中形成的为有关经营者公认和遵守的商事行为规则。

（七）保证商品或服务质量符合担保条件义务

经营者应当保证在正常使用商品或者接受服务的情况下其提供的商品或者服务应当具有的质量、性能、用途和有效期限；但消费者在购买该商品或者接受该服务前已经知道其存在瑕疵，且存在该瑕疵不违反法律强制性规定的除外。经营者以广告、产品说明、实物样品或者其他方式表明商品或者服务的质量状况的，应当保证其提供的商品或者服务的实际质量与表明的质量状况相符。经营者提供的机动车、计算机、电视机、电冰箱、空调器、洗衣机等耐用商品或者装饰装修等服务，消费者自接受商品或者服务之日起六个月内发现瑕疵，发生争议的，由经营者承担有关瑕疵的举证责任。

（八）提供售后服务义务

经营者提供的商品或者服务不符合质量要求的，消费者可以依照国家规定、当事人约定退货，或者要求经营者履行更换、修理等义务。没有国家规定和当事人约定的，消费者可以自收到商品之日起七日内退货；七日后符合法定解除合同条件的，消费者可以及时退货，不符合法定解除合同条件的，可以要求经营者履行更换、修理等义务。依上述情形进行退货、更换、修理的，经营者应当承担运输等必要费用。经营者采用网络、电视、电话、邮购等方式销售商品，消费者有权自收到商品之日起七日内退货，且无须说明理由，但消费者定做的、鲜活易腐的、在线下载或者消费者拆封的音像制品及计算机软件等数字化商品、交付的报纸及期刊等商品除外。此外，其他根据商品性质并经消费者在购买时确认不宜退货的商品，不适用无理由退货。消费者退货的商品应当完好。经营者应当自收到退回商品之日起七日内返还消费者支付的商品价款。退回商品的运费由消费者承担；经营者和消费者另有约定的，按照约定。

（九）保证交易的公平性义务

经营者在经营活动中使用格式条款的，应当以显著方式提请消费者注意商品或者服务的数量和质量、价款或者费用、履行期限和方式、安全注意事项和风险警示、售后服务、民事责任等与消费者有重大利害关系的内容，并按照消费者的要求予以说明。经营者不得以格式条款、通知、声明、店堂告示等方式，作出排除或者限制消费者权利、减轻或者免除经营者责任、加重消费者责任等对消费者不公平、不合理的规定，不得利用格式条款并借助技术手段强制交易。格式条款、通知、声明、店堂告示等含有上述所列内容的，其内容无效。消费者购买商品或接受服务与经营者进行交易是基于法律上的合同关系，它要求交易双方当事人平等自愿、公平合法地作出交易意愿。为了缩短交易时间，提高交易效率，经营者采用格式合同、通知、声明和店堂告示等方式规范合同，规定合同的主要条款或重要条款，这有利于快速实现经营者与消费者之间的交易行为，适应现代市场经济的需要，格式合同在国际经济贸易中经常被采用。国家法律并不禁止使用格式合同等方式进行交易，但如果其中有对消费者不公平、不合理的规定，则无效。

（十）尊重消费者的人格权和自由权义务

经营者不得对消费者进行侮辱、诽谤，不得搜查消费者的身体及其携带的物品，不得侵犯消费者的人身自由。

五、消费者权益争议的解决

（一）消费者权益争议的解决方式

消费者争议时指消费者在购买商品、使用商品或接受服务的过程中与经营者之间发生的消费权益争议。为了及时解决消费争议，保障消费者权益受到损害后能够获得及时救济，《消费者权益保护法》第 39 条规定了五种解决争议的方式：

1. 和解的方式

消费争议发生后，消费者与经营者在平等、自愿的基础上进行协商，就双方争议达成一致的解决方式。

2. 调解的方式

消费争议发生后，在第三人消费者协会或者依法成立的其他调解组织的主持下，由消费者协会或调解组织居中进行调解，促成消费者与经营者达成解决争议方案的方式。

3. 投诉的方式

消费争议发生后，消费者可向有关行政部门投诉，由有关行政部门予以处理，实现解决争议的方式。

4. 仲裁的方式

消费争议发生后，根据争议的经营者与消费者之间达成的仲裁协议，将争议提交仲裁机构居中裁决的方式。

5. 诉讼的方式

消费争议发生后，依法向人民法院提起民事诉讼，通过审批程序解决争议的方式。

（二）承担责任的主体

（1）销售者的先行赔付责任：消费者在购买、使用商品时，其合法权益受到损害的，可以向销售者要求赔偿。销售者赔偿后，属于生产者的责任或者属于向销售者提供商品的其他销售者的责任的，销售者有权向生产者或者其他销售者追偿。

（2）生产者与销售者的连带责任：消费者或者其他受害人因商品缺陷造成人身、财产损害的，可以向销售者要求赔偿，也可以向生产者要求赔偿。属于生产者责任的，销售者赔偿后，有权向生产者追偿。属于销售者责任的，生产者赔偿后，有权向销售者追偿。消费者在接受服务时，其合法权益受到损害的，可以向服务者要求赔偿。

（3）变更后的企业承续责任：消费者在购买使用商品或者接受服务时，其合法权益受到损害，因原企业分立、合并的，可以向变更后承受其权利义务的企业要求赔偿。

（4）营业执照的租借人与持有人的连带责任：使用他人营业执照的违法经营者提供商品或者服务，损害消费者合法权益的，消费者可以向其要求赔偿，也可以向营业执照的持有人要求赔偿。

（5）销售者、服务者与展销会的举办者、柜台的出租者责任：消费者在展销会、租赁柜台购买商品或者接受服务，其合法权益受到损害，可以向销售者或者服务者要求赔偿。展销会结束或者柜台租赁期满后，也可以向展销会的举办者、柜台的出租者要求赔偿，展销会的举办者、柜台的出租者赔偿后，有权向销售者或服务者追偿。

（6）消费者通过网络交易平台购买商品或者接受服务，其合法权益受到损害的，可以向销售者或者服务者要求赔偿。网络交易平台提供者不能提供销售者或者服务者的真实名称、地址和有效联系方式的，消费者也可以向网络交易平台提供者要求赔偿；网络交易平台提供者作出更有利于消费者的承诺的，应当履行承诺。网络交易平台提供者赔偿后，有权向销售者或者服务者追偿。网络交易平台提供者明知或者应知销售者或者服务者利用其平台侵害消费者合法权益，未采取必要措施的，依法与该销售者或者服务者承担连带责任。

（7）消费者因经营者利用虚假广告或者其他虚假宣传方式提供商品或者服务，其合法权益受到损害的，可以向经营者要求赔偿。广告经营者、发布者发布虚假广告的，消费者可以请求行政主管部门予以惩处。广告经营者、发布者不能提供经营者的真实名称、地址和有效联系方式的，应当承担赔偿责任。广告经营者、发布者设计、制作、发布关系消费者生命健康商品或者服务的虚假广告，造成消费者损害的，应当与提供该商品或者服务的经营者承担连带责任。社会团体或者其他组织、个人在关系消费者生命健康商品或者服务的虚假广告或者其他虚假宣传中向消费者推荐商品或者服务，造成消费者损害的，应当与提供该商品或者服务的经营者承担连带责任。

（三）承担责任的方式

1. 侵害人身权应承担的责任

（1）经营者提供商品或者服务，造成消费者或者其他受害人人身伤害的，应当赔偿医疗费、护理费、交通费等为治疗和康复支出的合理费用，以及因误工减少的收入。造成残疾的，还应当赔偿残疾生活辅助具费和残疾赔偿金。造成死亡的，还应当赔偿丧葬费和死亡赔偿金。

（2）经营者侵害消费者的人格尊严、侵犯消费者人身自由或者侵害消费者个人信息依法得到保护的权利的，应当停止侵害、恢复名誉、消除影响、赔礼道歉，并赔偿损失。

（3）经营者有侮辱诽谤、搜查身体、侵犯人身自由等侵害消费者或者其他受害人人身权益的行为，造成严重精神损害的，受害人可以要求精神损害赔偿。

2. 侵害财产权应承担的责任

（1）经营者提供商品或者服务，造成消费者财产损害的，应当依照法律规定或者当事人约定承担修理、重作、更换、退货、补足商品数量、退还货款和服务费用或者赔偿损失等民事责任。

（2）经营者以预收款方式提供商品或者服务的，应当按照约定提供。未按照约定提供的，应当按照消费者的要求履行约定或者退回预付款；并应当承担预付款的利息、消费者必须支付的合理费用。

（3）依法经有关行政部门认定为不合格的商品，消费者要求退货的，经营者应当负责退货。

3. 民事欺诈应承担的责任

（1）经营者提供商品或者服务有欺诈行为的，应当按照消费者的要求增加赔偿其受到的损失，增加赔偿的金额为消费者购买商品的价款或者接受服务的费用的三倍；增加赔偿的金额不足五百元的，为五百元。法律另有规定的，依照其规定。

（2）经营者明知商品或者服务存在缺陷，仍然向消费者提供，造成消费者或者其他受害人死亡或者健康严重损害的，受害人有权要求经营者依照《消费者权益保护法》第49条、第51条等法律规定赔偿损失，[①] 并有权要求所受损失二倍以下的惩罚性赔偿。

4. 精神损害的赔偿责任

精神损害是指公民的姓名权、名誉权、肖像权和荣誉权受到损害而导致受害人肉体上的疼痛和精神上的痛苦，是受害人非财产上的损害。依据我国有关法律规定的原则和司法实践掌握的标准，实际损失除物质方面外，还包括精神损失，即实际存在的无形的精神压力与痛苦。对精神受到损害的必须给予抚慰与补偿。

---

① 《消费者权益保护法》第49条规定：经营者提供商品或者服务，造成消费者或者其他受害人人身伤害的，应当赔偿医疗费、护理费、交通费等为治疗和康复支出的合理费用，以及因误工减少的收入。造成残疾的，还应当赔偿残疾生活辅助具费和残疾赔偿金。造成死亡的，还应当赔偿丧葬费和死亡赔偿金。《消费者权益保护法》第51条规定：经营者有侮辱诽谤、搜查身体自由等侵害消费者或者其他受害人人身权益的行为，造成严重精神损害的，受害人可以要求精神损害赔偿。

思考与拓展

王海“知假买假”式的打假索赔案

【案情】

1995年3月25日，王海在北京隆福大厦二楼电讯商场，花170元买了标价85元一副的两副日本“索尼”耳机，之后又在该商场加买了10副该种耳机。王海把这些“索尼”耳机拿到东城区工商局，经鉴定为假货。遂根据《消费者权益保护法》第49条的商品欺诈“双倍赔偿”的规定向隆福大厦索赔，但隆福大厦拒绝对全部的“索尼”耳机进行双倍赔偿，只同意退赔先买的两副“索尼”耳机，认为后10副“索尼”耳机属于“知假买假”，所以只退不赔，考虑到对方耽误的时间和浪费的精力，同意给200余元补偿金。王海表示拒绝。半年后，王海又在北京的其他十家商场买假进行双倍索赔获得成功，在一个月内获赔偿金近8 000元。1995年12月5日，北京隆福大厦终于在拖延了8个月之后，同意加倍赔偿王海在隆福大厦购买的10副假冒“索尼”耳机。

王海1996年9月在天津市龙门大厦永安公司购买了两部索尼无绳电话机，价值共6 346元。之后他向该公司投诉，以其所购买的无绳电话机属于国家禁止销售、使用之商品为由，要求退货并加倍赔偿，因协商未果，王海起诉至天津市河北区法院，要求该公司加倍赔偿。天津市河北区法院经审理于1998年元月7日作出一审判决：王海与龙门大厦永安公司之间的买卖合同无效；龙门大厦永安公司退还王海无绳电话机款；驳回王海“加倍赔偿”的请求。其判决书中认定“原告在三十几天的时间内购买现代化通讯设备如此之多，并非为个人生活消费需要”，“原告明知是禁销产品而购买的行为也是有过错的”，该案“不宜适用《消法》第49的规定处理”。王海对此判决不服，提起上诉，结果二审法院维持原判。

【案例分析】

以上两个案例说明，对于王海“知假买假”式的打假索赔行为，各地法院的判决并不一致，其分歧主要在于王海是否属于消费者，能否适用《消费者权益保护法》第49条关于加倍赔偿的规定。关于“知假买假”不能构成民事法律上的被欺诈，《消费者权益保护法》设立加倍赔偿就是要积极打假，无论出于什么原因，经营者都不应该卖假。

支持者认为，在我国假货泛滥而且执法力量有限的情况下，支持职业打假者的双倍赔偿可以弥补国家保护的不足，更好地促进经营者诚实经营，也更好地保护消费者。在我国目前制假卖家泛滥，消费者权益损害严重的现实下，打假知假卖家和打假知假买家到底哪个更重要？反对者认为，知假买假并非消费行为。打假者声称为了“正义”和“公益”，其实大多以此为生财之道。有人认为：“人们强烈支持将‘知假买假’的打假行为纳入消费者权益保护法的体系，无非是着眼于这种打假行为有利于遏制经营者的欺诈行为的积极作用。但是我们不能陷入‘实用主义’的怪圈，而不顾消费者权益保护法的立法原则和立法目的，不能放弃通过正当手段和合法途径实现保护消费者权益的目的。”

【同步实练】

【案例】

2008 年 9 月 3 日，可口可乐公司和中国汇源果汁集团有限公司发布公告，可口可乐旗下全资附属公司将以 179.2 亿港元收购汇源果汁全部已发行股份及全部未行使可换股债券。

汇源 100% 果汁占据了国内纯果汁 46% 的市场份额，中高浓度果汁占据 39.8% 的市场份额。2007 年，汇源果汁销售 79 万吨，营业额 26.56 亿元。可口可乐旗下的“酷儿”、“美汁源”等果汁饮料在中国果汁饮料市场也有一定的消费影响力。可口可乐全部品牌在中国的销售额早在 2005 年就已超过了 100 亿元。

2008 年 9 月 18 日，可口可乐公司向商务部递交了申报材料。9 月 25 日、10 月 9 日、10 月 16 日和 11 月 19 日，可口可乐公司根据商务部要求对申报材料进行了补充。

2008 年 11 月 20 日，商务部认为可口可乐公司提交的申报材料达到了《反垄断法》第 23 条规定的标准，对此项申报进行立案审查，并通知了可口可乐公司。由于此项经营者集中、规模较大、影响复杂，2008 年 12 月 20 日，初步阶段审查工作结束后，商务部决定实施进一步审查，书面通知了可口可乐公司。在进一步审查过程中，商务部对集中造成的各种影响进行了评估，并于 2009 年 3 月 20 日前完成了审查工作。

立案后，商务部对此项申报依法进行了审查，对申报材料进行了认真核实，对此项申报涉及的重要问题进行了深入分析，并通过以书面征求意见、论证会、座谈会、听证会、实地调查、委托调查以及约谈当事人等方式，先后征求了相关政府部门、相关行业协会、果汁饮料企业、上游果汁浓缩汁供应商、下游果汁饮料销售商、集中交易双方、可口可乐公司中方合作伙伴以及相关法律、经济和农业专家等方面意见。最后，商务部决定禁止此项经营者集中。

【问题】

（1）《反垄断法》通过经营者集中制度对于建立、维护竞争秩序有什么意义？

（2）商务部对可口可乐收购汇源应从哪些方面进行审查？

（3）分析商务部禁止此项经营者集中的理由有哪些？

【复习思考题】

1. 市场规制法的基本原则有哪些？
2. 不正当竞争行为有哪些表现形式？
3. 我国《反垄断法》中规定的垄断行为有哪些？
4. 根据《产品质量法》规定，生产者的产品责任和义务有哪些？
5. 我国《消费者权益保护法》赋予消费者哪些权利？
6. 我国《消费者权益保护法》经营者的义务有哪些？

【参考文献】

1. 杨紫煊．经济法（第二版）．北京：北京大学出版社，2006.

2. 李昌麒，卢代富．经济法学．厦门：厦门大学出版社，2010.
3. 吴国平，邢亮．经济法概论．厦门：厦门大学出版社，2011.
4. 王萍，赵霞等．经济法案例精选精析．北京：中国社会科学出版社，2008.
5. 李昌麒．经济法学（第二版）．北京：法律出版社，2007.

第七章
知识产权法律制度

本章提要及学习目标

知识产权是民事主体基于创造性智力劳动成果依法享有的民事权利的总称。知识产权的范围极其广泛，包括著作权、专利权、商标权及商业秘密权、植物新品种权、集成电路布图设计权、地理标志权等。知识产权法是调整因确认、使用和保护知识产权而发生的各种社会关系的法律规范的总称。知识产权具有专有性、时间性和地域性。本章主要介绍我国专利法律制度、商标法律制度和著作权法律制度。通过本章的学习，你将深入地理解知识产权的内涵、专利的含义、侵犯知识产权的行为及其相应的法律责任，全面地掌握专利权、商标权和著作权的内容，专利申请、商标注册的条件和程序，以及著作权的合理使用制度等内容。

第一节　知识产权法概述

在经济全球化和知识经济时代的大背景下，知识产权问题已经成为21世纪科技、经济竞争的主要内容和重要手段，知识产权法律制度及其司法保护成为推动和维护自主创新的重要工具。

我国知识产权法律体系主要由《中华人民共和国专利法》、《中华人民共和国商标法》和《中华人民共和国著作权法》以及相关行政法规、规章等组成。在制定国内知识产权法律法规的同时，我国还大力加强了与世界各国在知识产权领域的交往与合作，加入了十余项知识产权保护的国际公约。主要有《与贸易有关的知识产权协定（TRIPS协定）》、《保护工业产权巴黎公约》、《保护文学和艺术作品伯尔尼公约》、《世界版权公约》、《商标国际注册马德里协定》、《专利合作条约》等。其中，世界贸易组织的TRIPS协定被认为是当前世界范围内知识产权保护领域中涉及面广、保护水平高、保护力度大、约束力强的国际公约，对我国知识产权法律体系的完善起了重要作用。

一、知识产权的概念和范围

知识产权是指人们对智力创造成果和工商业标记依法享有的权利，包括著作权、专利权、商标权及商业秘密权、植物新品种权、集成电路布图设计权、地理标志权等其他知识产权。

二、知识产权的特征

知识产权作为法律所确认的知识产品权利人依法享有的民事权利，具有以下特点：

（一）知识产权是一种无体财产权

知识产权与有体财产权相比，在权能上具有以下四点不同：第一，知识产权人对知识产品不发生有形控制的占有；第二，在使用权能上，由于知识产品的无体性，使得对同一知识产品可以同时为许多人使用，彼此互不排斥，而且对知识产品的使用不发生有形的损耗；第三，收益权能上，知识产权人只能通过知识产品的法定孳息获得收益，不存在天然的孳息收益；第四，在处分权能上，不发生消灭知识产品的事实处分，知识产品不可能有因实物形态的消费而导致其本身消灭的情形。

（二）知识产权具有专有性

知识产权的专有性可以从如下两方面来理解：首先，知识产权人对其权利客体即知识产品享有独占权、垄断权，对于同一项知识产品，在一定地域范围内，不允许有两个以上相同的知识产权并存；其次，知识产权人对其知识产品的这种专有权受法律的严格保护，权利人以外的任何人均不得侵犯这种权利，未经权利人许可或者法律规定的特殊情况，任何人不得随意使用受保护的知识产权。

（三）知识产权具有时间性

时间性是指知识产权中财产权利受法律保护的时间不是无限的，而是有一定的期限——保护期或有效期。知识产权只有在有效期内才受法律的保护，期限届满，该知识产权即丧失了专有性，从此进入“公有领域”，成为整个社会的共同财富，任何单位和个人都可以无偿使用，不再产生侵权问题。

（四）知识产权具有地域性

地域性是指在某一国家或地区取得的知识产权只能在该国或该地区范围内发生法律效力，除签有国际公约或者双边互惠协定外，一般不发生域外效力。

（五）知识产权具有法律确认性

法律确认性包括以下两层含义：一是知识产品要获得知识产权，首先要由法律作出直接的规定，否则，即使是知识产品，也不能受到知识产权法律制度的保护；二是知识产品要想取得知识产权，除了著作权外，都要逐一申请并获得批准。

三、知识产权法

知识产权法是调整因确认、使用和保护知识产权而发生的各种社会关系的法律规范的总称。我国知识产权法主要包括《专利法》、《商标法》和《著作权法》，它们构成了我国知识产权法律的制度体系。

第二节 专利法

《中华人民共和国专利法》是我国调整专利法律关系的基本规范，于1984年3月12日第六届全国人民代表大会常务委员会第四次会议通过，此后，该法于1992年、2000年和2008年先后进行了三次修正。

与专利有关的国际公约，主要有《保护工业产权巴黎公约》、《专利合作条约》、《建立工业品外观设计国际分类洛迦诺协定》、《国际专利分类斯特拉斯堡协定》、《国际承认用于专利程序微生物保存布达佩斯条约》、《保护奥林匹克会徽内罗毕条约》。

一、专利法的一般原理

（一）概念

1. 专利的概念

专利一词，是从英语Patent翻译而来的。专利通常有以下三种含义：一是专利权的简称；二是取得专利权的发明创造；三是记载发明创造内容的专利文献。一般来说，专利的基本含义是指专利权，它是国家专利主管机关按照法律规定，授予专利申请人或者专利申请人权利的继受人在一定期限内对其发明创造所享有的专有权。

专利权具有专有性、地域性和时间性。

2. 专利法的概念

专利法是调整在确认和保护发明创造的专有权以及在利用专有的发明创造过程中发生的社会关系的法律规范的总称。狭义的专利法指《中华人民共和国专利法》（以下简称《专利法》），广义的专利法还包括1985年1月19日经国务院批准、由中国专利局公布的，并先后于1992年12月12日和2001年6月15日经国务院批准修订的《中华人民共和国专利法实施细则》（以下简称《实施细则》）以及相关行政法规、规章。

（二）客体

专利权的客体，是指依法可以授予专利权的发明创造。根据《专利法》的规定，可以授予专利权的发明创造，包括发明、实用新型和外观设计。

1. 发明

《专利法》中所称的发明是指对产品、方法或者其改进所提出的新的技术方案，是专利法保护的主要对象。

认定发明需要具备如下要素：首先，所制造的产品或者所提出的方法是前所未有的，是对自然规律的利用；其次，必须是利用自然规律的结果，而不是人的纯智力活动所产生的东西或者人为规定的东西；最后，发明是具体的技术方案。

发明包括产品发明和方法发明。产品发明是关于各种新产品、新材料、新物质的技术方案，如汽车、船只、仪器等。方法发明是指用于制造某种产品方法的发明、使用产品方法的发明、测量方法的发明、通讯方法的发明等。

2. 实用新型

《专利法》中所称的实用新型是指对产品的形状、构造或者其结合所提出的适于实用的新的技术方案。

实用新型作为专利法保护的对象，属于发明的范畴，但两者也有区别。实用新型仅指具有一定形状的物品的发明，不包括方法的发明；实用新型在技术水平上的要求比发明低，故称为小发明。

3. 外观设计

《专利法》中所称的外观设计是指对产品的形状、图案或者其结合以及色彩与形状、图案的结合所作出的富有美感并适于工业应用的新设计。

外观设计必须以产品为依托，以产品的形状、图案和色彩等作为要素。外观设计只涉及美化产品的外表和形状，而不涉及产品的制造和设计技术。

（三）主体

专利权的主体，是指申请并获得专利权的单位和个人。根据《专利法》的规定，发明人或者设计人、发明人或者设计人所属单位、外国的单位和个人都可以成为我国专利法规定的专利权的主体。

1. 发明人或者设计人

发明人或者设计人是指对发明创造的实质性特点作出创造性贡献的自然人，可以是一个人，也可以是多个人。在完成发明创造过程中，只负责组织工作的人、为物质条件的利用提供方便的人或者从事其他辅助工作的人，不应当认为是发明人或者设计人。

发明人或者设计人必须满足两个条件：一是必须直接参加发明创造活动；二是对发明创造的实质性特点作出创造性贡献。根据《专利法》的有关规定，对非职务发明创造，申请专利的权利属于发明人或者设计人；申请被批准后，该发明人或者设计人为专利权人。

2. 职务发明创造中发明人或者设计人所属的单位

职务发明创造是指发明人或者设计人执行本单位的任务或者主要是利用本单位的物质技术条件所完成的发明创造。职务发明创造申请专利的权利属于该单位；申请被批准后，该单位为专利权人。

根据《实施细则》的规定，执行本单位的任务所完成的职务发明创造是指下列情形：①在本职工作中作出的发明创造；②履行本单位交付的本职工作之外的任务所作出的发明创造；③退职、退休或者调动工作后1年内作出的，与其在原单位承担的本职工作或者原单位分配的任务有关的发明创造。利用本单位的物质技术条件主要是指利用本单位的资金、设备、零部件、原材料或者不对外公开的技术资料等。

3. 共同发明人或者共同设计人

共同发明创造是指两个以上的单位或者个人合作完成的发明创造。完成该发明创造的单位和个人，称为共同发明人或者共同设计人。根据《专利法》的规定，两个以上单位或者个人合作完成的发明创造、一个单位或者个人接受其他单位或者个人委托所完成的发明创造，除另有协议外，申请专利的权利属于完成或者共同完成的单位或者个人；申请被批准后，申请单位或者个人为专利权人。

4. 发明人或者设计人的权利继受人

根据《专利法》的规定，专利申请权和专利权可以转让。转让专利申请权或者专利权的，当事人应当订立书面合同，并向国务院专利行政部门登记，由国务院专利行政部门予以公告。专利申请权或者专利权的转让自登记之日起生效。合法受让人取得专利申请权并就受让的发明创造申请专利，申请被批准后，该申请人为专利权人。

5. 外国人

根据我国《专利法》的规定，在中国没有经常居所或者营业所的外国人、外国企业或者外国其他组织在中国申请专利的，依照其所属国同中国签订的协议或者共同参加的国际条约，或者依照互惠原则，根据《专利法》的有关规定办理。

（四）内容

专利权的内容是指专利权人的权利和义务。

1. 专利权人的权利

（1）专利独占实施权。专利实施权是指专利权人对其专利产品依法享有的进行制造、使用、销售、允许销售的专有权利，或者专利权人对其专利方法依法享有的专有使用权以及对依照该专利方法直接获得的产品的专有使用权和销售权。

专利权人禁止他人实施其专利的特权。除专利法另有规定外，发明和实用新型专利权人有权禁止任何单位或者个人未经其许可实施其专利，即为生产经营目的制造、使用、销售、允许销售、进口其专利产品，或者使用其专利方法以及使用、销售、允许销售、进口依照该专利方法直接获得的产品；外观设计专利权人有权禁止任何单位或者个人未经其许可实施其专利，即为生产经营目的制造、销售、进口其外观设计专利产品。

（2）转让权。转让权是指专利权人将其获得的专利所有权转让给他人的权利。转让专利权的，当事人应当订立书面合同，并向国务院专利行政部门登记，由国务院专利行政部门予以公告。专利权的转让自登记之日起生效。中国单位或者个人向外国人转让专利权的，必须经国务院有关主管部门批准。

（3）许可实施权。许可实施权是指专利权人通过实施许可合同的方式，许可他人实施其专利并收取专利使用费的权利。专利权人应与被许可人订立书面专利实施许可合同，并自合同生效之日起3个月内向国务院专利行政部门备案。

（4）标记权。标记权即专利权人有权自行决定是否在其专利产品或者该产品的包装上标明专利标记和专利号。

（5）请求保护权。请求保护权是专利权人认为其专利权受到侵犯时，有权向人民法院起诉或请求专利管理部门处理以保护其专利权的权利。保护专利权是专利制度的核心，他人未经专利权人许可而实施其专利，侵犯专利权并引起纠纷的，专利权人可以直接向人民法院起诉，也可以请求管理专利工作的部门处理。

（6）放弃权。专利权人可以在专利权保护期限届满前的任何时候，以书面形式声明或以不缴纳年费的方式自动放弃其专利权。专利权人提出放弃专利权声明后，一经国务院专利行政部门登记和公告，其专利权即可终止。

（7）质押权。根据担保法的规定，专利权人还享有将其专利权中的财产权进行出质的权利。

2. 专利权人的义务

（1）按规定缴纳专利年费的义务。专利年费又叫专利维持费。专利权人应当自被授予专利权的当年开始交纳年费。

（2）不得滥用专利权的义务。不得滥用专利权是指专利权人应当在法律所允许的范围内选择其利用专利权的方式并适度行使自己的权利，不得损害他人的知识产权和其他合法权益。

二、专利权的取得

一项发明创造要取得专利权，既要符合专利法规定的授予专利权的实体条件，又要符合法定的程序条件。

（一）专利申请的原则

1. 单一性原则

单一性原则是指一项发明创造只能申请一项专利，不能将两项或者两项以上的发明创造作为一件申请提出。

根据《专利法》的规定，一件发明或者实用新型专利申请应当限于一项发明或者实用新型，一件外观设计专利申请应当限于一种产品所使用的一项外观设计。但属于一个总的发明构思的两项以上的发明或者实用新型，用于同一类别并且成套出售或者使用的产品的两项以上的外观设计，可以作为一件申请提出。

2. 申请在先原则

申请在先原则，又称为先申请原则，是指两个以上的申请人分别就同样的发明创造申请专利的，专利权授予最先申请的人。如果两个以上的申请人在同一日分别就同样的发明创造申请专利的，则应当在收到国务院专利行政部门的通知后自行协商确定申请人。

3. 优先权原则

根据《专利法》的规定，申请人自发明或者实用新型在外国第一次提出专利申请之日起 12 个月内，或者自外观设计在外国第一次提出专利申请之日起 6 个月内，又在中国就相同主题提出专利申请的，依照该外国同中国签订的协议或者共同参加的国际条约，或者依照相互承认优先权的原则，可以享有优先权。申请人自发明或者实用新型在中国第一次提出专利申请之日起 12 个月内，又向国务院专利行政部门就相同主题提出专利申请的，可以享有优先权。

4. 书面原则

书面原则是指申请人为获得专利权所需履行的各种手续都必须依法以书面形式办理。申请发明或者实用新型专利的，应当提交请求书、说明书及其摘要和权利要求书等文件；申请外观设计专利的，应当提交请求书以及该外观设计的图片或者照片等文件，并且应当写明使用该外观设计的产品及其所属的类别。

（二）授予专利权的条件

根据《专利法》的规定，授予专利权的发明和实用新型，应当具备新颖性、创造性和实用性。

1. 新颖性

新颖性，是指在申请日以前没有同样的发明或者实用新型在国内外出版物上公开发表过、在国内公开使用过或者以其他方式为公众所知，也没有同样的发明或者实用新型由他人向专利局提出过申请并且记载在申请日以后公布的专利申请文件中。

新颖性是授予发明和实用新型专利权的首要条件，也是最基本的条件。但是在某些特殊情况下，尽管申请专利的发明或者实用新型在申请日以前已经公开，但如果在一定期限内提出专利申请，则不视为丧失新颖性。根据《专利法》第 24 条规定，申请专利的发明创造在申请日以前 6 个月内，有下列情形之一的，不丧失新颖性：①在中国政府主办或者承认的国际展览会上首次展出的；②在规定的学术会议或者技术会议上首次发表的；③他人未经申请人同意而泄露其内容的。

2. 创造性

创造性，是指同申请日以前已有的技术相比，该发明有突出的实质性特点和显著的进步，该实用新型有实质性特点和进步。

所谓实质性特点，是指发明创造具有一个或者几个技术特征，与现有技术相比具有本质上的区别，也就是说，发明创造应当是发明人创造性构思的结果。凡是所属技术领域内的普通技术人员不能直接从现有技术中得出构成该发明创造的全部必要技术特征的，都应当认为具有实质性特点。所谓进步，是指与现有技术相比有所进步。

《专利法》对其保护的发明和实用新型专利在创造性方面作了不同的规定，对于发明，要求具有“突出的实质性特点和显著的进步”；对于实用新型专利，要求具有“实质性特点和进步”。

3. 实用性

实用性，是指该发明或者实用新型能够制造或者使用，并且能够产生积极效果。对于发明或者实用新型具有的实用性，一般可以从以下三个方面来判断：一是可实施性，即能够在生产过程中制造或者使用；二是再现性，即在生产过程中能够反复制造或者重复使用；三是有益性，即能够产生有益的社会效果。

根据《专利法》规定，授予专利权的外观设计，应当同以前在国内外出版物上公开发表过或者国内公开使用过的外观设计不相同和不相近似，并不得与他人在先取得的合法权利相冲突。

（三）不得授予专利权的项目

我国《专利法》对不授予专利权的发明创造和智力成果作出了明确规定：

（1）违反国家法律、社会公德或者妨害公共利益的发明创造。

（2）科学发现。

（3）智力活动的规则和方法。

（4）疾病的诊断和治疗方法。

（5）动物和植物品种。

（6）用原子核变换方法获得的物质。

（四）授予专利权的程序

1. 专利的申请

根据《专利法》规定，申请发明或者实用新型专利的，应当提交请求书、说明书及其摘要和权利要求书等文件。

请求书是申请人请求国务院专利行政部门授予专利权的一种书面文件。请求书应当写明发明或者实用新型的名称，发明人或者设计人的姓名，申请人姓名或者名称、地址，以及其他事项。

说明书是对发明创造内容的具体说明。它是一个技术性文件，应当对发明或者实用新型作出清楚、完整的说明，以所属技术领域的技术人员能够实现为准，必要时应当有附图。

说明书摘要是对说明书内容的简要说明，是发明或者实用新型专利申请所公开内容的概要，即写明发明或者实用新型的名称和所属技术领域，并清楚地反映所要解决的技术问题、解决该问题的技术方案的要点以及主要用途。

权利要求书是申请人请求确定其专利保护范围的重要法律文件。权利要求书应当以说明书为依据，说明要求专利保护的范围。专利权被授予后，权利要求书是确定发明或者实用新型专利保护范围的依据，也是判定他人是否构成侵权的依据。

根据《专利法》的规定，申请外观设计专利的，应当提交请求书以及该外观设计的图片或者照片等文件，并且应当写明使用该外观设计的产品及其所属的类别。

2. 专利申请的审查和批准

专利申请的审查和批准是一项发明创造能否获得专利权的决定性程序。我国《专利法》对于发明专利申请，采用“早期公开、延迟审查”的审批制度，具体经过以下几个阶段：

（1）初步审查。又称形式审查。国务院专利行政部门收到发明专利申请后，对申请文件是否齐全、填写是否符合规定、各种证件是否完备、书写是否规范以及是否属于授予专利权的范围等进行形式审查。

（2）早期公开。国务院专利行政部门收到发明专利申请后，经初步审查认为符合《专利法》要求的，自申请之日起满 18 个月，即行公布。

（3）实质审查。发明专利申请自申请日起 3 年内，国务院专利行政部门可以根据申请人随时提出的请求，对其申请进行实质审查；申请人无正当理由逾期不请求实质审查的，该申请即被视为撤回。国务院专利行政部门认为必要的时候，可以自行对发明专利申请进行实质审查。

（4）通知申请人陈述或者修改申请书。国务院专利行政部门对发明专利申请进行实质审查后，认为不符合《专利法》的规定的，应当通知申请人，要求其在指定的期限内陈述意见，或者对其申请进行修改；无正当理由逾期不答复的，该申请即被视为撤回。

（5）授予专利权。发明专利申请经实质审查没有发现驳回理由的，由国务院专利行政部门作出授予发明专利权的决定，发给发明专利证书，同时予以登记和公告。发明专利权自公告之日起生效。

我国对于实用新型和外观设计专利申请采用“形式审查”的审批制度。根据《专利法》的规定，实用新型和外观设计专利申请经初步审查没有发现驳回理由的，由国务院专利行政部门作出授予实用新型或者外观设计专利权的决定，发给相应的专利证书，同时予以登记和公告。实用新型专利权和外观设计专利权自公告之日起生效。

3. 专利申请的复审

国务院专利行政部门设立专利复审委员会。专利申请人对国务院专利行政部门驳回申请的决定不服的，可以自收到通知之日起 3 个月内，向专利复审委员会请求复审。专利复审委员会复审后作出决定，并通知专利申请人。专利申请人对专利复审委员会的复审决定不服的，可以自收到通知之日起 3 个月内向人民法院起诉。

三、专利实施的强制许可

专利实施的强制许可，是指国家专利行政部门依照法定条件和法定程序，不经专利权人同意而准许其他单位和个人实施其专利的行政强制措施。被强制许可的专利只涉及发明和实用新型，而不包括外观设计。

《专利法》规定了以下三种情形下的强制许可：

1. 依照具备实施条件的单位的申请给予的强制许可

根据《专利法》的规定，具备实施条件的单位以合理的条件请求发明或者实用新型专利权人许可实施其专利，而未能在合理的时间内获得这种许可时，国务院专利行政部门根据该单位的申请，可以给予实施该发明专利或者实用新型专利的强制许可。

2. 根据国家利益给予的强制许可

根据《专利法》的规定，在国家出现紧急状态或者非常情况时，或者为了公共利益的目的，国务院专利行政部门可以给予实施发明专利或者实用新型专利的强制许可。

3. 从属专利的强制许可

根据《专利法》的规定，一项取得专利权的发明或者实用新型比前已经取得专利权的发明或者实用新型具有显著经济意义的重大技术进步，其实施又有赖于前一发明或者实用新型的实施的，国务院专利行政部门根据后一专利权人的申请，可以给予实施前一发明或者实用新型的强制许可。

依照《专利法》的规定，申请实施强制许可的单位或者个人，应当提出未能以合理条件与专利权人签订实施许可合同的证明。

四、专利权的期限、终止

（一）专利权的期限

专利权的期限是指专利权的时间效力。《专利法》规定，发明专利权的期限为 20 年，实用新型专利权和外观设计专利权的期限为 10 年，均自申请之日起计算。

（二）专利权的终止

专利权的终止是指专利权人丧失对其所拥有的专利的独占权。一旦专利权终止，该项发明创造即进入了公有领域，成为社会的共同财富，而不为特定人所专有。综合《专利法》的有关规定，专利权因以下原因而终止：专利期限届满；没有按照规定缴纳专利年费；专利权人以书面声明放弃其专利权；专利权人死亡而又无继承人；专利权被专利复审委员会宣告无效。

专利权终止后，由国务院专利行政部门登记并公告。

五、专利权的保护

（一）专利权的保护范围

根据《专利法》的规定，发明或者实用新型专利权的保护范围以其权利要求的内容为准，说明书及附图可用于解释权利要求。外观设计专利权的保护范围以表示在图片或者照片中的该外观设计专利产品为准。

（二）专利侵权行为

专利侵权行为是指未经专利权人许可实施其专利的行为。专利侵权行为主要表现在以下两个方面：

1. 非法实施他人专利

未经发明或者实用新型专利权人的许可，为了生产经营目的制造、使用、许诺销售、销售、进口其专利产品，或者使用其专利方法制造、使用、许诺销售、进口依照该专利方法直接获得的产品；或者未经外观设计专利权人许可，为了生产经营目的制造、销售、进口其外观设计专利产品。

2. 假冒他人专利

违背专利权人的意愿，以欺骗他人获取高额利润为目的而冒充已获得专利权的发明创造，包括假冒他人专利的行为和以非专利冒充专利的行为。

属于假冒他人专利的行为有：①未经许可，在其制造或者销售的产品、产品的包装上标注他人的专利号；②未经许可，在广告或者其他宣传材料中使用他人的专利号，使人将所涉及的技术误认为是他人的专利技术；③未经许可，在合同中使用他人的专利号，将合同涉及的技术误认为是他人的专利技术；④伪造或者变造他人的专利证书、专利文件或者专利申请文件。

属于以非专利产品冒充专利产品、以非专利方法冒充专利方法的行为有：①制造或者销售标有专利标记的非专利产品；②专利权被宣告无效后，继续在制造或者销售的产品上标注专利标记；③在广告或者其他宣传材料中将非专利技术称为专利技术；④在合同中将非专利技术称为专利技术；⑤伪造或者变造专利证书、专利文件或者专利申请文件。

但是，根据《专利法》的规定，有下列情形之一的，不视为侵犯专利权：①专利权人制造、进口或者经专利权人许可而制造、进口的专利产品或者依照专利方法直接获得的产品售出后，使用、许诺销售或者销售该产品的；②在专利申请日前已经制造相同产品、使用相同方法或者已经做好制造、使用的必要准备，并且仅在原有范围内继续制造、使用的；③临时通过中国领陆、领水、领空的外国运输工具，依照其所属国同中国签订的协议或者共同参加的国际条约，或者依照互惠原则，为运输工具自身需要而在其装置和设备中使用有关专利的；④专为科学研究和实验而使用有关专利的。

为了生产经营目的使用或者销售不知道是未经专利权人许可而制造并售出的专利产品或者依照专利方法直接获得的产品，能证明其产品合法来源的，不承担赔偿责任。

（三）专利侵权行为的法律责任

根据《专利法》的规定，未经专利权人许可，实施其专利，即侵犯其专利权，引起纠纷的，由当事人协商解决；不愿协商或者协商不成的，专利权人或者利害关系人可以向人民法院起诉，也可以请求管理专利工作的部门处理。管理专利工作的部门处理时，认定侵权行为成立的，应责令侵权人立即停止侵权行为，并应当事人的请求，就侵犯专利权的赔偿数额进行调解。关于侵犯专利权的赔偿数额，按照权利人因被侵权所受到的损失或者侵权人因侵权所获得的利益确定；被侵权人的损失或者侵权人获得的利益难以确定的，参照该专利许可使用费的倍数合理确定。

对假冒他人专利的，除依法承担民事责任外，由管理专利工作的部门责令改正并予以公告，没收违法所得，可以并处违法所得3倍以下的罚款，没有违约所得的，可以处5万元以下的罚款；构成犯罪的，依法追究刑事责任。以非专利产品冒充专利产品、以非专利方法冒充专利方法的，由管理专利工作的部门责令改正并予公告，可以处5万元以下的罚款。

思考与拓展

佳能株式会社诉厦门市宝达照相机有限公司等侵犯“摄像机”外观设计专利纠纷案①

【案情】

原告佳能株式会社于2002年10月21日向国家知识产权局专利局申请了名为“摄像机”的外观设计专利（以下简称“本专利”）。本专利于2003年6月1日被国家知识产权局授权公告，获得了外观设计专利权，专利号为ZL02344594.7。2005年4月和2005年9月，原告的代理律师会同公证员在北京市宏发门市部购买同一款数码摄像机三部，该摄像

① 王振清．知识产权经典判例．北京：知识产权出版社，2009.59.

机的型号为“DV5 PLUS”，说明书上标注生产商为“厦门市宝达照相机有限公司”。根据商标公告，“宝达”商标的持有人为“坤联（厦门）照相器材有限公司”，并且，专利号为ZL200430012851.5、名称为摄像机（DV5）的外观设计专利的权利人亦为“坤联（厦门）照相器材有限公司”。原告认为，宏发门市部、厦门市宝达照相机有限公司、坤联（厦门）照相器材有限公司销售、生产的DV5 PLUS数码摄像机侵犯了其ZL02344594.7号外观设计专利权，向北京市第一中级人民法院提起诉讼。

【裁判要旨】

法院认为，被控侵权产品与本专利属于同类产品，具有可比性。因为本专利未限定色彩，故其形状是比较的重点。二者的相同点是：均为竖式长方体，取景器与取景框均成一夹角。不同点在于，本专利的主视图上现实的镜头与取景器合为一体，其装饰板呈长方形且在其中部有并行排列大小不同的两个小圆孔；被控侵权产品与之对应的部分显示镜头设置在靠近取景器的下部，并在镜头的外缘设有调焦钮，其装饰板呈子弹形。本专利其他视图与被控侵权产品对应部位相比较，后视图缺少一个遮盖条，右视图增加了一个遮盖条，左视图的凸起部分的形状呈半圆形而被控侵权产品是厚度不同的长方形。此外，两种取景器和取景框的角度也存在一定的区别。

认定被控侵权产品的外观设计是否与本专利构成相同或者相近似，应当以一般消费者的眼光对两产品的外观设计进行整体观察、综合判断。在本案中，二者整体视觉效果不存在显著的差别，两产品局部的差别仅为一些细微的设计，在整体设计中所占比例很小，其变化不足以对整体视觉产生显著影响，故认定两产品的外观设计相近似，被告侵犯了原告所享有的外观设计专利权。

第三节　商标法

《中华人民共和国商标法》是我国调整商标法律关系的基本规范，也是我国第一部知识产权法律，于1982年8月23日第五届全国人民代表大会常务委员会第二十四次会议通过，于1983年3月1日施行，此后，该法于1993年、2001年和2013年先后进行了三次修正。

一、商标法的一般原理

（一）概念

1. 商标的概念

商标，俗称“牌子”，是商品生产者、经营者或者服务项目的提供者为使自己生产、销售的商品或者提供的服务同他人生产、销售的商品或者提供的服务区别开来而使用的一种标记。商标通常由文字、图形或者文字和图形的组合而构成，并置于商品表面或者其包装上、服务场所及服务说明书上。商标应当具有显著特征，以便识别。

根据不同的标准，可将商标分为以下几类：

（1）注册商标和未注册商标。这是根据商标是否注册所作的分类。注册商标，是指经使用商标人按照法定手续向国家商标行政机关申请注册，经过审核后准予核准注册的商标。未注册商标，是指未经过商标注册而在商品或服务上使用的商标。

（2）平面商标与立体商标。这是根据商标的形态所作的分类。平面商标，是指由文字、图形、字母、数字、色彩的组合，或前述要素的相互组合构成的商标。立体商标，是由产品的容器、包装、外形以及其他具有立体外观的三维标志构成的商标。

（3）商品商标与服务商标。这是根据识别对象不同所作的分类。商品商标，是指使用于各种商品上，用来区别不同生产者和经营者的商标。服务商标，是指使用于服务项目上，用来区别服务提供者的商标。

（4）集体商标与证明商标。这是根据商标的特殊作用所作的分类。集体商标，是指以团体、协会或者其他组织名义注册，供该组织成员在商事活动中使用，以表明使用者在该组织中的成员资格的标志。证明商标，是指由对某种商品或者服务具有监督能力的组织所控制，而由该组织以外的单位或者个人使用于其商品或者服务，用以证明该商品或者服务的原产地、原料、制造方法、质量或者其他特定品质的标志。

2. 商标权的概念

商标权不是商标本身所固有的，而是商标注册人在商标注册后对其注册商标所享有的权利。商标权的基础是对商标的占有，只有当法律赋予了商标权，这种占有才具有专有权的性质，才能受到法律的保护。商标权具有专有性、地域性和时间性。

3. 商标法的概念

商标法是调整在商标注册、使用、管理和保护商标专用权过程中发生的社会关系的法律规范的总称。

狭义的商标法是指《中华人民共和国商标法》（以下简称《商标法》），广义的商标法包括《中华人民共和国商标法实施条例》（以下简称《实施条例》）以及相关的行政法规、规章。

（二）客体

商标权的客体是商标，构成商标必须符合一定的要素，并且不得采用禁止的标志。

1. 必备要素

（1）标志的可视性。根据《商标法》第 8 条规定："任何能够将自然人、法人或者其他组织的商品与他人的商品区别开的标志，包括文字、图形、字母、数字、三维标志、颜色组合和声音等，以及上述要素的组合，均可以作为商标申请注册。"

（2）标志的显著特征和非冲突性。商标，应当有显著的特征，便于识别，并不得与他人在先取得的合法权利相冲突。

2. 禁止要素

根据《商标法》第 10 条的规定，下列标志不得作为商标使用：①同中华人民共和国的国家名称、国旗、国徽、国歌、军旗、军徽、军歌、勋章等相同或者近似的，以及同中央国家机关的名称、标志、所在地特定地点的名称或者标志性建筑物的名称、图形相同的；②同外国的国家名称、国旗、国徽、军旗等相同或者近似的，但经该国政府同意的除外；③同政府间国际组织的名称、旗帜、徽记等相同或者近似的，但经该组织同意或者不易误导公众的除外；④与表明实施控制、予以保证的官方标志、检验印记相同或者近似的，但经授权的除外；⑤同“红十字”、“红新月”的名称、标志相同或者近似的；⑥带有民族歧视性的；⑦带有欺骗性，容易使公众对商品的质量等特点或者产地产生误认的；⑧有害于社会主义道德风尚或者有其他不良影响的。

另外，县级以上行政区划的地名或者公众知晓的外国地名，不得作为商标。但是，地名具有其他含义或者作为集体商标、证明商标组成部分的除外；已经注册的使用地名的商标继续有效。

根据《商标法》第 11 条的规定，下列标志亦不得作为商标注册：①仅有本商品的通用名称、图形、型号的；②仅直接表示商品的质量、主要原料、功能、用途、重量、数量及其他特点的；③其他缺乏显著特征的。但上述所列标志经过使用取得显著特征，并便于识别的，可以作为商标注册。

（三）主体

商标权的主体是商标权人。

商标权人的权利是商标注册人对其注册商标所享有的权利，包括商标所有权以及与商标所有权相联系的其他权利。商标权人在行使权利的同时，还必须按照《商标法》有关规定，正确使用注册商标，并依法履行各项义务。

（四）内容

商标权的内容是指商标权人享有的权利和承担的义务。

1. 商标权人的权利

（1）商标专用权。商标专用权即商标权人对其注册商标享有专有使用的权利。具体内容包括两个方面：一是商标使用权，即商标权人有权在其核准注册的商品上使用其注册商标，并进行广告宣传；二是禁止权，即商标权人有权禁止他人未经许可，使用与其注册商标相混同的商标。

（2）商标转让权。商标权人可以自己使用，也可以依法转让，既可以通过合同方式进行有偿转让，也可以通过继承、遗赠、赠与等方式进行无偿转让。转让时应当签订书面合同，并报请商标局核准公告，自行转让注册商标的行为无效。

（3）许可使用权。商标权人可以通过签订注册商标使用许可合同，许可他人使用其注册商标。许可人应当监督被许可人使用其注册商标的商品质量，被许可人应当保证使用该注册商标的商品质量。经许可使用他人注册商标的，必须在使用该注册商标的商品上标明被许可人的名称和商品产地。许可他人使用其注册商标的，商标权人应当将其商标使用许可报商标局备案，由商标局公告。商标使用许可未经备案不得对抗善意第三人。

（4）标记权。商标注册人有权标明“注册商标”或者注册标记。使用注册标记，应当标注在商标的右上角或者右下角。

（5）请求保护权。当商标权人的商标权受到侵害时，商标权人可以向人民法院起诉，也可以请求工商行政管理部门处理。

2. 商标权人的义务

（1）商标权人应当按规定正确使用注册商标。商标权人应当在核准的范围内使用其注册商标，不得将注册商标使用在未经核准使用的商品或者服务项目上，不得自行改变注册商标的文字、图形或者其组合，不得自行改变注册人的名义、地址或者其他注册事项，没有正当理由不得连续三年不使用注册商标，不得自行转让注册商标。

（2）商标权人应当保证使用注册商标的商品质量和服务质量。首先，商标权人自己要保证使用注册商标的商品质量或者服务质量，同时，在许可他人使用其注册商标时，也应当采取有效措施，监督被许可人使用其注册商标的商品质量或者服务质量。

（3）商标权人要依法缴纳有关费用，如授权注册费、续展注册费、转让注册费等。

二、商标注册

商标注册，是指商标使用人将其使用的商标依照法定的条件和程序，向商标管理机关提出注册申请，经商标局审核批准后，依法取得商标专用权的法律活动。

（一）商标注册的原则

根据《商标法》规定，商标注册应遵循以下基本原则：

1. 自愿注册与强制注册相结合的原则

我国对大部分商品或者服务项目使用的商标，采用自愿注册原则，即商标所有人根据其意愿，自主决定是否申请商标注册。对部分商品实行强制注册原则，一般限于与人民生活关系密切，涉及人身安全和健康的少数商品，如人用药品和烟草制品等。根据《商标法》第6条的规定，法律、行政法规规定必须使用注册商标的商品，必须申请商标注册，未经核准注册的，不得在市场销售。

2. 诚实信用原则

为倡导市场主体诚实守信从事有关商标的活动，同时对恶意的商标抢注行为予以规制，《商标法》第7条明确规定，申请注册和使用商标，应当遵循诚实信用原则。商标使用人应当对其使用商标的商品质量负责。各级工商行政管理部门应当通过商标管理，制止欺骗消费者的行为。

3. 申请在先为主、使用在先为辅的原则

申请在先原则是指按照申请注册的先后来确定商标专用权的归属。根据《商标法》的规定，两个或者两个以上的商标注册申请人，在同一种商品或者类似商品上，以相同或者近似的商标申请注册的，初步审定并公告申请在先的商标；同一天申请的，初步审定并公告使用在先的商标，驳回其他人的申请，不予公告。这说明我国商标法既贯彻申请在先的原则，又贯彻使用在先的原则，这对于维护商标注册程序的合理性和有序性具有重要作用。

4. 一标多类申请原则

为方便申请人针对同一商标在多个类别的注册申请，使我国在商标注册方面进一步与国际接轨，《商标法》第22条第2款规定，商标注册申请人可以通过一份申请就多个类别的商品申请注册同一商标。如注册商标需要在核定使用范围之外的商品上取得商标专用权的，才需要另行提出注册申请。

5. 优先权原则

优先权是商标申请人在一个缔约国第一次提出申请注册后，可以在一定期限内就同一主题向其他缔约国申请注册，在后申请可被视为第一次申请的申请日提出。换言之，在一定期限内，申请人提出的在后申请与其他人在其首次申请日之后就同一主题所提出的申请相比，享有优先的地位。《商标法》第25条第1款规定："商标注册申请人自其商标在外国第一次提出商标注册申请之日起6个月内，又在中国就相同商品以同一商标提出商标注册申请的，依照该外国同中国签订的协议或者共同参加的国际条约，或者按照相互承认优先权的原则，可以享有优先权。"

（二）商标注册的程序

1. 商标注册的申请

商标注册的申请是取得商标专用权的前提。商标注册申请人应当按照公布的商品和服务分类表填报使用商标的商品类别和商品名称。每一件商标注册申请应当向商标局提交《商标注册申请书》1份、商标图样1份；以颜色组合或者着色图样申请商标注册的，应当提交着色图样，并提交黑白稿1份；不指定颜色的，应当提交黑白图样。同时，商标注册申请人应当提交其身份证明文件。商标注册申请人的名义与所提交的证明文件应当一致。商标注册申请人变更其名义、地址、代理人、文件接收人或者删减指定的商品的，应当向商标局办理变更手续。申请人转让其商标注册申请的，也应当向商标局办理转让手续。

2. 商标注册的审查与核准

（1）对申请注册的商标进行审查。商标注册申请人在向商标局提出商标注册申请后，由商标局依法对申请注册的商标进行形式审查和实质审查。形式审查是确定是否具备受理该商标申请的起码条件，主要是审查商标注册申请是否具备法定的条件和手续，从而决定对该申请是否受理。实质审查是商标审查人依照法律规定对形式审查合格的商标注册申请所进行的检索、分析、对比、调查研究，并决定给予初步审定或驳回申请的一系列活动。

（2）初步审定予以公告。对申请注册的商标，商标局应当自收到商标注册申请文件之日起9个月内审查完毕，符合商标法有关规定的，予以初步审定公告。在审查过程中，商标局认为商标注册申请内容需要说明或者修正的，可以要求申请人作出说明或者修正。申请人未作出说明或者修正的，不影响商标局作出审查决定。凡不符合商标法有关规定或者同他人在同一种商品或者类似商品上已经注册的或者初步审定的商标相同或者近似的，由商标局驳回申请，不予公告。

（3）驳回商标注册申请的复审。根据《商标法》的规定，对驳回申请、不予公告的商标，商标局应当书面通知商标注册申请人。商标注册申请人不服的，可以自收到通知之日起15日内向商标评审委员会申请复审，商标评审委员会应当自收到申请之日起9个月内作出决定，并书面通知申请人。有特殊情况需要延长的，经国务院工商行政管理部门批准，可以延长3个月。当事人对商标评审委员会的决定不服的，可以自收到通知之日起30日内向人民法院起诉。

（4）商标异议及其复审。对初步审定公告的商标，自公告之日起3个月内，在先权利人、利害关系人认为违反《商标法》第 13 条第 2 款和第 3 款、第 15 条、第 16 条第 1 款、第 30 条、第 31 条、第 32 条规定的，或者任何人认为违反《商标法》第 10 条、第 11 条、第 12 条规定的，可以向商标局提出异议。对初步审定公告的商标提出异议的，商标局应当听取异议人和被异议人陈述事实和理由，经调查核实后，自公告期满之日起 12 个月内作出是否准予注册的决定，并书面通知异议人和被异议人。异议人不服的，可以依照商标法的规定向商标评审委员会请求宣告该注册商标无效；被异议人不服的，可以自收到通知之日起 15 日内向商标评审委员会请求复审。商标评审委员会应当自收到申请之日起 12 个月内作出复审决定，并书面通知异议人和被异议人。被异议人对商标评审委员会的决定不服的，可以自收到通知之日起 30 日内向人民法院起诉

（5）核准注册。对初步审定的商标，公告期满无异议的或者经裁定异议不能成立的，由商标局予以核准注册，发给商标注册证，并予以公告。

三、商标的使用和管理

（一）注册商标的转让和使用许可

注册商标的转让，是指注册商标所有人依法将因注册商标产生的商标权转让给他人的行为。注册商标转让后，原注册商标所有人不再享有该注册商标的专用权，受让人成为该注册商标的所有人，享有商标专用权。根据《商标法》的规定，转让注册商标的，转让人和受让人应当签订转让协议，并共同向商标局提出申请。受让人应当保证使用该注册商标的商品质量。如果商标注册人在同一种商品上注册了近似的商标，或者在类似商品上注册了相同或者近似的商标，则应当将该注册商标一并转让。对容易导致混淆或者有其他不良影响的转让，商标局不予核准，应书面通知申请人并说明理由。转让注册商标经商标局核准后，予以公告。受让人自公告之日起享有商标专用权。

注册商标的使用许可，是指注册商标所有人通过签订商标使用许可合同，许可他人使用其注册商标，同时收取一定的许可使用费。根据《商标法》的规定，商标注册人可以通过签订商标使用许可合同，许可他人使用其注册商标。许可人应当监督被许可人使用其注册商标的商品质量。被许可人应当保证使用该注册商标的商品质量。经许可使用他人注册商标的，必须在使用该注册商标的商品上标明被许可人的名称和商品产地。许可他人使用其注册商标的，许可人应当将其商标使用许可报商标局备案，由商标局公告。商标使用许可未经备案不得对抗善意第三人。

（二）商标管理

商标使用的管理，是指商标行政管理部门为维护社会经济秩序，保护商标权人的合法权益和消费者的利益，依法对商标注册、使用、印制等行为进行的监督、检查、控制、协调、服务等管理活动的总称。

1. 商标管理机构

根据《商标法》的规定，国务院工商行政管理部门商标局主管全国商标的注册和管理工作。地方各级工商行政管理部门负责本行政区域内的商标管理工作。国务院工商行政

管理部门设立商标评审委员会，负责处理商标争议事宜。

2. 注册商标的使用管理

商标的使用，是指将商标用于商品、商品包装或者容器以及商品交易文书上，或者将商标用于广告宣传、展览以及其他商业活动中，用于识别商品来源的行为。

根据《商标法》的规定，注册商标的有效期为10年，自核准注册之日起计算。注册商标有效期满，需要继续使用的，商标注册人应当在期满前12个月内按照规定办理续展手续；在此期间未能办理的，可以给予6个月的宽展期。每次续展注册的有效期为10年，自该商标上一届有效期满次日起计算。期满未办理续展手续的，注销其注册商标。

根据《商标法》的规定，商标注册人在使用注册商标的过程中，自行改变注册商标、注册人名义、地址或者其他注册事项的，由地方工商行政管理部门责令限期改正；期满不改正的，由商标局撤销其注册商标。注册商标成为其核定使用的商品的通用名称或者没有正当理由①连续3年不使用的，任何单位或者个人可以向商标局申请撤销该注册商标。商标局应当自收到申请之日起9个月内作出决定。有特殊情况需要延长的，经国务院工商行政管理部门批准，可以延长3个月。

四、商标权的保护

注册商标的专用权，以核准注册的商标和核定使用的商品为限。保护商标专用权是我国商标法的核心。对侵犯注册商标专用权的行为，国家用法律的手段予以制裁，以保护商标注册人的合法权益。

（一）商标侵权行为

根据《商标法》的规定，有下列行为之一的，均属侵犯注册商标专用权：

（1）未经商标注册人的许可，在同一种商品上使用与其注册商标相同的商标的；

（2）未经商标注册人的许可，在同一种商品上使用与其注册商标近似的商标，或者在类似商品上使用与其注册商标相同或者近似的商标，容易导致混淆的；

（3）销售侵犯注册商标专用权的商品的；

（4）伪造、擅自制造他人注册商标标识或者销售伪造、擅自制造的注册商标标识的；

（5）未经商标注册人同意，更换其注册商标并将该更换商标的商品又投入市场的；

（6）故意为侵犯他人商标专用权行为提供便利条件，帮助他人实施侵犯商标专用权行为的；

（7）给他人注册商标专用权造成其他损害的。

（二）商标侵权行为的法律责任

1. 民事责任

注册商标专用权遭受侵害的，注册商标所有人有权要求停止侵害，消除影响，赔偿

① 根据《中华人民共和国商标法实施条例》第67条的规定，下列情形属于商标法第49条规定的正当理由：①不可抗力；②政府政策性限制；③破产清算；④其他不可归责于商标注册人的正当事由。

损失。

根据《商标法》规定，侵犯商标专用权的赔偿数额，按照权利人因被侵犯所受到的实际损失确定；实际损失难以确定的，可以按照侵权人因侵权所获得的利益确定；权利人的损失或者侵权人获得的利益难以确定，参照该商标许可使用费的倍数合理确定。对恶意侵犯商标专用权，情节严重的，可以在按照上述方法确定数额的一倍以上三倍以下确定赔偿数额。赔偿数额应当包括权利人为制止侵权行为所支付的合理开支。权利人因被侵权所受到的实际损失、侵权人因侵权所获得的利益、注册商标许可证使用费难以确定的，由人民法院根据侵权行为的情节判决给予三百万元以下的赔偿

销售不知道是侵犯注册商标专用权的商品，能证明该商品是合法取得并说明提供者的，不承担赔偿责任。

2. 行政责任

根据《商标法》的规定，有上述所列侵犯注册商标专用权行为之一，商标注册人或者利害关系人请求工商行政管理部门处理纠纷时，工商行政管理部门认定侵权行为成立的，责令立即停止侵权行为，没收、销毁侵权商品和主要用于制造侵权商品、伪造注册商标标识的工具，违法经营额五万元以上的，可以处违法经营额五倍以下的罚款，没有违法经营额或者违法经营额不足五万元的，可以处二十五万元以下的罚款。对五年内实施两次以上商标侵权行为或者有其他严重情节的，应当从重处罚。销售不知道是侵犯注册商标专用权的商品，能证明该商品是自己合法取得并说明提供者的，由工商行政管理部门责令停止销售。

3. 刑事责任

根据《商标法》的规定，未经商标注册人许可，在同一种商品上使用与其注册商标相同的商标，构成犯罪的，除赔偿被侵权人的损失外，依法追究刑事责任；伪造、擅自制造他人注册商标标识或者销售伪造、擅自制造的注册商标标识，构成犯罪的，除赔偿被侵权人的损失外，依法追究刑事责任；销售明知是假冒注册商标的商品，构成犯罪的，除赔偿被侵权人的损失外，依法追究刑事责任。

（三）驰名商标的法律保护

（1）驰名商标的概念。驰名商标是指由商标局认定的在市场上享有较高声誉并为相关公众所熟知的注册商标。根据《商标法》的规定，驰名商标应当根据当事人的请求，作为处理涉及商标案件需要认定的事实进行认定。认定驰名商标应当考虑下列因素：①相关公众对该商标的知晓程度；②该商标使用的持续时间；③该商标的任何宣言工作的持续时间、程度和地理范围；④该商标作为驰名商标受保护的记录；⑤该商标驰名的其他因素。

生产、经营者不得将“驰名商标”字样用于商品、商品包装或者容器上，或者用于广告宣传、展览以及其他商业活动中。

（2）驰名商标的保护。为了保护驰名商标所有人的合法权益，商标法对驰名商标规定了一些有别于一般商标的特殊保护规定。具体表现在：①就相同或者类似商品申请注册的商标是复制、模仿或者翻译他人未在中国注册的驰名商标，容易导致混淆的，不予注册并禁止使用；就不相同或者不相类似商品申请注册的商标，是复制、模仿或者翻译他人已

经在中国注册的驰名商标，误导公众，致使该驰名商标注册人的利益可能受到损害的，不予注册并禁止使用。②对于已经注册的与驰名商标相冲突的商标，自商标注册之日起五年内，在先权利人或者利害关系人可以请求商标评审委员会宣告该注册商标无效。对恶意注册的，驰名商标所有人不受五年的时间限制。

思考与拓展

天津“狗不理”集团有限公司诉济南天丰园饭店侵犯商标权案①

【案情】

“狗不理”包子是起源于天津的一种老字号名吃。1994 年天津狗不理包子饮食（集团）公司注册了“狗不理”文字商标，2004 年该商标进行了续展，有效期至 2014 年 10 月 6 日。天丰园饭店是济南一家历史悠久的老店，创始于 1943 年，一直以经营“狗不理”猪肉灌汤包为饭店特色，在济南享有盛誉。2006 年 4 月，天津“狗不理”集团有限公司以济南天丰园饭店长期以来用“狗不理”名义从事餐饮经营活动，将“狗不理”注册商标作为企业名号使用，在其经营场所正面墙体和楼道、楼梯内、店内价格单、宣传名片上突出使用“狗不理”服务标识，其行为构成对天津狗不理集团有限公司的商标权的侵害为由，将济南天丰园饭店起诉到济南市中级人民法院。

【裁判要点】

法院认为，天丰园饭店一直使用“狗不理”这一词汇作为其猪肉灌汤包的商品名称，以区别于其他饭店所经营的猪肉灌汤包。本案的实质是注册商标与商品名称的冲突，且有其特定的历史背景和原因。天丰园饭店自 20 世纪 40 年代即在济南这一特定地域经营“狗不理”包子，而天津狗不理集团有限公司取得“狗不理”服务商标的时间是 1994 年，因此，天丰园饭店关于“狗不理”猪肉灌汤包这一商品名称的使用是善意的，而且是在先使用。但是，天丰园饭店将“狗不理”三字用于宣传牌匾、墙体广告和指示牌，并且突出使用“狗不理”三字或将“狗不理”与天丰园割裂开来使用，淡化了或者可能淡化天津狗不理集团有限公司的“狗不理”驰名商标，甚至可能误导消费者。因此，在充分考虑和尊重相关历史因素的前提下，法院判决天丰园饭店不得在企业的宣传牌匾、墙体广告等中使用“狗不理”三字，但仍可保留“狗不理”猪肉灌汤包这一菜品。

第四节　著作权法

《中华人民共和国著作权法》是我国调整著作权法律关系的基本规范，于 1990 年 9 月 7 日由第七届全国人民代表大会常务委员会第十五次会议通过，于 1991 年 6 月 1 日正

① 韩赤风等．中外商标法经典案例．北京：知识产权出版社，2010. 185.

式实施；此后，该法分别于2001年和2010年进行了修正。

著作权的地域性意味着一国赋予作者的著作权保护的效力仅限于本国。然而，作品的使用范围往往会超出一国的国界，为了满足一部作品在世界范围内受到保护的要求，国际性的著作权条约应运而生，主要有《伯尔尼公约》、《世界版权公约》、《罗马公约》、《录音制品公约》、《世界贸易组织中与贸易有关的知识产权协议》、《世界知识产权版权条约》和《世界知识产权组织表演和录音制品条约》。

一、著作权法的一般原理

（一）概念

1. 著作权的概念

著作权是指基于文学艺术和科学作品依法产生的权利。著作权通常有广义和狭义之分，狭义的著作权是指各类作品的作者依法享有的权利；广义的著作权，是指除了狭义的著作权以外，还包括艺术表演者、录音录像制作者、广播电视节目的制作者、图书出版者依法享有的权利，这类权利通常又被称作著作邻接权或者与著作权有关的权利。

2. 著作权法的概念

著作权法是指调整因著作权的产生、控制、利用和支配而产生的社会关系的法律规范的总称。

在我国，狭义的著作权法指《中华人民共和国著作权法》，广义的著作权法还包括《宪法》、《民法通则》、《刑法》以及行政法规、行政规章中调整著作权法律关系的相关规范。

（二）客体

著作权的客体又被称作著作权法保护的对象，是指作品，即文学、艺术和科学领域内具有独创性并能以某种有形形式复制的智力成果。作品通常具有如下三个特征：①作品是思想、情感的表现形式，不是思想、情感本身；②作品具有独创性；③作品的表现形式属于文学、艺术和科学范畴。

在各国法律中，作品是否受保护具有一定的条件限制，某些对象不能获得著作权法的保护。[①] 我国《著作权法》及其实施条例对保护的作品和不予保护的作品均作了明确的列举，因此，可以将作品划分为著作权法保护的作品和不受著作权法保护的作品两种类型。

1. 著作权法保护的作品

（1）文字作品；

（2）口述作品；

（3）音乐、戏剧、曲艺、舞蹈、杂技艺术作品；

（4）美术、建筑作品；

（5）摄影作品；

（6）电影作品和以类似摄制电影的方法创作的作品；

① 吴汉东等．知识产权基本问题研究．北京：中国人民大学出版社，2005. 191.

（7）工程设计图、产品设计图、地图、示意图等图形作品和模型作品；
（8）计算机软件；
（9）法律、行政法规规定的其他作品。

2. 不受著作权法保护的作品

（1）依法禁止出版、传播的作品；
（2）立法、行政、司法性质的文件及其官方正式译文；
（3）时事新闻；
（4）历法、通用数表、通用表格和公式。

（三）主体

著作权的主体，又称为著作权人，是指依法就作品享有著作权的个人或者法人。根据著作权取得方式的不同，著作权的主体分为原始主体和继受主体。此外，法律对于特殊类型作品的著作权主体特别予以明确。

1. 著作权的原始主体

著作权的原始主体是作者。作者是直接创作了文学、艺术和科学作品的自然人；由法人或者其他组织主持，代表法人或者其他组织意志创作，并由法人或者其他组织承担责任的作品，法人或者其他组织被视为作者。

2. 著作权的继受主体

著作权的继受主体又称为继受著作权人，是指通过受让、继承或者受遗赠而获得和享有著作权的人。

3. 特殊作品的著作权主体

（1）合作作品的著作权主体。合作作品是指两人以上合作完成的作品。合作作品的作者共同享有著作权。其中，无法分割的合作作品的著作权，适用财产共同共有原则，由合作作者共同共有；可以分割使用的合作作品的著作权，作者对各自创作的部分可以单独享有著作权，但其行使著作权时不得侵犯合作作品整体的著作权。

（2）职务作品的著作权主体。职务作品是指为了完成法人或者其他组织的工作任务而创作的作品。职务作品的著作权一般情况下归创作作品的作者所有，但法人或者其他组织有权在其业务范围内优先使用；在工程设计图、产品设计图、地图、计算机软件等特殊的职务作品中，创作作品的作者享有署名权，除此之外的其他权利由法人或者其他组织享有，同时，法人或者其他组织应当对作者给予奖励。

（3）委托作品的著作权主体。委托作者是指作者接受他人委托而创作的作品。委托作品的著作权由委托人和受托人（作者）通过委托合同约定，若合同没有明确约定或者没有订立合同的，著作权归属于受托人。

（4）汇编作品的著作权主体。汇编作品是指集合作品、作品的片段、事实和数据等而形成的作品。汇编作品的著作权归属汇编者享有，但是汇编者在行使自己的著作权时，不得侵犯原作品的著作权。

（5）视听作品的著作权主体。视听作品通常指电影、电视、录像等作品。视听作品的著作权由制片方享有，但编剧、导演等作者享有署名权，并有权依照合同取得报酬。视听作品中的剧本、音乐等可以单独使用的作品的作者有权单独行使其著作权。

（6）演绎作品的著作权主体。演绎作品是指对原作进行改编、翻译、注释、整理后产生的作品。演绎作品的著作权由改编、翻译、注释、整理人享有，但其行使著作权不得侵犯原作品的著作权。

（四）内容

著作权的内容是著作权制度中最核心的部分，通常是指著作权人基于作品所享有的各项人身权利和财产权利。

1. 著作权的取得

著作权取得的条件，又称为著作权取得的途径，这是享有著作权的前提。我国著作权的取得适用“无手续原则”①，或者“自动取得原则”②，即作品一经产生，不论整体还是局部，只要足以构成作品就产生著作权，既不要求登记，也不要求发表，也不需在复制物上加注著作权标记。

2. 著作人身权

著作人身权，是指作者基于作品依法享有的以人身利益为内容的权利。具体包括如下权能：

（1）发表权。发表权，是指决定作品是否公之于众的权利。具体表现为作者有权决定其作品是否发表、何时发表，以及以何种形式发表。发表权是专属于作者的权利，其他任何人不得擅自行使。

（2）署名权。署名权，是指作者有权在自己所创作的作品上署名，从而向世人宣告自己与特定作品的关系。

（3）修改权。修改权，是指作者修改或者授权他人修改作品的权利。

（4）保护作品完整权。保护作品完整权，是指保护作品不受歪曲、篡改的权利，即作者有权禁止他人歪曲、篡改和割裂其作品。

3. 著作财产权

著作财产权，是指著作权人基于对作品的利用为其带来的财产收益权，是著作权制度的重要起源，包括如下具体内容：

（1）复制权。复制权，即以印刷、复印、拓印、录音、录像、翻录、翻拍等方式将作品制作一份或者多份的权利。

（2）发行权。发行权，即以出售或者赠与方式向公众提供作品的原件或者复制件的权利。

（3）出租权。出租权，即有偿许可他人临时使用电影作品和以类似摄制电影的方法创作的作品、计算机软件的权利，计算机软件不是以出租为主要目的的除外。

（4）展览权。展览权，即公开陈列美术作品、摄影作品的原件或者复制件的权利。

（5）表演权。表演权，即公开表演作品，以及用各种手段公开播送作品的表演的权利。

（6）放映权。放映权，即通过放映机、幻灯机等技术设备公开再现美术、摄影、电

---

① 吴汉东等．知识产权基本问题研究．北京：中国人民大学出版社，2005. 235.

② 刘春田．知识产权法．北京：中国人民大学出版社，2007. 111.

影和以类似摄制电影的方法创作的作品等的权利。

（7）广播权。广播权，即以无线方式公开广播或者传播作品，以有线传播或者转播的方式向公众传播广播的作品，以及通过扩音器或者其他传送符号、声音、图像的类似工具向公众传播广播的作品的权利。

（8）信息网络传播权。信息网络传播权，即以有线或者无线方式向公众提供作品，使公众可以在其个人选定的时间和地点获得作品的权利。

（9）摄制权。摄制权，即以摄制电影或者以类似摄制电影的方法将作品固定在载体上的权利。

（10）改编权。改编权，即改编作品以创作出具有独创性的新作品的权利。

（11）翻译权。翻译权，即将作品从一种语言文字转换成另一种语言文字的权利。

（12）汇编权。汇编权，即将作品或者作品的片段通过选择或者编排，汇集成新作品的权利。

（13）应当由著作权人享有的其他权利。

二、著作权的利用和转移

财产权是著作权中的一项重要权利，对它的利用和支配，能够给著作权人带来财产收益。利用和支配的方式主要表现为许可使用、转让和继承。

（一）许可使用

著作权的许可使用是指著作权人将自己所享有的著作权，在一定期限内转移给他人使用，并由此而获得相应的报酬。

许可使用的对象可以是著作权中的一项或者几项权利，也可以是著作权整体，其转移的只是使用权而非所有权。一旦许可使用的期限届满，有关的权利即回归著作权人。

在著作权人和被许可人之间，通过签订著作权许可使用合同，约定双方的权利和义务。

（二）转让

著作权的转让是指著作权人将自己所享有的著作权，以合同的方式永久性地转移给他人所有，并由此获得一定的报酬。

转让的对象可以是著作权中的一项或者两项权利，也可以是著作权整体。转让与许可使用的本质区别在于，转让的标的是所有权，从而使著作权脱离原权利人而归属于他人所有，在通常情况下，著作权的转让是永久性的，一直延续到著作权的保护期届满。

著作权人和受让人通过签订著作权转让合同，约定双方的权利和义务。

（三）继承

著作权的继承是指著作权人死亡后，有关的权利由继承人按照继承法的规定继承。

继承人所继承的是著作权中的财产权利和与财产权利密切相关的发表权，至于精神权利中的署名权、修改权和保护作品完整权，仍然归属于作者所有。同时，继承人在继承财产权利和发表权利的同时，承担起维护作者精神权利的义务。

三、著作权的限制和保护期限

为了协调著作权人的利益和社会公众的利益，解决权利独占和知识共享之间的矛盾，需要对著作权进行必要的限制。对著作权的限制主要体现在对其中财产权利的限制，以及对著作权的保护设定一定的期限。

（一）合理使用

合理使用是指著作权人以外的人在某些情况下使用他人已经发表的作品，即行使依法本属于著作权人享有的权利时，可以不经著作权人的许可，不向其支付报酬，但应当指明作者的姓名、作品的名称，并且不得侵犯著作权人的其他权利。根据我国《著作权法》第 22 条的规定，合理使用的范围和具体方式如下：

（1）为个人学习、研究或者欣赏，使用他人已经发表的作品。

（2）为介绍、评论某一作品或者说明某一问题，在作品中适当引用他人已经发表的作品。

（3）为报道时事新闻，在报纸、期刊、广播电台、电视台等媒体中不可避免地再现或者引用已经发表的作品。

（4）报纸、期刊、广播电台、电视台等媒体刊登或者播放其他报纸、期刊、广播电台、电视台等媒体已经发表的关于政治、经济、宗教问题的时事性文章，但作者声明不许刊登、播放的除外。

（5）报纸、期刊、广播电台、电视台等媒体刊登或者播放在公众集会上发表的讲话，但作者声明不许刊登、播放的除外。

（6）为学校课堂教学或者科学研究，翻译或者少量复制已经发表的作品，供教学或者科研人员使用，但不得出版发行。

（7）国家机关为执行公务在合理范围内使用已经发表的作品。

（8）图书馆、档案馆、纪念馆、博物馆、美术馆等为陈列或者保存版本的需要，复制本馆收藏的作品。

（9）免费表演已经发表的作品，该表演未向公众收取费用，也未向表演者支付报酬。

（10）对设置或者陈列在室外公共场所的艺术作品进行临摹、绘画、摄影、录像。

（11）将中国公民、法人或者其他组织已经发表的以汉语言文字创作的作品翻译成少数民族语言文字作品在国内出版发行。

（12）将已经发表的作品改成盲文出版。

上述对著作权人的权利的限制同样适用于对出版者、表演者、录音录像制作者、广播电台、电视台的权利的限制。

（二）法定许可使用

法定许可使用是指根据法律的直接规定，以某些方式使用他人已经发表的作品可以不经著作权人的许可，但应当向著作权人支付使用费，并尊重著作权人的其他各项人身权利和财产权利。我国《著作权法》规定的法定许可使用有如下方式：

（1）为实施九年制义务教育和国家教育规划而编写出版教科书，除作者事先声明不许使用的外，可以不经著作权人许可，在教科书中汇编已经发表的作品片段或者短小的文字作品、音乐作品或者单幅的美术作品、摄影作品，但应当按照规定支付报酬，指明作者姓名、作品名称，并且不得侵犯著作权人依照本法享有的其他权利。

上述规定同样适用于对出版者、表演者、录音录像制作者、广播电台、电视台的权利的限制。

（2）著作权人向报社、杂志社投稿的，作品刊登后，除著作权人声明不得转载、摘编的外，其他报刊可以转载或者作为文摘、资料刊登，但应当按照规定向著作权人支付报酬。

（3）录音制作者使用他人已经合法录制为录音制品的音乐作品制作录音制品，可以不经著作权人许可，但应当按照规定支付报酬，著作权人声明不许使用的不得使用。

（4）广播电台、电视台播放他人已发表的作品，可以不经著作权人许可，但应当支付报酬。

（5）广播电台、电视台播放已经出版的录音制品，可以不经著作权人许可，但应当支付报酬。当事人另有约定的除外。

（三）强制许可使用

强制许可使用是指在特定条件下，由管理著作权事务的机关根据情况将对已经发表的作品进行特殊使用的权利授予申请获得此项使用权的人，并把授权的依据称为“强制许可证”。因此，本制度又被称为“强制许可证”制度。

《伯尔尼公约》和《世界版权公约》规定了强制许可的对象限于已经发表的作品，申请获得使用权的人应当首先向著作权人请求许可使用，著作权人拒绝授权许可使用以后，才能向政府主管部门申请强制许可。我国《著作权法》没有规定该制度，但我国作为上述两个公约的参加国，适用上述公约关于该制度的规定。

（四）保护期限

1. 不受保护期限限制的权利

作者的署名权、修改权、保护作品完整权的保护期限不受限制。

2. 发表权和财产权利的保护期限

（1）公民的作品，发表权和财产权利的保护期为作者终生及其死亡后50年，截至作者死亡后第50年的12月31日；如果是合作作品，截至最后死亡的作者死亡后第50年的12月31日。

（2）法人或者其他组织的作品、著作权（署名权除外）由法人或者其他组织享有的职务作品，其发表权和财产权利的保护期为50年，截至作品首次发表后第50年的12月31日，但作品自创作完成后50年内未发表的，著作权法不再保护。

（3）电影作品和以类似摄制电影的方法创作的作品、摄影作品，其发表权和财产权利的保护期为50年，截至作品首次发表后第50年的12月31日，但作品自创作完成后50年内未发表的，著作权法不再保护。

四、与著作权有关的行政管理和集体管理

为了保护著作权人的利益和社会公共利益，著作权法中明确规定了著作权的行政管理制度和集体管理制度。

（一）行政管理

国家版权局是我国著作权的行政管理部门，主管全国与著作权有关的工作。各省、自治区、直辖市人民政府的著作权行政管理部门主管本行政区域的著作权管理工作。其主要职责是制定相关行政规章，查处有重大影响著作权侵权案件，批准设立著作权集体管理机构、涉外代理机构和合同纠纷仲裁机构，并监督指导其工作，负责涉外管理，负责国家享有的著作权的管理工作等。

（二）集体管理

随着复制和传播技术的发展，对于作品的使用形式呈现国际化和多样化的趋势，这导致著作权人对于作品被使用的情况难以进行全面的了解、控制和支配。为了保障作者权益，在西方率先产生了著作权的集体管理组织。我国最早的著作权集体管理组织是1992年成立的中国音乐著作权协会。

根据《著作权法》第8条的规定，著作权人和与著作权有关的权利人可以授权著作权集体管理组织行使著作权或者与著作权有关的权利。著作权集体管理组织被授权后，可以以自己的名义为著作权人和与著作权有关的权利人主张权利，并可以作为当事人进行涉及著作权或者与著作权有关的权利的诉讼、仲裁活动。著作权集体管理组织是非营利性组织，国务院《著作权集体管理条例》具体规定了该组织的设立方式、权利义务、著作权许可使用费的收取和分配，以及对其的监督和管理等。

据此规定，著作权集体管理组织与著作权人之间在法律上是信托关系，著作权集体管理组织以自己的名义行使著作权，向使用作品的表演者、商业性使用者收取表演权使用费，再将这些收入按照一定的办法向著作权人分配。

五、著作权的保护

著作权是一种排他性的权利，未经著作权人许可而行使应当由著作权人行使的权利，即构成侵犯著作权。侵犯著作权的方式有直接侵权、间接侵权、违约侵权和仅仅侵犯作者精神权利等。我国《著作权法》列举了具体侵权行为及相应的民事、行政责任，《刑法》规定了相关的著作权犯罪和相应的刑事责任。

（一）侵犯著作权的民事责任

1. 民事侵权行为的表现

《著作权法》第47条列举了构成民事侵权的行为：①未经著作权人许可，发表其作品的；②未经合作作者许可，将与他人合作创作的作品当作自己单独创作的作品发表的；

③没有参加创作，为谋取个人名利，在他人作品上署名的；④歪曲、篡改他人作品的；⑤剽窃他人作品的；⑥未经著作权人许可，以展览、摄制电影和以类似摄制电影的方法使用作品，或者以改编、翻译、注释等方式使用作品的，本法另有规定的除外；⑦使用他人作品，应当支付报酬而未支付的；⑧未经电影作品和以类似摄制电影的方法创作的作品、计算机软件、录音录像制品的著作权人或者与著作权有关的权利人许可，出租其作品或者录音录像制品的，本法另有规定的除外；⑨未经出版者许可，使用其出版的图书、期刊的版式设计的；⑩未经表演者许可，从现场直播或者公开传送其现场表演，或者录制其表演的；⑪其他侵犯著作权以及与著作权有关的权益的行为。

2. 民事责任

上述侵犯著作权的行为，根据情况承担如下民事责任：停止侵害、消除影响和赔礼道歉，赔偿损失。

（二）侵犯著作权的行政责任

1. 行政违法行为的表现

《著作权法》第48条规定，下列行为除了承担民事责任以外，若同时侵犯公众利益的，还需要承担相应的行政责任：①未经著作权人许可，复制、发行、表演、放映、广播、汇编、通过信息网络向公众传播其作品的，本法另有规定的除外；②出版他人享有专有出版权的图书的；③未经表演者许可，复制、发行录有其表演的录音录像制品，或者通过信息网络向公众传播其表演的，本法另有规定的除外；④未经录音录像制作者许可，复制、发行、通过信息网络向公众传播其制作的录音录像制品的，本法另有规定的除外；⑤未经许可，播放或者复制广播、电视的，本法另有规定的除外；⑥未经著作权人或者与著作权有关的权利人许可，故意避开或者破坏权利人为其作品、录音录像制品等采取的保护著作权或者与著作权有关的权利的技术措施的，法律、行政法规另有规定的除外；⑦未经著作权人或者与著作权有关的权利人许可，故意删除或者改变作品、录音录像制品等的权利管理电子信息的，法律、行政法规另有规定的除外；⑧制作、出售假冒他人署名的作品的。

2. 行政责任

对于上述行政违法行为，由著作权行政管理部门责令停止侵权行为，没收违法所得，没收、销毁侵权复制品，并可处以罚款①；情节严重的，著作权行政管理部门还可以没收主要用于制作侵权复制品的材料、工具、设备。

（三）侵犯著作权的刑事责任

我国《刑法》第217条、第218条明确规定了与著作权有关的犯罪及其相应的刑事责任。

1. 侵犯著作权罪

以营利为目的，有下列侵犯著作权情形之一：①未经著作权人许可，复制发行其文字

① 根据我国《著作权法实施条例》第36条的规定，非法经营额5万元以上的，著作权行政管理部门还可处非法经营额1倍以上5倍以下的罚款；没有非法经营额或者非法经营额5元以下的，著作权行政管理部门根据情节轻重，可处25万元以下的罚款。

作品、音乐、电影、电视、录像作品、计算机软件及其他作品的；②出版他人享有专有出版权的图书的；③未经录音录像制作者许可，复制发行其制作的录音录像的；④制作、出售假冒他人署名的美术作品的。违法所得数额较大或者有其他严重情节的，处3年以下有期徒刑或者拘役，并处或者单处罚金；违法所得数额巨大或者有其他特别严重情节的，处3年以上7年以下有期徒刑，并处罚金。

2. 销售侵权复制品罪

以营利为目的，销售明知是上述所列的侵权复制品，违法所得数额巨大的，处3年以下有期徒刑或者拘役，或者单处罚金。

思考与拓展

陈兴良诉数字图书馆侵犯著作权案①

【案情】

原告陈兴良（北京大学法学院教授）因与中国数字图书馆有限责任公司发生著作权侵权纠纷，向北京市海淀区人民法院提起诉讼。中国数字图书馆未经陈兴良同意，将其作品《当代中国刑法新视界》、《刑法适用总论》和《正当防卫论》收录入其数据库。读者付费后即成为该数字图书馆的会员，可以在该网站阅读并下载作品。原告认为，被告的行为侵犯了其信息网络传播权，要求立即停止侵权，赔偿损失；被告辩称，其属于公益性的事业单位，图书馆的性质就是收集图书供人阅读，原告的三部作品都已经公开出版发行，已经出版的作品收入数字图书馆中，有利于三部作品的再次开发利用，不能视为侵权。

【裁判要点】

法院认为，原告陈兴良依法享有其作品的著作权，包括“信息网络传播权”，就证据来看，原告仅允许有关出版社以出版发行的方式将这三部作品固定在纸质上提供给公众。被告数字图书馆未经许可，将其作品列入网站中，对陈兴良在网络空间行使这三部作品的著作权产生影响，侵犯了陈兴良对自己作品享有的信息网络传播权。因而构成民事侵权行为，应当停止侵权，赔偿损失。

【同步实练】

【案情】②

原告于1963年在杭州市工商行政管理局注册登记了“杭州张小泉剪刀厂”的企业名称。被告于1992年8月24日在江宁县工商行政管理局注册登记了“南京张小泉刀具厂”的企业名称。原告杭州张小泉剪刀厂生产的菜刀商标为“张小泉”牌，1989年1月经国家工商行政管理局注册登记，取得“张小泉”商标专用权。被告南京张小泉刀具厂开办以后，未申请使用注册商标，在其菜刀产品厂使用非注册商标“银光牌”，同时被告在该

---

① 中华人民共和国最高人民法院公报，2003（2）.

② 最高人民法院中国应用法学研究所．人民法院案例选（1992—1999年合订本）．北京：中国法制出版社，2000. 479.

产品及其包装盒上刻印有“南京张小泉”和“张小泉”字样。原告认为，被告南京张小泉刀具厂使用“张小泉”作为其企业字号，并在其产品菜刀上刻上“南京张小泉”字样，采用与原告同类产品十分相似的产品包装，其行为侵犯了原告的企业名称权和注册商标专用权，遂于1993年2月向南京市中级人民法院提起诉讼。

【问题】

原告和被告分别于杭州和南京登记了含有“张小泉”字样的企业名称，被告是否侵犯原告的企业名称权？被告在同类产品及其外包装上刻印“张小泉”和“南京张小泉”标识，是否侵犯了原告的“张小泉”注册商标？

【复习思考题】

1. 知识产权具有哪些特征？
2. 专利权人有哪些主要权利？
3. 如何理解申请专利权的条件和程序？
4. 如何理解商标注册的条件和程序？
5. 如何理解著作权的合理使用，法定许可使用和强制许可使用？

【参考文献】

1. 吴汉东等．知识产权基本问题研究．北京：中国人民大学出版社，2005.
2. 蒋志培．著作权新型疑难案件审判实务．北京：法律出版社，2007.
3. 王振清．知识产权经典判例．北京：知识产权出版社，2009.
4. 韩赤风等．中外商标法经典案例．北京：知识产权出版社，2010.
5. 姚欢庆等．知识产权法典型案例．北京：中国人民大学出版社，2003.
6. 最高人民法院应用法学研究所．人民法院案例选（总第41辑）．北京：人民法院出版社，2003.

第八章

税收法律制度

本章提要及学习目标

税法是维护纳税人权益、保障国家税收收入、调控经济与社会活动的法律手段。由于税法调整的对象涉及社会经济活动的各个方面，与国家的整体利益及企业、单位、个人的直接利益有着密切的关系，因此，税法的地位越来越重要。税收是税法产生、存在和发展的基础，是决定税法的性质和内容的主要因素。税收是经济内容，而税法是法律形式。通过本章的学习，你将全面地了解和掌握：税法是调整税收征纳关系的法律规范的总称；税法体系包括规范税收取得依据、取得过程和实施保障的税收实体法、税收程序法以及纳税人权利保护法。

第一节　税法概述

按照经济学的观点，任何由政府向个人或公司强制征收的给付都可以被看成是一种税。[①] 所谓税法，就是以税收法定、税收公平、税收效率和税收诚信等原则为基础，调整税收征纳和管理关系的法律规范的总称。广义的税法包括所有调整税收关系的法律法规和其他规范性法律文件，而狭义的税法仅指权力机关制定或者授权行政机关制定的税收法律。[②] 目前，我国由全国人民代表大会及其常务委员会制定的税法仅有《中华人民共和国个人所得税法》、《中华人民共和国企业所得税法》、《中华人民共和国车船税法》和《中华人民共和国税收征收管理法》（以下简称《个人所得税法》、《企业所得税法》、《车船税法》和《税收征管法》）。根据调整对象的不同，税法可以分为税收实体法和税收程序法。2009年12月，国家税务总局下发《关于纳税人权利与义务的公告》，明确规定了纳税人应当享有的权利。

---

① ［美］维克多·瑟仁伊．比较税法．丁一译．北京：北京大学出版社，2006. 45.

② 立法权限之委托行政机关，在税法上应遵守特定的原则，立法者授权制定命令者，为满足宪法上的要求，必须相当特定，而能够从其法律本身（并非从其所支持的行政命令）即可以认识并且可预测在税捐之可以要求捐税义务人什么，亦即必须税捐义务人借由法律上的规定即可计算自己的税捐债务。立法者必须对于所授权之行政机关设定计划，倘若其授权行政机关对于全部的税上概念加以定义，则其授权即不符合此项要求。陈清秀．税捐法定主义．当代公法理论——翁岳山先生六秩华诞祝寿文集．台北：台湾月旦出版社股份有限公司，1996. 595.

一、税法的概念

无论学习或是研究税法，皆须从界定税法的概念开始。为了推动税法的发展，国内外学术界围绕税法的概念进行了广泛、深入的探讨，从不同的角度、层面对税法作出了多种不尽相同的表述。

（一）国外有关税法概念的几种主要观点

国外学者对于税法的研究历时已久，但至今仍然呈现“百家争鸣、百花齐放”的局面，特别围绕税法概念的观点，一直处于争议和发展之中，其中具有代表性的主要有以下几种：①英国《不列颠百科全书》将税法解释为：“是政府当局凭以要求纳税人将其收入或财产的一部分转移给政府的条例。”[①] ②《牛津法律大辞典》认为，税法是指“有关确定哪些收入、支付或交易应当纳税，以及按什么税率纳税的法律规范的总称”[②]。日本学者金子宏则认为“税法，是关于税收的所有法律规范的总称”。综上所述，第一种定义指出了税收的一个形式特征，即财产权的单向转移性，但它并没有能对作为税法调整对象的“税收关系”作出明确的表述，同时还将征税主体局限于政府[③]。事实上，税收条例仅仅是税法的一种形式而已，而不能涵盖税法的全部。第二种定义指出了税法应当包括征税对象、税率等税收基本要素，其缺陷则未提及税法的本质内容。第三种定义言简意赅，界限清楚，但同样没有清晰地揭示税法的基本内容和性质。

（二）国内有关税法概念的几种主要观点

国内学术界关于税法概念的观点，亦尚无定论，在 20 世纪末具有代表性的观点也有以下几种：①税法是指由国家最高权力机关或其授权的行政机关制定的有关调整国家在筹集财政资金方面所形成的税收关系的法律规范的总称。[④] ②税法是规定国家与纳税人之间在征收和缴纳税款方面的权利、义务关系的法律规范的总称，是国家向纳税人征税的法律依据。③税法是国家制定的各种有关税收活动的法律规范的总称，包括税收法律、法令、条例、税则和制度等。[⑤] 这些定义从不同角度反映了税法概念的内涵与外延，但都存在着一定的片面性，无法全面、科学地反映税法概念的内涵。

（三）我们的观点

我们认为税法的概念可以从以下两个层面作出：概要而论，税法是调整税收关系的法律规范的总称；具体而论，税法是国家制定或者认可的，并由国家强制力保证实施的，体现反映人民最高利益的国家意志，为履行向全体社会成员提供优质公共产品的职能，调整

---

① 不列颠百科全书（第 16 卷）. 北京：中国大百科全书出版社，1999. 472.

② ［英］戴维·M. 沃克. 牛津法律大辞典. 邓正来等译. 北京：光明日报出版社，1988. 790.

③ 从严格的意义上来说，只有“国家”才是唯一的征税主体；从一般意义上说，征税主体的范围又是相当广泛的，不仅仅只是政府。

④ 蔡秀云. 新税法教程. 北京：中国法制出版社，1995. 1.

⑤ 许建国等. 中国税法原理. 武汉：武汉大学出版社，1995. 1 ~ 3.

包括税收分配关系和税收征纳关系在内的税收关系的法律规范的总称。

二、税法的基本原则

税法是我国法律体系中一个重要的部门法，税法原则是构建我国税收法律体系、设定税法规范、调整征纳双方的征纳行为的基本依据和法律准则。从税收法理学的角度分析，我国税法的基本原则应当包括税收法定主义原则、税收效率原则、税收公平原则和税收诚信原则等。

（一）税收法定主义原则

税收法定主义，也称为“税收法定主义”、“税捐法定主义”、“租税法律主义”、“税收法定主义原则”等，对其确切含义，学者们有不同的表述。有的学者认为，“税法课赋和征收必须基于法律的根据进行。换言之，没有法律的根据，国家就不能课赋和征收税收，国民也不得被要求交纳税款。这个原则就是税收法定主义”。它“是有关课税权行使方式的原则”。① 有的学者指出：“税收法定原则是指征税必须有法律依据并且依法征税和纳税。税收法定原则是指有关征税行使方式的原则，是法治原则在税法中的体现。”② 有的学者认为：“国家非根据法律不得核课征收税捐，亦不得要求国民缴纳税捐，而且仅于具体的经济生活事件及行为，可以被涵摄于法律的抽象构成要件前提之下时，国家的税捐债权始可成立。此项原则，即称为税捐法定主义或租税法律主义。”③ 有的学者认为，税收法定主义的基本含义是，税法的各类构成要素都必须且只能由法律予以明确规定，税法主体的权利义务必须由法律加以规定，即征税主体征税必须依且仅依法律的规定，纳税主体纳税必须依且仅依法律的规定纳税；没有法律依据，任何主体不得征税或减税。“有税必法，‘未经立法不得征税’是税收法定原则的经典表达。”④

我们认为，税收法定主义中的“法定”一词，其含义应是狭义的，指的是国家立法机构制定的法律，而不应该是政府制定的“行政法规”和地方立法机关制定的“地方性法规”。税收法定主义原则主要包括税收课征法定、课税要素法定、课税要素明确、税法实施合法和税法违宪审查。所谓税收课征法定原则，主要是指向国民课征任何的税收，包括新征、停征，都必须由国家立法机关依照法定立法程序制定的税法加以规定，行政机关或其他机关无权决定税收的新征或停征。所谓课税要素法定，是指课税的构成要素，如纳税主体、课税对象、课税依据、课税标准、税基、税率以及税收优惠减免或加重事由等，均应当由税法加以规定。所谓课税要素明确原则，是指税法所创设的纳税义务，包括内容、标的、目的以及范围，均应当明白确定、具体详尽，不具模糊性，不致产生歧义，从而使纳税义务人对该项纳税义务的负担具有清晰的可预测性和可计算性。税法实施的合法原则，是指征税机关和纳税人具体的征纳行为必须符合税法的实体和程序规定，特别应从

① 张守文．论税收法定主义．法学研究，1996（6）：58.
② ［日］金子宏．日本税法原理．刘多田等译．北京：中国财政经济出版社，1989. 47.
③ 陈清秀．税捐法定主义．台北：台湾月旦出版社股份有限公司，1993. 587.
④ 张守文．论税收法定主义．法学研究，1996（6）：58.

约束征税机关权力的视角出发，强调征税机关的征税行为，必须严格依照税法的实体要件和程序要件，不得越权或滥用权力。[①] 所谓税法违宪审查原则，是指应站在“合宪性”的高度促进依宪治税。违宪审查制度所代表的宪法司法化的趋势是世界各国实现税收法治的必经之路。

（二）税收公平原则

税法公平原则是贯穿于税收立法、执法和司法全过程的指导性原则，不仅在制定税法时要考虑在税负的合理分配，而且要从税收执法、司法等领域考虑如何保障税收公平得以良好实施的问题，以实现税法从法律条文上的公平，转化成税收现实中的公平；不仅保障纳税主体之间的税负公平的问题，而且要遵循宪法的契约精神和平等原则，在税收法律关系的全部主体——国家、征税机关和纳税主体之间建立一种公平和平等关系。[②]

税法公平原则最基本的含义是税收负担必须根据纳税人的负担能力分配，负担能力相等，税负相同；负担能力不等，税负不同。具体而言，必须做到横向公平与纵向公平。横向公平与纵向公平是辩证统一的关系，一系列不同层次的横向公平组成纵向公平，一系列纵向公平的同一层次则构成横向公平。

横向公平是指纳税能力相同的纳税人应负担相同数额的税收，即同等情况同等税负。如果国家通过课征某税种同等地对于同等条件的人，横向公平虽是一个大多数人都能接受的课税原则，但是要对纳税人之间的福利水平进行比较却是一件困难的事。

纵向公平是指经济条件或纳税能力不同的人，应缴纳不同的税，即不同情况不同税负。换言之，随着纳税人经济条件或纳税能力的升降，其税负也相应增减。一般采用累进税率来满足这种要求。

（三）税收效率原则

美国著名经济学家斯蒂格利茨指出：判断一个良好税收体系的“第一标准是公平，第二个重要标准是效率”[③]。税收效率原则是指政府征税应当有利于资源的有效配置和经济机制的有效运行，提高税务管理的能力，以最小的费用获取最大的税收收入，并利用税收的经济调控作用最大限度地促进经济的发展，或者最大限度地减轻税收对经济发展的妨碍。[④] 税收效率原则包括税收经济效率和税收征管效率两大方面。

1. 税收的经济效率原则

税收的经济效率原则，指税收对整个国民经济运行施加影响的程度。不仅应当观察税收是否有利于促进社会资源的有效配置和保障国民经济的良性运行，还应当检验税收是否中性，能否使社会承受的超额负担最小化，而获得的超额收益却达到最大化，即以最小的税收成本换取最大的经济收益。所谓税收的经济效率，是指国家通过税收制度把数量既定的资源转移给公共部门时，应当尽最大可能地使不同税种对市场经济运行产生不同程度的

---

① 刘剑文．财政税收法（第三版）．北京：法律出版社，2005. 183.

② 刘剑文，李刚．税收法律关系新论．法学研究，1999（4）．

③ ［美］斯蒂格利茨．经济学．郭晓惠等译．北京：中国人民大学出版社，1997. 517.

④ 刘剑文．财政税法学（第三版）．北京：法律出版社，2005. 186.

扭曲，通过偏离帕累托最优（Pareto Optimality）① 而对经济造成福利损失（Welfare Losses）或无谓损失（Deadweight Losses）最小化。

2. 税收征管效率原则

税收征管效率原则，指税收征管的费用是否能够降到最低限度，给国家的实际税收收入最大或给纳税人带来的额外负担最小。税收征管效率原则要求提高税收征纳效率，一方面，税收征管机关应当围绕征税的问题，采用先进的征管手段，厉行节约，注重效率，同时精简税务机构和税务人员，提高征管人员依法征税的自觉性，规范他们的征管行为，严防出现任何以权谋私、假公济私以及渎职现象，从体制机制方面保证节省税收征收开支，尽可能以最小的征税成本取得最大的税收收入。另一方面，也要求尽可能地减少私人因纳税而支付的费用，这就要求税收立法通俗易懂，税制简明扼要，在纳税的时间、地点、方法等具体程序的设计上尽可能简单易行，使纳税人不必花许多的时间、精力和金钱，在税收管理环节上，税收征收管理机关应当提高为纳税人的服务意识，为纳税人的依法纳税提供各项优质服务和便利条件，从而使税收的名义收入（包括税收征纳成本）与实际税收收入（扣除税收征纳成本之后）的差距达到最小的程度。

（四）税收诚信原则

税收诚信原则，亦称税收合作信赖原则，是指在税收征纳的过程中做到依法诚信征税和依法诚信纳税。征税机关在向纳税人征税时，必须首先假定纳税人是诚信纳税人。纳税人在依法履行纳税义务时，也应当信赖征税机关的决定是公正和准确的。税收诚信原则的基本含义有：

1. 税收征纳双方应当是一种信赖与合作关系

税收征纳双方是一种以诚信为基础的等价交换关系。这种信赖与合作关系主要依靠税法来维系，同时辅之以道德、习惯等力量，在税收征纳的过程中做到依法诚信征税和依法诚信纳税。征税机关在向纳税人征税时，必须首先假定纳税人是诚信纳税人，没有充足的依据时，不能对纳税人依法纳税有所怀疑。纳税人在依法履行纳税义务时，也应当信赖征税机关的决定是公正和准确的，可以把征税机关作出的解释和事先裁定作为纳税的根据，而没有必要对征税机关是否依法征税有所怀疑。当然，一旦征税机关的解释或裁定存在错误，致使纳税人少缴税款的事实发生，则纳税人可以不承担任何的法律责任，少缴的税款不必再补缴。② 因此，税收征纳双方的关系同时亦是一种相互合作的关系，而不应该是一种对抗或对立的关系。税务机关有责任向纳税人提供完整的税收信息资料，纳税人应当依照征税机关的决定及时缴纳税款，征纳双方应建立起密切的税收信息联系和沟通渠道。税务机关用行政处罚手段强制征税也是基于征纳双方合作关系，目的是提醒纳税人与税务机关合作自觉纳税。③

---

① 亦称为帕累托效率（Pareto Efficient）、帕累托改进（Pareto Improvement），是博弈论中的重要概念，并且在经济学，工程学和社会科学中有着广泛的应用。帕累托最优是以提出这个概念的意大利经济学家维弗雷多·帕累托（V. Pareto）的名字命名的，维弗雷多·帕累托在他关于经济效率和收入分配的研究中使用了这个概念。

② 关于这一点，许多西方国家税法都有相应的规定，我国税法亦应作出相关的规定。

③ 行政处罚与刑事处分有本质不同，前者仍以合作为目的，后者则是对抗性的。因此，在使用这些手段时必须十分慎重，不能过分。

2. 税收法律关系的成立应当以征纳双方的合意为基础

税收法律关系在实质上是一种公法上的债务关系，是国家对纳税人请求履行税收债务的关系。社会成员承诺以牺牲自己部分的财产为代价，通过纳税来换取对国家提供的公共产品的享用。国家则承诺征好税、用好税，为全体社会成员提供优质高效的公共产品。为了履行自己的承诺和职能，国家就必须按照承诺向纳税人征税，为了保证税收能够足额及时进入国库，国家必须运用强制手段对待个别纳税人的不依法纳税的行为。税收的直接无偿性，是指对于具体的纳税人而言，不管缴纳多少税，不管他比其他纳税人多缴纳多少税，都不能因此而向国家索取特别的对价或给予特殊的待遇，但就纳税人全体而言，税收应该是有对价的，应该是有偿的，实际上纳税人向国家纳税，是因为他们预先享受了国家所提供的公共产品，因而，需要采用税收的形式向国家偿付债务。另外，全体纳税人所纳之税的总量，应当与国家提供公共产品的总量是对等、一致的。可见，税收的直接无偿，实际上就是一种间接有偿。税收的微观无偿，实际上是一种宏观的有偿。征纳双方的这种债务关系虽基于公法而发生，债务发生的具体时间不是依债权债务人达成合意的时间，而是依税法的明文规定。但这种税法的规定，却是以国家与纳税人的契约——双方的合意为基础的。正是在此种意义上，税收法律关系的发生、发展与消亡体现了社会契约理论的精神。

三、税法的体系

税法的体系是指一国现行全部税收法律规范所组成的有机联系的统一整体。由于税法是实体法和程序法相统一的法，其中，实体法构成了主体部分，而程序法则从属于实体法，为实体法的实施提供程序上的保障。因此，税法体系亦应由税收实体法和税收程序法两大组成部分构成。

（一）税收实体法

税收实体法，亦称税收分配法，是指调整征税主体与纳税主体的实体权利义务关系的法律规范的总称。这种征纳主体的实体税收关系可以分为国家与公民纳税人之间税收关系、我国与外国纳税人之间税收关系两个层次，而至于国家内部中央政府与地方政府之间的税收利益分配关系，由于分配主体仅限于中央与地方政府之间，不与纳税主体发生关系，故应当归属税收征收管理领域中的税收权限分配法，不属税收实体法的范畴。税收实体法通过规范具体的税种而得以体现，因而，其主要内容包括商品税法、所得税法、财产税法和行为税法。

1. 商品税法

商品税法，是指调整因商品税的征管和缴纳而发生的社会关系的法律规范的总称。商品税，是以商品（包括劳务）为征税对象的一类税的总称。因商品税的计税依据是商品的流转额，顾名思义，又称流转税。所谓流转额，是指在商品流转中商品销售收入额和经营活动所取得的劳务或业务收入额。目前，我国的商品税法包括《增值税暂行条例》、《消费税暂行条例》、《营业税暂行条例》及其实施细则；《海关进出口税则》、《出口关税条例》以及《海关法》的有关规定等。

2. 所得税法

所得税法是指调整所得税税收关系的法律规范的总称。所得税是以纳税人的所得额或收益额为征税对象的一种税。企业所得税是对企业纯收益征收的税；个人所得税是对个人纯收入征收的税。目前，我国的所得税法包括《个人所得税法》、《企业所得税法》及其实施细则等。

3. 财产税法

财产税法，是指调整财产税关系的法律规范的总称。财产税是以国家规定的纳税人的某些特定财产数量或价值额为征税对象的一种税。财产税包括资源税、房产税、土地税、车船税、契税、遗产税和赠与税等，目前我国尚未开征遗产税和赠与税。我国的财产税法包括《资源税暂行条例》、《城市房地产税暂行条例》、《房产税暂行条例》、《土地使用税暂行条例》、《车船税法》、《契税暂行条例》及其实施细则等。

4. 行为税法

行为税法是指调整行为税关系的法律规范的总称。行为税是以某种特定行为的发生，对行为人加以课税为目的的税。行为税法对某些特定行为课税，用以规范、引导、控制和管理经济行为、消费行为等，从而达到调节和保护经济关系的目的。我国的行为税法包括《印花税暂行条例》、《车辆购置税暂行条例》、《城市维护建设税暂行条例》等。

（二）税收程序法

税收程序法，亦称税收征纳规制法，主要是指规定国家税务机关征税和纳税人纳税的程序方面的法律规范的总称，包括税收征收管理法和税务救济法。我国现行的税收程序法主要是1992年颁布、2013年第二次修正的《中华人民共和国税收征收管理法》和《中华人民共和国税收征收管理法实施细则》等。

税收征收管理法是指调整税收征纳关系的法律规范的总称，而税收征收管理是国家通过法定途径授权政府及其征税机关行使征税权，指导纳税人及其他税务当事人依法履行纳税义务，并对税收活动进行组织、管理、监督和检查等一系列相互联系的活动。税收征收管理法可分为税务登记法、纳税鉴定法、纳税申报法、税款征收法、账务和票证管理法、税务检查法、税务代理法和税务处罚法。

税务救济法是指有关国家机关依法对税务机关实施的具体税收执法行为所造成的不利后果予以消除，以使税收执法相对人受到侵害的合法权益得到补救的过程中所形成的一种救济与被救济的关系的法律规范的总称。从法律的角度看，税收救济是指税收执法相对人的权益受到侵害后的恢复和补救，是为实现纳税人权利救济的一种制度安排。税收救济亦可分为税务行政复议法、税务行政诉讼法和税务行政赔偿法等。

思考与拓展

马斯格雷夫税系理论①

【案情】

1973年美国哈佛大学政治经济学教授理查德·A. 马斯格雷夫和加利福尼亚大学经济学教授皮尔·B. 马斯格雷夫合作撰写了被誉为当代西方财政学理论的代表作《财政理论与实践》，在总结前人研究的基础上，对国家的税收制度结构进行了较为详尽的分析，并提出了独特的税收制度体系理论。

马斯格雷夫夫妇是从调节社会总需求的目的出发，根据市场再生产中的货币流量和流向归类来划分税收体系。将一个国家的税收制度划分为三大体系：①有销售税、消费税、营业税、增值税等属于间接税的税种；②有个人所得税、公司所得税、各种分类所得税、超额利得税、社会保险税等属于直接税的税种；③有财产税、土地税、房屋税、遗产税、赠与税等属于对过去积累的财富所征的直接税的税种。

【思考方向】

马斯格雷夫税系理论的独特性。

【案例分析】

根据马斯格雷夫夫妇的分析，在再生产过程中，货币运动与商品运动互相联系，但是成反向运动的。货币总流量逆着货币流向征税，征税对象为商品价值；顺着货币流向征税，征税对象则为从个人家庭部门和企业部门在社会产品和国民收入分配中取得的各种税收。这种分析方法有一定的科学性，它将征税对象的性质及其货币运动中所处的不同地位结合起来，有助于从宏观的角度对税制的布局加以全面的研究，充分发挥税收在协调商品货币经济中货币与商品之间运动的应有作用。

第二节　商品税法

商品税，也称流转税，是对商品流转额和非商品流转额（提供个人和企业消费的商品和劳务）课征的税种的统称，包括增值税、消费税、营业税和关税等。商品流转额是指在商品生产和经营过程中，由于销售或购进商品而发生的货币金额，即商品销售收入额或购进商品支付的金额。非商品流转额是指非商品生产经营的各种劳务而发生的货币金额，即提供劳务取得的营业服务收入额或取得劳务支付的货币金额。这类税种在一国税收

① 张富强．税法学．北京：法律出版社，2007. 51.

中扮演着重要角色，尤其是在发展中国家。我国增值税属于第一大税种①，一般占税收总收入的30%以上。

一、增值税法

增值税是以商品生产流通和劳务服务环节中的增值额为征税对象的一种流转税。增值额为商品或劳务的收入额扣除非增值因素后的余额。商品生产企业的增值额是活劳动创造的价值扣除流通企业的流通费用以及商业企业的平均利润后的余额，商业企业的增值额是销售价格减去购进价格以及流通费用中属于物化劳动消耗部分后的余额。② 我国的增值税属于消费型增值税，增值税法主要是指1993年12月13日国务院颁布的，并于2008年11月5日修订通过的《中华人民共和国增值税暂行条例》。

（一）纳税人

在我国境内销售货物或者提供加工、修理修配劳务以及进口货物的单位和个人，为增值税的纳税人。境外的单位或者个人在境内提供应税劳务，在境内未设有经营机构的，以其境内代理人为扣缴义务人；在境内没有代理人的，以购买方为扣缴义务人。这里的境内，是指销售货物的起运地或者所在地、提供的应税劳务发生在境内。单位包括企业、行政单位、事业单位、军事单位、社会团体及其他单位，个人包括了个体工商户。单位租赁或者承包给其他单位或者个人经营的，以承租人或者承包人为纳税人。

根据经营性质或规模的不同，我国增值税纳税人分为一般纳税人和小规模纳税人，二者在税率适用、税款征收等存在较大的差异。从事货物生产或者提供应税劳务的纳税人，以及以从事货物生产或者提供应税劳务为主（年货物生产或者提供应税劳务的销售额占年应税销售额的比重在50%以上），并兼营货物批发或者零售的纳税人，年应税销售额在50万元以下（含本数）的为小规模纳税人；除此之外的纳税人（主要是商业企业），年应税销售额在80万元以下的，也属于小规模纳税人。小规模纳税人以外的纳税人应当向主管税务机关申请资格认定。

（二）征税范围

增值税的征税范围是我国境内销售货物或者提供加工、修理修配劳务以及进口货物，其中，货物是指有形动产，包括电力、热力、气体在内。下列行为视同销售货物：①将货物交付其他单位或者个人代销；②销售代销货物；③设有两个以上机构并实行统一核算的纳税人，将货物从一个机构移送其他机构用于销售，但相关机构设在同一县（市）的除外；④将自产或者委托加工的货物用于非增值税应税项目；⑤将自产、委托加工的货物用于集体福利或者个人消费；⑥自产、委托加工或者购进的货物作为投资，提供给其他单位

---

① 正如国际知名的增值税专家爱伦·泰特所言，增值税的兴起堪称税收史上的一绝，没有别的任何税种能像增值税那样，在短短三十年作用的时间里，从理论到实践横扫世界，使许多原先对其抱怀疑态度的学者们回心转意，令不少本来将其拒之于门外的国家改弦更张。[美] 爱伦·A. 泰特. 增值税：国际实践和问题. 国家税务局税收科学研究所译. 北京：中国财政经济出版社，1992. 4.

② 刘剑文. 财政税收法（第二版）. 北京：法律出版社，2003. 213.

或者个体工商户；⑦将自产、委托加工或者购进的货物分配给股东或者投资者；⑧将自产、委托加工或者购进的货物无偿赠送其他单位或者个人。

（三）税率和征收率

增值税税率适用于一般纳税人，征收率适用于小规模纳税人。增值税的一般税率为17%，优惠税率为13%，适用于：①粮食、食用植物油；②自来水、暖气、冷气、热水、煤气、石油液化气、天然气、沼气、居民用煤炭制品；③图书、报纸、杂志；④饲料、化肥、农药、农机、农膜；⑤国务院规定的其他货物。出口货物的税率为零，但国务院另有规定的除外。小规模纳税人的征收率为3%。

对于增值税个人纳税人，还有起征点的规定：①销售货物的，为月销售额5 000～20 000元；②销售应税劳务的，为月销售额5 000～20 000元；③按次纳税的，为每次（日）销售额300～500元。

下列项目免征增值税：①农业生产者销售的自产农产品；②避孕药品和用具；③古旧图书；④直接用于科学研究、科学试验和教学的进口仪器、设备；⑤外国政府、国际组织无偿援助的进口物资和设备；⑥由残疾人的组织直接进口供残疾人专用的物品；⑦销售自己使用过的物品。

（四）计税方法

对于一般纳税人，其销售货物或者提供应税劳务，应纳税额为当期销项税额抵扣当期进项税额后的余额，计算公式为：应纳税额＝当期销项税额－当期进项税额。

1. 销项税额

当期销项税额小于当期进项税额不足抵扣时，其不足部分可以结转到下期继续抵扣。其中，销项税额＝销售额×税率。销售额为纳税人销售货物或者应税劳务向购买方收取的全部价款和价外费用，但不包括收取的销项税额。其中，价外费用包括价外向购买方收取的手续费、补贴、基金、集资费、返还利润、奖励费、违约金、滞纳金、延期付款利息、赔偿金、代收款项、代垫款项、包装费、包装物租金、储备费、优质费、运输装卸费以及其他各种性质的价外收费。纳税人销售货物或者应税劳务的价格明显偏低并无正当理由的，由主管税务机关核定其销售额。

2. 可以抵扣的进项税额

纳税人购进货物或者接受应税劳务支付或者负担的增值税额，为进项税额。准予抵扣的进项税额包括从销售方取得的增值税专用发票上注明的增值税额；从海关取得的海关进口增值税专用缴款书上注明的增值税额；购进农产品，除取得增值税专用发票或者海关进口增值税专用缴款书外，按照农产品收购发票或者销售发票上注明的农产品买价和13%的扣除率计算的进项税额；购进或者销售货物以及在生产经营过程中支付运输费用的，按照运输费用结算单据上注明的运输费用金额和7%的扣除率计算进项税额。

3. 不得抵扣的进项税额

不得抵扣的进项税额包括用于非增值税应税项目、免征增值税项目、集体福利或者个人消费的购进货物或者应税劳务；非正常损失的购进货物及相关的应税劳务；非正常损失的在产品、产成品所耗用的购进货物或者应税劳务；国务院财政、税务主管部门规定的纳税人自用消费品；以上货物的运输费用和销售免税货物的运输费用。对于小规模纳税人，实行按照销售额和征收率计算应纳税额的简易办法，并不得抵扣进项税额。应纳税额计算公式：应纳税额 = 销售额 × 征收率。纳税人进口货物，按照组成计税价格和税率计算应纳税额。组成计税价格和应纳税额计算公式：组成计税价格 = 关税完税价格 + 关税 + 消费税；应纳税额 = 组成计税价格 × 税率。

二、消费税法

消费税是对商品消费流转额征收的一种流转税，分为一般消费税和特别消费税，一般消费税就是对消费品普遍征收的一种税，如美国，特别消费税只对特定的消费品征税，我国即是如此。消费税对于引导消费，宏观调控都具有重要作用。现行的消费税法主要是指1993 年12 月13 日国务院颁布的，并于2008 年11 月5 日修订通过的《中华人民共和国消费税暂行条例》。

（一）纳税人

在我国境内生产、委托加工和进口应税消费品的单位和个人为消费税纳税人。境内是指生产、委托加工和进口应税消费品的起运地或者所在地在境内。委托加工的应税消费品，除受托方为个人外，由受托方在向委托方交货时代收代缴税款。

（二）税目和税率

我国消费税共设置了 14 个税目，具体包括：①烟，包括卷烟、雪茄烟（25% 的税率）和烟丝（30% 的税率），卷烟又分甲类卷烟和乙类卷烟，实行从量从价的复合计征，甲类卷烟 45% 的税率加 0. 003 元/支，乙类卷烟 30% 的税率加 0. 003 元/支。②酒及酒精，包括白酒、黄酒（240 元/吨）、啤酒（甲类啤酒 250 元/吨、乙类啤酒 220 元/吨）、其他酒（10% 的税率）和酒精（5% 的税率），其中，白酒实行复合计征，20% 的税率加 0. 5 元/500 克（或者 500 毫升）。③化妆品，税率 30%。④贵重首饰及珠宝玉石，其中，金银首饰、铂金首饰和钻石及钻石饰品税率 5%，其他贵重首饰和珠宝玉石税率 10%。⑤鞭炮、焰火，税率 15%。⑥成品油，包括汽油、柴油、航空煤油、石脑油、溶剂油、润滑油和燃料油，从量计征 0. 1 ~ 0. 28 元/升不等。⑦汽车轮胎，税率 3%。⑧摩托车，根据气缸容量，分为 3% 和 10% 两档税率。⑨小汽车，分为乘用车和中轻型商用客车（5% 的税率），乘用车根据气缸容量，税率在 1% ~ 40% 不等。⑩高尔夫球及球具，税率 10%。⑪高档手表，税率 20%。⑫游艇，税率 10%。⑬木制一次性筷子，税率 5%。⑭实木地板，税率 5%。对纳税人出口应税消费品，免征消费税，但国务院另有规定的除外。

（三）计税方法

消费税实行从价定率、从量定额，或者从价定率和从量定额复合计税的办法计算应纳税额。应纳税额计算公式：实行从价定率办法计算的应纳税额 = 销售额 × 比例税率；实行从量定额办法计算的应纳税额 = 销售数量 × 定额税率；实行复合计税办法计算的应纳税额 = 销售额 × 比例税率 + 销售数量 × 定额税率。销售额为纳税人销售应税消费品向购买方收取的全部价款和价外费用。纳税人生产的应税消费品，于纳税人销售时纳税。纳税人自产自用和委托加工的应税消费品，用于连续生产应税消费品的，不纳税；用于其他方面的，如生产非应税消费品、在建工程、管理部门、非生产机构、提供劳务、馈赠、赞助、集资、广告、样品、职工福利、奖励等，在移送使用时纳税。

三、营业税法

营业税是对商品销售和服务业务的营业收入征收的一种流转税。我国营业税法主要是指1993年12月13日国务院颁布的，并于2008年11月5日修订通过的《中华人民共和国营业税暂行条例》。

（一）纳税人

在我国境内提供应税劳务、转让无形资产或者销售不动产的单位和个人，为营业税的纳税人。境内是指提供或者接受应税劳务的单位或者个人在境内；所转让的无形资产（不含土地使用权）的接受单位或者个人在境内；所转让或者出租土地使用权的土地在境内；所销售或者出租的不动产在境内。境外的单位或者个人在境内提供应税劳务、转让无形资产或者销售不动产，在境内未设有经营机构的，以其境内代理人为扣缴义务人；在境内没有代理人的，以受让方或者购买方为扣缴义务人。

单位以承包、承租、挂靠方式经营的，承包人、承租人、挂靠人（以下统称承包人）发生应税行为，承包人以发包人、出租人、被挂靠人（以下统称发包人）名义对外经营并由发包人承担相关法律责任的，以发包人为纳税人；否则以承包人为纳税人。

（二）征税范围

营业税的征税范围包括以下九个方面：①交通运输业；②建筑业；③金融保险业；④邮电通信业；⑤文化体育业；⑥娱乐业；⑦服务业；⑧转让无形资产；⑨销售不动产。纳税人有下列情形之一的，视同发生应税行为：①单位或者个人将不动产或者土地使用权无偿赠送其他单位或者个人；②单位或者个人自己新建（以下简称自建）建筑物后销售，其所发生的自建行为；③财政部、国家税务总局规定的其他情形。

（三）税率

营业税实行比例税率，交通运输业、建筑业、邮电通信业和文化体育业的税率为3%，金融保险业、服务业、转让无形资产和销售不动产的税率为5%，娱乐业的税率为5%~20%，具体适用的税率，由省级政府在此幅度内决定，自2001年5月1日起，歌厅、舞厅、卡拉OK歌舞厅（包括夜总会、练歌房）、音乐茶座（包括酒吧）、台球、高尔夫球、保龄球、游艺（如射击、狩猎、跑马、游戏机、蹦极、卡丁车、热气球、动力伞、射箭、飞镖等）营业税税率统一定为20%。

下列项目免征营业税：①托儿所、幼儿园、养老院、残疾人福利机构提供的育养服务，婚姻介绍，殡葬服务；②残疾人员个人提供的劳务；③医院、诊所和其他医疗机构提供的医疗服务；④学校和其他教育机构提供的教育劳务，学生勤工俭学提供的劳务；⑤农业机耕、排灌、病虫害防治、植物保护、农牧保险以及相关技术培训业务，家禽、牲畜、水生动物的配种和疾病防治；⑥纪念馆、博物馆、文化馆、文物保护单位管理机构、美术馆、展览馆、书画院、图书馆举办文化活动的门票收入，宗教场所举办文化、宗教活动的门票收入；⑦境内保险机构为出口货物提供的保险产品。

（四）计税方法

纳税人按照营业额和规定的税率计算应纳税额。应纳税额计算公式：应纳税额 = 营业额 × 税率。营业额包括收取的全部价款和价外费用，另有规定的除外。打折销售的，如果将价款与折扣额在同一张发票上注明的，以折扣后的价款为营业额。对于营业税个人纳税人，还有起征点的规定：①按期纳税的，为月营业额 5 000 ~ 20 000 元；②按次纳税的，为每次（日）营业额 300 ~ 500 元。

思考与拓展

营业税改征增值税试点方案[①]

【案情】

根据党的十七届五中全会精神，按照《中华人民共和国国民经济和社会发展第十二个五年规划纲要》确定的税制改革目标和 2011 年《政府工作报告》的要求，制定本方案。

一、指导思想和基本原则

（一）指导思想

建立健全有利于科学发展的税收制度，促进经济结构调整，支持现代服务业发展。

（二）基本原则

（1）统筹设计、分步实施。正确处理改革、发展、稳定的关系，统筹兼顾经济社会发展要求，结合全面推行改革需要和当前实际，科学设计，稳步推进。

（2）规范税制、合理负担。在保证增值税规范运行的前提下，根据财政承受能力和不同行业发展特点，合理设置税制要素，改革试点行业总体税负不增加或略有下降，基本消除重复征税。

（3）全面协调、平稳过渡。妥善处理试点前后增值税与营业税政策的衔接、试点纳税人与非试点纳税人税制的协调，建立健全适应第三产业发展的增值税管理体系，确保改革试点有序运行。

二、改革试点的主要内容

（一）改革试点的范围与时间

（1）试点地区。综合考虑服务业发展状况、财政承受能力、征管基础条件等因素，优先选择经济辐射效应明显、改革示范作用较强的地区开展试点。

（2）试点行业。试点地区先在交通运输业、部分现代服务业等生产性服务业开展试点，逐步推广至其他行业。条件成熟时，可选择部分行业在全国范围内进行全行业试点。

---

① 国家税务总局网，http：//www. chinatax. gov. cn/n8136506/n8136593/n8137537/n8138502/11735466. html.

（3）试点时间。2012 年 1 月 1 日开始试点，并根据情况及时完善方案，择机扩大试点范围。

（二）改革试点的主要税制安排

（1）税率。在现行增值税 17% 标准税率和 13% 低税率基础上，新增 11% 和 6% 两档低税率。租赁有形动产等适用 17% 税率，交通运输业、建筑业等适用 11% 税率，其他部分现代服务业适用 6% 税率。

（2）计税方式。交通运输业、建筑业、邮电通信业、现代服务业、文化体育业、销售不动产和转让无形资产，原则上适用增值税一般计税方法。金融保险业和生活性服务业，原则上适用增值税简易计税方法。

（3）计税依据。纳税人计税依据原则上为发生应税交易取得的全部收入。对一些存在大量代收转付或代垫资金的行业，其代收代垫金额可予以合理扣除。

（4）服务贸易进出口。服务贸易进口在国内环节征收增值税，出口实行零税率或免税制度。

（三）改革试点期间过渡性政策安排

（1）税收收入归属。试点期间保持现行财政体制基本稳定，原归属试点地区的营业税收入，改征增值税后收入仍归属试点地区，税款分别入库。因试点产生的财政减收，按现行财政体制由中央和地方分别负担。

（2）税收优惠政策过渡。国家给予试点行业的原营业税优惠政策可以延续，但对于通过改革能够解决重复征税问题的，予以取消。试点期间针对具体情况采取适当的过渡政策。

（3）跨地区税种协调。试点纳税人以机构所在地作为增值税纳税地点，其在异地缴纳的营业税，允许在计算缴纳增值税时抵减。非试点纳税人在试点地区从事经营活动的，继续按照现行营业税有关规定申报缴纳营业税。

（4）增值税抵扣政策的衔接。现有增值税纳税人向试点纳税人购买服务取得的增值税专用发票，可按现行规定抵扣进项税额。

三、组织实施

（1）财政部和国家税务总局根据本方案制定具体实施办法、相关政策和预算管理及缴库规定，做好政策宣传和解释工作。经国务院同意，选择确定试点地区和行业。

（2）营业税改征的增值税，由国家税务局负责征管。国家税务总局负责制定改革试点的征管办法，扩展增值税管理信息系统和税收征管信息系统，设计并统一印制货物运输业增值税专用发票，全面做好相关征管准备和实施工作。

【思考方向】

为什么要将征收营业税的行业改征增值税？这一重大税制改革对经济社会发展有哪些积极作用？

【案例分析】

增值税自 1954 年在法国开征以来，因其有效地解决了传统销售税的重复征税问题，迅速被世界其他国家采用。目前已有 170 多个国家和地区开征了增值税，征税范围大多覆盖货物和劳务。我国于1979年引入增值税，最初仅在襄樊、上海、柳州等城市的机器机械等5类货物试行。1984年国务院发布增值税条例（草案），在全国范围内对机器机械、汽车、钢材等12类货物征收增值税。1994年税制改革的，将增值税征税范围扩大到所有货物和加工修理修配劳务，对其他劳务、无形资产和不动产征收营业税。2009年，为了鼓励投资，促进技术进步，在地区试点的基础上，全面实施增值税转型改革，将机器设备纳入增值税抵扣范围。当前，我国正处于加快转变经济发展方式的攻坚时期，大力发展第三产业，尤其是现代服务业，对推进经济结构调整和提高国家综合实力具有重要意义。按照建立健全有利于科学发展的财税制度的要求，将营业税改征增值税，有利于完善税制，消除重复征税；有利于社会专业化分工，促进三类产业融合；有利于降低企业税收成本，增强企业发展能力；有利于优化投资、消费和出口结构，促进国民经济健康协调发展。

第三节　所得税法

所得税，又称收益税，是以纳税人的所得额或者收入额为征税对象的一类税收，主要包括个人所得税和企业所得税。因为其具有直接调节纳税人收入、税负感强、收入稳定等优点，在世界上得到普遍开征，在很多发达国家，所得税是第一大税种，而在我国，企业所得税是第二大税种，个人所得税所占比例比较少。

一、个人所得税法

个人所得税是指对自然人取得的各项应税所得征收的一种税。我国《个人所得税法》由第五届全国人大第三次会议于1980年通过，先后经过六次修正，第六次修正是根据2011年6月30日第十一届全国人民代表大会常务委员会第二十一次会议《关于修改〈中华人民共和国个人所得税法〉的决定》，将个人所得税的起征点由原来的2 000元提高到3 500元。随着我国居民收入的不断提高，个人所得税与居民生活也发生着越来越紧密的联系。

（一）纳税人

个人所得税纳税人分为居民纳税人和非居民纳税人。在我国境内有住所，或者无住所而在境内居住满1年的个人，从我国境内和境外取得所得，为居民纳税人，就其境内外全部所得纳税；在我国境内无住所又不居住或者无住所而在境内居住不满一年的个人，从我国境内取得所得，为非居民纳税人，就其境内所得纳税。

（二）征税范围

个人所得税的征税范围包括：①工资、薪金所得；②个体工商户的生产、经营所得；③对企事业单位的承包经营、承租经营所得；④劳务报酬所得；⑤稿酬所得；⑥特许权使用费所得；⑦利息、股息、红利所得；⑧财产租赁所得；⑨财产转让所得；⑩偶然所得；

⑪经国务院财政部门确定征税的其他所得。

（三）税率

个人所得税的税率包括比例税率和超额累进税率：①工资、薪金所得，适用3% ~45%的超额累进税率。②个体工商户的生产、经营所得和对企事业单位的承包经营、承租经营所得，适用5% ~35%的超额累进税率。③稿酬所得，适用20%的比例税率，并按应纳税额减征30%。④劳务报酬所得，适用20%的比例税率。对一次取得劳务报酬，其应纳税所得额超过2万元的，对前款应纳税所得额超过2万元至5万元的部分，依照税法规定计算应纳税额后再按照应纳税额加征五成；超过5万元的部分，加征十成。⑤特许权使用费所得，利息、股息、红利所得，财产租赁所得，财产转让所得，偶然所得和其他所得，适用20%的比例税率。

下列项目免征个人所得税：①省级人民政府、国务院部委和中国人民解放军军以上单位，以及外国组织、国际组织颁发的科学、教育、技术、文化、卫生、体育、环境保护等方面的奖金；②国债和国家发行的金融债券利息；③按照国家统一规定发给的补贴、津贴；④福利费、抚恤金、救济金；⑤保险赔款；⑥军人的转业费、复员费；⑦按照国家统一规定发给干部、职工的安家费、退职费、退休工资、离休工资、离休生活补助费；⑧依照我国有关法律规定应予免税的各国驻华使馆、领事馆的外交代表、领事官员和其他人员的所得；⑨中国政府参加的国际公约、签订的协议中规定免税的所得；⑩经国务院财政部门批准免税的所得。

下列项目减征个人所得税：①残疾、孤老人员和烈属的所得；②因严重自然灾害造成重大损失的；③其他经国务院财政部门批准减税的。

（四）计税方法

根据不同的征税项目，个人所得税的计税方法为：①工资、薪金所得，以每月收入额减除费用3 500元后的余额，为应纳税所得额。②个体工商户的生产、经营所得，以每一纳税年度的收入总额，减除成本、费用以及损失后的余额，为应纳税所得额。③对企事业单位的承包经营、承租经营所得，以每一纳税年度的收入总额，减除必要费用后的余额，为应纳税所得额。④劳务报酬所得、稿酬所得、特许权使用费所得、财产租赁所得，每次收入不超过4 000元的，减除费用800元；4000元以上的，减除20%的费用，其余额为应纳税所得额。⑤财产转让所得，以转让财产的收入额减除财产原值和合理费用后的余额，为应纳税所得额。⑥利息、股息、红利所得，偶然所得和其他所得，以每次收入额为应纳税所得额。个人将其所得对教育事业和其他公益事业捐赠的部分，按照国务院有关规定从应纳税所得中扣除。

对在中国境内无住所而在中国境内取得工资、薪金所得的纳税义务人和在中国境内有住所而在中国境外取得工资、薪金所得的纳税义务人，可以根据其平均收入水平、生活水平以及汇率变化情况确定附加减除费用，附加减除费用适用的范围和标准由国务院规定。纳税义务人从中国境外取得的所得，准予其在应纳税额中扣除已在境外缴纳的个人所得税税额。但扣除额不得超过该纳税义务人境外所得依照本法规定计算的应纳税额。

（五）纳税申报

个人所得税，以所得人为纳税义务人，以支付所得作为单位或者个人的扣缴义务人。个人年所得 12 万元以上的，从中国境内两处或者两处以上地方取得工资、薪金所得的，从中国境外取得所得的或者取得应税所得，没有扣缴纳税义务人的，以及具有国务院规定的其他情形的，纳税义务人应当按照国家规定办理纳税申报。扣缴义务人应当按照国家规定办理全员全额扣缴申报。

二、企业所得税法

企业所得税，是指对企业取得的各项应税所得征收的一种税。企业所得税是我国第二大税种，一般占税收总收入的 20% 以上。我国《企业所得税法》由第十届全国人大第五次会议于 2007 年 3 月 16 日通过。

（一）纳税人

与个人所得税一样，企业所得税的纳税人也分为居民企业纳税人和非居民企业纳税人。居民企业是指依法在中国境内成立，或者依照外国（地区）法律成立但实际管理机构在中国境内的企业；非居民企业是指依照外国（地区）法律成立且实际管理机构不在中国境内，但在中国境内设立机构、场所的，或者在中国境内未设立机构、场所，但有来源于中国境内所得的企业。

（二）应纳税的所得额

企业应纳税的所得额包括：①销售货物收入；②提供劳务收入；③转让财产收入；④股息、红利等权益性投资收益；⑤利息收入；⑥租金收入；⑦特许权使用费收入；⑧接受捐赠收入；⑨其他收入。

下列收入为不征税收入：①财政拨款；②依法收取并纳入财政管理的行政事业性收费、政府性基金；③国务院规定的其他不征税收入。

企业实际发生的与取得收入有关的、合理的支出，包括成本、费用、税金、损失和其他支出，准予在计算应纳税所得额时扣除。企业发生的公益性捐赠支出，在年度利润总额 12% 以内的部分，准予在计算应纳税所得额时扣除。企业按照规定计算的固定资产折旧、无形资产摊销费用和长期待摊费用，准予扣除。但下列支出不得扣除：①向投资者支付的股息、红利等权益性投资收益款项；②企业所得税税款；③税收滞纳金；④罚金、罚款和被没收财物的损失；⑤本法第 9 条规定以外的捐赠支出；⑥赞助支出；⑦未经核定的准备金支出；⑧与取得收入无关的其他支出。

（三）应纳税额

企业的应纳税所得额乘以适用税率减除法定减免和抵免的税额后的余额为应纳税额。企业所得税的税率为 25%，非居民企业适用税率为 20%（实际按 10% 征收）。企业已在境外缴纳的所得税税额，可以从其当期应纳税额中抵免，抵免限额为该项所得依照《企业所得税法》规定计算的应纳税额；超过抵免限额的部分，可以在以后 5 个年度内，用每年度抵免限额抵免当年应抵税额后的余额进行抵补。居民企业从其直接或者间接控制的外国企业分得的来源于中国境外的股息、红利等权益性投资收益，外国企业在境外实际缴纳的所得税税额中属于该项所得负担的部分，可以作为该居民企业的可抵免境外所得税税额。

（四）税收优惠

《企业所得税法》规定了一系列的税收优惠措施，有税率式优惠，如符合条件的小型微利企业，减按 20% 的税率征收企业所得税；国家需要重点扶持的高新技术企业，减按 15% 的税率征收企业所得税。还有税基式优惠，如企业的免税收入：①国债利息收入；②符合条件的居民企业之间的股息、红利等权益性投资收益；③在中国境内设立机构、场所的非居民企业从居民企业取得与该机构、场所有实际联系的股息、红利等权益性投资收益；④符合条件的非营利性组织的收入。另外，企业的下列所得，可以免征、减征企业所得税：①从事农、林、牧、渔业项目的所得；②从事国家重点扶持的公共基础设施项目投资经营的所得；③从事符合条件的环境保护、节能节水项目的所得；④符合条件的技术转让所得；⑤非居民企业所得。在科技创新、节能环保、民族自治等方面也规定了相应的税收优惠。

思考与拓展

自然人居民身份的确认①

【案情】

自然人身份的确认不仅直接影响纳税人的纳税义务，而且对各国的税收管辖权直接产生影响，历来是个人所得税法和国际税法的重要内容。但是，国际上并没有对居民身份包括自然人居民身份的确认形成公认的统一规则。

【思考方向】

（1）国际上对于自然人居民身份确认的标准。

（2）我国对于自然人居民身份确认的标准。

【案例分析】

国际上的主要确认标准有住所标准（Domicile Criterion）、居所标准（Residence Criterion）、居住时间标准（The Criterion of Resident Period）、国籍标准（Citizen Criterion）和意愿标准（Will Criterion）。从当前各国税法的规定看，很少有国家仅采用一种标准，多数国家同时采用住所（或居所）标准和居住时间标准，纳税人只要满足其中一个标准即被视为该国居民，我国采用的就是这种标准。还有一些国家采用多种标准，从而进一步

---

① 徐孟洲．税法原理．北京：中国人民大学出版社，2008. 206.

扩大了居民范围。如意大利规定居民纳税人的标准是：在意大利有居民户口登记；在意大利有经济利益中心；1年内在意大利停留达到183天；居住在国外，但为意大利国家结构和公营单位服务。意大利著名歌王帕瓦罗蒂于1983年正式迁居并成为摩纳哥合法居民。但意大利财政部认为，虽然从户口和居住时间看，帕瓦罗蒂不能构成意大利居民，但他在意大利有高达数百亿里拉的财产，足以证明其经济利益中心在意大利，构成意大利居民，应就其世界范围所得向意大利缴税。①

第四节　财产税法

财产税，是以纳税人拥有和归其支配的由法律规定的特定财产为征税对象的一类税收，主要包括资源税、房产税、契税、车船税、土地增值税、城镇土地使用税等。由于它具有独特的财产调节作用，因此被广泛采用，是地方财政收入的重要来源。

一、资源税法

资源税是对在我国境内开采应税矿产品或者生产盐为征税对象的一种税。我国资源税法主要是指1993年12月25日中华人民共和国国务院令第139号发布，根据2011年9月30日《国务院关于修改〈中华人民共和国资源税暂行条例〉的决定》修订，自2011年11月1日起施行的《中华人民共和国资源税暂行条例》。根据条例，单位和个人均可作为纳税人，其中，收购未税矿产品的单位为资源税的扣缴义务人。资源税的征税范围包括原油、天然气、煤炭、其他非金属矿原矿、黑色金属矿原矿、有色金属矿原矿和盐七类。对于财政部未列举名称且未确定具体适用税率的其他非金属矿原矿和有色金属矿原矿，由省、自治区、直辖市人民政府根据实际情况确定，报财政部和国家税务总局备案。资源税的税目、税率，依照《资源税税目税率表》及财政部的有关规定执行。税目、税率的部分调整，由国务院决定。资源税的应纳税额，按照从价定率或者从量定额的办法，分别以应税产品的销售额乘以纳税人具体适用的比例税率或者以应税产品的销售数量乘以纳税人具体适用的定额税率计算。纳税人开采或者生产不同税目应税产品的，应当分别核算不同税目应税产品的销售额或者销售数量；未分别核算或者不能准确提供不同税目应税产品的销售额或者销售数量的，从高适用税率。纳税人开采或者生产应税产品，自用于连续生产应税产品的，不缴纳资源税；自用于其他方面的，视同销售，需缴纳资源税。

有下列情形之一的，减征或者免征资源税：①开采原油过程中用于加热、修井的原油，免税。②纳税人开采或者生产应税产品过程中，因意外事故或者自然灾害等原因遭受重大损失的，由省、自治区、直辖市人民政府酌情决定减税或者免税。③国务院规定的其他减税、免税项目。

---

① 刘剑文．国际税法学（第2版）．北京：北京大学出版社，2004. 76 ~ 80.

二、房产税法

房产税是以房屋为征税对象，按房屋的计税余值或租金收入为计税依据，向产权所有人征收的一种财产税。我国房产税法主要是指 1986 年 9 月 15 日国务院颁布的《中华人民共和国房产税暂行条例》，根据条例，房产税在城市、县城、建制镇和工矿区征收。房产税由产权所有人缴纳。产权属于全民所有的，由经营管理的单位缴纳。产权出典的，由承典人缴纳。产权所有人、承典人不在房产所在地的，或者产权未确定及租典纠纷未解决的，由房产代管人或者使用人缴纳。房产税实行比例税率，依照房产原值一次减除 10% ~30% 后的余值计算缴纳，税率为 1.2%。房产出租的，以房产租金收入为房产税的计税依据，税率为 12%。

下列房产免纳房产税：①国家机关、人民团体、军队自用的房产；②由国家财政部门拨付事业经费的单位自用的房产；③宗教寺庙、公园、名胜古迹自用的房产；④个人所有非营业用的房产；⑤经财政部批准免税的其他房产。

三、土地增值税法

土地增值税是对转让国有土地使用权、地上建筑物及其附着物而取得的增值额进行征税的一种财产税。我国土地增值税法主要是指 1993 年 12 月 13 日国务院颁布的《中华人民共和国土地增值税暂行条例》，根据条例，纳税人转让房地产所取得的收入减除规定的扣除项目金额后的余额为增值额，扣除项目包括：①取得土地使用权所支付的金额；②开发土地的成本、费用；③新建房及配套设施的成本、费用，或者旧房及建筑物的评估价格；④与转让房地产有关的税金；⑤财政部规定的其他扣除项目。土地增值税依据增值率（增值额/扣除项目金额）实行 30% ~60% 四级超率累进税率。

有下列情形之一的，免征土地增值税：①纳税人建造普通标准住宅出售，增值额未超过扣除项目金额 20% 的；②因国家建设需要依法征用、收回的房地产。

四、契税法

契税是境内土地、房屋权属发生转移时向其承受者征收的一种税。我国契税法主要是指 1997 年 7 月 7 日国务院颁布的《中华人民共和国契税暂行条例》，根据条例，契税的征税范围包括：①国有土地使用权出让；②土地使用权转让，包括出售、赠与和交换；③房屋买卖；④房屋赠与；⑤房屋交换。契税实行 3% ~5% 的比例税率。计税依据为：①国有土地使用权出让、土地使用权出售、房屋买卖，为成交价格；②土地使用权赠与、房屋赠与，由征收机关参照土地使用权出售、房屋买卖的市场价格核定；③土地使用权交换、房屋交换，为所交换的土地使用权、房屋的价格的差额。

有下列情形之一的，减征或者免征契税：①国家机关、事业单位、社会团体、军事单位承受土地、房屋用于办公、教学、医疗、科研和军事设施的，免征；②城镇职工按规定第一次购买公有住房的，免征；③因不可抗力灭失住房而重新购买住房的，酌情准予减征或者免征；④财政部规定的其他减征、免征契税的项目。

五、车船税法

车船税指对境内应税车辆、船舶按照规定的计税依据和年税额标准计算征收的一种财产税。我国车船税法主要是指2011年2月25日由中华人民共和国第十一届全国人民代表大会常务委员会第十九次会议通过，自2012年1月1日起施行的《中华人民共和国车船税法》。根据该法的规定，在我国境内属于《车船税税目税额表》规定的车辆、船舶（以下简称车船）的所有人或者管理人，为车船税的纳税人，应当缴纳车船税。车船的适用税额依照《车船税税目税额表》执行。车辆的具体适用税额由省、自治区、直辖市人民政府依照《车船税税目税额表》规定的税额幅度和国务院的规定确定。而船舶的具体适用税额则由国务院在《车船税税目税额表》规定的税额幅度内确定。

下列车船免征车船税：①捕捞、养殖渔船；②军队、武装警察部队专用的车船；③警用车船；④依照法律规定应当予以免税的外国驻华使领馆、国际组织驻华代表机构及其有关人员的车船。

对节约能源、使用新能源的车船可以减征或者免征车船税；对受严重自然灾害影响纳税困难以及有其他特殊原因确需减税、免税的，可以减征或者免征车船税。具体办法由国务院规定，并报全国人民代表大会常务委员会备案。省、自治区、直辖市人民政府根据当地实际情况，可以对公共交通车船，农村居民拥有并主要在农村地区使用的摩托车、三轮汽车和低速载货汽车定期减征或者免征车船税。

思考与拓展

从重庆、上海房产税改革试点看我国房地产税制改革①

【案情】

重庆、上海两市从2011年1月28日开始进行房产税改革试点。上海市房产税征收方案1月27日公布。根据方案，上海房产税的征收对象是指上海市居民家庭在上海市新购且属于该居民家庭第二套及以上的住房（包括新购的二手存量住房和新建商品住房）和非上海市居民家庭在上海市新购的住房。除上述征收对象以外的其他个人住房，按国家制定的有关个人住房房产税规定执行。适用税率暂定为0.6%。应税住房每平方米市场交易价格低于上海市上年度新建商品住房平均销售价格2倍（含2倍）的，税率暂减为0.4%。上年度新建商品住房平均销售价格，由上海市统计局每年公布。重庆市政府出台了《关于进行对部分个人住房征收房产税改革试点的暂行办法》（以下简称《暂行办法》）及《个人住房房产税征收管理实施细则》（以下简称《细则》）。重庆市征收个人住房房产税将在主城9区范围内展开。《细则》明确了首批纳入征收对象的住房：个人拥有的独栋商品住宅；个人新购的高档住房；在重庆市同时无户籍、无企业、无工作的个人新购的第二套（含）以上的普通住房。高档住房是指建筑面积交易单价达到上两年主城9

① 谭荣华，温磊，葛静．从重庆、上海房产税改革试点看我国房地产税制改革．税务研究，2013（2）.

区新建商品住房成交建筑面积均价2倍（含）以上的住房；新购住房是指《暂行办法》施行之日起购买的住房。《细则》明确："应税住房的计税价值为房产交易价，待条件成熟时按房产评估值征税。"税率方面，重庆市规定：独栋商品住宅和高档住房建筑面积交易单价达到上两年主城9区新建商品住房成交建筑面积均价3倍以下的住房，税率为0.5%；3倍（含）至4倍的，税率为1%；4倍（含）以上的税率为1.2%。在重庆市同时无户籍、无企业、无工作的个人新购第二套（含）以上的普通住房，税率为0.5%。重庆市改革方案还设计了免税政策，"纳税人在《暂行办法》施行前拥有的独栋商品住宅，免税面积为180平方米；新购的独栋商品住宅、高档住房，免税面积为100平方米。免税面积以家庭为单位进行扣除，一个家庭只能对一套应税住房扣除免税面积"①。

从试点的情况看，成效和问题都比较突出。从税制建设角度看，成效明显。这次改革试点是房地产税收在房地产保有环节的"补缺"，即将个人住房纳入了税收范围，有利于进一步完善房地产税制。为下一步全面改革积累了经验，奠定了基础。从税收职能角度看，成效并不明显。①收入职能基本没有体现。重庆市对个人保有住房征收的房产税收入为1亿元。仅占同期地方财政收入的0.03%，占一般预算收入中税收收入的0.11%，基本可以忽略不计。②调控房价职能并不突出。从新建商品住宅价格的变化上看，重庆、上海与其他未开展房产税改革试点，但房地产市场情况类似的北京、广州、成都等城市相比，变化趋势基本一致。表明目前房地产市场调控的结果是增加土地供应、控制二套房信贷、加强土地增值税清算、实施"限购令"等多种政策综合作用的结果。

【思考方向】

我国房地产税制改革的政策定位。

【案例分析】

税收具有组织收入职能和调控经济职能。改革后的房地产税收（无论名称是房产税，还是房地产税或不动产税，抑或物业税），其目的应是替代现行不合理的房地产税收，通过重新设计税制要素，改革现行税制存在的缺陷，达到其定位目标：①强化税收调节社会财富分配、促进社会公平、保障人民群众基本生活需要的职能。重点是针对商品房的不同属性进行不同的调节，即对于具有社会保障性质的廉租房、经济适用房等应给予免税优惠；对于普通商品房应按照市场经济规律要求确定合理税负；对于高档商品房则应实行高税负。同时加大对通过房地产炒卖行为取得过高收入的调节力度。②确立房地产税收在财产税中主体税种的地位，使其成为地方政府主要、稳定的收入来源。

同时，应当正确处理长期目标与短期目标之间的关系。当前，对房地产业的宏观调控不断加强，但作为房地产业的调控措施，除了税收调节，还包括土地供应调节、金融信贷调节、行政审批调节（限购令和保障房）等。从我国房地产业的实际情况和调控目标看，后三者都是比财税手段更有力的短期调控措施，目前房地产市场发生的变化也充分说明了这一点。因此，在改革时，应统筹考虑这些手段之间的关系。

---

① 崔佳，刘志强．上海重庆试点征收房产税．人民网，http：//roll. sohu. com/20110128/n302704317. shtml，2011－01－28.

总之，既不能对房地产税收赋予过多的政策目标和期望，也不能要求在短期内实现这些目标。

第五节　行为税法

行为税，又称特定行为税，是以纳税人作出由法律规定的特定行为为征税对象的一类税收，主要包括印花税、车辆购置税等。它的特点为：较强的政策目的性、税源分散、时间性强。

一、印花税法

印花税是对境内书立、领受应税凭证所征收的一种行为税。我国印花税法主要是指1988年8月6日国务院颁布的《中华人民共和国印花税暂行条例》，根据条例，应税凭证包括：①购销、加工承揽、建设工程承包、财产租赁、货物运输、仓储保管、借款、财产保险、技术合同或者具有合同性质的凭证；②产权转移书据；③营业账簿；④权利、许可证照；⑤经财政部确定征税的其他凭证。印花税原则上实行比例税率，在0.05‰~1‰不等。

应纳税额不足一角的，免纳印花税。

纳税人的应纳税额，根据应纳税凭证的性质，分别按比例税率或者定额税率计算，其计算公式为：应纳税额=应税凭证计税金额（或应税凭证件数）×适用税率。

下列凭证免纳印花税：①已缴纳印花税的凭证的副本或者抄本；②财产所有人将财产赠给政府、社会福利单位、学校所立的书据；③国家指定的收购部门与村民委员会、农民个人书立的农副产品收购合同；④无息、贴息贷款合同；⑤外国政府或者国际金融组织向我国政府及国家金融机构提供优惠贷款所书立的合同；⑥经财政部批准免税的其他凭证。

二、车辆购置税法

车辆购置税是对在我国境内购买应税车辆所征收的一种行为税。我国车辆购置税法主要是指2000年10月22日国务院颁布的《中华人民共和国车辆购置税暂行条例》，根据条例，单位或者个人购买、进口、自产、受赠、获奖或者以其他方式取得并自用应税汽车、摩托车、电车、挂车、农用运输车的，都属于车辆购置税的征税范围。车辆购置税实行从价定率，税率为10%。计税价格根据不同情况，按照下列规定确定：①纳税人购买自用的应税车辆的计税价格，为纳税人购买应税车辆而支付给销售者的全部价款和价外费用，不包括增值税税款。②纳税人进口自用的应税车辆的计税价格的计算公式为：计税价格=关税完税价格+关税+消费税。③纳税人自产、受赠、获奖或者以其他方式取得并自用的应税车辆的计税价格，由主管税务机关参照本条例第7条规定的最低计税价格核定。车辆购置税实行一次征收制度。购置已征车辆购置税的车辆，不再征收车辆购置税。

车辆购置税的免税、减税，按照下列规定执行：①外国驻华使馆、领事馆和国际组织驻华机构及其外交人员自用的车辆，免税；②中国人民解放军和中国人民武装警察部队列入军队武器装备订货计划的车辆，免税；③设有固定装置的非运输车辆，免税；设有固定装置的非运输车辆是指挖掘机、平地机、叉车、装载车（铲车）、起重机（吊车）、推土机等工程机械；④防汛部门和森林消防等部门购置的由指定厂家生产的指定型号的，用于指挥、检查、调度、防汛（警）、联络的专用车辆，免税；⑤回国服务的在外留学人员购买的 1 辆国产小轿车，免税；⑥长期以来来华定居专家进口 1 辆自用小汽车，免税；⑦有国务院规定予以免税或者减税的其他情形的，按照规定免税或者减税。免税、减税车辆因转让、改变用途等原因不再属于免税、减税范围的，应当在办理车辆过户手续前或者办理变更车辆登记注册手续前缴纳车辆购置税。

思考与拓展

印花税法的历史沿革

【案情】

印花税是世界各国普遍征收的一种税，具有悠久的历史。荷兰是印花税创始国。早在 1624 年，荷兰发生经济危机，财政匮乏，为了增加税源，荷兰政府开征了一种以商事产权凭证为征收对象的印花税。由缴税人在缴税时持应税凭证到政府检验局加盖用刻花滚筒推印的、以示完税的“印花”戳记，因而被称为“印花税”。1854 年，奥地利政府印发了形似邮票的印花税票，由缴税人自行购买，并贴在应纳税凭证上，从此世界上诞生了印花税票。随后欧美各国纷纷仿效，丹麦在 1660 年、法国在 1665 年、美国在 1671 年、英国在 1694 年先后开征了印花税。

【思考方向】

印花税为什么能很快在国际上盛行起来?

【案例分析】

印花税的设计者可谓独具匠心，他们观察到人们在日常生活中使用契约、借贷凭证之类的单据很多，所以，一旦征税，税源将很大；而且，人们还有一个普遍的心理，认为凭证单据上由政府盖个印，就成为合法凭证，在诉讼时可以有法律保障，因而，对交纳印花税也乐于接受。正是这样，印花税被资产阶级经济学家誉为税负轻微、税源畅旺、手续简便、成本低廉的“良税”。英国的哥尔柏说过：“税收这种技术，就是拔最多的鹅毛，听最少的鹅叫”，印花税就是这种具有“听最少鹅叫”特点的税种。由于印花税“取微用宏”，简便易行，它很快就成为世界上普遍采用的一个税种，在国际上盛行。

第六节　税收征收管理法

程序是法律的价值体现，在现代法治体系中，程序有着自身的价值追求和道德秉性，在一个渴望建立公平正义的秩序国家中，良好的程序规范对于实现人的价值，实现法的遵从都有着颇为重要的意义。[①] 税收程序法是为保障实体法所规定的权利义务关系，调整税收征收管理程序关系的法律。税收程序法是税法的重要组成部分，在税法中占有重要地位，对于保障税收实体法的顺利实施，实现法律的程序价值都有着重要意义。西方各国通行的税收征管模式是自我申报模式或自愿遵从模式，其特点是：纳税人主动申报、税务机关抽样审计、征税服务社会化相结合的征管模式。[②] 税收管理的基本模式应当是："在申报纳税的前提下，以税收服务为依托，以纳税义务人信息为根据，重点稽查，严肃处罚，保证纳税义务人依法纳税。"[③] 目前，在我国税收程序法中，由全国人大及其常委会制定的只有《税收征管法》，它于 1992 年 9 月 4 日通过，并于 2001 年 4 月 28 日修订通过。2002 年 9 月 7 日国务院颁布了《中华人民共和国税收征收管理法实施细则》（以下简称《实施细则》）。

一、税务管理

税务管理有广义和狭义之分，狭义上的税务管理是指税务机关依法进行的税款征收活动，广义上的税务管理则指税务机关及其他相关机关依法对税收分配的全过程进行决策管理、税源管理、征收管理、稽查管理等一系列活动的总称。我们这里所指的税务管理包括税务登记，账簿、凭证管理和纳税申报三个环节。

（一）税务登记

税务登记是税务管理的第一步，包括开业登记、变更登记和注销登记等。不同主体的登记管理也有所不同。各级工商行政管理机关应当向同级税务机关定期通报办理开业、变更、注销登记以及吊销营业执照的情况。

1. 开业登记

凡是从事生产、经营的纳税人应当自领取营业执照之日起 30 日内，持有关证件向所

---

① 税收程序法的立法目的主要有两个：保护纳税人权利和提高征税效率。现代税收程序法应当是主要高扬保护纳税人基本权利的"权利之法"，而不是以保障征税权力行使为主要目的的"征税之法"。在不恰当地强调税收的无偿性、强制性和确保国家税收收入的传统理念下，税收程序仅具有技术性，是征税机关行使征税权的"手续"，税收程序法也沦为以保障税收实体法实现为最高目的的"工具法"。但是，现代各国税收程序法发展的普遍趋势是，在肯定其具有为税收债务的请求和清偿提供技术支持的传统"外在价值"的前提下，重视甚至推崇其作为法律活动过程而具有的公正、参与、保障纳税人尊严和防止征税权恣意行使等独立的"内在价值"。施正文．税收程序法论——监控征税权运行的法理与立法研究．北京：北京大学出版社，2003. 286，334.

② 刘剑文．WTO 体制下的中国税收法治．北京：北京大学出版社，2004. 273.

③ 马国强．论税收管理的目标、框架与模式．税务研究，1999（2）．

属税务机关申报办理税务登记，凡是从事生产、经营的纳税人应当自领取营业执照之日起30日内，持有关证件向税务机关申报办理税务登记。税务机关应当于收到申报的当日办理登记并发给税务登记证件。它们包括企业，企业在外地设立的分支机构和从事生产、经营的场所，个体工商户和从事生产、经营的事业单位。

不从事生产、经营的纳税人，除国家机关和个人外，应当自纳税义务发生之日起30日内，持有关证件向所在地的主管税务机关申报办理税务登记。

扣缴义务人应当自扣缴义务发生之日起30日内向所在地的主管税务机关申报办理扣缴税款登记。

从事生产、经营的纳税人外出经营，在同一地累计超过180天的，应当在营业地办理税务登记手续。

2. 变更登记

纳税人税务登记内容发生变化的，应当自工商行政管理机关或者其他机关办理变更登记之日起30日内持有关证件向原税务登记机关申报办理变更税务登记。

纳税人税务登记内容发生变化，不需要到工商行政管理机关或者其他机关办理变更登记的，应当自发生变化之日起30日内持有关证件向原税务登记机关申报办理变更税务登记。

从事生产、经营的纳税人应当自开立基本存款账户或者其他存款账户之日起15日内向主管税务机关书面报告其全部账号；发生变化的，应当自变化之日起15日内向主管税务机关书面报告。

纳税人因住所、经营地点变动，涉及改变税务登记机关的，应当在向工商行政管理机关或者其他机关申请办理变更或者注销登记前或者住所、经营地点变动前，向原税务登记机关申报办理注销税务登记，并在30日内向迁达地税务机关申报办理税务登记。

3. 注销登记

纳税人发生解散、破产、撤销以及其他情形，依法终止纳税义务的，应当在向工商行政管理机关或者其他机关办理注销登记前，持有关证件向原税务登记机关申报办理注销税务登记；按照规定不需要在工商行政管理机关或者其他机关办理注册登记的，应当自有关机关批准或者宣告终止之日起15日内持有关证件向原税务登记机关申报办理注销税务登记。

纳税人被工商行政管理机关吊销营业执照或者被其他机关予以撤销登记的，应当自营业执照被吊销或者被撤销登记之日起15日内，向原税务登记机关申报办理注销税务登记。

4. 登记管理

税务机关对税务登记证件实行定期验证和换证制度。纳税人应当在规定的期限内持有关证件到主管税务机关办理验证或者换证手续。纳税人按照国务院税务主管部门的规定使用税务登记证件。税务登记证件不得转借、涂改、损毁、买卖或者伪造。税务机关依法查询从事生产、经营的纳税人开立账户的情况时，有关银行和其他金融机构应当予以协助。

（二）账簿、凭证管理

从事生产、经营的纳税人应当自领取营业执照或者发生纳税义务之日起15日内，按照国家有关规定设置总账、明细账、日记账以及其他辅助性账簿，并且应当将财务、会计制度或者财务、会计处理办法和会计核算软件报送税务机关备案。生产、经营规模小又确无建账能力的纳税人，可以聘请经批准从事会计代理记账业务的专业机构或者财会人员代为建账和办理账务。扣缴义务人应当自税收法律、行政法规规定的扣缴义务发生之日起10日内，按照所代扣、代收的税种分别设置代扣代缴、代收代缴税款账簿。

税务机关是发票的主管机关，负责发票印制、领购、开具、取得、保管、缴销的管理和监督。单位、个人在购销商品、提供或者接受经营服务以及从事其他经营活动中，应当按照规定开具、使用、取得发票。纳税人应当按照规定安装、使用税控装置，不得损毁或者擅自改动税控装置，不得伪造、变造或者擅自损毁账簿、记账凭证、完税凭证及其他有关资料。账簿、记账凭证、报表、完税凭证、发票、出口凭证以及其他有关涉税资料应当保存10年，但法律、行政法规另有规定的除外。

（三）纳税申报

纳税人必须依照法律、行政法规规定或者税务机关依照法律、行政法规规定的确定的申报期限、申报内容如实办理纳税申报，报送纳税申报表、财务会计报表以及税务机关根据实际需要要求纳税人报送的其他纳税资料。扣缴义务人必须依照法律、行政法规规定或者税务机关依照法律、行政法规的规定确定的申报期限、申报内容如实报送代扣代缴、代收代缴税款报告表以及税务机关根据实际需要要求扣缴义务人报送的其他有关资料。纳税人在纳税期内没有应纳税款或者享受减税、免税待遇的，也应当按照规定办理纳税申报。实行定期定额缴纳税款的纳税人，可以实行简易申报、简并征期等申报纳税方式。

1. 纳税申报的方式

纳税人、扣缴义务人可以直接到税务机关办理纳税申报或者报送代扣代缴、代收代缴税款报告表，也可以采取邮寄、数据电文或者其他方式办理上述申报、报送事项。纳税人采取邮寄方式办理纳税申报的，应当使用统一的纳税申报专用信封，并以邮政部门收据作为申报凭据。邮寄申报以寄出的邮戳日期为实际申报日期。纳税人采取电子方式办理纳税申报的，应当按照税务机关规定的期限和要求保存有关资料，并定期书面报送主管税务机关。

2. 纳税申报的期限

纳税人、扣缴义务人按照规定的期限办理纳税申报或者报送代扣代缴、代收代缴税款报告表确有困难、需要延期的，应当在规定的期限内向税务机关提出书面延期申请，经税务机关核准，在核准的期限内办理。纳税人、扣缴义务人因不可抗力，不能按期办理纳税申报或者报送代扣代缴、代收代缴税款报告表的，可以延期办理，但应当在不可抗力情形消除后立即向税务机关报告。税务机关应当查明事实，予以核准。

二、税款征收

税款征收是税收程序中的核心内容，是指税务机关依法从事的税款征收和相关活动的总称。它包括税款征收的主体、期限、内容等。

（一）税款征收的主体

税务机关是税款征收的主体，应当依法征收税款，不得违反法律、行政法规的规定开征、停征、多征、少征、提前征收、延缓征收或者摊派税款。除税务机关、税务人员以及经税务机关依法委托的单位和人员外，任何单位和个人不得进行税款征收活动。

扣缴义务人依法履行代扣、代收税款的义务。对法律、行政法规没有规定负有代扣、代收税款义务的单位和个人，税务机关不得要求其履行代扣、代收税款义务。扣缴义务人依法履行代扣、代收税款义务时，纳税人不得拒绝。纳税人拒绝的，扣缴义务人应当及时报告税务机关处理。税务机关按照规定付给扣缴义务人代扣、代收手续费。

（二）税款征收的期限

纳税人、扣缴义务人按照法律、行政法规规定或者税务机关依照法律、行政法规的规定确定的期限，缴纳或者解缴税款。纳税人因有特殊困难，不能按期缴纳税款的，经省、自治区、直辖市国家税务局、地方税务局批准，可以延期缴纳税款，但是最长不得超过3个月。纳税人未按照规定期限缴纳税款的，扣缴义务人未按照规定期限解缴税款的，税务机关除责令限期缴纳外，从滞纳税款之日起，按日加收滞纳税款0.5‰的滞纳金。

（三）税款征收的内容

税务机关税款征收的方式包括查账征收、查验征收、查定征收、定期定额征收等。税务机关征收税款时，必须给纳税人开具完税凭证。扣缴义务人代扣、代收税款时，纳税人要求扣缴义务人开具代扣、代收税款凭证的，扣缴义务人应当开具。

1. 核定征收

纳税人有下列情形之一的，税务机关有权核定其应纳税额：①依照法律、行政法规的规定可以不设置账簿的；②依照法律、行政法规的规定应当设置账簿但未设置的；③擅自销毁账簿或者拒不提供纳税资料的；④虽设置账簿，但账目混乱或者成本资料、收入凭证、费用凭证残缺不全，难以查账的；⑤发生纳税义务，未按照规定的期限办理纳税申报，经税务机关责令限期申报，逾期仍不申报的；⑥纳税人申报的计税依据明显偏低，又无正当理由的。

2. 合理调整

企业或者外国企业在中国境内设立的从事生产、经营的机构、场所与其关联企业之间的业务往来，应当按照独立企业之间的业务往来收取或者支付价款、费用；不按照独立企业之间的业务往来收取或者支付价款、费用，而减少其应纳税的收入或者所得额的，税务机关有权进行合理调整。

3. 税收保全

税务机关有根据认为从事生产、经营的纳税人有逃避纳税义务行为的，可以在规定的纳税期之前责令限期缴纳应纳税款；在限期内发现纳税人有明显的转移、隐匿其应纳税的商品、货物以及其他财产或者应纳税的收入的迹象的，税务机关可以责成纳税人提供纳税担保。如果纳税人不能提供纳税担保，经县以上税务局（分局）局长批准，税务机关可以采取下列税收保全措施：①书面通知纳税人开户银行或者其他金融机构冻结纳税人的金额相当于应纳税款的存款；②扣押、查封纳税人的价值相当于应纳税款的商品、货物或者其他财产。纳税人在前款规定的限期内缴纳税款的，税务机关必须立即解除税收保全措施；限期期满仍未缴纳税款的，经县以上税务局（分局）局长批准，税务机关可以书面通知纳税人开户银行或者其他金融机构从其冻结的存款中扣缴税款，或者依法拍卖或者变卖所扣押、查封的商品、货物或者其他财产，以拍卖或者变卖所得抵缴税款。个人及其所扶养家属维持生活必需的住房和用品，不在税收保全措施的范围之内。纳税人在限期内已缴纳税款，税务机关未立即解除税收保全措施，使纳税人的合法利益遭受损失的，税务机关应当承担赔偿责任。

4. 税收强制

从事生产、经营的纳税人、扣缴义务人未按照规定的期限缴纳或者解缴税款，纳税担保人未按照规定的期限缴纳所担保的税款，由税务机关责令限期缴纳，逾期仍未缴纳的，经县以上税务局（分局）局长批准，税务机关可以采取下列强制执行措施：①书面通知其开户银行或者其他金融机构从其存款中扣缴税款；②扣押、查封、依法拍卖或者变卖其价值相当于应纳税款的商品、货物或者其他财产，以拍卖或者变卖所得抵缴税款。税务机关采取强制执行措施时，对前款所列纳税人、扣缴义务人、纳税担保人未缴纳的滞纳金同时强制执行。个人及其所扶养家属维持生活必需的住房和用品，不在强制执行措施的范围之内。税务机关扣押商品、货物或者其他财产时，必须开付收据；查封商品、货物或者其他财产时，必须开付清单。

5. 税收优先权

税务机关征收税款，税收优先于无担保债权，法律另有规定的除外；纳税人欠缴的税款发生在纳税人以其财产设定抵押、质押或者纳税人的财产被留置之前的，税收应当先于抵押权、质权、留置权执行。纳税人欠缴税款，同时又被行政机关决定处以罚款、没收违法所得的，税收优先于罚款、没收违法所得。纳税人有欠税情形而以其财产设定抵押、质押的，应当向抵押权人、质权人说明其欠税情况。抵押权人、质权人可以请求税务机关提供有关的欠税情况。

6. 税收代位权和撤销权

欠缴税款的纳税人因怠于行使到期债权，或者放弃到期债权，或者无偿转让财产，或者以明显不合理的低价转让财产而受让人知道该情形，对国家税收造成损害的，税务机关可以依照合同法有关规定行使代位权、撤销权。税务机关行使代位权、撤销权的，不免除欠缴税款的纳税人尚未履行的纳税义务和应承担的法律责任。

7. 错缴税款制度

纳税人超过应纳税额缴纳的税款，税务机关发现后应当立即退还；纳税人自结算缴纳税款之日起 3 年内发现的，可以向税务机关要求退还多缴的税款并加算银行同期存款利息，税务机关及时查实后应当立即退还；涉及从国库中退库的，依照法律、行政法规有关国库管理的规定退还。因税务机关的责任，致使纳税人、扣缴义务人未缴或者少缴税款的，税务机关在 3 年内可以要求纳税人、扣缴义务人补缴税款，但是不得加收滞纳金。因纳税人、扣缴义务人计算错误等失误，未缴或者少缴税款的，税务机关在 3 年内可以追征税款、滞纳金；有特殊情况的，追征期可以延长到 5 年。对偷税、抗税、骗税的，税务机关可以无限期追征其未缴或者少缴的税款、滞纳金或者所骗取的税款。

三、税务检查

税务检查是税务机关依法对纳税人履行纳税义务的情况进行的监督、审查活动。它对于保证国家税收收入、严肃税收法纪有着重要作用。

（一）税务检查的内容

根据《税收征管法》，税务机关有权进行下列税务检查：①检查纳税人的账簿、记账凭证、报表和有关资料，检查扣缴义务人代扣代缴、代收代缴税款账簿、记账凭证和有关资料；②到纳税人的生产、经营场所和货物存放地检查纳税人应纳税的商品、货物或者其他财产，检查扣缴义务人与代扣代缴、代收代缴税款有关的经营情况；③责成纳税人、扣缴义务人提供与纳税或者代扣代缴、代收代缴税款有关的文件、证明材料和有关资料；④询问纳税人、扣缴义务人与纳税或者代扣代缴、代收代缴税款有关的问题和情况；⑤到车站、码头、机场、邮政企业及其分支机构检查纳税人托运、邮寄应纳税商品、货物或者其他财产的有关单据、凭证和有关资料；⑥经县以上税务局（分局）局长批准，凭全国统一格式的检查存款账户许可证明，查询从事生产、经营的纳税人、扣缴义务人在银行或者其他金融机构的存款账户。税务机关在调查税收违法案件时，经设区的市、自治州以上税务局（分局）局长批准，可以查询案件涉嫌人员的储蓄存款。税务机关查询所获得的资料，不得用于税收以外的用途。

（二）税务检查中的权利与义务

在税务检查中，税务机关和纳税人、扣缴义务人都负有一定的权利和义务。纳税人、扣缴义务人必须接受税务机关依法进行的税务检查，如实反映情况，提供有关资料，不得拒绝、隐瞒。税务机关在进行检查时，发现纳税人有逃避纳税义务行为，并有明显的转移、隐匿其应纳税的商品、货物以及其他财产或者应纳税的收入的迹象的，可以依法采取税收保全措施或者强制执行措施。税务机关有权向有关单位和个人调查纳税人、扣缴义务人和其他当事人与纳税或者代扣代缴、代收代缴税款有关的情况，有关单位和个人有义务向税务机关如实提供有关资料及证明材料。调查税务违法案件时，对与案件有关的情况和资料，可以记录、录音、录像、照相和复制。但税务机关派出的人员在进行税务检查时，应当出示税务检查证和税务检查通知书，并有责任为被检查人保守秘密；未出示税务检查证和税务检查通知书的，被检查人有权拒绝检查。

四、税收法律责任

所谓税收法律责任，是指税收法律关系的主体因违反税收法律规范所应承担的法律后果。[①] 根据其性质和形式的不同，税收法律责任可以分为民事责任、行政责任和刑事责任；根据责任主体的不同，可以分为纳税人、扣缴义务人、税务人员和其他机构的税收法律责任。

---

① 刘剑文．财政税收法（第二版）．北京：法律出版社，2003. 375.

（一）纳税人的税收法律责任

纳税人的税收法律责任包括违反税收程序法的一般行为、偷税、逃税、抗税和骗取出口退税等。

1. 违反税收程序法的一般行为

根据《税收征管法》，纳税人有下列行为之一的，由税务机关责令限期改正，并可以处2 000元以下的罚款；情节严重的，处2 000元以上1万元以下的罚款：①未按照规定的期限申报办理税务登记、变更或者注销登记的；②未按照规定设置、保管账簿或者保管记账凭证和有关资料的；③未按照规定将财务、会计制度或者财务、会计处理办法和会计核算软件报送税务机关备查的；④未按照规定将其全部银行账号向税务机关报告的；⑤未按照规定安装、使用税控装置，或者损毁或者擅自改动税控装置的。纳税人不办理税务登记的，由税务机关责令限期改正；逾期不改正的，经税务机关提请，由工商行政管理机关吊销其营业执照。

纳税人未按照规定使用税务登记证件，或者转借、涂改、损毁、买卖、伪造税务登记证件的，处2 000元以上1万元以下的罚款；情节严重的，处1万元以上5万元以下的罚款。纳税人未按照规定的期限办理纳税申报和报送纳税资料的，由税务机关责令限期改正，可以处2 000元以下的罚款；情节严重的，可以处2 000元以上1万元以下的罚款。纳税人编造虚假计税依据的，由税务机关责令限期改正，并处5万元以下的罚款。

纳税人不进行纳税申报，不缴或者少缴应纳税款的，由税务机关追缴其不缴或者少缴的税款、滞纳金，并处不缴或者少缴的税款50%以上5倍以下的罚款。纳税人在规定期限内不缴或者少缴应纳的税款，经税务机关责令限期缴纳，逾期仍未缴纳的，税务机关除依照本法第40条的规定采取强制执行措施追缴其不缴或者少缴的税款外，可以处不缴或者少缴的税款50%以上5倍以下的罚款。

从事生产、经营的纳税人拒不接受税务机关对其违法行为处理的，税务机关可以收缴其发票或者停止向其发售发票。

2. 偷税

在2009年2月28日《中华人民共和国刑法修正案（七）》施行之前，逃避缴纳税款的行为一般称为“偷税”，现行《税收征管法》仍称为“偷税”，它是指纳税人伪造、变造、隐匿、擅自销毁账簿、记账凭证，或者在账簿上多列支出或者不列、少列收入，或者经税务机关通知申报而拒不申报或者进行虚假的纳税申报，不缴或者少缴应纳税款的。对纳税人偷税的，由税务机关追缴其不缴或者少缴的税款、滞纳金，并处不缴或者少缴的税款50%以上5倍以下的罚款；构成犯罪的，依法追究刑事责任。逃避缴纳税款数额较大并且占应纳税额10%以上的，处3年以下有期徒刑或者拘役，并处罚金；数额巨大并且占应纳税额30%以上的，处3年以上7年以下有期徒刑，并处罚金。对多次逃避缴纳税款，未经处理的，按照累计数额计算。

3. 逃税

逃税是指欠缴应纳税款，采取转移或者隐匿财产的手段，妨碍税务机关追缴欠缴的税款的，由税务机关追缴欠缴的税款、滞纳金，并处欠缴税款50%以上5倍以下的罚款；数额在1万元以上不满10万元的，处3年以下有期徒刑或者拘役，并处或者单处欠缴税款1倍以上5倍以下罚金；数额在10万元以上的，处3年以上7年以下有期徒刑，并处欠缴税款1倍以上5倍以下罚金。

4. 抗税

根据《税收征管法》，以暴力、威胁方法拒不缴纳税款的，是抗税，除由税务机关追缴其拒缴的税款、滞纳金外，处3年以下有期徒刑或者拘役，并处拒缴税款1倍以上5倍以下罚金；情节严重的，处3年以上7年以下有期徒刑，并处拒缴税款1倍以上5倍以下罚金；情节轻微，未构成犯罪的，由税务机关追缴其拒缴的税款、滞纳金，并处拒缴税款1倍以上5倍以下的罚款。

5. 骗取出口退税行为

出口退税是我国为了鼓励出口货物公平竞争的一种退还或免征增值税、消费税的税收措施。对于以假报出口或者其他欺骗手段，骗取国家出口退税款的，由税务机关追缴其骗取的退税款，并处骗取税款1倍以上5倍以下的罚款；数额较大的，处5年以下有期徒刑或者拘役，并处骗取税款1倍以上5倍以下罚金；数额巨大或者有其他严重情节的，处5年以上10年以下有期徒刑，并处骗取税款1倍以上5倍以下罚金；数额特别巨大或者有其他特别严重情节的，处10年以上有期徒刑或者无期徒刑，并处骗取税款1倍以上5倍以下罚金或者没收财产。对骗取国家出口退税款的，税务机关可以在规定期间内停止为其办理出口退税。

（二）扣缴义务人的税收法律责任

扣缴义务人的税收法律责任包括违反税收程序法的一般行为和偷税等。

扣缴义务人未按照规定设置、保管代扣代缴、代收代缴税款账簿或者保管代扣代缴、代收代缴税款记账凭证及有关资料的，由税务机关责令限期改正，可以处2 000元以下的罚款；情节严重的，处2 000元以上5 000元以下的罚款。扣缴义务人未按照规定的期限向税务机关报送代扣代缴、代收代缴税款报告表和有关资料的，由税务机关责令限期改正，可以处2 000元以下的罚款；情节严重的，可以处2 000元以上1万元以下的罚款。扣缴义务人编造虚假计税依据的，由税务机关责令限期改正，并处5万元以下的罚款。扣缴义务人逃避、拒绝或者以其他方式阻挠税务机关检查的，由税务机关责令改正，可以处1万元以下的罚款；情节严重的，处1万元以上5万元以下的罚款。

扣缴义务人应扣未扣、应收而不收税款的，由税务机关向纳税人追缴税款，对扣缴义务人处应扣未扣、应收未收税款50%以上3倍以下的罚款。扣缴义务人在规定期限内不缴或者少缴应解缴的税款，经税务机关责令限期缴纳，逾期仍未缴纳的，税务机关除采取税收强制措施外，可以处不缴或者少缴的税款50%以上5倍以下的罚款。扣缴义务人拒不接受税务机关对其违法行为处理的，税务机关可以收缴其发票或者停止向其发售发票。

扣缴义务人有偷税行为的，按照纳税人的偷税行为处理。

（三）税务人员的税收法律责任

税务人员的税收法律责任违反税收程序法的一般行为和渎职等，其责任承担形式一般是行政处分和刑事处罚。

税务机关违反规定擅自改变税收征收管理范围和税款入库预算级次的，责令限期改正，对直接负责的主管人员和其他直接责任人员依法给予降级或者撤职的行政处分。税务机关违法提前征收、延缓征收或者摊派税款的，由其上级机关或者行政监察机关责令改正，对直接负责的主管人员和其他直接责任人员依法给予行政处分。税务人员在征收税款或者查处税收违法案件时，未依法回避和履行保密义务的，对直接负责的主管人员和其他直接责任人员依法给予行政处分。

税务机关擅自作出税收的开征、停征或者减税、免税、退税、补税以及其他同税法相抵触的决定的，应撤销该决定，并补征应征未征税款，退还不应征收而征收的税款，并由上级机关追究直接负责的主管人员和其他直接责任人员的行政责任。未经税务机关依法委托征收税款的，责令退还收取的财物，依法给予行政处分或者行政处罚；致使他人合法权益受到损失的，依法承担赔偿责任。税务机关、税务人员查封、扣押纳税人个人及其所扶养家属维持生活必需的住房和用品的，责令退还，依法给予行政处分。以上行为构成犯罪的，应当依法追究刑事责任。

税务人员与纳税人、扣缴义务人勾结，唆使或者协助纳税人、扣缴义务人从事税收违法行为，构成犯罪的，依法追究刑事责任；尚不构成犯罪的，依法给予行政处分。税务人员徇私舞弊，对应当依法移交司法机关追究刑事责任的而不移交、情节严重的依法追究刑事责任。

税务人员渎职行为的法律责任包括：税务人员利用职务上的便利，收受或者索取纳税人、扣缴义务人财物或者谋取其他不正当利益；徇私舞弊或者玩忽职守，不征或者少征应征税款，致使国家税收遭受重大损失，构成犯罪的，依法追究刑事责任；尚不构成犯罪的，依法给予行政处分。税务人员滥用职权，故意刁难纳税人、扣缴义务人的，调离税收工作岗位，并依法给予行政处分。税务人员对控告、检举税收违法违纪行为的纳税人、扣缴义务人以及其他检举人进行打击报复的，依法给予行政处分；构成犯罪的，依法追究刑事责任。

（四）其他机构的税收法律责任

根据《税收征管法》，其他机构的税收法律责任主要是指银行或者其他金融机构的法律责任。纳税人、扣缴义务人的开户银行或者其他金融机构拒绝接受税务机关依法检查纳税人、扣缴义务人存款账户，或者拒绝执行税务机关作出的冻结存款或者扣缴税款的决定，或者在接到税务机关的书面通知后帮助纳税人、扣缴义务人转移存款，造成税款流失的，由税务机关处 10 万元以上 50 万元以下的罚款，对直接负责的主管人员和其他直接责任人员处 1 000 元以上 1 万元以下的罚款。

思考与拓展

我国纳税担保制度实施中的问题[①]

【案情】

纳税担保制度是民法的债券保障制度在税法中的引入，是现代各国税收立法上普遍采用的一项税收保障制度。近年来，中国税法理论界有学者倾向于将税看成一种公法上的债，因而，将民事法律上与债有关的制度，尤其是债券保障方面的制度应用于税款征收中，担保制度就这样进入了中国税款征收制度中。我国在1993年发布的《税收征收管理法实施细则》第42条中就规定了纳税保证金制度，2001年修订后的《税收征收管理法》和2002年公布的实施细则用更多的法条规定了担保在税收征纳中的应用及相关制度，对税款的征纳应当起到重要的保障作用。如果纳税担保制度设计得当，纳税担保得到广泛应用，税收保全措施和强制措施将会退位于次要的税收保障措施，这种变化无疑会有助于税务机关权力意识的消减，与此同时，纳税相对人的维权意识也会不断提高，这既有利于"保障国家税收收入"的实现，也在一定程度上有利于"保护纳税人的合法利益"的实现。

【思考方向】

由于执法实践中存在的问题，导致担保制度并没有随法律的颁行而得到广泛的应用。

【案例分析】

我们认为，这一方面与中国的税收征管的力度、税收的法治进程、税务人员的业务水平等有关；另一方面，也与中国现行税法对纳税担保制度规定的不完善有关。例如，税收担保的性质究竟是一种行政措施还是民事行为，对此问题的含糊不清严重影响了低层次的立法活动和规章制度的建立和实施。再如，与纳税担保相关的法律责任并未设定，这也为税务人员怠于利用担保形式保障税款征收提供了方便。未能明确纳税担保的性质，具体实施的制度规定存在缺失，这些都增加了该制度实施的困难。[②]

【同步实练】

【案情】

2007年5月10日，某市地方税务局稽查局（以下简称稽查局）收到由省地方税务局批转的群众举报，反映某律师事务所律师陈某2006年从A公司分三次取得收入60万元没有申报缴纳个人所得税，并称2006年该所9名律师共取得收入300多万元，事务所没有代扣代缴个人所得税，大部分律师都有偷税问题。该律师事务所是一家合伙制企业，于2003年6月3日批准成立，最初由胡某等9名律师发起设立，2006年8月增补律师戴某为合伙人。该律师事务所现有员工25人，其中合伙律师10人，聘用律师6人，其他人员9人。

---

① 徐孟洲．税法原理．北京：中国人民大学出版社，2008. 419～420.

② 徐孟洲．中国税收执法基本问题．北京：中国税务出版社，2006. 133.

【问题】

(1) 根据《个人所得税法》、《税收征收管理法》的相关规定，阐述稽查人员在对律师事务所进行检查的过程中各方享有的权利及义务。

(2) 若该律师事务所存在相关违法行为，根据《税收征收管理法》的规定，应承担怎样的法律责任?

【复习思考题】

1. 怎样认识税法与经济法之间的关系?
2. 如何构建适合社会主义市场经济发展的税法体系? 你对我国税收实体法的分类有何建议?
3. 增值税和消费税的关系如何?
4. 你认为我国房产税的改革方向应是什么?
5. 请查阅国外税务检查制度，并对如何完善我国的税务检查制度提出建议。

【参考文献】

1. [美] 维克多·瑟仁伊. 比较税法. 丁一译. 北京: 北京大学出版社, 2006.
2. [美] 斯蒂格利茨. 经济学. 郭晓惠等译. 北京: 中国人民大学出版社, 1997.
3. [日] 金子宏. 日本税法原理. 刘多田等译. 北京: 中国财政经济出版社, 1989.
4. 刘隆亨. 税法学. 北京: 中国人民公安大学出版社, 人民法院出版社, 2003.
5. 张守文. 税法通论. 北京: 北京大学出版社, 2005.
6. 徐孟洲. 税法原理. 北京: 中国人民大学出版社, 2008.
7. 徐孟洲. 税法. 北京: 高等教育出版社, 2009.
8. 刘剑文. 国际税法学 (第二版). 北京: 北京大学出版社, 2004.
9. 刘剑文. 财政税收法 (第二版). 北京: 法律出版社, 2003.
10. 张富强. 税法学. 北京: 法律出版社, 2007.
11. 张富强. 经济法. 北京: 法律出版社, 2010.
12. 刘泽海. 新编经济法教程. 北京: 清华大学出版社, 2010.
13. 袁振宇. 税收经济学. 北京: 中国人民大学出版社, 1995.
14. 蔡秀云. 新税法教程. 北京: 中国法制出版社, 1995.
15. 许建国等. 中国税法原理. 武汉: 武汉大学出版社, 1995.
16. 中国注册会计师协会. 税法. 北京: 中国财政经济出版社, 2011.